暨南哲學

刘绍瑾

湖北荆州人，1962年生。暨南大学文学院教授、博士生导师。兼职广东省中国古代文论研究会会长、全国中外文论学会理事、全国古代文论学会理事等。

著有《庄子与中国美学》、《复古与复元古》、《古今对话中的中国古典文艺美学》（合作）、《通向现代的中国古典文艺美学范畴》（两主编之一）、《二十世纪中国古代文论学术研究史》（合作）、《先秦文艺思想史》（副主编）等，是《儒道佛与中国古典文艺美学》丛书、《中国古典文艺美学的现代价值研究》丛书的两主编之一。发表论文80多篇，其中被转印、转摘近二十篇。其中，《庄子与中国美学》先后5次获得国家教委（教育部的前身）、广东省委宣传部等单位授予的优秀学术著作奖、优秀图书奖；独立主持国家社科基金项目、国家社科基金重大项目子课题、教育部社科项目、教育部重点基地重大项目子课题近十项。

道家思想与中国现代美学

刘绍瑾　佀同壮
石了英　冯　晖　著

人民出版社

广东省高水平大学建设经费资助

国家社科基金项目（批准号：13BZ030）

总　序

暨南大学是中国第一所由政府创办的华侨学府，是国务院侨办、教育部、广东省共建的“211 工程”重点综合性大学，直属国务院侨办领导。“暨南”二字出自《尚书·禹贡》：“东渐于海，西被于流沙，朔南暨，声教讫于四海。”意即面向南洋，将中华文化远播到五洲四海。学校的前身是 1906 年清政府创立于南京的暨南学堂，后迁至上海，1927 年更名为国立暨南大学。抗日战争期间，迁址福建建阳。1946 年迁回上海，1949 年 8 月合并于复旦大学、上海交通大学等高校。新中国成立后，暨南大学于 1958 年在广州重建，“文革”期间一度停办，1978 年在广州复办。改革开放后，学校快速发展。1996 年 6 月，暨南大学成为全国面向 21 世纪重点建设的大学。2011 年 4 月，国务院侨办、教育部、广东省政府签署共建暨南大学协议。2015 年 6 月，学校入选广东省高水平大学重点建设高校。2017 年 9 月，学校入选国家“双一流”建设高校。

暨南大学哲学学科的发展，差不多与学校的创建同时起步。学校创立之初，各系初设，哲学即为暨南大学文学院历史社会学系的公共课程。从 1928 年初到 1929 年暑假这一年半时间，著名学者、中共早期领导人张申府一直在国立暨南大学文学院历史社会学系任教，担任伦理学、论理学及西洋哲学史讲师；在1932年，暨南大学于教育学系下设立有哲学心理组，著名哲学家、心理学家李石岑任暨南大学教育系主任，主讲哲学与心理学。此后，亦每聘名师于文、史各系讲授哲学课程。1958年，暨南大学在广州重建及1978年复办以后，皆有马列主义哲学教研组（室）负责全校的马克思主义哲学的教研工作。2006年，由中文系刘绍瑾教授领衔成功申报哲学一级学科下的美学硕士学位点，到2017年为止，美学专业共招收硕士生104人，有80多人被授予哲学硕士学位。2013年，成立了专门的“哲学与社会学研究所”。沧海桑田，世事屡迁，但九十年间暨南人对哲学的热爱与渴望一直未变。2017年，“暨南大学哲学与社会学研究所”正式更名为“暨南大学哲学研究所”，暨南大学哲学学科开始了其高水平、高起点建设的新征程。

哲学（Philosophy），在希腊文中意为“爱智慧”，即“爱智之学”。通俗地说，哲学就是一种使人聪明、启发智慧的学问。人生天地之间，面对宇宙人生，“念天地之悠悠”，世事之茫茫，不能不有所考究。特别是今天这样一个人类面临百年未有之大变局的时代，科技的发达使我们的目光能达到数亿万光年之外的宇宙空间，已实现了天地间几乎同步的量子通信，对生命的胚胎能够进行自由的基因编辑……但这些，却似乎只是在我们面前设置了更多的难题，并未让我们找到关于宇宙人生的满意答案，使人们烦燥不安的心神获得更多的安宁。要寻找宇宙人生从何而来、又向何处而去的奥秘，解决现实世界面临的严峻挑战和纷繁复杂的难题，除了科技的进步之外，我们必须要有哲学的智慧，要有世界观和方法论的指导，有伦理学价值体系的支撑，有宗教和审美的慰藉。

马克思说：“任何真正的哲学都是自己时代精神的精华。”恩格斯说：“一个民族要想站在科学的最高峰，就一刻也不能没有理论思维。”哲学是人类理论思维的精华，是一切思想的指针与方法。即使从最狭隘的学科建设的角度来讲，即使是以“实验”为特征的自然科学，同样也需要哲学的指导。哲学的智慧是人们对物质世界终极探索的不竭动力，缺乏对事物终极思考的任何自然科学门类都是难以想象的，更不用说那些与哲学关系更为密切的人文学科与社会科学了。离开哲学的思维，其他人文学科与社会科学的认识将难以达到其应有的理论深度和高度。为了现实的人文学科与社会科学各学科的更好和更健康的发展，我们也需要哲学学科。

暨南大学哲学学科的发展正处于一个重新起步的新的历史阶段。为了进一步推进我校哲学学科的建设，展现我们的科学探索精神，我们特组织了这套《暨南哲学文库》，将不定期推出暨南大学哲学学人在中国哲学、外国哲学、马克思主义哲学、美学、宗教学等各二级学科的研究成果，从而为暨南大学“双一流”学科建设添砖加瓦，贡献出我们的全部力量。

“路漫漫其修远兮，吾将上下而求索。”

愿以此与暨大哲学学科同仁共勉，并期待海内外同道给我们提出批评和建议，促进我们事业的发展。谢谢！

高华平

2018年6月20日于暨南大学哲学研究所

目　录

中编　台港及海外华人学者阐释下道家美学的新发展

下编　道家影响下的中国文艺创作实践例析

绪　论

一、问题的提出

老庄思想是中国传统哲学、美学的重要基础和主干，在中国古典时期的文艺批评中产生了重大而深刻的影响，构成了中国美学、中国文论与儒家既对立又互补的重要思想遗产。在中国与西方、传统与现代碰撞、融通的20世纪，努力从中国古典文化的深邃海洋中发掘出具有再生性资源并成功有效地植入现代文艺美学的建构中，创造出既有现代思维形态，又具有民族根性的美学理论，就成为许多20世纪中国美学学者共同致力的方向。在此历史背景下道家思想老树生花，焕发了通向现代的蓬勃生机和旺盛活力。大批受过西学洗礼的美学家都不约而同地通过对道家艺术精神、文艺思想的阐释来为其美学理论找寻据点。道家思想不仅为中国现代美学建设提供了极丰富的传统资源，还是中西比较视野下接受、引介西方美学理论的“前在视野”、传译中介，以及中国美学走向世界的“形象大使”。

所以，考察道家艺术精神的现代阐释及其参与中国美学现代建设的路径就成为一个极富学术价值的论题。事实上，道家思想的美学意义及它对中国古典美学的影响，曾经是20世纪八九十年代的学术热点，产生了大量的研究成果。但打通古典与现代，探讨道家文艺美学的现代生发、现代影响、现代参与的，则只是在近些年才出现了一些研究成果。这些研究主要体现在两个方面：一是现代美学家对道家艺术精神的阐释，出现了一些探讨王国维、朱光潜、宗白华、徐复观、叶维廉等在美学视域下对道家思想进行富有现代意义新阐释的论文，有关上述美学家的研究专著也大多涉及或立专章探讨其与道家艺术精神的联系；二是道家思想与中国现当代文学因缘的研究，一些研究京派文学团体的论著多牵涉这一问题，这些对具体的艺术实践的研究，大大丰富了道家思想与中国现代美学关系探讨的深度。上述研究开拓了视野，也引起人们对于中国现代美学建设中传统因子、传统影响的重视。但仍存有诸多不足，缺少把大陆和台港及海外华人学者的美学建构通观的理论视野和学术意识，整体的、系统的观照也显得不足。本书通过对在古典时期有重要影响的美学传统现代生发的考察，简言之，既以道家影响之眼看中国现代美学，又从中国美学的现代建构看道家美学的历史展开，不仅能揭示出古典向现代转化及重新生成的价值意义与实际可能，不仅书写了道家美学意义向历史展开的新篇章，也不失为思考中国现代美学生成肌理的一条有效途径。

需要特别交代的是，本书中道家美学的“现代生发”“现代参与”以及“中国现代美学”中的“现代”一词，采用的是其与“古典”相对的意涵，不拘于流行的现、当代时段的划分，而着眼于“现代品格”“现代形态”“现代性”等考量，因而把20世纪下半期、特别是台港及海外华人学者的美学建构纳入“中国现代美学”的框架内，有时又以20世纪称之。我相信这一大中华视野的中国现代美学观是有其合理性的，因为传统与现代、中国与西方，它们的冲突、融合、倾斜，是整个

20 世纪中国美学、中国文学理论发展的主干线。而 20 世纪的特定历史，所谓的“现代”，很多时候又往往和“西方”联系在一起，所以，中国古典美学和西方美学之间的关系，它们的互释、比较、选择、消化、融通，主要源于西方的美学学科概念与中国经验、中国问题的结合，这就成为一百多年来中国美学、中国文艺理论建设的焦点。中国现代美学，就是在这一学术大背景下进行并得以发展，大陆美学界是如此，台港及海外华人学者的美学探索也是在这一经纬下进行。

另外一个关键概念就是“道家美学”。叶维廉曾对此做过如下定义：“‘道家美学’，指的是从《老子》《庄子》激发出来的观物感物的独特方式和表达策略。”① 这一定义尽管触及了道家美学的重要内容，而且叶氏也对此方面有深入、独到的创造性解读和阐释，但仍然逃脱不了这样一种命运：这一定义只能是叶维廉言说系统中的“道家美学”，别人同样有资格和可能塑造出另外一种他心目中的“道家美学”！这需要我们追问“道家美学”这一命名的源起。

中国古代并无“美学”一词，更无以“美学”命名的著作和以“美”作为范畴探讨的思想体系。“美学”这一学科的命名及其概念框架本身来自西方，它是中国学术现代化的产物。中国现代美学的建构，最初也首先从移植、传播西方概念，进而消化、统摄中国传统资源而成。中国古代尽管有着丰富的美学思想资源，但本身并无与之对称的概念系统。针对此种情况有人提出“中国古代有美学思想而无美学”，“中国古代的‘美学’实际上主要是一种‘潜美学’”。② 这一说法当然无法得到大多数人的认同，因为它体现的是一种“西方中心论”思维。但我们从 20 世纪美学研究的历史实际来看，则存在一定的合理性。如

① 叶维廉：《道家美学与西方文化》，北京大学出版社 2002 年版，第 1 页。

② 萧兵：《中国的潜美学》，见湖北省美学学会编：《中西美学艺术比较》，湖北人民出版社 1986 年版，第 125 页。

果按照上述说法，可以说老庄有美学思想而无美学，道家思想是一种“潜美学”。道家代表著作《老子》《庄子》，并不是以美、以文艺为对象进行探讨的著作。老庄原典被认为是丰富、深刻的哲学著作，在先秦，文学艺术还没有形成独立自觉的意识，其对后来影响深远的文艺思想包含在其哲学思想的整体中。用庄子的话来说，道家思想是一个“混沌”，其内涵可能是一个无所不包的“混沌”，以后来的学科分际和分析性的思想和方法来对这个“混沌”进行解剖和言说，得到的可能只是一“偏”，甚至可能导致“混沌”的死亡。这是现代人的悲哀，也是现代人高出古人的地方。以现代美学的学科意识和概念系统来对老庄的“混沌”进行解说，可能达到的是一“偏”，甚至可能遮蔽其中的原始意境。但既然思想是一个向历史不断展开的阐释过程，后人从其一“偏”来获取其间的思想资源并予以发扬光大，也就成为现代语境中传统思想研究的必然，因此此“偏”可能达致“深刻”的向度和富有现代色彩的新意。从这种意义上，“道家美学”这一名称，既是古代的思想，更是现代的学问，是现代人以“美学”这一现代学科概念和思想方法对不是专门的美学著作但可能包含丰富深刻意涵的道家美学思想进行阐发的结果。由于阐释者本人生活在具体的历史语境中，“作为阐释者的个人充其量只能在阐释的长河之中占据一朵浪花的位置。他从文本中所读解出的意义也只是无限开放的意义之网上的一根蛛丝而已”。①道家美学是一个向历史、向现代不断展开的阐释过程。

二、现代美学史上的现代新道家

20世纪90年代以来，随着中华传统文化战略地位的提升，随着道家思想现代价值和世界意义的不断发掘，在新儒学炙手可热之际，作为

---

① 叶舒宪：《庄子的文化解析》，湖北人民出版社1997年版，“引言”。

“国学”另一极的道家也深受青睐，“现代新道家”这一称谓及其所代表的意义符码应运而生。如果以上述大中华视野现代美学史观来看，王国维、朱光潜、宗白华、徐复观、叶维廉、李泽厚堪称最有创造性、最有影响力的六大现代美学家。据百度百科人物介绍，宗白华是“现代新道家代表人物”。如果以现代新道家身份认定要素来看，叶维廉也足以担当这一称号。徐复观尽管是现代新儒学的代表人物，但也有学者把他列入现代新道家阵容！而王国维、朱光潜的美学思想深受道家影响，这似乎是公认的。这样一来，中国现代最富创造性、最有影响力的六大美学家，就有五人成为现代新道家的可能人选！这一拟议中的数据足以显示出道家美学在中国现代美学整体版图中的分量，足以显示道家思想对中国美学的现代建构影响之深、作用之大！

“现代新道家”（也有称“当代新道家”或“当代新道学”）这一概念最早由中国科学院的董光璧先生正式提出，1991 年董光璧发表了《当代新道家兴起的时代背景》一文及《当代新道家》一书。在《当代新道家》中，董先生把注重“阐述道家思想的世界意义”的李约瑟、“论证道家思想的现代性”的汤川秀树和“推崇道家思想中的生态智慧”的卡普拉看作当代新道家的代表人物，认为他们“发现了道家思想的现代性和世界意义，并发展出它的现代形式”，并充满信心地预言：“我确信重新发现道家具有地球船改变航向的历史意义。”① 董光璧虽说是在科学史的背景之下提出这一称谓，但甫一提出，便不胫而走，很快延伸到哲学、文学等人文研究领域。“当代新道家”的身份理论和家族谱系仍在持续的争论当中，胡孚琛指出“继承魏源、严复、吴虞乃至汤用彤、胡适、陈寅恪、王明、陈撄宁、金岳霖、方东美、蒙文通、宗白华、萧天石等人的道学传统，形成当代的新道家学派”。而陈

① 董光璧：《当代新道家》，华夏出版社 1991 年版，第 1、4 页。

鼓应等则认为严复、金岳霖、方东美、宗白华等人可称为当代新道家；冯友兰、熊十力等为儒道相兼的哲学家；蒙文通、汤用彤则属于具有道家情怀的哲学家。在文学上，大作家鲁迅、郭沫若、林语堂、周作人和沈从文等都有很深的道家情结，京派作家更与道家因缘深厚。百度百科就说林语堂是“新道家代表人物”，有人把沈从文列入现代新道家行列。樊星描述了1980年代道家精神的复兴历程，认为“汪曾祺、贾平凹、阿城、韩少功、李杭育、马原等作家在当代文坛上唤回了道家精神，……尽管他们不曾对道家精神做过深入的研究，也不曾竖起‘新道家’的旗帜，但他们的作品足以确认：‘新道家’作为一种文化思潮，已在世纪末成其波澜壮阔之势”①。

上述“新道家”的提法与提名，由于学科领域不同，论者的着眼点和尺度宽松不一，因而略显混乱。我认为，在中国现代美学史上可以被视为“现代新道家”的人物，主要从以下三点来论其成色：一是其思想体系中道家思想的影响占有重要份额；二是在道家美学的现代阐释方面有创造性贡献；三是极力推介道家美学的现代价值和世界意义，而且这三点是互相联系的。以此标准，我们来看看中国现代美学上大人物们的表现。

王国维、朱光潜都是中国现代美学的开创者，他们两人有一共同特征，就是以接受、传播西方超功利纯艺术理论和直觉主义审美观为显形表现，而隐形上则深受中国古代道家精神的影响。其显形形态容易为人注意，而隐形的传统因素却往往被忽略。实际上，隐形影响有时更为内在、更为深刻，所谓“润物细无声”也。王国维接受西方影响，绝不是逆来顺受，而是有选择的，如他自己所说，是“能动”的而非纯然“受动”的。而中国传统的道家就成为王国维选择、接受德国哲学、美

① 樊星：《当代新道家——“当代思想史”片断》，《文艺评论》1996年第2期。

学的重要的“前在视野”。道家的庄子不仅在人格、气质、性情上与王国维相近，而且其思想在王国维那里获得了与叔本华、康德等德国美学“不期然而然的汇归”。罗振玉与王国维的相识，据说就是被王国维诵读《庄子》的苍凉声音吸引过去的。“离开了庄子，要深度走进王国维却是艰难的”①。王国维与庄子至少在以下几个方面有继承关系：(1) 艺术作为解脱由生活之欲而引起的痛苦的手段；(2) 艺术与政治、道德、知识无关的超功利的纯艺术论；(3) 艺术达到物我两忘、物我同一的直觉主义审美观；(4) 在文学批评中所贯彻的自然率真的批评标准。如高度评价“以自然胜”“以自娱娱人”的元剧，称赞“不失其赤子之心”的李后主和“以自然之眼观物，以自然之舌言情”的纳兰容若等。而且这四个方面，包括了王国维美学思想的主要内容。在王国维的美学、文学批评论著中，所谓的“无我”“以物观物”“自然之眼”“赤子之心”等等，归根到底，无非说的是一个主体心灵的高度自由、自然状态，它们都主要源于《庄子》。

深受克罗齐直觉主义美学思想影响，几乎成为朱光潜美学的显形标识，但其对“有根的学说”的极力称道并从中获得理论自信却不应忽略：“我们用不着喊‘铲除’或是‘打到’，没有根的学说不打终会自倒；有根的学说，你就唤‘打倒’也是徒然。”②“有根的学说”，是朱光潜强调其文艺观渊源有自，根底深厚。侯敏曾以“有根的诗学”为题探讨了现代新儒家文艺思想③。而朱光潜这里说的“根”，就不是儒家传统，而是道家精神。因为朱先生极力倡导超功利的艺术观，提倡“纯正的审美趣味”。而阻碍这一纯粹的艺术理想落实的，在朱先生看来，主要是政治的干预和商业的侵蚀。在中国传统思想中，儒家美学强

① 彭玉平：《王国维词学与学缘研究》，中华书局 2015 年版，第 597 页。

② 朱光潜：《我对本刊的希望》，《文学杂志》创刊号 1937 年 5 月。

③ 侯敏：《有根的诗学：现代新儒家文化诗学研究》，上海人民出版社 2003 年版。

化的是文艺与政治、道德的联系，只有主张超越功名利禄、疏离政治、忘我无已的道家艺术精神，才契合朱先生心目中的传统之“根”。朱光潜特别推崇“无所为而为”的境界，并认为是“最上的理想”①，他激赏庄子“鱼相与忘于江湖”，并以之揭示了其“人生艺术化”摆脱外在事功的拘囿，与自然万物一样无拘无束、自然而然的生活境界。他曾说过：“比如在悠久的中国文化优良传统里，我所特别爱好而且给我影响最深的书籍，不外《庄子》《陶渊明诗集》和《世说新语》这三部书以及和它们类似的书籍……一个人是应该‘超然物表’‘恬淡自守’‘清虚无为’，独享静观与玄想乐趣的。”② 尽管他长年留学欧洲，其早期的美学思想容易被人看成是克罗齐、康德等西方美学的中国版，但他在解释、传播西方美学概念时，自觉运用中国古代的审美经验进行对接。意大利汉学家沙巴提尼教授就认为朱光潜是“移西方文化之花接中国传统文化之木”③，这里的“中国传统文化”之木，也主要指道家。

朱光潜与宗白华二人曾被誉为中国现代“美学的双峰”④。与朱光潜以接受西方为显形标识不同，宗白华则在阐发中国艺术精神、彰显中国古典美学价值上奠定了其在中国现代美学上的崇高地位。张法曾说：“在对古代艺术精神进行阐发的前辈学者中，我认为，只有两人堪称一流，一是宗白华，一是徐复观。”⑤ 《宗白华全集》专讲老庄的文章极

① 朱光潜：《“慢慢走，欣赏啊！”——人生的艺术化》，见《朱光潜全集》第 2 卷，安徽教育出版社 1987 年版，第 95 页。

② 朱光潜：《我的文艺思想的反动性》，见《朱光潜全集》第 5 卷，安徽教育出版社 1989 年版，第 12—13 页。

③ 见《朱光潜美学文集》第 1 卷，上海文艺出版社 1982 年版，“作者说明”。“沙巴提尼”一般译为“沙巴蒂尼”。

④ 见叶朗主编：《美学的双峰——朱光潜 宗白华与中国现代美学》，安徽教育出版社 1999 年版。

⑤ 张法：《徐复观美学思想试谈——读〈中国艺术精神〉》，见李维武编：《徐复观与中国文化》，湖北人民出版社 1997 年版，第 515 页。

少，除了《道家与古代时空意识》（实为编者林同华根据宗白华的笔记整理而成），就只有《中国哲学史纲》中介绍了老子、庄子的哲学。但这并不意味着老庄艺术精神在他的美学文章中的缺席，反而是一种深浓的在场。宗白华深受老庄艺术精神的滋养，老庄智慧如散金碎玉播撒其中，与其美学思想混化一体，不着痕迹。宗白华对于深染老庄精神的中国艺术是由衷热爱的。他认为“庄子是具有艺术天才的哲学家，对于艺术境界的阐发最为精妙”①。“庄子是中国有代表性的哲学家中的艺术家”，“庄子影响大极了”②。“中国古代画家，多为耽嗜老庄思想之高人逸士。彼等忘情世俗，于静中观万物之理趣”③。宗白华所喜爱的中国艺术、艺术家无不是老庄家谱中的“子民”。同时，宗白华论中国艺术，重在精神层面的掘发，且尤爱中国艺术之简约、空灵、气韵生动的一面。游心于这些艺术之间，与老庄进行着艺术灵魂的“密约”，圆融化入他对于艺术的感知与艺术意境的理解之中。他的阐释既是古典的，亦是现代的，也是世界的，其中贯注着他对中国现代美学、传统的道家美学精神的现代重建的深沉思考。把他列为现代新道家人物，是完全切当的。

徐复观、叶维廉是近50年来在包括大陆在内的整个华人美学界影响最大的人物之一。乐黛云先生这样评价叶维廉：“他非常‘新’，始终置身于最新的文艺思潮和理论前沿；他又非常‘旧’，毕生徜徉于中国诗学、道家美学、中国古典诗歌的领域而卓有建树。”“他对中国道家美学、古典诗学、比较文学、中西比较诗学的贡献至今无人企及。”④

---

① 宗白华：《中国艺术意境之诞生（增订稿）》，见《宗白华全集》第2卷，安徽教育出版社1994年版，第364页。

② 宗白华：《我和艺术》，见《宗白华全集》第3卷，安徽教育出版社1994年版，第614页。

③ 宗白华：《徐悲鸿与中国绘画》，见《宗白华全集》第2卷，第50页。

④ 见叶维廉：《中国诗学》（增订版），人民文学出版社2006年版，“封四”。

尽管叶维廉在学术领域具有多方面的建树，但他晚年整理出版的《道家美学与西方文化》一书书名，则昭示“道家美学”才是叶氏自己认定的具有统摄性、最有创造性的领地。因为叶氏所讲的“中国诗学”，其实就是受道家“观物感物的独特方式和表达策略”影响到的那部分，而不是中国诗学的全部；其“比较诗学”，也意在中西比较的大视野中彰显道家美学及其影响到的中国诗学的现代价值和世界意义。叶氏所有的研究似乎可以归结到这样一个结论：以现象学美学为代表的西方现、当代美学的走向已与西方古典美学大为不同，而道家“以物观物”“即物即真”的自然呈现与西方古典“以我观物”的感应方式所导致的美学视境迥异，倒是道家美学及其所影响到的中国古典诗学与西方现、当代美学大潮有共通之处并具有许多先天的优势。对道家美学、老庄艺术精神不遗余力的阐发、彰显，是他一以贯之、钟情着力的学术追求。他经常“进出于西洋作品之间”，“始终不信服柏拉图以还所强调的‘永恒的轮廓’，……还是认为庄子的‘化’的意念才迹近实境”①。他在中西比较视野下发掘、阐释的老庄“饮之太和”“无言独化”“以物观物”“真实世界”的美学视境，既体现了浓厚的生态美学精神，又与现象学相对接。这种阐释为老庄艺术精神通向当代、通于世界提供了深刻的启示。以我们前面所提出的认定标准来看，叶维廉是一个成色很足的现代新道家人物！

三、“中国艺术精神”话题对道家美学意义的彰显

如果以道家思想影响、参与中国美学现代进程这一视角来看，20世纪的中国美学有两个时段（或区块）特别富有建设意义：一是20世纪前半期，一些中国现代美学的奠基者们不自觉地以道家的思想、语言

① 叶维廉：《秩序的生长》，（台湾）志文出版社1971年版，“序”。

来翻译、理解他们所接受的西方美学概念，中国美学的现代建构中富有艺术精神的道家思想实现了和西方现代美学观念“不期然而然的汇归”；二是60—80年代的台港及海外华人美学界，这一时期最重要的标志是出版于1966年的《中国艺术精神》一书，它所引发的话题，既是此前美学传统的延续，又对其后整个大中华美学界产生了重大影响。如果说前一时期现代美学接受道家影响还处在潜在的、不自觉的状态的话，那么徐复观等开创的“中国艺术精神”则是明确的、有意识的理论建构。这是中国现代美学史上一个重要、复杂、贯通性的话题，不仅可由此反观折射儒道的二分与融合、古今的断裂与对接、中西的碰撞与汇通，还纠结体现出哲学与美学、艺术与道德的分合际遇。此一话题的提出，极大彰显了道家美学的意义和价值。

关于“中国艺术精神”，王一川先生最近发表了两篇大文：《现代艺术理论中的“中国艺术精神”》（《东北师大学报》2016年第2期）、《论中国艺术公心：中国艺术精神问题新探》（《艺术百家》2016年第1期），提出对“中国艺术精神”问题研究成果的梳理，需“跨越相对简单的徐复观及唐君毅视野而做进一步拓展”，认为宗白华“自留德时期起，特别是在抗战时期的长期持续思考，终使‘中国艺术精神’论臻于成型和成熟。”因而把“中国艺术精神”这一传统归于“宗白华等先辈树立的”①。据此，王一川先生还分别对宗白华中外比较视野中的“中国艺术精神”探索，方东美独出心裁标举德艺互通，唐君毅主张中国各种艺术类型之间的“相通共契”性，徐复观在中国艺术精神探索上崇庄抑儒、独尊道家的倾向，李泽厚儒道骚禅并举、宽化的儒家式中国艺术精神取向，作了勾勒和梳理。王先生学术上的大气以及建立

① 王一川：《现代艺术理论中的“中国艺术精神”》，《东北师大学报》（哲学社会科学版）2016年第2期。

“中国艺术公心”的用心令人佩服，但其把“中国艺术精神”泛化为诸如“中国艺术”“中国美学”“中华美学精神”等一般性问题的做法则是笔者不认同的。高友工曾感叹“艺术精神是一个极其模糊空疏的观念。近几十年为人滥用，似乎是无所不包，而又一无所有”①。这种批评是符合实际的，也是一针见血的。

笔者认为，“中国艺术精神”是一个不宜被泛化、不应被滥用的特定话题。一旦被泛化，讲起来就没什么意思了，就会很容易流于空疏、过于宏观。尽管之前关于“艺术精神”之类的概念多有出现，如王国维的重要论文《屈子文学之精神》，郭沫若说《庄子》中“梓庆削木为鐻”的寓言故事“可以道尽一切艺术的精神”、“这没功利心便是艺术的精神”，② 宗白华称汉末魏晋是“最富有艺术精神的一个时代”③，但作为一个完整概念提出且作出系统的理论阐发并产生重大影响的，还是徐复观。当然，徐复观之前，包括宗白华、特别是现代新儒家一些学者（如方东美）做铺垫工作，唐君毅更是第一次提出了“中国艺术精神”这一概念。④ 我们应该从现代新儒学的问题阈中去理解“中国艺术精神”的意义。

现代新儒家认为，科学、宗教、艺术、道德为文化精神之四维（徐复观则认为科学、道德、艺术为文化精神的“三大支柱”），西方以科学、宗教领先世界，而中国则在艺术与道德上具有优势。这是中华民

---

① 高友工：《试论中国艺术精神》，见《美典：中国文学研究论集》，生活 · 读书 · 新知三联书店 2008 年版，第 143 页。

② 郭沫若：《生活的艺术化——在上海美术专门学校讲》，见《郭沫若全集（文学编）》第 15 卷，人民文学出版社 1990 年版，第 211 页。

③ 宗白华：《论〈世说新语〉与晋人的美》，见《宗白华全集》第 2 卷，第 267 页。

④ 关于这方面的研究，参见孙琪《台港新儒学视野下的“中国艺术精神”》，2006 年暨南大学文艺学博士论文。《中国艺术精神：话题的提出及其转换》，世界图书出版公司 2012 年版。

族建立文化自信、自立世界之林的基石。“所谓道德艺术精神与科学宗教精神之不同，即主观（我）与客观（物——此物取广义同于对象）之和谐融摄关系，与上（指西方）所谓主观与客观之紧张对待关系之不同。科学精神为主观之自觉，去了解客观自然或社会之精神。宗教精神为主观之自觉，去信仰皈依客观之神，而祈求与之合一之精神。艺术精神为主观之自觉，欣赏客观之境相，或求表现意境于客观媒介如声色文字之精神。道德精神为主观之自觉，自己规定支配主宰其人格的形成之精神”①。现代新儒家有一个共同的思想，那就是中国文化的精髓和显相就是艺术精神。钱穆就认为《诗经》中的比兴“即是人生与自然之融凝合一，亦即是人生与自然间之一种抽象的体悟。此种体悟，既不属宗教，亦不属科学，仍不属哲学，毋宁谓之是一种艺术”。“中国文化精神，则最富于艺术精神”②。方东美亦言：“中国人总以文学为媒介来表现哲学，以优美的诗歌或造型艺术或绘画，把真理世界用艺术手腕点化，所以思想体系的成立同时又是艺术精神的结晶。”③ 面对西方的时候，他们会毫不犹豫地将中国传统的儒和道作整体通观；而一旦具体深入到中国艺术的时候，他们又自觉不自觉地注重于儒、道的分辨：

> 孔子之艺术精神是表现的、充实的，而非观照的、空灵的。纯粹之艺术精神重观照。观照必以空灵为极致。统于道德之艺术精神，必重表现其内心之德性或性情，而以充实为极致。故孟子曰充

① 唐君毅：《人文精神之重建》，见《唐君毅全集》卷五，（台湾）学生书局 1991 年版，第 96 页。《人文精神之重建》又名《中西人文精神之返本开新》，1955 年由新亚研究所初版。本文所引为该书第二部中之《中西文化精神之比较》，最初于 1947 年 4 月在《东方与西方》第 1 期发表。

② 钱穆：《中国文学论丛》，生活·读书·新知三联书店 2002 年版，第 44 页。

③ 方东美：《原始儒家道家哲学》，（台湾）黎明文化事业股份有限公司 1983 年版，第 10 页。

实之谓美。此种艺术精神盖较纯粹艺术精神为尤高。①

正是在现代新儒学“中国艺术精神”探讨中儒道分辨、以儒统道的整体语境中，不同于唐君毅之儒家艺术精神高于道家之论，徐复观独标老庄的纯粹艺术精神，就具有特别重大的美学意义。该书实际上包含两大部分，孔子、庄子为一部分，中国山水画论史为另一部分。在前面部分，尽管也谈论了孔子的音乐思想，但压倒性的大比例篇幅却在对庄子艺术精神的阐发。至于后面的山水画论史，那更是庄子艺术精神在具体的艺术实践中的展开、落实！也就是说，洋洋30万言的“中国艺术精神”著作，却几乎在探讨庄子的艺术精神！

对徐复观标举“中国纯艺术精神”来疏释庄子，这一徐氏本人认为“瞥见庄生真面目”的创见立即在台湾学界产生了深远影响，台湾学者颜昆阳、黄锦鋐、吴怡、李宣侚、董小蕙、郑峰明、朱荣智沿着徐复观开创的“老庄艺术精神”足迹继续深化、反思。徐氏的这一著作自1987年由春风文艺出版社在大陆出版以来，也立即在中国美学特别是庄子美学、中国山水美学领域产生了重大影响。张法称“徐先生对中国艺术精神的阐发可以说就是传统与当代、中国与世界双重对话中飘出的悠扬笛声”。并认为这是“一个重大的学术发现，或曰理论建树，它影响了整个中华文化圈对庄子美学思想的讨论。如李泽厚有关庄子审美的人生态度的观点，大概就与徐先生的庄子观有渊源关系”②。张节末虽然认为以“艺术精神”这一有近代“美学”色彩的术语来解庄，对庄子思想做了“合乎情理但有违庄子本意”的误读，但是仍高度认可徐复观“对庄子美学做了深度的发明，于奠定庄子在

---

① 唐君毅：《人文精神之重建》，见《唐君毅全集》卷五，第108页。

② 张法：《徐复观美学思想试谈——读〈中国艺术精神〉》，见李维武编：《徐复观与中国文化》，第514页。

中国美学史上的开山地位厥功甚巨”①。这些评论都充分肯定了徐复观对中国美学研究的意义，特别是作为道家美学阐释史上的一座丰碑的崇高地位。

徐复观当然也遭到美学界大咖们的批评。刘纲纪先生就不满徐复观“有一种忽视儒家美学的重要影响、儒家美学与道家美学的相互渗透，从而将中国历史上多样的美学思想归结为庄子美学的倾向”。并认为“这种单线式的分析，不免脱离了中国美学发展的多样性和复杂性”②。王一川也认为徐氏“崇庄抑儒、独尊道家”的取向是一个“窄化”的中国艺术精神。这种批评意见是正确的，也是最容易得出的，因为徐氏以庄子艺术精神之“偏”概中国艺术精神之“全”的缺陷摆在那里。然而，笔者仍然认为，那种以中国美学的全面性、完整性要求来对徐复观进行的苛评，可能未得徐先生之用心！在20世纪中国美学现代进程中，徐复观以“纯艺术精神”来论“中国艺术精神”，有其深刻的合理性。首先，徐复观深入揭示中国“纯艺术精神”，就抓到了中国艺术精神的精髓和根本，从而把现代新儒学话题中的中国艺术精神，校正到了王国维、朱光潜、宗白华所代表的中国现代美学传统。在道德和艺术之间，现代新儒家有一种以道德统摄艺术、虚化弱化艺术的倾向。所谓充实于道德，从优游涵泳、沛然浩然的道德感中自然流出的艺术精神，有可能走向艺术的反面，宋代新儒家重道轻文、“作文害道”“玩物丧志”的观点就是如此。作为现代新儒家的徐复观独标道家，就有回归美学、回归艺术精神本身的意味。聂振斌指出：“康德的超功利主义美学观点，在百年中国的前50年是被普遍接受的，成

① 张节末：《徐复观对庄子美学的发明及其误读》，《浙江社会科学》2004年第5期。

② 刘纲纪：《略论徐复观美学思想》，见李维武编：《徐复观与中国文化》，第511页。

为美学的根本观点”。① 台湾学者丁履譔就把徐先生的观点概括为庄子的艺术精神“合于康德所谓‘无关心的’或‘非实用性的’（disinterestedness）”②，正是看到其以康德关于纯粹的审美判断的理论来阐发并证实庄子的纯艺术精神。这样看来，徐复观以“纯艺术精神”谈“中国艺术精神”，符合中国现代美学的实际，也抓到了美学的本质。二是在徐复观看来，就艺术和艺术的本质而言，庄子较儒家表现出更多的与西方互释的可能性，庄子与西方美学理论表现出更大的可比性，或者可以进一步说，艺术、审美得以成立的普遍性原理，在中国古代是庄子无心道出。而徐复观所有的“中西会通”的工作，都是在用现代西方美学理论为中国古代的庄子作注释，以为庄子之道导出艺术精神寻找一种普遍性的理论。徐复观这一做法，在海外华人学界具有一定的代表性，例如刘若愚在1970年代初完成的英文著作《中国文学理论》一书中把道家影响到的文学理论系统称为“形上理论”，不仅把这派理论置于首要地位，而且给予最大的篇幅。在他看来，之所以这样，不但因为这些理论事实上“提供了最有趣的论点，可与西方理论作为比较”，而且“对于最后可能的世界文学理论，中国人的特殊贡献最有可能来自这些理论”。③

四、道家美学影响史研究的启示

研究道家美学的影响史，是一项复杂、艰难的工作，主要是因为影响发生的现场是复杂的而非单线的、有时隐含的而不一定明确的。就道

① 汝信、王德胜主编：《美学的历史：20世纪中国美学学术进程》，安徽教育出版社2000年版，第89页。

② 丁履譔：《美学新探》，（台湾）成文出版有限公司1980年版，第73页。

③ ［美］刘若愚：《中国文学理论》，杜国清译，（台湾）联经出版事业股份有限公司1981年版，第27页。

家思想与中国现代美学而言，本文认为以下三点表现得非常明显：

1. 一部道家的现代美学影响史，同时也是一部道家思想与当红的西方美学思想的联接、比较、汇通史

道家思想不仅为中国现代美学建设提供了极丰富的传统资源，还是接受、引介西方美学理论的"前在视野"和传译中介。

在中国古代，道家的影响就非常复杂。首先是道家本身，老子与庄子就差异很大。李泽厚之《中国古代思想史论》就分别以"孙老韩合说""漫述庄禅"为标题把同为道家的老、庄分属两种不同的思想系统进行论述。徐复观也说："在道德与艺术的忘我中，在道德与艺术的共感中，庄子之对孔、颜，或感到较之对老子更为亲切。"① 历史上关于庄子属"颜氏之儒"的说法就很流行。其次是道家与其他诸家既不同（有时甚至对立、排斥）又互补、融合之流变与接受。中国美学史上的庄与屈、儒与道、庄与禅，他们的并提、比较、兼通，错综交织影响着中国美学的发生发展，呈现出丰富、复杂的形态。因此，要清晰勾勒出一部纯粹的道家美学影响谱系图，那是很困难的。

中国现代美学发生发展的时空背景较之古代更为复杂。不但现代美学家身上儒、道身影交叠难辨，庄、禅取向浑然难分，更重要的是西方思想的强势进入。中西文化碰撞交流可以说是20世纪学术最大的背景，中西美学也在这一大趋势下互相借鉴、交融、渗透，突破疆域，更新发展。老庄道家也随之成为理论界的焦点，成为人们拿来进行中西互释、中西贯通的理想的传统思想资源。柏拉图、康德、克罗齐、尼采、叔本华、弗洛伊德、海德格尔、德里达等西方哲学家成为20世纪中国美学界重复率最高的名字，超功利、直觉主义、个性、自由、解构、生态等引领时代风潮的核心美学概念，浪漫主义、象征主义、表现主义、唯美

---

① 徐复观：《中国艺术精神》，华东师范大学出版社2001年版，第55页。

主义、存在主义、现代主义、后现代主义、意象派、现象学的顺利入主中国学界，纯艺术思潮、怀疑否定思潮的深得人心。这些西来的理论观念能迅速畅达中国现代美学界，正在于老庄艺术精神这一中介的引渡。相对于以上所列举的这些派别思潮，老庄艺术精神及其影响所及的中国艺术经验有力构成了中国现代美学创构者们的“前理解”，通过“视界融合”，西方理论思潮通过与中国经验的结合拓展其理论视野，老庄艺术精神在与西方文化思潮的碰撞、对话、融合中彰显其现代价值。老庄艺术精神以“类似”或“潜在”倾向为西方“异质”理论的入传提供了本土化土壤，崔大华曾以为“庄子思想是我们消化、吸收异质文化的观念的桥梁、思想的通道”①，这可谓道出了老庄艺术精神在中国美学接受西方理论时的中介桥梁作用。

2. 隐形影响与显形影响

道家美学的现代影响、老庄艺术精神与西方美学思想的汇通，还表现出那样一种重要特征，那就是由于“美学”这一概念，它所指称的学科、以及围绕这一学科而建立的名词系统，来自于西方。而富含艺术精神的老庄原典却不是以艺术为对象进行理论探讨的哲学著作，其深刻影响到的中国古代艺术批评，也鲜有自觉的、系统的理论阐发。在“欧洲中心论”思维强势、中国学术实现现代转型的 20 世纪，外来的西方理论就处在一个显在的位置，而老庄道家的影响，则表现为隐形状态。研究道家思想与中国现代美学，就要让人深信，在中国美学的现代建构中，除了处在显形位置的西方影响外，还存在深厚而强大的本土渊源，道家是最重要的一极。而且，道家思想与西方思想具有可沟通性、可互释性。正是这些，许多中国现代美学家很自然“汇通”了中西！

关于这一现象，也体现在对道家艺术精神的阐发上。台湾学者丁履

① 《庄子的世界与世界的庄子》，《光明日报》（国学版）2008 年 12 月 8 日。

禩曾这样认为："在老庄的书里，找不到对艺术此一事实的正面肯定。于是，他们对美学的理论的层次，只作了比喻性的透露，有待于读者对庄子一书中作侧面的、或隐然的体悟。""这一体悟与把握，实有待于对现代西洋美学的会通之后，才能得心应手、左右逢源。换言之，对近代西方美学思想的了解，有助于对庄子艺术精神的阐发。"① 丁履禩的表述可能有"欧洲中心论"的嫌疑，但在中国美学现代进程中西方美学由于有明确的学科意识、明确的概念范畴，其影响处在显在位置，则是符合历史实际的。

然而本文要强调的是，影响的显形形态尽管明显，不仅有明确的"事实关联""实证依据"这些"影响研究"的硬资料大量可见，而且西方的很多主义、理论多被标举、标榜（如王国维之于叔本华、朱光潜之于克罗齐），但隐形影响可能更为强大、弥漫、深入骨髓。首先是因为中国现代美学家接受西方并非不加选择，而是深受其"前在视野"影响；其次，在对所接受之西方思想的理解上，往往在与中国传统语言、思维陌生的部分，在接受过程中遭到自然淘汰，而与中国传统思想相通相似之部分，一点即通，莫此亲切，迅速获得人们的理解与接纳。即使在比较极端反传统的五四时期，"当时在思想界有影响力的人物，在他们反传统、反礼教之际首先便有意或无意地回到传统中非正统或反正统的源头上去寻找根据，因为这些正是他们比较熟悉的东西。至于外来的新思想，由于他们接触不久、了解不深，只有附会于传统中的某些已有的观念上，才能发生真实的意义"②。外来的新思想"只有附会于传统中的某些已有观念上，才能发生真实的意义"，道出了那段历史外来影响与本土化的实际。老庄思想对于中国现代美学是一种民族情感的

---

① 丁履禩：《美学新探》，第 74 页。

② 余英时：《五四运动与中国传统》，见《中国思想传统的现代诠释》，江苏人民出版社 1995 年版，第 346—347 页。

寄托、精神价值的“承传”，西方美学思想对于中国现代美学更多是一种现代学术规范、话语方式的“照见”。因此我们甚至可以说，他们的美学建构，是以处显的西方现代美学的概念为色相，而以隐形的老庄道家艺术精神为底蕴。

3. 研究、阐释与理论建构的统一

研究与阐释都属于广义的“接受”。然而从现代学术史上讲，20 世纪前半期的道家美学的研究，都还处在一种“潜研究”状态，即道家美学尚未作为独特个案受到系统的“研究”，很多有价值的解说多属旁涉的、零散的。这些“潜研究”尽管没能达到具有现代学术研究的规模，但对道家思想的美学意义的阐释，却使道家美学的现代意义得到了彰显，并且有力地融合到这一时期的美学建构中。在以王国维、朱光潜、宗白华为代表的美学研究中，既以主要源于西方的现代美学观念对老庄思想进行了极有价值的现代阐释，又把这一阐释融汇到其美学理论体系建构中，因而体现出来的是道家美学的现代阐释与其现代美学建构的统一。

以庄子美学为例，对《庄子》一书的阐释，自晋代向秀、郭象以来，就一直是学术研究的一大热点。古典时代或以玄解庄，或以儒评庄，或以佛注庄，《庄子》的意义就不断得到了新的生成和发现。特别是进入中西文化碰撞、交流以来的 20 世纪，以中西融通、比较的眼光和方法来重新阐释、解读庄子，更成为百年来庄子研究的一大景观。同样，在中西文学、美学交融的 20 世纪，庄子也成为中国现代美学建构历程中一个重要组成部分。沟通中西、打通文哲、文学与文化的交互为用，这一“视界”的大融合非常典型地体现在庄子的现代阐释上。

从学术史角度看，严格意义上的庄子美学研究，开始于徐复观之《中国艺术精神》（1966 年），80 年代以来出版了大量的研究专著和论文，成为学界一个不小的热点。尽管 20 世纪前半期鲜有从美学角度研究庄子思想的专门著作和论文，但一些美学、文学研究的经典论著却从现代学术和文艺思想的高度对庄子美学思想进行了很有意义的阐释和“再发现”，这些阐释成为其美学理论、文艺思想的重要组成部分。鲁迅《汉文学史纲》有关论述、特别是闻一多《古典新义·庄子》，属于学术研究型著作，尽管不是从美学角度专门论述的，却对庄子的文学意义进行了很有影响的解说。以郭绍虞为代表的文学批评史著作，论庄部分尽管非常少，但有些阐述却明显打上了时代的新印记。在中国文学批评史学科创建时期，郭绍虞先生就曾这样问道：“视‘文学’为赘疣，为陈迹，为糟粕”的庄子思想何以如此巨大地影响到文学批评，并“足以间接帮助文学的发展”？[①] 初版于1939年的朱维之的《中国文艺思潮史略》，不仅有专章“老庄底艺术论”，而且在有关中国文学批评史、中国文学思潮史著作中，最早以南北文化之不同、浪漫和现实之差异来标示道、儒之分野，强调南北文化、儒道思想这一“奔迸于中国文艺根底的两大主潮”。[②] 也许这一时期庄子美学的解读最为典型的是郭沫若先生。郭先生十分钟爱庄子，而当他与泰戈尔、歌德、伽毕尔、斯宾诺莎等外国的泛神论思想接近之后，“便又把少年时分所喜欢的《庄子》再发现了”，“待到一和国外的思想参证起来，便真是到了‘一旦豁然而贯通’的程度”。[③] 这种“再发现”的结果，便是找到了庄子的“虚无主义”与泛神论的相契点，并成为其个性主义文学思想的组成部分。

一部庄子美学的研究史，几乎就是西方美学传入、影响、中国化的

① 郭绍虞：《中国文学批评史》上卷，商务印书馆1934年版，第二篇第三章“道家思想及于文学批评之影响”。

② 朱维之：《中国文艺思潮史略》，上海开明书店1946年版，第10页。

③ 郭沫若：《创造十年》，见《郭沫若全集（文学编）》第12卷，人民文学出版社1990年版，第67页。

缩影。中西比较构成了庄子美学研究的最大内容，也是20世纪整个庄学领域的一大景观。庄子美学意义的发掘，原其初，动因在西方美学的传入。在“美学”概念源自西方而中国古代又没有相应的话语系统的情况下，在庄子美学研究中发生中西互观、互释，那是不可避免的事情。至于在具体的研究中，庄子与西方美学的参证、启悟、比较、沟通，更是随处可见。谈“自然”，有把庄子与现象学沟通；言“虚静”，有人联系到“距离”说；谈“物化”，亦有人以“移情”论解之；说“言意”，则生“语言学转向”之联想。还有一些以浪漫主义、悲剧美学冠庄子的论家，无不以西方概念为依据。西方自古希腊至近现代的诸多美学家如柏拉图、卢梭、席勒、康德、叔本华、尼采、克罗齐、柏格森、海德格尔、卡西尔、马斯洛、德里达等等几乎都可以在庄子这里找到印证。这些关于庄子美学的学术研究，既是学术界以现代美学观念对古老的庄子所进行的现代阐释，又成为中国美学现代建设的重要组成部分。

五、同为道家的老庄之异

本书以问题带人物的论述方式，探析道家思想对中国现代美学的影响，或曰中国美学现代建构中道家艺术精神的深度参与。在本书的论述中，道家与老庄、老子与《老子》（或《道德经》）、庄子与《庄子》几乎是混同使用的。这有其历史惯性和事实基础，因为老子和庄子实为道家思想的主要代表，老子思想就主要体现在《老子》一书中，我们研究庄子美学思想也只能以现存的《庄子》（即晋人郭象的《庄子注》33篇本）一书为依据。而且，对中国文艺思想、美学传统产生重大影响的，也主要是通过《老子》《庄子》二书而实现。当然我们这样处理并不是说那些关于老、庄生平的考证、著作篇属的探究就没有意义了。本书所涉及的老子、庄子著作，主要以陈鼓应之《老子注译及评介》

及郭庆藩之《庄子集释》为主，同时参考了相关其他诸本。

本书另外一个重要特点是现代美学提到道家时，往往老庄并提，但以庄子为主。这也是历史事实使然，道家影响中国文艺的历史实际和现代道家美学思想研究的状况，都是如此。这牵涉到老子与庄子的异同，是一个我们开始本书的论述之前不得不辨的问题。

自从司马迁把老子与庄子放在一起作传，并说庄子之学“要本归于老子之言”，老庄并提，似乎成了不刊之论。明人陆西星在其《南华真经副墨·序》中就说“《南华》者，《道德经》之注疏也。”释德清在《庄子内篇注·前记》中更说：“《庄子》一书，乃老子之注疏。予尝谓老子之有庄，犹孔之有孟。若悟彻老子之道后观此书，全从彼中变化出来。”而实际上，同为道家人物的庄子与老子思想有很大的差异，其对后世的影响也是不能完全相同的。庄子把老子哲学发展为具有浓厚的美学味道的思想，其思想虽渊源于老子，但又与老子有着极大的不同。审美色彩，是老庄的分水岭。因此，从古典到现代，老子在哲学、政治上更具影响力，庄子则更受艺术美学领域的推崇。具体来说，老、庄有以下不同：

第一，就生平来讲，《汉书·艺文志》说道家“盖出于史官，历记成败、存亡、祸福、古今之道，然后知秉要执本”。应该说，这只适合于老子。《史记·老庄申韩列传》《庄子·天道》《史记·曾子问疏》引郑玄皆云老子为“守藏史”“征藏史”“柱下史”“太史”，其为史官，应无疑问。史官记言记事，深悉历史之故实，又掌理图籍，于历代学术及先圣王之言行事迹，无所不晓。而庄子尽管作过小官（《史记》说庄子做过“漆园吏”），但从《庄子》一书许多关于庄子的事迹记载来看，他似乎更像《刻意》篇所谓“就薮泽、处闲旷，钓鱼闲处，无为而已矣”的那种人。《史记》曾生动地表现了庄子的隐士思想和生活作风，他从“为我”的观点“终身不仕”，意欲过一种“游戏”的生活以“自快”。

第二，由于经历存在着这样的差异，都以自然无为之“道”来展开其思想的老、庄，其学术旨归却呈现出极大的不同。老子之“道”凝聚在“反者道之动，弱者道之用”（《老子》第四十章）这两句话上。“反”，意谓一事物若发展到极点，则必一变而为其反面，即“物极必反”。把这种事物的变化法则（老子认为这是“道”的运行法则）推广于人间世事，老子就悟出了“弱”（以“弱”概“柔”“虚”“曲”“后”“下”等）具有极强的生命力。这就是“道”应用于人世所得出的经验（“弱者道之用”）。所以，老子哲学有一特殊之点，就是守柔、取反、处弱、居下。它是一种“执两用下”的人生处世哲学。可见，老子思想总是从对待两端着眼，而以谦卑、柔弱、清虚为立于不败的根本，理智、计议是其思想的主基调。所以，老子哲学的特点是老——老人的哲学，它似乎是出自一个洞晓古今事变、反复权衡事物正反两方面得失的智者的声音，它是一个史官对历史上政治和军事斗争经验的总结和抽象。朱光潜也说过老子“五千言大半是一个老于世故者静观人生物理所得到的直觉妙谛”①，“执古之道，以御今之有，能知古始，是谓道纪”（《老子》第十四章）。鲜明地表明了老子“道”的意义和归宿。而庄子思想则极富浪漫色彩，他要超越一切是非纷争，摆脱一切计议之心，以求得一种逍遥自适的精神境界。朱熹云：“老子之学，大抵以虚静无为冲退自守为事，若旁日月，挟宇宙，挥斥八极，神气不变者，是乃庄生之荒唐，老子曷尝有是哉？今世人必欲合二家之似而一之，非老子之意矣。”② 老、庄著作中都有许多列举的矛盾。《老子》中有祸福、正奇、善妖、曲直、高下、柔坚、损益等，《庄子》中

① 朱光潜：《看戏与演戏——两种人生理想》，见《朱光潜全集》第9卷，安徽教育出版社1993年版，第259页。

② （宋）黎靖德编：《朱子语类》卷一二五，中华书局1986年版。

所列举的对立面也极多，如死生、存亡、穷达、毁誉、是非、善恶、美丑、贫富、彼此、有无、大小、得失等等。但老子是在阐述矛盾的相互转化，叫人在正负之间，做些谨慎自省的工夫；而庄子则要彻底超脱这些对立。鲁迅在谈到老、庄之异时也说："老子尚欲言有无，别修短，知白黑，而措意于天下；周则欲并有无修短白黑而一之，以大归于'混沌'，其'不谴是非'，'外死生'，'无终始'，胥此意也。"① 庄子解决矛盾的办法，与其说是一种"主观精神胜利法"，毋宁说是一种审美超越法。

第三，他们的思想表达方式不同。《老子》是格言式的、论述式的，有逻辑分析之迹可寻，属于庄子所说的"庄语"（王先谦《庄子集解》："庄语犹正论"）。而庄子则"不可与庄语"（《天下》），以寓言、夸张的手法，不主故常，有如天上飘浮的云彩，跌宕多姿。更有甚者，庄子把老子的纯粹的哲理性思考发展成为情感的发泄。这一切，使《庄子》成为一部具有极高艺术价值的文学作品。《史记》传《老子》一书是老子应别人"强为我著书"之约而写成，而庄子著书更具有文学创作的自觉。他写书不是以政治功利为目的，而主要是"以谬悠之说，荒唐之言，无端崖之辞"（《天下》）"自快""自适"而已。所以司马迁指出庄子的文章"洸洋自恣以适己"。思想的艺术色彩，人生态度的游戏性，著书目的的审美化，在庄子那里和谐地统一起来了。

第四，他们的流变和影响不同。大致说来，老子的流变和影响，尽管在文艺上也很大，但在政治、人事一途则更显要，而庄子则在一些艺术家那里获得了生命。在老子思想中，一方面，其"秉要执本""清虚

① 鲁迅：《汉文学史纲要》，见《鲁迅全集》第 9 卷，人民文学出版社 2005 年版，第 377 页。

以自守”，譬犹居环中以应八方，这种特点正好与君王的身份相合。而清虚、柔弱、谦卑，则合于“尧之克攘，《易》之嗛嗛，一谦而四益”（《汉书·艺文志》）。因此，老子之道被后人视为“君人南面之术”，《老子》一书被人称为帝王之书。另一方面，由于其冷静、严峻的得失、祸福计议之心太多，尔后发展成为阴柔权变之术。因此程明道说：“老子语道德而杂权诈”，老子之“道”乃“权诈之术”也。（《二程粹言·论道》）以申、韩为代表的法家和西汉时的“黄老之学”，就是老子思想在政治上的运用和发展（如《韩非子》中就有《解老》《喻老》篇，有人称西汉前期的思想为“道法家”）。不但如此，老子思想还与兵家关系甚为密切。老子讲根本之道，消弭问题于无形，兵家亦以“不战而屈人之兵”为最高境界。老子思想“反者道之动”中的以柔克刚、后发制人的思想，亦与兵家有异曲同工之妙。因此，老子道术，为“言兵者尚焉”①。关于老子与兵、法的关系，李泽厚指出：“《老子》是由兵家的现实经验加上对历史的观察、领悟概括而为政治—哲学理论的。其后更直接衍化为政治统治的权谋策略（韩非）。这是中国古代思想中一条重要线索。之所以重要，一方面在于它对中国专制政治起了长远影响；同时也由于，贯穿在这条线索中对待人生世事的那种极端‘清醒冷静的理智态度’，给中国民族留有不可磨灭的痕迹，是中国文化心理结构中的一种重要的组成因素。”② 而庄子则与之不同。王夫之在《庄子解》中称老子知雄守雌，是“以机而制天人者”。而庄子的超然态度，则“不启天下险恻之机，申韩孙吴皆不得托”③。钱穆先生

---

① （宋）王应麟：《汉艺文志考证》，见《汉制考　汉艺文志考证》，中华书局2011年版，第216页。

② 李泽厚：《孙老韩合说》，《中国古代思想史论》，人民出版社1985年版，第78页。

③ （清）王夫之：《庄子解》，王孝鱼点校，中华书局1964年版，第284、285页。

言："《庄子》书，可谓有甚高之艺术境界，而《老子》书则终陷于功利境界中，而不能自拔。""故治《老子》书者，可以由此而有种种之权术，然终不能进企于艺术境界。"[①] 庄子思想不仅与兵、法思想毫无联系，而且与后来发展的以炼丹求长生的道教在精神上也是大相径庭的。庄子的"至人""神人"，超越一切技术上的束缚，得到艺术性的解放。庄子心目中的这类理想人物，绝非神仙怪诞之流，而其浪漫性的描写只在强调精神上的不受任何世俗的羁绊而已。在中国思想史上，只有佛教中的禅宗与庄子合流，共同支配了中国的文学艺术及批评。

关于老、庄之异，近人江瑔的一番话说得直接、干脆："后世之治天下，得老子之术者，如汉之文景是也；得庄子之术者，如晋之王、何是也。文景致刑措之治，王、何开清谈之风。此老庄之所以分矣。"[②] 江氏的这一看法，实则来源于清人洪亮吉。洪氏《晓读书斋录》云："汉儒重老子，次则文子，而绝不及庄、列。盖老子、文子之道，可以治天下，而庄、列则不能。"又说："盖老、庄、文、列四子，实三代以后，治术学术兴替分合一大关键。老子、文子则上承黄帝开西汉之治者也，庄子、列子则下导释氏启魏晋六朝之乱者也。"[③] 洪氏非常有眼光地看到作为道家代表人物老子、庄子思想流变、影响的差异，并把它们看作三代以后"治术学术兴替分合一大关键"。其以"治天下"的政治实用立场来评价老、庄之异，看到的必然是庄子"乱天下"的负面作用。但如果我们换个角度，从文学、美学的立场来看，则可能呈现出另一景观。

---

① 钱穆：《庄老通辨》，生活·读书·新知三联书店 2002 年版，第 249 页。

② 江瑔：《读子卮言》，转自龚乐群：《老庄异同》，（台湾）幼狮书店 1974 年版，第 86 页。

③ 转引自郎擎霄：《庄子学案》，上海商务印书馆 1934 年版，第 353 页。

由于庄子思想那种超越现实实用的特点，庄子在汲汲于治国平天下的两汉几乎被湮没，两汉竟没有注《庄子》的！（而注《老子》者甚多）西汉人讲黄老而少言老庄。当时所谓的道家思想，主要是指老子思想。就是东汉思想家王充，他写作《论衡》“试依道家论之”、“虽违儒家之说，合黄老之义也。”（《论衡·自然》），其所指的道家，也是黄、老而偏于老子。只是到了社会动乱的汉末，庄子才引起人们的注意。而一到魏晋之间，“庄子的声势忽然浩大起来”①，不但注家蜂拥，而且庄子思想渗透到那个时代人的言行举止，深为当时的文人、名士所喜爱，“整个文明的核心是庄子”！②《晋书·向秀传》说向秀“为之隐解，发明奇趣”、郭象又“述而广之”的《庄子注》问世，才使“儒、墨之迹见鄙，道家之言遂盛焉”，足见那时人们言道家，主要指庄子。如果说两汉多黄、老并称的话，那么到了六朝，特别是晋代，人们多庄、老并提（顺序不是老、庄）。如《晋书·阮籍传》说阮籍“尤好庄老”，《晋书·嵇康传》说嵇康“长好庄老”，嵇康《与山巨源绝交书》亦云：“又读《庄》、《老》，重增其放”，《晋书·山涛传》也称山涛“性好庄老，每隐身自晦”，干宝《晋纪》亦云：“学者以庄老为宗，而黜六经”，南梁时期的刘勰《文心雕龙·明诗》亦言：“庄老告退，而山水方滋”……从这种称谓的变迁，足见庄学热闹的消息。而魏晋在中国文学史上，被人称为“文的自觉”“人的解放”的重要时期。庄学之热与中国文学的自觉时代同步，这一现象不能不引起我们对庄子与文学的内在关系、庄子思想的审美特点进行深思。

当然，我们在申述老庄差异的时候，也不能忽视他们之间的相同，也正是那些相同，才促使我们把老庄并提置论。而且前面说到“审美

---

① 闻一多：《古典新义》，见《闻一多全集》第2卷，生活·读书·新知三联书店1982年版，第279页。

② 闻一多：《古典新义》，见《闻一多全集》第2卷，第279页。

色彩，是老庄的分水岭”的时候，也并不是说老子就没有审美色彩和文艺思想，而是恰恰相反，老子也具有丰富而深刻的文艺思想。我们只是在把他和庄子比较的时候，才有上述辨析。

上　编

道家超功利思想与中国美学的现代奠基

第一章

道家思想与“意境”美学的现代生成

第一节 意境：一个由现代人阐释创成的古典美学范畴

20 世纪的中国美学、中国文论，“意境”被赋予太多的意义、太高的价值，既被认为是中国古典美学的最高追求，又被视为中国现代美学的一大创造。由于被赋予太多，被抬得太高，研究意境的论著汗牛充栋，蔚为景观，不免泥沙俱下，滥用空谈者不在少数。对此有知名学者呼吁为意境（境界）学降温！[①] 翻检时下出版的林林总总的诸如文学概论、美学教材，几乎无一例外地花上很大篇幅（或立专章专节）论述意境，并把它当作中国古典美学在世界话语中的一大独创！然而如果我们认真思考它的生成历史，则会发现它主要是一个中国现代美学的话题，是一

① 黄维梁：《为意境（境界）研究热降温——中国古代文论探索札记》，《海南师范大学学报》（社会科学版）2006 年第 3 期，《新华文摘》2006 年第 23 期转载。

个现代人阐释、“制造”的中国古典文艺美学范畴。由于它是中国现代美学学者对中国古典艺术经验的阐释，是对中国古代美学相关思想的综合，因而也可以说意境是连接古典与现代的一个颇为成功的关键词！

源远流长、丰富深刻的中国古典美学，依托其深厚的哲学、艺术创作土壤，产生了许多具有民族特色、历代相因相禅而又不断丰富其内涵的美学概念，一字如神、气、和、妙、味、化，两字如比兴、教化、言志、中和、滋味、风骨、通变、载道、雄浑、自然、兴趣、妙悟、格调、神韵、性灵等，都在不同时代被不同文艺批评家提出且产生重要影响，在以后被广泛运用、不断丰富，有的更成为一种理论纲领、旗号而形成文艺流派。然而，纵观整个中国古代，我们却没有看到哪个批评家有意识提出过“意境”这个概念，更谈不上以之作为旗号来标举了。我们当然不能武断地说中国古代文艺批评中没有“意境”这两个汉字连用组合而成的词，如明人朱承爵《存馀堂诗话》言：“作诗之妙，全在意境融彻，出音声之外，乃得真味。”① 其用意与现代人所说意境较近，只是朱氏其人以及他的这一说法没有什么影响。现代学者谈意境最乐于称引的王昌龄，就更是如此了。托名为王昌龄所作《诗格》云：

> 诗有三境：一曰物境。欲为山水诗，则张泉石云峰之境，极丽绝秀者，神之于心，处身于境，视境于心，莹然掌中，然后用思，了然境象，故得形似。二曰情境。娱乐愁怨，皆张于意而处于身，然后驰思，深得其情。三曰意境。亦张之于意而思之于心，则得其真矣。②

现代意境论者急欲在古代文艺批评中寻找依据，于是王昌龄这段在

---

① 见何文焕辑：《历代诗话》下，中华书局 1981 年版，第 792 页。

② 见郭绍虞主编、王文生副主编：《中国历代文论选》第二卷，上海古籍出版社 1979 年版，第 88—89 页。

古典时期几乎没怎么被提及（更谈不上被称引）的话就被发掘出来，成为意境理论的成熟表述了！其实，且不说王氏的《诗格》的真伪存在很大争议（胡震亨《唐音癸签》卷三十二就明确说此书“伪托无疑”），其上下文语境中的“意境”与现代人所说的意境差异很大，单就其在古代的影响而言，这都是一个没有产生任何理论反应的随意性、一般性用语。现代意境论者最常见的做法，是把晚唐司空图、宋季严羽的诗学批评当作意境理论发展的重要阶段，但令人尴尬的是，上述二者的诗歌批评却没有出现“意境”这一概念！王一川认为：“意境与其说是属于中国古典美学的，不如说是专属于中国现代美学的。它在中国古代还不过是一般词汇，只是到了现代才获得了基本概念的意义。所以，意境应当被视为中国现代美学概念。意境是中国现代文学和美学界对自身的古典性传统的一个独特发现、指认或挪用的产物，其目的是解决中国现代人自身的现代性体验问题。”“把意境看作古典美学概念，是错以现代人视点去衡量古代人，把意境对于现代人的特殊美学价值错误地安置到古代人身上。”① 这一说法是符合历史实际的，也是切当的。意境理论主要是一个现代话题，通过王国维、宗白华、李泽厚等现代美学家的论述，把古典时代一个随意性、一般性且用得不是很广泛的用语凸显出来，夸大其意义，加大其内涵，逐渐成为一个贯通古典与现代的中国美学范畴。

由于意境是现代美学家对古代成功的艺术经验的总结，因而对意境的理解也就自然没有定论。综合各家解说并寻找其最大公约数，意境是以心物同一、意象冥契、情景交融、虚实结合为基本特征的。我们把“意境”的审美特征分为三个层次：情景交融（主体情思与外

① 王一川：《通向中国现代性诗学》，《北京师范大学学报》（社会科学版）2001年第3期。

部物象相通相应同态互生的关系）为第一层，也是最基本的层次；虚实结合（言内意象与言外韵味之间触引生发的一唱三叹的关系）为第二层；而这个言外（象外）韵味的实现，乃是通过欣赏者的参与创造而致，这就上升为“意境”的第三层次：作品艺术形象的生动、具体、自然、鲜明与欣赏者想象、体悟的丰富性相结合。而意境的这些特征，道家的人与物冥、物我合一、有无相生、虚实结合、反虚入浑的思想为之奠定了一个坚实的哲学基础！叶朗在《中国美学史大纲》一书中就明确指出：“‘意境’不是表现孤立的物象，而是表现虚实结合的‘境’，也就是表现造化自然的气韵生动的图景，表现作为宇宙的本体和生命的道（气）。这就是‘意境’的美学本质。意境说是以老子美学（以及庄子美学）为基础的。离开老、庄美学，不可能把握‘意境’的美学本质。”① 1930年代许文雨在《人间词话讲疏·自序》中说：“夫词之为文字，固亦不越夫作者之意与所作之对象，涵内薄外，以成就其体制。其上焉者，则意融于象，殆与庄生物我双遣之旨同符，而王氏则谓之意境两浑矣。”② 就深刻揭示了中国诗词艺术的意境美学精神“与庄生物我双遣之旨同符”这一深厚的文化思想渊源。意境美学的现代创成，与道家艺术精神的现代影响、现代参与是分不开的！

当然，我们不至走向极端而“只见东墙不见西墙”，在强调道家影响时把意境的来源仅限于老庄，而是认为中国现代美学的意境理论在复杂、多元的影响中形成。中国现代美学中的意境理论受惠于佛教禅宗，这在王国维、宗白华的创构中表现得非常明显，只是由于中国传统庄、禅合流，禅境有时通于庄子的境界。意境有西方现代美学的影响，特别

① 叶朗：《中国美学史大纲》，上海人民出版社1985年版，第276页。

② 许文雨编著：《钟嵘诗品讲疏　人间词话讲疏》，成都古籍书店1983年版。

是王国维，其“境界”说更被认为是叔本华哲学、美学的中国映像。但是，正如闫月珍所说，应该充分注意到王国维等现代学者“对古典文论和西方文论的双重接受。对于‘无利害’这样一个概念，我们不能因为它借自德国哲学就把其意义纯粹化，在王国维的理论中，它显然还有一个中国背景对其进行过滤和改造，从而实现理论的融合和创新”①。她在此讲的“中国背景”，就是我们多次强调的接受外来思想的“前在视野”。在此特别强调道家影响，无意否认其他的来源研究，而只是就那方面作集中论述，以期丰富现代美学的意境研究，为意境美学提供一种可能的新解说。

第二节　道家思想沾溉下的王国维“境界”说

王国维于1904年拈出“境界”说，迄今已有110多年历史。“境界”说创立于中西融汇、继往开来的节点上，经过众多学者的理论阐释及批评应用，已然成为中国文艺美学的核心观念，确立了其在中国美学史中的重要地位。王国维曾非常自信地说：“沧浪所谓兴趣，阮亭所谓神韵，犹不过道其面目，不若鄙人拈出‘境界’二字为探其本也。”② 这种“探本”之论的自信不仅来自对中国本土文化的熟谙，更是来自洞观中西学术之后凌厉古今的创造。在王国维的文艺批评中，“境界”与“意境”即使在《人间词话》中都交替使用，含义难分，显示王氏本人并没有认真区分二者。所以现代论者在梳理意境理论的历

---

① 闫月珍：《意境：一个范畴的现代旅行踪迹——以王国维、宗白华与李泽厚为例》，《兰州大学学报》（社会科学版）2010年第2期。

② 周锡山编校：《王国维文学美学论著集》，北岳文艺出版社1987年版，第350—351页（下文64则《人间词话》《人间词话未刊稿》《人间词话删稿》均出自该书，不再另标页码）。

史时，一般以“境界”说涵盖、代表了其“意境”，并把王国维的“境界”说作为意境理论现代创成的重要开始。“境界”有中国文化的基因，同时也具有异域文化的观照，中西文化的融汇互通使得“境界”说成为开风气之先的创论，不断为人研究参证、津津乐道。近些年，学界多注目于“境界”说与西方文化的联系而轻忽其与本土文化的渊源。在笔者看来，“境界”说虽是中西“化合”的产物，但是来自本土文化尤其是道家思想的影响更为根深蒂固。

一、近20多年来“境界”说研究的新动向

近20年来，有关“境界”说的研究又掀起了一个小高潮，旧史料的新发现、看问题的新角度以及学者们爬罗剔抉的细致功夫等进一步丰富了“境界”说的内涵。约略如下：

（一）“境界”说的西方思想来源

由于王国维在写作《人间词话》、提出“境界”说之前，其文学批评主要以接受德国哲学、美学为主要特色，王国维在以中国传统诗话、词话形式创作《人间词话》时受过哪些西方影响，就成为研究者关注的焦点。佛雏最早比较全面地论述了境界说与叔本华哲学的关系，他不无小心地说道：“王氏关于既‘合乎自然’又‘邻于理想’的‘意境’说，作为一种诗论体系的骨架来看，似并未越出叔氏的规范之外。”① 后来王攸欣则非常肯定地说：“境界说的全部观念直接来自叔本华《作为意志和表象的世界》。”② 罗钢通过辨析王国维有关“兴趣”“神韵”与“境界”的本末之论进一步确认王国维的“境界”说“是以叔本华为代表的西方近代美学的嫡系后裔”，其理论实质“是对以叔本华‘直

① 佛雏：《王国维诗学研究》，北京大学出版社1987年版，第189页。

② 王攸欣：《选择·接受与疏离：王国维接受叔本华、朱光潜接受克罗齐美学比较研究》，生活·读书·新知三联书店1999年版，第91页。

观说’为核心的若干西方理论的移植”。[①] 而肖鹰则将思想来源引向了席勒，认为：“‘境界’说的核心是以席勒提出的以人本主义理想为核心的诗歌理想，而《论素朴的诗和感伤的诗》是‘境界’说的基本思想资源。”[②] 应该说，这些研究让我们认识到“境界”说内涵和渊源的复杂性。

（二）“境界”说与中国传统意境论的背离

“境界”的中国语源使其与中国传统文论的关系广受关注。叶朗曾经指出，王国维“境界”说属于中国古典美学的意象说范围，而非意境说范围。[③] 后来蒋寅进一步指出，王国维的意境说与中国传统的意境论并不相同，是其“在西方艺术理论的启发下，取当时流行的‘意境’概念来发挥他的文学观”，“在当代学者的不断阐释、开拓下，意境遂成为一个与传统用法割裂的现代诗学范畴”。[④] 蒋文同时引王一川的相关言论为同调。[⑤]

（三）王国维对“境界”说的“纯化”

长期以来，学界将王国维在《国粹学报》上公开发表的64则《人间词话》（下文称“64则词话”）信为定案，所做的理论阐释多以此为依据。其实在64则的“定本”之后，王国维还修订过《人间词话》。1914年9月至1915年7月，王国维应约在创刊于沈阳的日人报纸《盛京时报》上连载其学术札记，其中便有其亲自遴选改订的31则《人间

---

① 罗钢：《本与末——王国维“境界说”与中国古代诗学传统关系的再思考》，《文史哲》2009年第1期。

② 肖鹰：《被误解的王国维“境界”说——论〈人间词话〉思想根源》，《文艺研究》2007年第11期。

③ 叶朗：《中国美学史大纲》，第621页。

④ 蒋寅：《原始与会通：“意境”概念的古与今——兼论王国维对意境的曲解》，《北京大学学报》（哲学社会科学版）2007年第3期。

⑤ 见王一川：《通向中国现代性诗学》，《北京师范大学学报》（社会科学版）2001年第3期。

词话》，这才是王国维生前认定的最后版本。这一版本一直未受重视，1980年代以来有人偶尔提及，但并未作深入研究。近几年才有学者进行了细致研究，彭玉平指出其“去西方化”的理论特色，认为此一版本是王国维词学理论的“终极形态”，“更能代表王国维词学的终极意义，更具深入研究的价值”。① 这一说法很有见地，尤其是31则的版本删掉了64则版本中作为理论基础的3、4、5则，不免让此前有关“造境”与“写境”、“无我之境”与“有我之境”、“以物观物”与“以我观物”等的研究产生蹈空之憾。从64则到31则，王国维的境界理论没有发生根本的改变，但经过若干年的沉淀，“境界”说凸显出“纯化”及向中国传统回归的趋向。

由上可见，有关“境界”说的研究依然在持续，且不断走向深入。关于“境界”说的思想来源，学界多注目于其与西方思想的关系。“境界”说与西方思想的关联及其与中国美学传统的疏离其实是一个路向，都认为“境界”说之所以能在现代中国崭露头角有赖于西方理论资源的汇入。王国维后来对《人间词话》的修订有回归传统的倾向，但无法否认其借鉴西方思想熔铸伟词的事实。现在的问题是，西方思想在“境界”说的形成过程中到底起什么作用？难道“境界”说仅仅是西方思想在中国文化中的映像吗？若果真如此，王国维又何必绞尽脑汁拈出一个中式术语来代替他所服膺的西方思想呢？很多西方资源论者竭力挖掘“境界”说与康德、叔本华、席勒等美学思想的关联，无非是想证明西方思想在“境界”说中的根源性地位。我们不否认西方思想的重要作用，我们也尊重自《人间词话》问世以来的诸位学者在这方面所做的艰苦努力，但不宜夸大这种作用。在大谈西方思想来源的时候，一

① 彭玉平：《被冷落的经典——论〈盛京时报〉本〈人间词话〉在王国维词学中的终极意义》，《文学遗产》2009年第1期。

定不要忘记两点：（1）王国维对西方理论的接受是有前提的，中国文化的深厚学养为其提供了一个坚实的接受西方理论的“期待视野”；（2）“境界”说借鉴了西方美学思想，但观照的却是中国诗歌的审美经验，中国诗歌独特的审美经验不是被动地去证明西方思想，而是有选择地将外来思想“拿来”为我所用。西方美学理论建立在西方审美经验的基础之上，不一定能完全有效地解析中国的审美经验。所以，西方美学思想无法替代王国维的“境界”说，它所起的作用准确点说应是王瑶所说的“照亮”。[①] 王国维借以“照亮”的不只是境界理论本身，更主要的是中国诗歌的审美经验，这是“境界”理论所依存的真正基础。中国古典诗歌的审美经验断不可能无碍地成为西方近代美学思想的注脚，它是中国传统文化孕育出的美的结晶，依据中国传统思想才能更好地体会其真味。

二、“真景物”的独立及其创造性价值

借助直观论，王国维发现了一个长期被言志、缘情论遮蔽的世界——“真景物”。《人间词话》第 6 则云：“能写真景物、真感情者，谓之有境界，否则谓之无境界。”“真感情”虽然也是“境界”说的重要组成部分，王国维也说过“一切景语皆情语”（《人间词话删稿》第 3 则），但对于景物的特别看重还是引来了诸多责难。朱光潜、唐圭璋、饶宗颐等都批评过王国维对“景”的偏重，不能不说他们过多地受到了言志、缘情论的影响，反而没有王国维看得通透。将景物独立出来，

---

① 王瑶曾在全国社会科学“七五”规划会议上谈道：“从王国维、梁启超，直至胡适、陈寅恪、鲁迅以至钱钟书先生，近代在研究工作方面有创新和开辟局面的大学者，都是从不同方面、不同程度地引进和汲取了外国的文学观念和治学方法的。他们的根本经验就是既有十分坚实的古典文学的根底和修养，又用新的眼光、新的时代精神、新的学术思想和治学方法照亮了他们所从事的具体的研究对象。”（王瑶语见王瑶主编的《中国文学研究现代化进程》中陈平原所作“小引”，北京大学出版社 1998 年版）

相较于中国传统美学，实是一种突破。

在中国诗歌的发展历程中，“景物”长期未能获得独立的审美价值。先秦以迄两汉，诗中的景物多是兴发感动的触媒。魏晋南北朝时期，田园、山水题材进入诗歌之中，山水诗画的萌露与发展，使得“景物”渐渐成为重要的审美对象。这一时期的山水诗画还带有些政治、宗教色彩，“景物”还不够纯粹，有时候只是背景与陪衬。唐宋时期，山水诗画的成就趋于极致，其重要原因在于许多文人能够摆脱外在事功的牵绊，将山水风光纳入个人化的审美趣尚之中，“景物”才具有了纯粹的审美价值。“纯粹”的审美若从直观论美学的角度加以评判即可以理解为摆脱外在功利的审美静观。由于山水画的勃兴，山水景观审美成为“景物”审美独立的一个标志。唐宋时期的“景物”当然不止山水，诗人触目所见、有所感怀的物象皆可为“景物”，景物若能达到“语语都在目前”的即视效果就可以称得上是“真景物”。王维诗句“大漠孤烟直，长河落日圆”就具有“真景物”的即视效果。“景物”虽然在诗画实践中获得了独立的审美价值，但由于言志、缘情传统的强大影响，“真景物”长期处于情、志的统辖之下，无法在诗学理论上获得“独立”的合法地位。

今天回望过去，我们不得不说，包含“真景物”的“境界”说实乃王国维一大创见。西方的审美静观理论给了王国维理论自信，使得他把早已在诗学实践中获得独立审美地位的“真景物”提炼出来，认可其作为审美境界的重要地位。“真景物”的合法性在后来的美学发展中得到了进一步验证和凸显，徐复观、叶维廉的理论贡献堪称显证。

徐复观认为，庄子的艺术精神落实到自然山水中最为妥帖，“自然，尤其是自然的山水”，“是庄学精神所不期然而然的归结之地”，①

---

① 徐复观：《中国艺术精神》，第136页。

魏晋时期开始肇端的山水画便是庄子艺术精神的外现。也可以说，魏晋时期，借助庄学的艺术精神，人们发现了自然山水的“美”。经历一段时间的积淀与醇化，山水从陪衬、背景的附属地位中摆脱出来，成为画作的主体，获得了独立的审美地位。徐复观曾经指出王国维的“境界”之“境”主要指“景”而言，但诗中的景不可能是纯客观的存在，必然“钩紧着情或意”①，据此，所谓“无我之境”也无所附丽了，因为诗歌不可能真正做到“无我”。徐复观的这种论述与他的观察视角有密切关系，他做“人性论史”、考察庄学向艺术的落实等都是从人的精神入手深入研究对象。其实，诗歌是人的创造，诗中所写与人精神的不可分割本是不待分辨即可断定的事实，而自然风景由陪衬到主体的变化的确显示了人们审美视域的扩大，这一过程可以称为“自然的人化”。徐复观也有类似的说法，他称作“自然的精神化”，说“中国以山水为主的自然画，是成立于自然的感情化之上”。②

如果说徐复观从绘画中发现了“真景物”可以作为“境界”说的旁证的话，那么叶维廉从诗歌中发现了“真实世界”则可以说是“境界”说的续写了。叶维廉的诗学研究聚焦于写景诗，他所谓的“真实世界”是指原生态的自然世界，这种“真实世界”用他自己的话说就是：“在注意及决定事物的状态和关系之‘前’的一瞬，亦即‘指义前’的一瞬，是属于原来的、真实的世界。”③“指义”发生之前的状态即是一种“直觉”状态，中国古典诗歌语言的特有秉性能够使其“逗兴”出景物之后即刻退隐，最大程度地复现出直觉到的自然真切的现象世界。而“真实世界”也要待魏晋时期山水诗出现、山水作为独立审美对象的地位得以确立之后才能逐渐呈现，才能逐渐“以自然自

---

① 徐复观：《中国文学精神》，上海书店出版社2004年版，第76页。

② 徐复观：《中国艺术精神》，第294页。

③ 叶维廉：《比较诗学》，（台湾）东大图书股份有限公司1983年版，第88页。

我构作的方式构作自然”①。巧合的是，在叶维廉看来，中国写景诗能够呈现“真实世界”也要归源于道家思想。首先，山水意识的兴起，“最核心的原动力是道家哲学的中兴”②；其次，“真实世界”美学视境的形成有赖于道家美学成就的“语言通明”。叶维廉有时用“不隔”来指称写景诗的美境，如在例举王维《鸟鸣涧》之后说“因为诗人不介入来对事物解说，是故不隔”③；而他对“以物观物”的观物法解析得更是淋漓尽致。虽然叶维廉没有明言王国维“境界”说给他的启发，但他对“真实世界”审美视境的探寻显然受到了王国维“真景物”的影响。

徐复观、叶维廉都把“真景物”的产生归源于道家文化，他们的论述中也有大量的西方美学、诗学思想用以参照、比较，但并没有因此撼动中国传统文化在解析中国美学问题时的主导地位。而王国维并不具备徐、叶二人的那种明晰的比较意识，他热烈欢迎西方美学思想，同时对中国传统文化又有深厚的功底和深刻的领悟，面对中国诗学问题而以中国诗话的形式表出之，实在是因为他对中国传统文化有更为深刻的体认。在中西文化交汇“明而未融”的时代，王国维借鉴西方美学思想、潜运中国传统道家哲学、梳理中国审美经验而提出的“境界”说不能不说是一种能动的“创造”，西方思想所起的作用是“照亮”，中国诗歌的审美视境是被“照亮”的对象。王国维在《论近年之学术界》中谈到我国思想受外界影响的过程有“受动”“能动”之分，他显然不满意纯然“受动”，面对西方思想——“第二之佛教”的输入，“能动”地对待应是其心底的诉求。他对中西文化之不同有较为恰切的认知：“抑我国人之特质，实际的也，通俗的也；西洋人之特质，思辨的也，

① 叶维廉：《比较诗学》，第 55 页。

② 叶维廉：《比较诗学》，第 146 页。

③ 叶维廉：《中国诗学》，生活·读书·新知三联书店 1992 年版，第 263 页。

科学的也，长于抽象而精于分类。”于是，“境界”说取西人之长，具有较为明晰的理路。而他对西学之弊也非常清楚：“夫抽象之过往往泥于名而远于实，此欧洲中世学术之一大弊，而今世之学者犹或不免焉。”① 由于对“名”不太信任，“境界”说更加重视中国审美经验之“实”。所以，如果“境界”说表现出与西方思想的对应的话，那么这种“对应”更主要的是“照亮”式的对应、“能动”的对应，它阐述的完全是中国的审美经验。王国维这种“能动”的创造以尊重中国的审美经验为前提，比起一些用西方理论来切割中国经验的做法要高明得多。

三、“以物观物”与道家美学视境

“真景物”的境界用《人间词话》中的语言解释就是“无我之境”，是“语语都在目前”的“不隔”之境。在王国维看来，“无我之境”要优于“有我之境”：“古人为词，写有我之境者为多，然未始不能写无我之境，此在豪杰之士能自树立耳。”（《人间词话》第 3 则）“无我之境”之所以优于“有我之境”，根本原因在于它采取的观审方式为“以物观物”。并非所有写进诗歌中的景物都是“真景物”，凭借“以物观物”的观审方式呈现的景物才能称为“真景物”。《人间词话》第 3 则在 64 则“词话”中起着至关重要的理论基础作用，《盛京时报》本却将其整体抽去，让人顿生无所抓缚之感。

王国维为什么要舍弃“无我之境”“以物观物”的精彩论述？这与他回归传统的倾向有关。“以物观物”一词本来不是舶来品，但王国维对它的解释和运用却让人易于产生叔本华直观论的中国版之错觉。王氏在《孔子之美育主义》介绍了叔本华观美状态的二原质之后指出，观

---

① 王国维：《论新学语之输入》，见周锡山编校：《王国维文学美学论著集》，第 111—112 页。

美之人应当“无欲”，所观之对象应当视为“纯粹之外物”，并进而用邵雍所说的“反观”“以物观物”加以印证。[①] 王攸欣曾说：“王国维领会了叔本华的纯粹直观后，在中国哲学史中找寻相近的概念，他认为邵雍的‘反观’与叔本华的静观相近，所以借用了邵雍的一些术语……。”[②] 的确如此，“以物观物”说明显带有叔本华“直观论”的痕迹，而要回归传统，舍弃这种说法是可以理解的选择。《盛京时报》本《人间词话》不仅舍弃了“以物观物”，凡与西方美学思想相关的“观”字皆弃之不用，如“主观之诗人”“客观之诗人”“纳兰容若以自然之眼观物”“出乎其外，故能观之”；保留的几例都是“观”的一般意义，如“读东坡、稼轩词，须观其雅量高致”“词至元人，皆承南宋余绪，殆无足观”等。[③] 从王国维的上述做法来看，虽然不能就此推定他完全抛弃了西方美学思想，但起码显示出了一种选择的心态。

与其说王国维舍弃了“以物观物”，不如说他舍弃了醉心西方美学思想的情结。王国维自己其实早已显露出对西方思想的纠结心态，他在30岁所写的“自序”中说道：“哲学上之说，大都可爱者不可信，可信者不可爱。”据他所述，叔本华的“理念”论当在“可爱不可信”之列。王国维对自己有比较清醒的认识：“余之性质，欲为哲学家则感情苦多，而知力苦寡；欲为诗人，则又苦感情寡而理性多。”[④] 他后期转而专治国学与前期对西方哲学的矛盾心态不无关系。即使如此也不能不说，王国维在中国文化中选择“以物观物”与“直观”相应，是一种

---

① 佛雏校辑：《王国维哲学美学论文辑佚》，华东师范大学出版社1993年版，第254—255页。

② 王攸欣：《选择·接受与疏离：王国维接受叔本华、朱光潜接受克罗齐美学比较研究》，第101页。

③ 见赵利栋辑：《王国维学术随笔》，社会科学文献出版社2000年版，第170—175页。

④ 周锡山编校：《王国维文学美学论著集》，第244页。

天才的发现。“以物观物”不仅有“直观”的成分，还有“直观”无法涵盖的中国文化特有的对天人、物我关系的观照，这种关系是组成“境界”说中“真景物”的前提。王国维后期舍弃了“以物观物”，但由“以物观物”带来的对中国诗歌审美视境的追问却是后起学者无法绕过的话题。

“以物观物”语出邵雍，王国维所引述的内容为：“圣人所以能一万物之情者，谓其能反观也。所以谓之反观者，不以我观物也。不以我观物者，以物观物之谓也。既能以物观物，又安有我于其间哉?”① 邵雍的著述中，还有几处谈到了以物观物，如：“以物观物，性也；以我观物，情也。性公而明，情偏而暗”，“诚为能以物观物，而两不相伤者焉，盖其间情累都忘去尔，所未忘者独有诗在焉”②，“以物观物”与“以我观物”都离不开“观”字、离不开人的行为，而“以物观物”的优长在于抛弃了那个沉溺于世俗欲望中的“我”，也就是忘去了“情累”，将“我”冥同万物、自然，以此“观”世界才能见其真面目。这种观念显然来自道家，邵雍自己曾说：“《老子》五千言，大抵皆明物理”，“若庄子者，可谓善通物矣。”③ 老庄“明物理”“善通物”，深得自然旨趣。而“以物观物”的表达方式更是直承老子，《老子》第五十四章有“以身观身，以家观家，以乡观乡，以邦观邦，以天下观天下”之说。邵雍是理学大家，兼宗儒道；王国维忧国忧世，心底也有道家的影子。在邵雍那里，“以物观物”已然表现出向诗歌境界的进路，《伊川击壤集序》论其所作诗歌“不限声律，不沿爱恶，不立固必，不希名

① 转引自王国维：《孔子之美育主义》，见佛雏校辑：《王国维哲学美学论文辑佚》，第255页。

② 郭彧整理：《邵雍集》，中华书局2010年版，第152、180页。

③ 郭彧整理：《邵雍集》，第169、163页。

誉，如鉴之应形，如钟之应声”①，简直就是“以物观物”的神妙之境；王国维将“以物观物”接通西方的“直观”论，并进而将“以物观物”生发为“无我之境”独有的审美方式，与邵雍可谓千载知音了。

“以物观物”作为一种独特的审美方式，与道家思想同样有深刻的渊源，还可以进一步从“物我”关系沿袭道家“自然”观念的方面加以解释。老子讲“人法地，地法天，天法道，道法自然”（《老子》第二十五章）②，“自然”不是凌驾于“道”的另一实体，而是“道”的作用方式，自然而然，无法可法。钱穆《庄老通辨》解释“道法自然”为“道至高无上，更无所取法，仅取法于道之本身之自己如此而止”。③天下万物皆自然而然，明乎此，人也就不会自矜智慧，凌驾于他物之上了。“自然”同样是庄子思想的基底，《齐物论》中对“自然”观念有更为具体的发挥。“齐物”即“均齐万物”。《齐物论》不仅均齐了时空中的万物，“天下莫大于秋毫之末，而大山为小；莫寿于殇子，而彭祖为夭”，非时空的“是非”“美丑”“善恶”等也都在均齐之列。万物殊类，群品参差，本是常识，怎么可能均齐呢？其实，万物的差别都是人类智慧所做的区分，若从自然的角度来衡量，万物皆是自然演化的参与者，平等地享有自然赋予的品性，“凫胫虽短，续之则忧；鹤胫虽长，断之则悲”（《庄子·骈拇》），当然也就没有高低贵贱之别了。中国传统文化从来没有将人凌驾于自然（天）之上，道家尤其注重天与人的和谐，将“天人”“物我”归结到自然的观念里。中国写景诗中，景物能毫无滞碍地呈现，道家自然观念是基本的前提。因为“我”与万物没有区别，能平等地参与诗境的营造，没有一个需要特加说明的“我”在，即是“无我”。所以，“无我之境”并非真的无“我”，而是

① 郭彧整理：《邵雍集》，第180页。

② 所引《老子》言论据陈鼓应：《老子注译及评介》，中华书局1984年版。

③ 钱穆：《庄老通辨》，第364页。

"我"隐没在自然现象中，没有刻意凸显自己而已。

确立了天人、物我的自然关系，接下来就是观物主体的心灵状态了，"以物观物"毕竟离不开"观"字，道家同样为观物主体提供了符合要求的心灵状态。台湾学者王煜认为，道家的自然之"道"，"在主体方面，就是浑化一切对立的关系以及倚待的因果锁链而臻的虚灵境界，在客观方面，便是一个纯粹观照的艺术境界……庄子特别着重将超越分解所建立的绝对，转化作系属于主体且以'浑化境界'姿态出现的绝对"①。《庄子》一书非常重视主体的心的修养。如"刳心""解心""洒心""释心""真宰""灵台""灵府"以及与之相对的"蓬之心""师心""怒心""贼心""滑心""忮心""徧心""缪心"等。它们的主旨就是要人们从那种被逻辑认知和是非之心的束缚中解放出来，冲破是非二分律、因果律的锁链，而达致一种纯粹的超验的虚灵状态。这种心灵状态，是与宇宙万物直觉合一的前提。道家之"道"颇有些神秘，老子讲"道""视之不见""听之不闻""搏之不得"（《老子》第十四章），体认"道"需要不同寻常的心灵，这种心灵在庄子那里被称为"心斋""坐忘"。"若一志，无听之以耳而听之以心，无听之以心而听之以气！听止于耳，心止于符。气也者，虚而待物者也。唯道集虚，虚者，心斋也"。（《庄子·人间世》）"堕肢体，黜聪明，离形去智，同于大通，此谓坐忘"。（《庄子·大宗师》）徐复观将"坐忘"等同于"心斋"，认为"在坐忘的意境中，以'忘知'最为枢要。忘知，是忘掉分解性的、概念性的知识活动，剩下的便是虚而待物的，亦即徇耳目内通的纯知觉活动。这种纯知觉活动，即是美的观照"，而"所谓观照，是对物不做分析的了解，而只出之以直观的活动"。② 道家思想

---

① 王煜：《老庄思想论集》，（台湾）联经出版事业股份有限公司 1981 年版，第 116 页。

② 徐复观：《中国艺术精神》，第 44 页。

成就的艺术精神陶养了中国诗人，当自然山水进入诗歌，其向“真景物”“无我之境”的演进也就顺理成章了。

由“以物观物”达致的“无我之境”，“无我”源自《庄子》书中的“无己”（《逍遥游》）“丧我”（《齐物论》）。刘若愚在《中国的传统诗观》一文中认为中国古典诗以“非个人性”为其主要精髓：

> 在想象中进入事物的生命中，而将事物的本质、事物的精神，具体表现在诗中。换句话说，诗人不应该坚持他自己的个性，而是采取“消极的能力”negative capability（借用济慈的话），以便使自己与默察的对象一致。①

应该说，由于有了道家思想的浸润、滋养，中国古典诗那种“非个人性”“消极的能力”表现得最为纯粹、最为成熟、最有哲学韵味，它们为王国维“以物观物”“无我之境”论提供强大的艺术经验支撑，成就了王氏理论中深厚的中国哲学—文化底色。

四、“真感情”的道家渊源

“真感情”与“真景物”分而论之，明显受到了重视类分的西方思想的影响。不仅如此，有些学者认为“真感情”一说直接来源于叔本华。《文学小言》中有：“文学中有二原质焉：曰景，曰情。前者以描写自然及人生之事实为主，后者则吾人对此种事实之精神的态度也。故前者客观的，后者主观的也；前者知识的，后者感情的也……客观的知识，实与主观的感情为反比例。”② 关于反比例的说法，佛雏说道：“正如叔氏所说：‘主体占据我们的意识愈多，我们对外在世界的观照就愈

① 刘若愚：《中国的传统诗观》，见叶庆炳、吴宏一等编：《中国古典文学批评论集》，（台湾）幼狮文化事业公司1985年版，第86页。

② 周锡山编校：《王国维文学美学论著集》，第25页。

少、愈不完全’。”[①] 王攸欣说得更为彻底，他认为叔本华对抒情诗的论述存在矛盾，叔氏一方面坚持诗人可以反观自己的感情，能够静观到理念；另一方面又认为抒情诗的本质体现在诗人的欲求得以满足。王国维继承了叔本华的矛盾，一方面发展为境界说，另一方面则与中国传统文论相结合，发展为自然说；“喜怒哀乐，亦人心中之一境界”中的境界主要站在境界说这一方面，且就是“感情经过静观（反观）产生的理念本身”[②]。境界说受到叔本华的影响诚然没错，但其“真感情”深受庄子真美思想以及中国传统文艺思想中的“缘情”说的影响，则是更为本源性的。事实上，正像“真景物”被照亮一样，“真感情”同样是被照亮的对象，恰恰是王攸欣未加论述的自然说能够更好地解释“真感情”。中国美学中的“自然”说未必专属道家，但道家倡言“自然”，其对“真感情”的开创之功是最为重要的。

道家崇尚自然，也推崇源出于自然的“真”。《老子》中“真”出现三次，它们是“其精甚真”“质真若渝”“其德乃真”，但有人考证，这三处“真”要么是后人掺入，要么相当于“悳”或“贞”，并非“真”的本字。[③] 事实如何，已然难以分辨。即使不考虑这三处“真”，老子对真的重视也可还原为对智慧、人为的鄙弃：“大道废，有仁义；

① 佛雏：《王国维诗学研究》，第 175 页。

② 王攸欣：《选择 · 接受与疏离：王国维接受叔本华、朱光潜接受克罗齐美学比较研究》，第 103—104 页。

③ “其精甚真”，《河上公章句》曰：“言道精气神妙甚真，非有饰也。”严灵峰疑此四字为后人羼入，楚简《老子》未见此章（楚简《老子》为残简，故未可定此章之有无）。“质真若渝”，《河上公章句》“真”作“直”；刘师培认为“真”当为“德”，即“悳”字；朱谦之从其说，并谓“质朴之人，行动迟缓，驽弱有如输愚者也”。此句简本“真”为“贞”，廖名春谓“‘贞’、‘真’音同形近，故可通用”，并且认为“‘直’乃‘真’之形讹”。“其德乃真”，河上公谓“其德如是，乃为真人”，简本“真”亦为“贞”（相关考证见王卡点校：《老子道德经河上公章句》，中华书局 1993 年版；陈鼓应：《老子注译及评介》，中华书局 1984 年版；朱谦之：《老子校释》，中华书局 1984 年版；廖名春：《郭店楚简老子校释》，清华大学出版社 2003 年版）。

智慧出，有大伪”（《老子》第十八章），于是要“绝圣弃智”“绝仁弃义”“绝巧弃利”，乃至“见素抱朴，少思寡欲，绝学无忧”（《老子》第十九章）。人类社会出现的各种乱象是拜人类自己所赐，只有采取“绝弃”的行为才能恢复到自然素朴的状态，也可以说是“真”的状态。《庄子》中“真”出现66次之多，虽然“真”的含义不尽一致，但很多“真”可以归到自然真性的意义上。《大宗师》中“人特以有君为愈乎己，而身犹死之，而况其真乎”一句中的“真”，郭象注为“不假于物而自然也”①。这一句之前有“古之真人，不逆寡，不雄成，不谟士”“其寝不梦，其觉无忧”“不以心捐道，不以人助天”等，真人的这些特点是顺应自己及外物的本性自然而成，可以称为“自然”，也可以称为“真性”。《秋水》篇云：“无以人灭天，无以故灭命，无以得殉名，谨守而勿失，是谓反其真。”这是说“真”是“受命于天”的，而“天在内”（《秋水》）。因此，“真”是内在于人的深处的属性。故郭象说：“真在性分之内”（《秋水》注）。有鉴于此，庄子把“殉外丧内”与“逐物忘真”当作一个东西，主张人们不应“得人之得”而应“自得其得”，不应“适人之适”而应“自适其适”（《大宗师》，亦见于《骈拇》）。通观《庄子》全书，体现其“真美”思想最集中、也是最为大家所称引的，是《渔父》篇中的一段对假托孔子之问“何谓真”的回答：

> 真者，精诚之至也。不精不诚，不能动人。故强哭者虽悲不哀，强怒者虽严不威，强亲者虽笑不和。真悲无声而哀，真怒未发而威，真亲未笑而和。真在内者，神动于外，是所以贵真也。其用于人理也，事亲则慈孝，事君则忠贞，饮酒则欢乐，处丧则悲哀。忠贞以功为主，饮酒以乐为主，处丧以哀为主，事亲以适为主，功

① （清）郭庆藩撰，王孝鱼点校：《庄子集释》，中华书局2004年版，第242页。

成之美，无一其迹矣。事亲以适，不论所以矣；饮酒以乐，不选其具矣；处丧以哀，无问其礼矣。礼者，世俗之所为也。真者，所以受于天也，自然不可易也。故圣人法天贵真，不拘于俗。愚者反此。不能法天而恤于人，不知贵真，禄禄而受变于俗，故不足。

缘真性而发便会生出真情，真情的表现是“不论所以”“不选其具”，不为外在的道德、礼法、形式、规则所束缚的。建基于自然真性基础上的真情观触发了中国后世的缘情说，陆机铸造了“诗缘情而绮靡”（《文赋》）这一说法。关于“缘情”说的出现，朱自清先生在其《“诗言志”辨》中认为其原因是“缘情的五言诗发达了”。他的这一说法是非常中肯的，但只说出了事情的一个方面。另一个方面同样重要，对魏晋（“诗缘情”观念产生的时代）文人影响深远的《庄子》，它本身就是“缘情”说的滥觞，“缘情”的文学理论与庄子有着深刻的渊源关系。[①]“缘情”之“缘”，顺也，也就是顺应自然的意思。刘勰《文心雕龙·明诗》的“感物吟志，莫非自然”，亦是此意。从文字及其意义上看，它来源于《庄子·山木》篇：“形莫若缘，情莫若率。”这里“缘”和“率”都是因循自然之意，两者互文见义，“缘情”这一名词早就在庄子那里孕育而成。但由于主张以理（礼）节情的言志传统的强势存在，缘情说一直无法光大，直至明代“性灵”文学大潮的出现，缘情说“才算真正抬起了头”[②]。虽则抬起了头，但仍然无法与言志说相抗。所以，一定意义上可以说，王国维的“真感情”有为缘情说正名的意思。不过，这种“正名”不是与言志说一较高下，而是在西方美学的观照下，对中国自然真情传统的重新发掘。

---

① 刘绍瑾：《“缘情”的文学理论与〈庄子〉》，《暨南学报》（社会科学版）1988年第4期。

② 朱自清：《诗言志辨》，华东师范大学出版社1956年版，第44页。

王国维对“真感情”没有给出明确解释，但他所说的“真感情”是有一定标准的，这从“不隔”的论述中可以见出：“‘生年不满百，常怀千岁忧。昼短苦夜长，何不秉烛游。’‘服食求神仙，多为药所误。不如饮美酒，被服纨与素。’写情如此，方为不隔。”（《人间词话》第41则）“不隔”的情境可以说就是“真感情”的境界。为什么“写情如此，方为不隔”呢？表面来看，出自《古诗十九首》的这两首诗宣扬的是及时行乐的颓废思想，从道德的角度看丝毫不值得称道。实际上，这种发自内心的感喟“标志着一种人的觉醒，即在怀疑和否定旧有传统标准和信仰价值的条件下，人对自己生命、意义、命运的重新发现、思索、把握和追求”①。看似消极厌世的词句中饱含的却是冲破规矩束缚的自然真实的人生意绪，所以李泽厚说“一种真正抒情的、感性的‘纯’文艺产生了”②。王国维看重“不隔”之情当然也是因为其中包含的真实情感，从这一点来说，对于“人的觉醒”，王国维早已着其先鞭了。汉末这种怀疑与否定精神与道家对智慧、人为的鄙弃遥相呼应，李泽厚在《中国古代思想史论》中接着说：“人（我）的自觉成为魏晋思想的独特精神，而对人格作本体建构，正是魏晋玄学的主要成就”，“在这意义上，玄学便是庄学。”③ 王国维非常钟爱道家思想，诗歌创作中经常引用庄子的语句，“安得吾丧我，表里洞澄莹”（《端居》三首其二）表达的就是对摆脱外在束缚的澄莹之境的向往，其推尊“真感情”的诗歌自然也在情理之中。

王国维推崇自然真情，以至于为了“真”可以忽略道德、才学等方面的瑕疵。《人间词话》第62则有：“‘昔为倡家女，今为荡子妇。荡子行不归，空床难独守。’‘何不策高足，先据要路津？无为久贫贱，

---

① 李泽厚：《美的历程》，文物出版社1981年版，第90页。

② 李泽厚：《美的历程》，第87页。

③ 李泽厚：《中国古代思想史论》，第193页。

轗轲长苦辛。’可谓淫鄙之尤。然无视为淫词、鄙词者，以其真也。”以传统道德的眼光来看，所引两首诗皆是淫鄙之词，但由于真情贯注，淫鄙之气一扫而空。王国维在这里衡量艺术作品的，不是道德标准，而是自然真实。只要自然地、毫无矫揉造作地把作者的真情实感表达出来，艺术作品就具有感人的魅力，至于这种感情是否符合当时的是非标准，那是不暇顾及的。在王国维看来，淫鄙之词若果真有病的话，也不是淫鄙之病，而是游词之病。金应圭在《〈词选〉后序》中指出游词“哀乐不衷其性，虑叹不与乎情”①，这是游词的病根。淫鄙之词的床笫之娱、市侩之气犹有真情在，游词则是言不由衷的伪饰之作，一片虚情假意，遭人痛恨。王国维类似的说法很多，如“词人之词，宁失之倡优而不失之俗子”（《人间词话》未刊稿四十二）、“艳词可作，唯万不可作儇薄语”（《人间词话》未刊稿四十四）等，其对凉薄之词的厌弃跃然纸上。王国维这些说法都是以“真情”为标准，他的“忠实”说也是建立在真性情基础上的：“词人之忠实，不独对人事宜然，即对一草一木，亦须有忠实之意；否则所谓游词也。”（《人间词话》未刊稿四十五）这种自然真情说在论述元曲时也有出色的发挥：“元曲佳处何在？一言以蔽之曰：自然而已矣。……盖元剧之作者，其人均非有名位学问也……关目之拙劣，所不问也；思想之卑陋，所不讳也；人物之矛盾，所不顾也；彼但摹写其胸中之感想，与时代之情状，而真挚之理，与秀杰之气，时流露于其间。”② 只要一任真情，则可以不论作者身份，“拙劣”“卑陋”“矛盾”之处也可以忽略不计。更有甚者，他有时把真性情与社会阅历对立起来：“主观之诗人不必多阅世。阅世愈浅，则性情愈真。”“词人者，不失其赤子之心者也。故生于深宫之中，长于

① 金应圭：《〈词选〉后序》，见张惠言辑：《词选》，中华书局 1957 年版，第 2 页。

② 《王国维戏曲论文集》，中国戏剧出版社 1984 年版，第 85 页。

妇人之手，是后主为人君所短处，亦即为词人所长处。”（《人间词话》第16则）由于所谓的社会阅历，在中国古代主要指自小接受的儒家四书五经教育和社会伦理道德熏染，这一语境下“阅世愈浅”之“真性情”，就具有超越道德、超越理性的纯粹的审美意味。在庄子的逻辑中，“退仁义，宾（摈）礼乐”，意在“以情性为主也”①。王国维这一“真性情”观，与道家（特别是庄子）在否定外在的道德规范而守护自然真性情的思想，是一脉相承的。

五、关于“意与境浑”

提出“境界”说的王国维，在托名樊志厚的《〈人间词〉乙稿序》中却引人注目以“意境”一词论“真感情”与“真景物”之浑然合一：

> 文学之事，其内足以摅己而外足以感人者，意与境二者而已。上焉者意与境浑，其次或以境胜，或以意胜，苟缺其一，不足以言文学。原夫文学之所以有意境者，以其能观也。出于观我者，意余于境；而出于观物者，境多于意。……二者常互相错综，能有所偏重，而不能有所偏废也。文学之工不工，亦视其意境之有无与其深浅而已。②

《人间词话》亦云：“古今词人格调之高，无如白石。惜不于意境上用力，故觉无言外之味，弦外之响，终不能与于第一流之作者也。”（《人间词话》第42则）《元剧之文章》也称“元剧最佳之处，不在其思想结构，而在其文章。其文章之妙，亦一言以蔽之，曰：有意境而已矣。何以谓之有意境？曰：写情则沁人心脾，写景则在人耳目，述事则

---

① 郭象《庄子·天道》注语，见《庄子集释》，中华书局2004年版，第488页。

② 王国维：《〈人间词〉乙稿序》，见刘刚强编：《王国维美论文选》，湖南人民出版社1987年版，第156页。

如其口出是也。"① 对比参照我们前面引述的《人间词话》之"能写真景物、真感情者，谓之有境界。否则谓之无境界。"可见王国维对境界、意境二词在很多时候是没有分辨的，而且把写景（境、真景物）、写情（真感情、意）之真切自然当作境界（意境）的最重要元素。"真景物""真感情"我们在前面分别进行了论述，而于此提出的"意与境浑"，一个"浑"字，道尽了意境的最为重要的特征。"浑"具有深厚的哲学意涵和韵味，我们甚至可以说中国古典时期存在一种富有深意、影响深刻的"浑"的美学。中国古代美学中的"浑"是道家哲学在艺术上的移植，其意涵深深影响了王国维对境界的理解和创成。

在意境中，"浑"有两层用意，一是意与境浑，二是返虚入浑。两者都是道家哲学在艺术实践和文艺批评中的移植和延伸。王国维的意境说也是如此。

"意与境浑"即艺术中的情与景、物与我的浑一不分。王夫之之"情景名为二，而实不可离。神于诗者，妙合无垠。巧者则有情中景，景中情"②。成为中国古代艺术追求的高境界，也是王国维"意与境浑"之所本。王国维论诗词，就强调"情"与"景"的有机结合，"昔人论诗词，有景语、情语之别，不知一切景语皆情语也"。③ 这一情景"实不可离""妙合无垠""意与境浑"的思想，是中国古代诗词艺术经验的总结，其文化、思想渊源则来自道家对远古时期自然拥有的浑一不分的社会理想和人的存在状态的向往和崇尚。在老子哲学概念中，"道"常常与浑一未分的原始混沌状态联系在一起。"朴散则为器"

---

① 王国维：《王国维戏曲论文集》，第 85 页。

② 王夫之：《夕堂永日绪论》内编第 14 则，见戴鸿森笺注：《姜斋诗话笺注》，人民文学出版社 1981 年版，第 72 页。

③ 王国维：《人间词话删稿》，见周锡山编校：《王国维文学美学论著集》，第 385 页。

（《老子》第二十八章），浑朴未分的状态往往被老子当作“道”的最重要的形象指称。这一浑朴未分的状态，老子又称之为“一”，“道生一，一生二，二生三，三生万物”（《老子》第四十二章）。“一”演变为天地“万物”的哲学思维，又包含着“朴散则为器”的历史演化含义。正如王弼所云，真朴“散则百行出，殊类生，若器也”。也就是说人类历史是由混沌同一分化而成奇态百生、奇技百出，由原始的简单发展为越来越复杂的过程。儒家所倡导的仁义礼德等概念，就是这种越来越复杂的社会状态的反映。庄子的“混沌”被开七窍导致混沌死的寓言几乎成了先觉式的预言，它昭示了人类以分层、分化、分辨、分析为主要内容的文明进程导致原本自然拥有的浑整状态遭到不断解体的历史悲剧。所谓“浑整”，就是老庄所称道的“混成”“混沌”“浑同”“至一”“纯粹”“全”“大”，它的对立面是“天下始分”以后文明人“分”“析”“裂”“偏”“辨”“小成”的文化行为，它导致了“天地之大美”“古人之大体”的离析和解体。老庄所称道的元古人类的“浑整”，既指其时人与自然的浑然一体，即庄子在《齐物论》篇所说的“古之人”“未始有物”（不知道天地、万物、自我的区分）的“至知”，又包括原始人自然拥有的对外在世界的那种浑整、全面的感知。苏联文艺理论家梅列金斯基在《神话的诗学》一书概括原始思维的“浑融体”，其特征在于“主体与客体、物质的与观念的（即对象与符号、事物与叙说、存在与其称谓）、事物与其属性、单一与众多、静态与动态、空间关系与时间关系等等之区分的朦胧”①。原始思维的那种“浑融体”，对后世的文学艺术具有非常重要的意义，中国古典诗学中的“浑”即以道家这一思想为原型。在中国古典美学、诗学史上，那

① ［苏］叶·莫·梅列金斯基：《神话的诗学》，魏庆征译，商务印书馆 1990 年版，第 181 页。

些崇尚汉魏古诗“气象浑沌，难以句摘”的复古思想，那些推举浑朴、自然、高古的审美观，都承袭着道家复元古的思想。中国诗歌美学上所追求的“意境”，亦受惠于此一“浑融性”，这样就不难理解前引近人许文雨在《人间词话讲疏·自序》中对王国维境界说的解说：

> 夫词之为文字，固亦不越乎作者之意与所作之对象，涵内薄外，以成就其体例。其上焉者则意融于象，殆与庄生物我双遣之旨同符，而王氏则谓之意境两浑矣。

正如席勒在《论朴素的诗与感伤的诗》中所说：“朴素诗就是自然，而感伤诗则追求自然。”在道家所说“天下始分”“朴散为器”“道术将为天下裂”的滔滔后世，原初所自然拥有的人与自然浑然不分的混沌状态已不复存在，王夫之、王国维所说的情、景关系之“巧者”“有所偏重”是很容易发生的。在返乡途中，老庄主张通过“复归其根”“为道日损”“心斋”“坐忘”等减损方式，达到与道合一，此即中国艺术意境之物我两忘、物我合一也。

至于“返虚入浑”，比较集中而著名的则是托名司空图所著《二十四诗品》之第一品“雄浑”：

> 大用外腓，真体内充。返虚入浑，积健为雄。具备万物，横绝太空。荒荒油云，寥寥长风。超以象外，得其环中。持之非强，来之无穷。

这段文字几乎每句都典出《庄子》，全部秘诀都在“返虚入浑”一语上。杨廷之《诗品浅解》曰：“大力无敌为雄，元气未分曰浑。”① 表

① 见（唐）司空图、袁枚著，郭绍虞集解辑注：《诗品集解 续诗品注》，人民文学出版社 1963 年版，第 3 页。

面上是雄、浑并举，实际上更突出的是“元气未分”之“浑”，而且此“雄”与“天行健，君子以自强不息”的儒家浩然之至大至刚迥然有别，可以说是一种浑然天成、不可分割的整体美的自然呈露，一种宇宙自然的苍茫、寥廓、无限的造化力量显现。由于“浑”，所以“雄”。“雄”由“浑”自然流溢而出，正所谓庄子之“天地有大美而不言”也！“荒荒油云，寥寥长风”，正是这一诗境的形象写照，庄子《逍遥游》中的磅礴气象、《秋水》中“无端崖”的苍茫境界，可相发明之。也许，刘熙载一席话，最可启发这一诗境的文化渊源：“杜陵云：‘篇中接混茫。’夫篇中而接混茫，则全诗亦可知矣。且有混茫之人，而后有混茫之诗，故庄子云：‘古之人在混茫之中。’”①

至此，我们可以看清“意境”里的虚实结合、返虚入浑了。艺术意境的“虚”，并不是指事物、现象的虚空，更不是指空无一物，而是说艺术形象不应该为作者的先验理智和构架所支解，艺术形象不应该执滞，而应该活脱、生动、运转如珠，具有通向无限、入于寥廓的空间，即所谓“篇中接混茫”也。这样的形象，不直接说出其中的意蕴，而通过读者的参与创造，生发出无穷的美感意味。清人赵翼在《瓯北诗话》（卷十一）中云：“鸡声茅店月，人迹板桥霜”这样的诗句，“不着一虚字，而晓行景色，都在目前，此真杰作也”②。李东阳《麓堂诗话》亦云此诗句“人但知其能道羁愁野况于言意之表，不知二句中不用一二闲字，止提掇出紧关物色字样，而音韵铿锵，意象具足，始为难得。”③“不着一虚字”“不用一二闲字”，也就是不直接说出其中的情意来，而这一“虚”却在“览者会以意”的阅读过程中由“紧关物

① （清）刘熙载：《艺概》，上海古籍出版社1978年版，第60页。

② 见郭绍虞编选，富寿荪点校：《清诗话续编》，上海古籍出版社1983年版，第1333—1334页。

③ 见丁福保辑：《历代诗话续编》，中华书局1983年版，第1372页。

色”“都在目前”的自然景象（实）引发出来。所以“虚”，就像庄子“虚怀纳物”的程式一样，主要是指可供激发、容纳读者发挥想象力的无限空间。

王国维的“境界”和被现代学者归入“意境”系列（或曰阶段）且被王国维认为未能“探其本”的“兴趣”“神韵”有何不同？在笔者看来，针对传统类似意境理论日益虚化、玄妙化的倾向，王国维拈出“境界”二字，意在强调艺术意境中的实境（此“实境”大不同于呆实、执实之境，参悟《二十四诗品》之《实境》），强调真切、自然的审美感受。“‘红杏枝头春意闹’，著一‘闹’字而境界全出。‘云破月来花弄影’，著一‘弄’字而境界全出矣。”（《人间词话》第7则）为什么“闹”“弄”使境界全出呢？因为这两个字写出了自然景物的蓬勃生机，体现了自然的气韵生动，使全句构成了一幅自然、生动、鲜明、活泼的自然造化生成图。因此，王国维的“境界”以自然真切为核心，为灵魂。正是在这种意义上，王国维认为和“兴趣”说、“神韵”说相比，他的“境界”说揭示了诗词艺术美的根本。他强调实境，并不废虚境，而只是把虚境建立在实境之上。从这种意义上，王国维说“有境界而二者（指气质、神韵——引者注）随之矣。”（《人间词话》未刊稿十四）他在分析马致远的作品时赞扬说：“语语明白如画，而言外有无穷之意。”① 他在《人间词话》中论姜白石：“古今词人格调之高无如白石。惜不于意境上用力，故觉无言外之味，弦外之响，终不能与于第一流之作者也。”（《人间词话》第42则）可见他把美感意味的含蓄性和丰富性作为“意境”（境界）的重要特征。在他看来，“都在目前”“明白如画”与“无穷之意”“言外之味，弦外之响”是可以而且应该统一的。这一思想不仅是王国维所坚持的，而且也是中国诗歌理论

---

① 《王国维戏曲论文集》，第86页。

的一种普遍的认识。

第三节　宗白华的意境论及其道家底色

王国维创立的“境界”说在后世产生了很大影响，文学、美学研究者几乎都会论及。朱光潜《诗论》一书论诗境时明言“境界”一说采自王国维，他在描述“独立自足的小天地”时认为“兴趣”“神韵”等称呼“只能得其片面”，“王静安标举‘境界’二字，似较概括，这里就采用它”。① 实际上，朱光潜论述诗的“隔”与“不隔”、“有我之境”与“无我之境”等都与“境界”说有所乖离，这大概与他“西方的”“科学的”“推理的”② 思考问题的方式有关。宗白华所沉湎的“艺术意境”集中于绘画而兼及诗词，虽没有直接沿袭境界说，但他与王国维的研究理路却非常相似，一方面重视自身的体验，另一方面则主要从中国传统文化中寻找解释意境的话语资源。章启群说：“宗白华对于中国美学的理论表述远远超越了简单照搬西方美学概念的方法”，“从王国维和宗白华等人的观念和方法中，可能找到中国美学健康发展的正途，找到在真正学术意义上研究中国美学理论的不二法门。”③ 研究中国美学而能不失中国文化的品格，这大概是他的意思。饶有趣味而又在情理之中的是，宗白华艺术意境论的创成同样从道家思想那里获得了重要启示。而且，相比于王国维的“境界”说，宗白华的“意境”理论道家色彩似乎更浓。学术界把他归入“现代新道家”人物之列，也大概主要是因其意境理论的老庄底色。

---

① 《朱光潜全集》第 3 卷，安徽教育出版社 1987 年版，第 50 页。

② 见宗白华：《美学散步》，上海人民出版社 1981 年版，“序”。

③ 章启群：《百年中国美学史略》，北京大学出版社 2005 年版，第 9、12 页。

一、“哲学意境”的探寻

宗白华的意境不像王国维那样着落在中国古典诗词上，诗、书、画、音乐、舞蹈、园林建筑等均适用。只不过后来随着研究的深入，他专门提出“艺术意境”时主要以中国绘画与诗歌尤其是山水诗画作为阐发对象，其中至为关键的原因即在于中国山水画境更易与中国传统哲学思想合而为一、更为集中地体现了中国传统的时空观念，他所说的“灵境”可以说是观赏体验与中国哲学思想的深度契合。从这个意义上说，宗白华的艺术意境亦可以说是“哲学意境”。需要说明的是，中西哲学迥然异趣：西方柏拉图、亚里士多德开创的哲学传统属于数理哲学，重概念和推理；中国哲学则是观法于天地而形成的“历律哲学”，重感通和象征。① 中国哲学本就与自然（天）亲密无间，哲学思想是身心体验的高度凝练，其与山水诗画的深度契合也就顺理成章了。

宗白华艺术意境论的形成大致经历了三个阶段：直觉意境、生命美境、哲学意境。这种划分意在表明意境论形成过程中各个阶段的不同侧重，并不意味着每个阶段有截然不同的特征，其实宗白华有关直觉、生命之“动”的观念是一以贯之的，随着对“意境”认识的深化而渐趋成熟稳定。

宗白华旅欧之前属于“直觉意境”阶段。此时的宗白华对于“意境”还没有清晰的理论认识，所使用的“意境”主要是一种直觉体验的诗意把握。1920 年发表的《新诗略谈》中，宗白华第一次将“意境”用于诗歌评论：“诗的定义可以说是：‘用一种美的文字——音律的绘画的文字——表写人的情绪中的意境。’这能表写的、适当的文字就是诗的‘形’，那所表写的‘意境’，就是诗的‘质’。”对于“意

---

① 宗白华：《西洋的概念世界与中国的象征世界》，见《宗白华全集》第 1 卷，安徽教育出版社 1994 年版，第 618—624 页。

境”，宗白华也有约略的说明：“意境”是诗的“质”，“诗的质就是诗人的感想情绪”，“‘诗的意境’就是诗人的心灵，与自然的神秘互相接触映射时造成的直觉灵感，这种直觉灵感是一切高等艺术产生的源泉，是一切真诗、好诗的（天才的）条件。”① 很难说宗白华的意境论受到王国维的直接影响，虽然同样受惠于西方的直觉论，但从意境论的发展来看，它与王国维的境界说在内涵上还是存在着相当大的差别。“意境”一词的语源很难准确考知，宗白华谈论诗的意境时，它已是被广泛应用的词汇，所以“意境”的使用不可能脱离中国传统文化，另外，它与佛家思想也有一定的渊源②，而“意境”的意义则主要来自宗白华的直觉体验，这与他对西方直觉论美学思想的吸纳有关。有意思的是，宗白华并非一味地看好直觉，他曾说：“直觉本无害，惟偏于直觉而无科学分析眼光，就有弊了。”所以他反对“纯粹直觉主义”。③ 后来与郭沫若通信时说：“我反对直觉，而我自己实在是个直觉家。”④ 这可算是宗白华的“夫子自道”。他非常重视自身体验，喜欢品赏自己幽居独处的一方天地，这方天地可以说就是他直觉到的意境。我们不妨举例来看。宗白华中学时去浙东群山中的一个幽美小城过年，有一段这样的描写：

> 那四围的山色秾丽清奇，似梦如烟；初春的地气，在佳山水里蒸发较早，举目都是浅蓝深黛；湖光峦影笼罩得人自己也成了一个

① 宗白华：《新诗略谈》，见《宗白华全集》第1卷，第168—170页。

② 1917年发表的《萧彭浩哲学大意》中，宗白华常用佛家语言对叔本华的思想进行叙说，如“外物皆妄，此心是真”“物外无心，心外无物”等，并且用到了“境界”二字，“盖宇宙一体，无所欲也，再进则意志完全消灭，清净涅槃，一切境界，尽皆消灭，此其境界，不可思议矣。”——见《宗白华全集》第1卷，第3—9页。

③ 宗白华：《中国青年的奋斗生活与创造生活》，见《宗白华全集》第1卷，安徽教育出版社1994年版，第103页。

④ 《三叶集》，见《宗白华全集》第1卷，第228页。

透明体。而青春的心初次沐浴到爱的情绪，仿佛一朵白莲在晓露里缓缓地绽开，迎着初升的太阳，无声地战栗地开放着，一声惊喜的微呼，心上已抹上胭脂的颜色。①

这不就是他所说的“诗的意境”吗？宗白华的文章里还有很多类似的文段，他的《流云》小诗也是一个个直觉体验的片段，所谓“意境”可以说就是这种直觉体验的概括。

“生命美境”阶段约略从宗白华旅欧到1920年代末，这一阶段起始的标志就是《看了罗丹雕刻以后》一文的完成。在这篇文章中，宗白华提到他怀抱几种对于艺术的直觉见解游历了欧洲的艺术殿堂之后，思想变“深沉”了，“深沉”的结果就是形成了此后一以贯之的美学观念，如对美与自然、艺术与生命之“动”的关系的认识，都是对此前相应直觉见解的理性提升，这些观念构成了后来艺术意境的重要内容：“自然无往而不美”，“我们知道‘自然’是无时无处不在‘动’的……动者是生命之表示，精神的作用；描写动者，即是表现生命，描写精神。自然万象无不在‘活动’中，即是无不在‘精神’中，无不在‘生命’中。艺术家要想借图画、雕刻等以表现自然之真，当然要能表现动象，才能表现精神、表现生命。”② 此后，有关“自然”“生命”“动象”的描述屡屡见诸宗白华笔端，不少论者因此称宗白华美学为“生命美学”。③ 宗白华回国后的几年中，就所见的资料来看，他很少写作单篇论文。大概是因为忙于教学工作，他先后写了美学讲稿、艺

① 宗白华：《中国画法所表现的空间意识》，见《宗白华全集》第2卷，第151页。

② 宗白华：《看了罗丹雕刻以后》，见《宗白华全集》第1卷，第310—312页。

③ 如李衍柱、陈望衡分别有《生命的艺术化 艺术的生命化——宗白华生命美学新体系》和《宗白华的生命美学观》，见《文学评论》1997年第3期和《江海学刊》2001年第1期。

术学讲稿、中西哲学比较的纲要等。其中，美学、艺术学讲稿主要是西方相应观念的介绍，较少提及中国艺术。在介绍艺术学时，宗白华常用到“意境”，如“每一艺术品所表现，皆作者心中所见的境界，兹名为作者的意境”，艺术“为艺术家用一种形式表现其内容意境”，“凡一切生命的表现，皆有节奏和条理……艺术形式即此条理，艺术内容即至动之生命”① ……此时，宗白华虽然常用“意境”一词，但并未进一步提升，作为艺术的内容，其地位几与“至动之生命”等同，且“至动之生命”作为艺术的内容似更为根本，“生命美境”当作如是观。及至比较了中西哲学之后，宗白华获取了更为广阔深邃的视野，不断以之与艺术相印证，“中国艺术意境”的提出也就具备了条件。

哲学意境阶段自1930年代始，是宗白华深入理解中国哲学与中国艺术之后对二者的深刻会通，是艺术意境论的圆成阶段。如果要确立一个标志点的话，那就是《介绍两本关于中国画学的书并论中国的绘画》一文的发表。在这篇文章中，宗白华提到了中国画的“最深心灵”：“中国绘画里所表现的最深心灵究竟是什么？……它所表现的精神是一种‘深沉静默地与这无限的自然，无限的太空浑然融化，体合为一’。”②“最深心灵”颇有些神秘色彩，似乎是一种个人体验的难以捉摸的境界，但如果通读宗白华这个时期的论文之后就会发现，“最深心灵”实与中国的哲学思想息息相关。中国绘画与其他艺术一样，不仅仅是艺术符号的外在呈现，还是对中国传统哲学思想的演绎，后者就是“最深心灵”得以形成的根据，可以说对中国哲学思想的认识高度决定了创作者和欣赏者心灵的深度。所以宗白华说：“中国画所表现的境界特征，可以说是根基于中国民族的基本哲学，即《易经》的宇宙观：

① 《宗白华全集》第1卷，第544—548页。

② 见《宗白华全集》第2卷，第44页。

阴阳二气化生万物……这生生不已的阴阳二气织成一种有节奏的生命。”①

对中国艺术问题有了更充分的了解之后，宗白华于1943年写出了探讨“中国艺术意境”的名篇，并随后进行了增订。在这两篇文章（即《中国艺术意境之诞生》及《中国艺术意境之诞生（增订稿）》）中，宗白华对“意境”作出了较为明确的界定：“意境是造化与心源的合一。就粗浅方面说，就是客观的自然景象和主观的生命情调的交融渗化”②，“意境是‘情’与‘景’（意象）的结晶品”③。他当然不满足于粗浅方面的解释，“增订稿”中从“意境与山水”“意境创造与人格涵养”“禅境的表现”“中国艺术意境结构的特点”等几方面继续向中国艺术所体现的哲学高度、精神深度探问。他称意境的表现有三个层次：“从直观感相的渲染，活跃生命的传达，到最高灵境的启示。”④ 这三个层次又可与他所说的“写实”“传神”“妙悟”相应⑤，组成独具特色的意境层次观。或许觉得对意境层次的阐述还不能尽意，宗白华又专门写了《中国艺术三境界》深入讨论“写实”“传神”和“妙悟”的境界。“写实”“传神”的境界因为有具体的对象，容易把握一些，“妙悟”的境界则属于“玄境”，有些“空泛无着”。⑥ 可惜，宗白华有关“妙悟的境界”的论述缺失，但从他相关的论述可知，所谓“玄境”其实就是“灵境”，与前述“最深心灵”一脉相承，与中国哲学（形上

① 宗白华：《论中西画法的渊源与基础》，见《宗白华全集》第2卷，第109页。

② 宗白华：《中国艺术意境之诞生》，见《宗白华全集》第2卷，第327页。

③ 宗白华：《中国艺术意境之诞生（增订稿）》，见《宗白华全集》第2卷，第358页。

④ 宗白华：《中国艺术意境之诞生（增订稿）》，见《宗白华全集》第2卷，第362页。在《中国艺术意境之诞生》中，“活跃生命”为“生命活跃”，表达上略有差别。

⑤ 宗白华：《中国艺术意境之诞生（增订稿）》，见《宗白华全集》第2卷，第366页。

⑥ 宗白华：《中国艺术三境界》，见《宗白华全集》第2卷，第382页。

学）的“感通作用，象征世界”深深相通。宗白华研究中国艺术每每推究其哲学渊源，不了解中国哲学也就很难欣赏中国艺术，从这个意义上可以说，所谓“灵境”、妙悟之境、“玄境”实是一种哲学意境。

意境的三个层次对应着宗白华探寻意境的三个阶段，“直观感相”对应自然景象的直觉体验，“活跃生命”对应生命美境，“最高灵境”则是心物交融的浑化之境，可以说意境层次论浓缩了宗白华的探索历程。艺术意境论植根于中国哲学的深厚土壤之中，他虽然将意境分为三个层次，但论及中国山水诗画，往往直接跨入妙悟之境，去追索中国哲学思想滋养下的幽深绵邈的最深心灵。

二、中国艺术的“道”境：静—虚—空白

关于艺术意境与中国哲学的关系，宗白华有段话说得非常明白：“中国哲学就是‘生命本身’体悟‘道’的节奏。‘道’具象于生活、礼乐制度。道尤表象于‘艺’。灿烂的‘艺’赋予‘道’以形象和生命，‘道’给予‘艺’以深度与灵魂。”① 这段话不仅指出了中国哲学的特点——以生命悟道，也指出了中国哲学与艺术意境的密切关系：“道”这一中国形上学中的核心观念已经成为衡量中国艺术意境的尺度，同时也是中国艺术最为深邃的内容。而《周易》、儒家思想、道家思想都讲“道”，这里的“道”属于哪一家呢？对于三种“道”的来源，宗白华并未厚此薄彼，但从宗白华所引述的资料来看，与艺术意境相关联的“道”主要是道家之“道”。

就在上述这段论述的前后，宗白华均以《庄子》中的寓言故事来阐明意境问题。他将“道”称为中国艺术意境结构的特点之一，通过

---

① 宗白华：《中国艺术意境之诞生（增订稿）》，见《宗白华全集》第 2 卷，第 367 页。

"庖丁解牛"的故事说明道艺合一的道理："庄子是具有艺术天才的哲学家，对于艺术境界的阐发最为精妙。在他是'道'，这形而上原理，和'艺'，能够体合无间。'道'的生命进乎技，'技'的表现启示着'道'。""道"与"艺"体合无间，"道"决定了意境的深度。后又引用《庄子·天地》"象罔得珠"的寓言：

> 黄帝游乎赤水之北，登乎昆仑之丘而南望，还归，遗其玄珠。（司马彪云：玄珠，道真也）使知（理智）索之而不得。使离朱（色也，视觉也）索之而不得。使喫诟（言辩也）索之而不得也。乃使象罔，象罔得之。黄帝曰："异哉！象罔乃可以得之乎？"

然后说道："吕惠卿注释得好：'象则非无，罔则非有，不皦不昧，玄珠之所以得也。'非无非有，不皦不昧，这正是艺术形相的象征作用。'象'是境相，'罔'是虚幻，艺术家创造虚幻的境相以象征宇宙人生的真际。真理闪耀于艺术形相里，玄珠的皪于象罔里。"①

意境的深层结构可以说就是"道境"，也即是"灵境""妙悟之境""玄境"，这一境界超脱语言、色相等外在可触摸的物象，直达心灵的深层。"象罔得珠"的寓言尤其耐人寻味，理智、视觉、言辩均不能寻绎而得的玄珠（道），非无非有、不皦不昧、无所用心的象罔却能够得到，说明属于意境深层结构的"道境"实在无法从现实中寻获，只能借助启示、象征等从精神层面获得。所谓"道"，从宗白华全文的论述来看，虽然并非道家专属，但道家之"道"已然构成了意境的主体内容，这是因为道家之"道"与艺术存在着更为密切的关联。正如徐复观后来所说："他们（指老庄）所说的道，若通过思辨去加以展

① 宗白华：《中国艺术意境之诞生（增订稿）》，见《宗白华全集》第2卷，第364—368页。

开，以建立由宇宙落向人生的系统，它固然是理论的、形上学的意义（此在老子，即偏重在这一方面），但若通过工夫在现实人生中加以体认，则将发现他们之所谓道，实际是一种最高的艺术精神，这一直要到庄子而始为显著。”① 道家之“道”向现实人生的落实，或者更为直接地说向艺术的落实，即成就为艺术精神，而“自然，尤其是自然的山水，才是庄学精神不期然而然的归结之地”②。宗白华自己也说过：“后来成为中国山水花鸟画的基本境界的老、庄思想及禅宗思想也不外乎于静观寂照中，求返于自己深心的心灵节奏，以体合宇宙内部的生命节奏。”③ 老庄思想及禅宗思想成为中国山水花鸟画的基本境界，而禅宗“又是援庄入佛的创造性的中国产物”④，说到底，是道家思想构成了山水画的基本境界。

中国艺术的“道”境深获道家思想的滋养，而宗白华意境论对于道家思想的接纳还不止如此，意境的形成与表现都与道家思想有深刻的关联，意境的“静”“虚”以及与“道”一起被称为意境结构特点的“空白”都有取于道家思想，展示着道家思想在意境论中的构成作用。

中国艺术意境尤其是山水画境表现为一种“静”境，这种“静”并非山水画的存在状态，主要指的是精神之“静”。宗白华谈到中国绘画所表现的最深心灵时说：“它所启示的境界是静的，因为顺着自然法则运行的宇宙是虽动而静的，与自然精神合一的人生也是虽动而静的。……但因为自然是顺法则的（老、庄所谓‘道’），画家是默契自然的，所以画幅中潜存着一层深深的静寂。”⑤ 画境是画家精神的安放

① 徐复观：《中国艺术精神》，第 29 页。

② 徐复观：《中国艺术精神》，第 136 页。

③ 宗白华：《论中西画法的渊源与基础》，见《宗白华全集》第 2 卷，第 109 页。

④ 李泽厚：《漫述庄禅》，《中国社会科学》1985 年第 1 期。

⑤ 宗白华：《介绍两本关于中国画学的书并论中国的绘画》，见《宗白华全集》第 2 卷，第 44 页。

之所，“静”境的获得需要画家的审美观照，宗白华称之为“静照”，而静照的心理基础恰是立足于道家思想之上。

“静照”来源于王羲之的诗句“争先非吾事，静照在忘求”，但在宗白华这里，“静照”被赋予了“审美观照”的现代意义，“‘静照’（contemplation）是一切艺术及审美生活的起点”。[①] 在宗白华早期的美学研究中，contemplation 的对应词不是“静照”，而是“静观”：“contemplation（静观）此字之意，即停止一切冲动，用极冷静之眼光观察之。叔本华谓吾人若用 contemplation 之状态，去观察，实为审美之要道。”[②]“静观”为什么被换作“静照”，宗白华并没有给出解释，大概是由于随着研究视野集中于中国文化、中国艺术，在宗白华看来，脱胎于魏晋美学的“静照”比已在当时普遍使用的美学概念“静观”更具有中国文化意味，更符合中国艺术的审美特点。事实上，宗白华使用“静照”并没有否弃“静观”，两者常交互为用：“艺术心灵的诞生，在人生忘我的一刹那，即美学上所谓‘静照’。静照的起点在于空诸一切，心无挂碍，和世务暂时绝缘。这时一点觉心，静观万象，万象如在镜中，光明莹洁，而各得其所，呈现着它们各自的充实的、内在的、自由的生命，所谓‘万物静观皆自得’。这自得的、自由的各个生命在静默里吐露光辉。”[③] 如果说前期的“静观”“停止一切冲动，用极冷静之眼光观察之”尚没有脱离西式的解说方式，这里的“静照”则主要着落在中国文化中了。

不能否认，“静照”之“照”有佛家的影响，他所说的“一点觉心”也属于佛家语言，意境与禅境也存在着相通之处。但道家与禅宗

① 宗白华：《论〈世说新语〉和晋人的美》，见《宗白华全集》第 2 卷，第 275 页。

② 宗白华：《美学》（讲稿），见《宗白华全集》第 1 卷，第 437—438 页。

③ 宗白华：《论文艺的空灵与充实》，见《宗白华全集》第 2 卷，第 345 页。

本存在着紧密联系，尤其在审美问题上，庄与禅简直难解难分。宗白华讨论意境“禅境的表现”时说“禅是动中的极静，也是静中的极动，寂而常照，照而常寂，动静不二，直探生命的本原”，而在这一节的末尾又说道：“中国艺术意境的创成，既须得屈原的缠绵悱恻，又须得庄子的超旷空灵。”① 当然，道与禅并非完全相同，二者在审美表现上趋于一致，而在审美的准备上却有着很大差别。禅宗讲究“顿悟”，断弃现实关切、逻辑思考，“和世务暂时绝缘”，才可能直入禅境，于审美来说便是进入审美境界。禅宗的“顿悟”于刹那间见出永恒，道家美学同样能启示艺术的审美境界，只不过审美境界的达成需要经过一番修养功夫。如《庄子·达生》中有“梓庆削木为鐻”的故事，“鐻”之所以能让“见者惊犹鬼神”，就是梓从“齐以静心”的结果：“齐三日，而不敢怀庆赏爵禄；齐五日，不敢怀非誉巧拙；齐七日，辄然忘吾有四肢形体也。”② 四肢形体都忘掉了，就能“静心”而专注于审美对象，进入艺术境界了。庄子所讲的“心斋”“坐忘”都是人生的修养功夫，其所追求的正是摆脱外在事功而达至的虚静之境，这种“静”境通于艺术心态，可以视为艺术的心理准备。禅境类似于当下生成的审美境界，但艺术心灵的形成不是一蹴而就的事，需要一个修养过程，所以道家思想提供的艺术启示更为根本。宗白华自己曾说：“中国古代画家，多为耽嗜老庄思想之高人逸士。彼等忘情世俗，于静中观万物之理趣。”③ “耽嗜”一词可以看出中国画家的思想修养。1960 年代，宗白华在有关中国美学思想的研究笔记中将《庄子》中的有关论述称为“艺术创造之精神的心理的基础”，《庄子·天道》有关“圣人之静”

---

① 宗白华：《中国艺术意境之诞生（增订稿）》，见《宗白华全集》第 2 卷，第 364 页。

② （清）郭庆藩撰，王孝鱼点校：《庄子集释》，第 658—659 页。

③ 宗白华：《徐悲鸿与中国绘画》，见《宗白华全集》第 2 卷，第 50 页。

的一段描述就在其中："圣人之静也，非曰静也善，故静也。万物无足以铙心者，故静也（铙，挠借字）。水静则明烛鬚眉，平中准，大匠取法焉（以大匠与圣人相拟其平与准相平，故匠人取法焉，谓之水平）。水静犹明，而况精神。圣人之心静乎，天地之鉴也，万物之镜也……"① 前述"静观万象，万象如在镜中，光明莹洁"与这段文字极为相似，宗白华在探寻中国艺术意境的过程中似乎早已将意境之"静"推到《庄子》中的"圣人之静"。在庄子之前，老子对"静"已经有了深刻认识："致虚极，守静笃""归根曰静，静曰复命"（《老子》第十六章），"清静为天下正"（《老子》第四十五章）。老子所说的"静"不是诉诸听觉的"静"，而是深入生命体验的精神之"静"，虚而能静，在庄子那里获得了更大的发展。

意境之"静"归于道家思想并非"强为之说"，"静照"的审美观得益于禅宗思想，也有取于道家思想，禅与道在审美观照的方向已然合体，而艺术心灵的修养则有赖于道家思想提供的智慧。意境之"静"不是意境的最终表现，毋宁说它是一个起点，"静"中要能呈现"动"，呈现生命的律动，所谓"灵境""玄境"的静境之中都隐伏着生命之"动"，"静"与"动"的微妙变奏组成了意境的节奏，于是宗白华说："静不是死亡，反而到（按：应为"倒"字——笔者注）是甚深微妙的潜隐的无数的动，在艺术家超脱广大的心襟里显呈了动中有和谐有韵律，因此虽动却显得极静。这个静里，不但潜隐着飞动，更是表示着意境的幽深。"② 意境的一静一动体现着"一阴一阳之谓道"的中国哲学根本的宇宙观，宗白华援引庄子的话说"静而与阴同德，动而与阳同波"。③ 道家之

① 宗白华：《中国美学思想专题研究笔记》，见《宗白华全集》第 3 卷，第 545 页。

② 宗白华：《凤凰山读画记》，见《宗白华全集》第 2 卷，第 377 页。

③ 宗白华：《中国诗画中所表现的空间意识》，《宗白华全集》第 2 卷，第 434 页。

“静”滋养着意境之“静”，意境之“动”同样有赖于道家思想的说明。

意境之“静”是一种精神之静，意境之“动”也不是现实中的运动，而是心灵之动①，体现的是艺术的启示价值：“启示宇宙人生之最深的意义与境界，就主观感受言，为‘心灵的价值’，心灵深度的感动，有异于生命的刺激。”② 诗、书、画尤其是绘画艺术的意境，其所表现的“动”主要通过画幅的空白处呈现出来，而画幅中空白的运用恰来自道家“虚”的观念。宗白华在其论作中屡屡提及道家之“虚”在表现艺术空白中的根源性作用，在此略举几例：

> 这无画处的空白正是老、庄宇宙观里的“虚无”。它是万象的源泉，万动的根本。中国山水画是最客观的，超脱了小己主观地位的远近法以写大自然千里山川。③
>
> 中国画最重空白处。空白处并非真空，乃灵气往来生命流动之处。且空而后能简，简而练，则理趣横溢，脱略形迹。然此境不易到也；必画家人格高尚，秉性坚贞，不以世俗利害营于胸中，不以时代好尚惑其心志，乃能沉潜深入万物核心，得其理趣，胸怀洒落，庄子所谓能与天地精神往来者，乃能随手拈来都成妙谛。④
>
> 尤其是在宋元人的山水花鸟画里，我们具体地欣赏到这“以追光蹑影之笔，写通天尽人之怀”。画家所写的自然生命，集中在一片无边的虚白上。空中荡漾着“视之不见、听之不闻、搏之不得”的“道”，老子名之为“夷”、“希”、“微”。在这一片虚白上

---

① 宗白华论“意境”时所讲的“舞”是现实中的运动，但它所起的更为重要的作用是对于静态艺术的启示，后者才是艺术意境的主要载体。

② 宗白华：《略谈艺术的“价值结构”》，见《宗白华全集》第2卷，第70页。

③ 宗白华：《介绍两本关于中国画学的书并论中国的绘画》，见《宗白华全集》第2卷，第45页。

④ 宗白华：《徐悲鸿与中国绘画》，见《宗白华全集》第2卷，第51页。

幻现的一花一鸟、一树一石、一山一水，都负荷着无限的深意、无边的深情。①

“空白处并非真空，乃灵气往来生命流动之处”正道出了中国画“空白”之处的奥义，如笪重光所谓“无画处皆成妙境”。宗白华不止一次将画幅中的虚空称为老、庄的“道”，“道”不可言说，却生气弥漫，赋予了虚空无限的可能性。画幅中的空白盘活了整个画境，使画境生气流行，尽显气韵生动。诗词文章里同样能看出道家“虚”的表现：“庄子说：‘虚室生白。’又说：‘唯道集虚。’中国诗词文章里都着重这空中点染，抟虚成实的表现方法，使诗境、词境里面有空间，有荡漾，和中国画面具同样的意境结构。”② 这其实就是艺术中的虚实问题，“老庄认为虚比真实更真实，是一切真实的原因，没有虚空存在，万物就不能生长，就没有生命的活跃”③。

道家“虚”的观念成就了中国艺术的空白，“虚”不是绝对的空无，是呈显“道”的方式，亦是“道”的汇聚之所，相应的，“空白”也不是僵滞的虚空，而是“灵气往来生命流动之处”。中国艺术的空白，以绘画为例，又有不同的表现，一种是整幅画底的空白，另一种是无画处的空白。空白的不同表现对应着道家不同的“虚”的观念，大致说来，无画处的空白对应“虚室生白”，整幅画底的空白对应“唯道集虚”。“虚室生白”“唯道集虚”都是庄子的语言，但“虚室生白”

---

① 宗白华：《中国艺术意境之诞生（增订稿）》，见《宗白华全集》第 2 卷，第 371 页。

② 宗白华：《中国艺术意境之诞生（增订稿）》，见《宗白华全集》第 2 卷，第 370 页。

③ 宗白华：《中国美学史中重要问题的初步探索》，《宗白华全集》第 3 卷，第 455 页。宗白华将虚实问题分为两派，一派是孔孟，一派是老庄。两派都讲究虚实结合，孔孟从实出发，老庄从虚出发，两者虽然不矛盾，但中国艺术的重视空白却是由虚入实的典型。

的观念则主要承自老子。宗白华认为老子之“虚”是“其小无类”的虚空，“老子从室内空间的观察，悟到宇宙的道理”，“他在不毁万物的‘虚空’里观察万物的来往、成毁，而认定这‘空间’是‘常’，是万物的根源”，而庄子所谓“瞻彼阕者，虚室生白”“是在室内的虚空里体悟到道，正和老子‘不出于户，以知天下；不窥于牖，以知天道’相似”。① 而“虚室生白”中的“虚白”，“不是几何学的空间间架，死的空间，所谓顽空，而是创化万物的永恒运行着的道。这‘白’是‘道’的吉祥之光（见庄子）”。② “白”即是光，“道”的光芒从画幅的空白之处显出，照亮了整个画境，画境于是呈现出生气郁勃之貌。“唯道集虚”在庄子这里并非要描述空间意识，其意在说明虚静的心灵，但与老子的“守静笃”不同，庄子的虚静需要“游”的精神与其配合，所以庄子不满意老子“其小无类”的空间追求，“庄子的空间意识是‘深闳而肆’的，它就是无穷广大、无穷深远而伸展不止、流动不息的”③，用庄子自己的话说就是“体尽无穷而游无朕”。中国画整幅虚白的画底就是庄子虚静精神遨游的舞台，“‘体尽无穷’是已经证入生命的无穷节奏，画面上表现出一片无尽的律动，如空中的节奏。‘而游无朕’，即是在中国画的底层的空白里表达着本体‘道’（无朕境界）”。④ 其实，宗白华无意将“虚室生白”“唯道集虚”分而论之，但他对庄、老空间意识“一‘游’一‘守’”⑤ 的判定的确有对应于中国绘画不同“空白”表现的取向。即使如此，“空白”所启示的

---

① 宗白华：《道家与古代时空意识》，见《宗白华全集》第 3 卷，第 280—283 页。

② 宗白华：《中国诗画中所表现的空间意识》，见《宗白华全集》第 2 卷，第 438 页。

③ 宗白华：《道家与古代时空意识》，见《宗白华全集》第 3 卷，第 282 页。

④ 宗白华：《中国诗画中所表现的空间意识》，见《宗白华全集》第 2 卷，第 438 页。

⑤ 宗白华：《道家与古代时空意识》，见《宗白华全集》第 3 卷，第 283 页。

“道”并没有本质区别，都是“最深心灵”的反映，都是“灵境”“玄境”形而上的展示。

宗白华论艺术“意境”，简直就是一次中国传统文化思想的检视。在整个论述过程中，他将《周易》、儒家、道家思想统而论之，似乎没有厚此薄彼的评价倾向，但是频繁引用老庄思想还是透露出了其对道家美学的侧重。宗白华艺术意境的探寻过程，也可以说是道家美学思想的发现、重构过程。道家之“道”对艺术意境的暗示，道家虚静观、修养论对审美观照的启示，道家虚、无的空间意识对艺术空白之境的根源性影响等，都在昭示道家美学思想与中国艺术实践的深刻关联。宗白华晚年曾说过一段话，从中可以看出他对道家尤其是庄子的钟情，同时也印证了艺术意境论与道家思想的深厚渊源：“中国有句古话，叫作‘万物静观皆自得’。静故了群动，空故纳万境。艺术欣赏也需澡雪精神，进入境界。庄子最早提倡虚静，颇懂个中三昧，他是中国有代表性的哲学家中的艺术家。老子、孔子、墨子他们就做不到。庄子影响大极了……”①

---

① 宗白华：《我和艺术》，见《宗白华全集》第3卷，第614页。

第二章

“直觉”美学的中国演绎：移西方之花接道家之木

聂振斌指出，“康德的超功利主义美学观点，在百年中国的前50年是被普遍接受的，成为美学的根本观点。”[①]如果说“超功利”是20世纪前半期根本的美学观点的话，那么审美直觉论就是这种观点的典型代表。超功利当然不只体现于直觉，但审美直觉必以超功利为前提。西方近代美学派别众多，如实验美学、心理学美学等；心理学美学又有不同的学说，如心理距离说、移情说等；至尼采、弗洛伊德又欲将生理快感引入审美的领地……但中国学者对“直觉”美学却青睐有加，之所以如此，是因为中国文化中原本就有的直觉传统所形成的“期待视野”使其易于接引、传译西方的“直觉”美学观念。其中，超功利且具有明显直觉特征的道家思想与西方的“直觉”美学形成了强烈共鸣。王国维、宗白华、朱光潜、邓以蛰、林语堂等中国学者熟知西方美学，于道家思想又深自

① 汝信、王德胜主编：《美学的历史：20世纪中国美学学术进程》，第89页。

浸淫，他们对西方直觉美学与中国道家思想的融通化合功夫可以说是“移西方之花接道家之木”。王国维与朱光潜的融通功夫尤为显著，且理论成色较高，堪为此中翘楚。

第一节 “直觉”美学与道家思想的跨时空互通

一、康德、叔本华、克罗齐直觉说简述

直觉（或直观）是西方近代哲学的产物。实际上，西方自古就有直观的方法，柏拉图的“理念”就是直观的产物。理念在希腊语中的本义是“所见之物”“外在之形”，柏拉图在其哲学中将之改造为“不可见之物”、“内在之形（本质）”是灵魂之眼洞察的结果。① 相对于肉眼所见，心眼（灵魂）的洞察可以说就是直观。柏拉图的这种观念多少具有神秘主义和独断论的色彩，他在《理想国》中讨论床的理念时就将其视为神的杰作。后世哲学中，这种直观也一度被用于证明上帝的存在。

到了康德，直观被改造为一种与感性相关的能力：“通过我们被对象所刺激的方式来获得表象的这种能力（接受能力），就叫作感性”，“借助于感性，对象被给予我们，且只有感性才给我们提供出直观；但这些直观通过知性而被思维，而从知性产生出概念”，“那种经过感觉与对象相关的直观就叫作经验性的直观”。另有一种感知无法触及的直观被称为“纯粹直观”，“它是即算是没有某种现实的感官对象或感觉对象，也先天地作为一个单纯的感性形式存在于内心中的”，空间与时间即属于纯粹直观。② 经验性直观与纯粹直观都是感性直观，此外还有

① 参见余纪元：《论柏拉图对理念世界的构造》，《哲学研究》1988 年第 2 期。

② ［德］康德：《纯粹理性批判》，邓晓芒译，杨祖陶校，人民出版社 2004 年版，第 25—27 页。

一种“智性直观”，智性直观是不属于人类的、可能由别的存在者（如康德所说的“自在之物”）拥有的直观。无论哪种直观，都是非思维、非概念的，类似于我们一般所说的直观。但这些直观都不是审美直观，在康德这里，作为连接理论哲学与实践哲学的桥梁，鉴赏判断是一种无关乎知识的审美愉快：“鉴赏判断是综合的，这是很容易看出来的，因为它超出了客体的概念甚至直观之上，并把某种根本连知识都不是的东西，即把愉快（或不愉快）的情感作为谓词加在那个直观上面。”① 不过，康德将直观与感性联系起来，已打开了通向审美直观的道路。

直观在叔本华这里获得了前所未有的发扬。康德哲学中不可知的“自在之物”在叔本华的哲学中得到了确定，即是“意志”。世界是由意志与表象构成的，“除了意志与表象之外，根本没有什么我们〔能〕知道，能思议的东西了”②，而表象是意志“直观”的表现形式。悟性直观③在康德那里由于“自在之物”的不可知性而失去依托，在叔本华这里却成了连接意志与表象的主要通道。但直观或悟性直观不能等同于审美直观，审美直观是艺术的认识方式，而艺术是天才的任务。在叔本华看来，认识（包括直观认识）是服务于意志的，受意志劳役，但艺术认识却能够躲避这种劳役，“自由于欲求的一切目的之外”④。由于艺术的这种特殊性质，它所认识的对象也不是一般的对象，而是“意志的直接而恰如其分的客体性”——理念。在艺术认识的过程中，认识

① ［德］康德：《判断力批判》，邓晓芒译，杨祖陶校，人民出版社 2002 年版，第 130 页。

② ［德］叔本华：《作为意志和表象的世界》，石冲白译，杨一之校，商务印书馆 1982 年版，第 158 页。

③ ［德］叔本华《作为意志和表象的世界》的译者所翻译的“悟性直观”基本等同于康德《纯粹理性批判》的译者所翻译的“智性直观”。

④ ［德］叔本华：《作为意志和表象的世界》，石冲白译，杨一之校，第 220 页。

主体为“纯粹主体”，认识方式为超功利的“审美静观”。叔本华谈及对理念的认识，有段话颇能说明这一问题：“人们在事物上考察的已不再是‘何处’‘何时’‘何以’‘何用’，而仅仅只是‘什么’；也不是让抽象思维、理性的概念盘踞着意识，而代替这一切的却是把人的全副精神能力献给直观，浸沉于直观，并使全部意识为宁静地观审恰在眼前的自然对象所充满……人在这时，按一句有意味的德国成语来说，就是人们自失于对象之中了……人们也不能再把直观者〔其人〕和直观〔本身〕分开来了，而是两者已经合一了……”①

叔本华哲学很大程度上建立在批判康德哲学的基础上，意大利美学家克罗齐没有直承康德、叔本华的哲学、美学思想，但受他们的影响也是显而易见的。如克罗齐说：“虽然康德以很大的准确性假设出诸感觉的一门科学，即纯直觉的、纯直觉知识的科学，但他并未因此就掌握了关于审美官能或艺术官能的本性——真正纯粹直觉——的诸确切观念”，“作为明智的和敏捷的分析者，叔本华有时指出，对理念，对静观，不能加之于时间和空间的诸形式，而只能加之于表象的形式。由此可推知，艺术不是意识的高级的、特别的程度，而是意识的较直接的程度……从一般认识中解脱出来，生活在幻想之中，这并不意味着上升到柏拉图的理式的静观，而是重新落到直觉的直接性中。”② 相对于叔本华过多地纠缠于“意志”“理念”，克罗齐直接将知识分为“直觉的”和“逻辑的”两大类：“知识有两种形式：不是直觉的，就是逻辑的；不是从想象得来的，就是从理智得来的，不是关于个体的，就是关于共相的；不是关于诸个别事物的，就是关于它们中间关系的。总之，知识

---

① ［德］叔本华：《作为意志和表象的世界》，石冲白译，杨一之校，第 249—250 页。

② ［意］贝尼季托·克罗齐：《作为表现的科学和一般语言学的美学的历史》，王天清译，袁华清校，中国社会科学出版社 1984 年版，第 120、147—148 页。

所产生的不是意象，就是概念。"[①] 认为"直觉的知识就是表现的知识。直觉是离理智作用而独立自主的"，他把"直觉的（即表现的）知识"与"审美的（即艺术的）事实"统一起来，"用艺术作品做直觉的实例，把直觉的特性都付与艺术作品，也把艺术作品的特性都付与直觉"。[②]

康德重视直观，虽然并没有进一步将直观与审美和艺术联系起来，但他有关审美愉快的"非概念""超功利"的论述对后世美学影响深远。叔本华完成了直观与审美的嫁接，且审美直观与艺术认识不可分割，而艺术对"理念"的认识又使其可贵的美学观念带上了几分神秘色彩。克罗齐美学则真正将直觉的功用落实到稳固的地基——艺术之上，艺术直觉不再神秘，其作为心理活动具有一种科学的指向。无论叔本华的直观还是克罗齐的直觉与概念和功利都是不相容的。另外，法国哲学家柏格森也是直觉的大力提倡者，他重视直觉的超理智的能力，虽然直觉与艺术也密切相关，但柏格森的直觉主要是一种认识世界本质的哲学方法，在美学领域并不占重要地位。

二、"目击道存"：道家思想的直觉特征

参照西方近代直觉观念，反观中国传统文化思想，我们会发现，中国传统思想大都具有直觉的特征。中国传统思想强调物我合一、天人合一，这种思维方式类似于西方的直觉思维。而若说到审美直觉，与之最相合拍的便是道家思想。道家对"道"的把握、对知识的否定、对虚静之心的追求以及对功利的疏离等，都与审美直觉有相通之处。道家思

---

① ［意］贝尼季托·克罗齐：《美学原理》，朱光潜译，见《朱光潜全集》第11卷，安徽教育出版社1989年版，第131页。

② 见［意］贝尼季托·克罗齐：《美学原理》，朱光潜译，《朱光潜全集》第11卷，第142—143页。

想被徐复观称为“艺术精神”，叶朗认为“老子美学是中国美学史的起点”①，李泽厚说“庄子的哲学是美学”②，他们之所以将道家思想与艺术、美学联系起来，很重要的一个原因就是道家思想与审美直觉的类通。《庄子·田子方》有“目击而道存矣，亦不可以容声矣”的说法，“目击道存”就是一种不涉及概念、知识、语言表达而直达本体的直觉状态。

道家之“道”是一种玄妙的存在，体认道当然不能依循常规。“道”虽然是一种玄妙的存在，但它并不高高在上，钱钟书先生认为：“道既超越（transcendent），又遍在（immanent）。遍在，故曰：‘道在矢溺’。超越，故又曰：‘视之不见，听之不闻，博之不得’。”③“道”无法用语言描述，即所谓“道可道，非常道”（《老子》第一章）。非但不可言说，“道”的名称都是勉强给定的，“有物混成，先天地生。寂兮寥兮，独立而不改，周行而不殆，可以为天地母。吾不知其名，强字之曰‘道’，强为名之曰‘大’”（《老子》第二十五章）。既然是“物”，似乎能被认识，但又“寂兮寥兮”，无声无状，无法触摸和感知，而又的确存在，“独立而不改，周行而不殆”。所以，“道”超越了人的一般智识可以认识的领域，语言、概念、逻辑等无法对它施加影响，只能以超越的方式加以体认，这种超越的方式便类似于直觉。老子说“为学日益，为道日损。损之又损，以至于无为”（《老子》第四十八章），学习使知识日益增进，“为道”却要让知识不断消损，以达到“无为”的状态，进入摆脱知识干扰的“无为”状态才能体认“道”的存在。《庄子·天地》中有则寓言，非常形象地说明了体道的条件：“黄帝游乎赤水之北，登乎昆仑之丘而南望，还归，遗其玄珠。使知索

① 叶朗：《中国美学史大纲》，第 19 页。

② 李泽厚：《庄玄禅宗漫述》，见《中国古代思想史论》。

③ 钱钟书：《谈艺录》，中华书局 1984 年版，第 310 页。

之而不得，使离朱索之而不得，使喫诟索之而不得也。乃使象罔，象罔得之。黄帝曰：‘异哉！象罔乃可以得之乎？’”成玄英疏曰：“罔象，无心之谓。离声色，绝思虑，故知与离朱自涯而反，喫诟言辨，用力失真，唯罔象无心，独得玄珠也。”① “无心”就是要舍去声色、思虑、言辨，无所用心，才能得到玄珠，玄珠即可视同于“道”。“无心”并非否定主体的作用，而是否定理性的认知方式，否定语言声色的表达方式，以一种“直致所得”的方式体认“道”。

庄子著名的“心斋”，“无听之以耳”“无听之以心”而“听之以气”，也是讲一种心理活动，这种心理活动不诉诸感觉器官（“无听之以耳”，以“耳”概其他感官），也不诉诸理智思维（“无听之以心”），而是诉诸近似于直觉的那种超感觉。郭绍虞说“庄子所谓听以气云者，即是直觉”，并且将庄子体道的见解推及于艺术鉴赏，认为其“重在神遇”，而不拘泥于迹象。② 郭绍虞早年翻译过日人高山林次郎的《近世美学》③，对西方美学比较熟悉，他用“直觉”解释庄子的体道行为并与艺术鉴赏相联系，显然已在庄子思想与西方美学之间发现了汇通点。美籍华人学者刘若愚之英文著作《中国文学理论》，也把老子的“涤除玄览”、庄子的“听之以气”解释为清除心灵中的理性知识，而以直觉的方式静观自然与道合一④。“坐忘”与“心斋”说法不同，但同样是舍弃可引起“攀缘”的各种牵累，使肢体、聪明等一切可能扰动澄明心灵的因素都忘掉，也就进入大通（道）的境界了。所以，“坐忘”与“心斋”所达到的境界是相同的，经由的路径也绝无二致。“心斋”“坐

① 见（清）郭庆藩撰，王孝鱼点校：《庄子集释》，第 415 页。

② 郭绍虞：《中国文学批评史》上，百花文艺出版社 1999 年版，第 38 页。

③ 郭绍虞所译《近世美学》载于 1920 年 3 月 2 日至 4 月 29 日《时事新报》副刊《学灯》。

④ ［美］刘若愚：《中国文学理论》，杜国清译，第 47 页。

忘”对现实功利的断弃、对澄明心境的追求启发了艺术精神，其应用于艺术上便是沉浸于审美对象、忘怀一切的审美直觉。庄子的“心斋”“坐忘”与老子的“涤除玄鉴”可谓一脉相承，叶朗说：“庄子把老子‘涤除玄鉴’的命题，发展为‘心斋’‘坐忘’的命题，建立了关于审美心胸的理论”，而审美心胸即是“超脱利害观念的空明心境。”① 叶朗的“审美心胸”有些类似徐复观所说的“艺术精神”，他们的主要依据都是近于审美直觉的“心斋”“坐忘”所启示的审美观照。

《庄子》中有大量寓言故事讲述“心斋”“坐忘”的修养功夫企及的体道境界，如庖丁解牛的“神遇”境界、痀瘘丈人承蜩的“凝神”境界、“指与物化而不以心稽”的“合天”境界等等，这些境界都是远离功利的直觉境界，若施之于艺术，便是艺术的欣赏与创造境界。

三、西方直觉主义与道家思想在中国的“佳遇”

在中国现代美学中，有一个突出现象，就是中国现代美学家对西方直觉主义美学思想有一种天然的“亲切”，一种畅达的接通。中国文论对“直觉”的接受与传播有其特殊的语境。一方面，古代文论的思维方式原本就是直觉、印象和感悟，从庄子的“目击道存”到王夫之借用佛教概念而标举的“现量”，从钟嵘的“直寻”到司空图的“直致所得”，中国古代文学思想凸显出一条重视直接感知、兴会神到的传统美学追求。这个传统潜在地构成了20世纪中国文论接受西方直觉说的文化心理基础。中国古代汉语以单音节词为主，“觉”尽管在佛教经典中大量存在，但以“直”来修饰“觉”之语词构成，据笔者阅读所及，在古典时期并不多见，至少在浮出人们关注之表的古典文论中尚未遇

① 叶朗：《中国美学史大纲》，第39、119页。

见。但中国古典文论的宝库中却有许多“直”字出现，如“直寻”“直致所得”，其“直”的理论意旨都指向审美感知的直接性。这些为20世纪文论界在翻译西方“intuition”时挑选“直觉”一词提供了语言、文化上的“既有知识”和“前在视野”。

当然“既有知识”和“前在视野”最为重要的还是道家传统，因为中国文论的上述内容和特征也大多受道家影响而至。由前面两节的论述可以看出，西方近代美学的审美直觉与中国道家的精神修养有相似之处，但也并不完全相同，尤其是它们赖以产生的文化基础有很大差异。康德、叔本华论述直观或审美直观意在建设哲学体系，美学问题是其哲学体系的有机组成部分，克罗齐也有建构艺术美学学科的意向，他们的论述是推理的、言辩的；道家论“道”却完全是另外一种方式，由于“道”的“恍惚”性质，语言、思辨难以直接触及，于是道家常用富有机趣的语言或寓言故事逗兴出所论对象，使人有所领悟，这种领悟的过程近似于西方美学的直觉且具有一定的神秘性。文化基础的差异决定了中国现代学者在接受西方直觉美学的过程中不可能全盘接受其哲学体系，而是基于自身文化基础，从西方美学思想中找寻与中国固有的美学思想能够产生共鸣的成分，拿来为我所用，并加以融会贯通，形成中国现代美学发展的新契机。在这一过程中，中国传统文化思想尤其是道家思想所形成的“期待视野”始终具有一种前提和基础的作用，这种作用决定了中国现代美学家接受西方直觉美学的范围与方式。

道家美学与西方直觉美学的这种关系在中国现代美学的发展中不是个例，可以说整个中国现代美学的发生发展都是中国传统文化思想选择性接受西方美学的过程。王德胜指出：“在20世纪中国美学研究中，‘西方’之被‘中国化’的过程，便带来了某些新的学术现象或学术生长点——其根源就在于这种‘中国化’本身的具体方式总是首先被中国文化的历史和现实语境规定了的。"① 由于要经历"中国化"，西方美学思想进入中国无一例外地要进行"变异"以适应中国的特殊语境，这种"变异"也可以说是中国学者对西方美学的重新阐释。海德格尔说："把某某东西作为某某东西加以解释，这在本质上是通过先行具有、先行视见与先行掌握来起作用的。解释从来不是对先行给定的东西所做的无前提的把握。"② 对中国学者来说，接受西方美学时的"先行给定的前提"无疑是中国传统文化思想。在牛宏宝看来，这个"前提"是中国本土文化的某种结构或内蕴："总结 20 世纪中国接受西方美学的'影响'，不能只罗列中国从西方引进了哪些具体的、个别的观念，而要分析本土文化以何种结构、何种内蕴来选择、会解和转化异文化的东西，把握两种文化之间所发生的结构性碰撞以及由此而来的结构性变异和演化。"③ 本土文化以何种结构或内蕴接受西方美学尚有争议，但西方美学思想进入中国必然会发生某种程度的改变则是毫无疑问的事实，这种改变甚至有可能是中国学者为了迎合中国的现实需要而进行的断章取义。需要注意的是，与西方科学思想相对于中国传统文化思想所具有的明显优势不同，西方美学思想并不一定具备这种优势，它带来的主要是新的视角、新的言说方式，对中国传统文化思想而言未必促成新的知识内涵的增加，所以说，"在 20 世纪的历史中，中国美学的知识增长本身也常常是很可质疑的"④。审美直觉之于道家美学思想正是如

---

① 见汝信、王德胜主编：《美学的历史——20 世纪中国美学学术进程》，第 380 页。

② ［德］海德格尔：《存在与时间》，陈嘉映、王庆节译，生活 · 读书 · 新知三联书店 1999 年版，第 176 页。

③ 见汝信、王德胜主编：《美学的历史——20 世纪中国美学学术进程》，第 389 页。

④ 见汝信、王德胜主编：《美学的历史——20 世纪中国美学学术进程》，第 381 页。

此，审美直觉思想并没有促成道家美学内涵的扩充，它只不过是提供了一种新的言说方式，使本来有些玄虚的道家美学呈现出一种相对清晰的形态。但毋庸讳言，西方美学的输入改变了中国美学既有的发展历程，由此带来的对中国传统美学思想的重新整理与阐释也实现了中国美学的新进展。

道家思想具有的美学维度已得到广泛认同，其对中国美学与艺术的发展影响深远，中国现代美学家或多或少都受到过道家思想的影响，道家思想的超功利及直觉特征成为现代学者选择性接受西方美学思想的重要依据。与西方美学递相接武、线性演绎的发展方式不同，中国现代美学的发生发展是中国美学家们平移西方不同时代美学思想的结果。由于不同美学家各自的知识素养、学术视野等均不尽相同，其所接受的西方美学思想也不尽一致，他们融会中西形成的美学形态也就不尽一样，甚至有些纷然杂陈。不过，中国现代略显“混乱”的美学领域也有着“家族相似”性，这种“家族相似”即是中国现代美学普遍具有的超功利特征。西方近代美学尤其是康德以来的美学固然在一定程度上具有超功利的特点，但其输入中国以后所呈现的“家族相似”更主要的是由于中国美学家以超功利的道家美学精神为基础对西方美学的选择性接受。直觉美学尤其如此，王国维关注的“直观”、朱光潜激赏的“形象的直觉”等都或显或隐地表现出道家美学思想对西方直觉美学的接引与改造。

第二节　王国维美学中的“直观”论之道家因子

作为中国现代美学的开创者，王国维对西方美学思想的接受是显而易见的，康德、叔本华、席勒等人的美学思想都在王国维的问学历程中留下了痕迹并参与了中国现代美学的建设。如前所述，王国维不可能全面接受西方美学家的思想，何况他也没有系统研究过他们的思想。缪钺在《王静安与叔本华》一文中便说过："王静安对于西洋哲学并无深刻而有系统之研究，其喜叔本华之说而受其影响，乃自然之巧合……申言之，王静安之才性与叔本华盖多相近之点，在未读叔本华书之前，其所思所感或已有冥符者。"① 他所接受的西方美学实际上已经根据自己的兴趣爱好进行了拣选和淘汰，拣选的主要结果就是叔本华的直观论，其所依据的主要标准则是道家思想。与朱光潜等不同，王国维几乎从未直接用道家思想对释西方美学，但王国维对道家思想的熟稔及对道家美学的深刻认知都使道家思想成为王国维接受西方美学的潜在依据。

一、"华胥之国"式的审美理想

王国维对道家思想有一种骨子里的钟爱，他从小泛读诗书，曾自言不喜《十三经注疏》，加之忧郁的性格及后来困顿的生活，崇尚自然、逍遥的庄子思想于是成了王国维的心灵慰藉之所，而道家思想与美学精神的相通进而影响到王国维现代美学的创构。

有意思的是，虽然对道家思想多有认同，诗词创作、论文写作中常引用或化用道家的语言，但王国维很少明言其喜爱道家思想，对道家思想甚至有所批评。《孔子之学说》谓周末之思潮分南北两派："北派气局雄大，意志强健，不偏于理论而专为实行。南派反之，气象幽玄，理想高超，不涉于实践而专为思辨。"北派的代表是"完全第一流道德家"孔子，南派的代表则是老子。即从伦理学上观之，老子已落在孔子之后了，"其伦理及政治思想专为消极主义，慕太古敦朴之政，而任

① 缪钺：《王静安与叔本华》，《诗词散论》，上海古籍出版社 1982 年版，第 103 页。

人性之自然，以恬淡而无为为善。”[1] 列子为道家重要人物，古代多庄、列并称，王国维认为列子之说“实取老子之自然说、虚静说，充之于极端之地，而于老子之隐微的积极的一面竟抹杀之”[2]。若从伦理学上观之，列子又落于老子之后了：“其怀疑论也，无差别论也，虚静主义也，冷眼主义也，宿命主义也，绝对地服从主义也，厌世思想也，非社会的倾向也，存养论也，解脱观也，无一不由老子之根本思想而来，而皆较老子更达于极点。但其偏于出世的个人的消极的态度一面，故谓为伦理主义，究亦有所未安。”如果从伦理学的角度来看，列子的思想简直一无是处；但如果摆脱伦理学的视角，则能够发现道家思想的另外一面，这于列子、庄子思想中表现得更为充分。王国维也洞察到了这一方面，他认为列子思想之于老子思想是“以游戏的娱乐的扩充之，而其结果所在，遂与佛教之厌世的寂静说，与庄子无止无界之思想相近云尔”。“游戏的娱乐的”，这种说法从现代美学的角度来看，无异于一种积极肯定。道家思想在老子之后于伦理学方面无所进益，但在美学精神方面却渐趋充盈。《列子之学说》整篇似乎都在贬低列子，谓其消极厌世、知识论上持绝对的怀疑论、实践上偏于无依傍主义等，而论及“个人的解脱”时却难掩欣赏之情，及至文章结尾不吝赞美道：“若夫其言论之洒脱轻妙，其解悟之缥缈空灵，其解脱方法论之详密，其存养功夫之亲切，能使读其书者惝乎离现实之世界，而入理想之天地焉矣。”这最后的赞语泄露了王国维对列子的喜爱。

王国维不知为何没有写《庄子之学说》，但从早年诵读《庄子》的

---

① 王国维：《孔子之学说》，见姚淦铭、王燕编：《王国维文集》第 3 卷，中国文史出版社 1997 年版，第 108 页。

② 下引有关列子的言论出自王国维《列子之学说》，见姚淦铭、王燕编：《王国维文集》第 3 卷，第 175—191 页。《列子》系伪书，杨伯峻撰：《列子集释》（中华书局 1979 年版）“附录”辑录从古代到现代的二十四家辨伪文字，言之凿凿，无需旁证。王国维未辨《列子》真伪，本文亦不再另行申述。

经历来看①，王国维对《庄子》也至为熟悉，且庄子思想与列子思想比较相近，同样是将老子思想“充之于极端之地”，所以他对列子的嘉赞也适合庄子。王国维曾说：“哲学上之说，大都可爱者不可信，可信者不可爱。”② 发源于老子，于列子、庄子身上发扬光大的“游戏的娱乐的”精神想必属于可爱者之列。道家思想虽在伦理的、实践的方面不及儒家，但其包含的“游戏的娱乐的”精神并进而启发的艺术精神却使其成为迎接西方美学思想的“先行官”，以至于牛宏宝认为王国维于1904年写的《孔子之美育主义》表面上是用康德、叔本华的思想重新解释孔子，发掘其美育思想，“但在隐在的层面，却是用中国古代艺术精神来会解康德、叔本华”，而这种“艺术精神”就是“庄子一脉思想所成就的艺术精神”。③ 其实，也不能完全说是“隐在”，王国维在叙述孔子“独与曾点”的审美境界时说道：“此时之境界：无希望，无恐怖，无内界之争斗，无利无害，无人无我，不随绳墨而自合于道德之法则。一人如此，则优入圣域；社会如此，则成华胥之国。”④ “华胥之国”即是王国维所说的《列子》中的“理想之天地”：“华胥氏之国在弇州之西，台州之北，不知斯齐国几千万里，盖非舟车足力之所及，神游而已。其国无帅长，自然而已。其民无嗜欲，自然而已。不知乐生，不知恶死，故无夭殇；不知亲己，不知疏物，故无爱憎；不知背逆，不

---

① 据罗振玉外孙刘惠孙记述，王国维早年在报馆做校对时曾诵读《庄子》。见龙峨精灵《观堂别传》，载陈平原、王枫编：《追忆王国维》，中国广播电视出版社 1997 年版。

② 王国维：《静庵文集续编·自序二》，见周锡山编校：《王国维文学美学论著集》，第 244 页。

③ 见汝信、王德胜主编：《美学的历史——20 世纪中国美学学术进程》，第 414—415 页。

④ 王国维：《孔子之美育主义》，见佛雏校辑：《王国维哲学美学论文辑佚》，第 257 页。

知向顺，故无利害……”① 神游、无天殇、无爱憎、无利害，这确乎是一个“游戏的娱乐的”世界，而以美学的眼光来看，“华胥之国”不就是一个审美的国度吗？《红楼梦评论》中论审美境界也述及“华胥之国”：“苟吾人而能忘物我之关系而观物，则夫自然界之山明水媚，鸟鸣花落，固无往而非华胥之国，极乐之土也。”② 在老庄著作中，多有与“华胥之国”旨趣相类的理想社会之描述，如老子的“小国寡民”、庄子的“至德之世”“建德之国”。“华胥之国”不能现实地企及，只能精神地向往，在王国维这里，它已经成为一种审美精神的象征。王国维接触西方美学之前，必然对道家思想有了比较透彻的了悟，故此在叙述西方美学思想时才会不断地称引。

由上可见，道家思想已悄然内化为王国维的美学思想。在王国维接受西学的过程中，道家美学精神作为思想前提或内在意蕴与西方美学欣然神会，共同构成了王国维的美学视界。直观是叔本华哲学、美学的核心要素，也是王国维接受的重点内容，王国维介绍叔本华哲学时说：“至叔氏哲学全体之特质，亦有可言者。其最重要者，叔氏之出发点在直观（即知觉），而不在概念是也。”③ 美术、文学等都是直观的结果，“美术之知识全为直观之知识”④，艺术直观相较于一般的直观而言更为纯粹，被叔本华称为“纯粹直观”。与叔本华相应，“直观”在王国维的美学系统中也占有至关重要的地位。王国维曾说“原夫文学之所以有意境者，以其能观也”⑤，这个“观”即是直观。联系王国维“境

---

① 杨伯峻撰：《列子集释》，中华书局 1979 年版，第 41 页。

② 王国维：《红楼梦评论》，见周锡山编校：《王国维文学美学论著集》，第 3 页。

③ 王国维：《叔本华之哲学及其教育学说》，见周锡山编校：《王国维文学美学论著集》，第 82 页。

④ 王国维：《叔本华之哲学及其教育学说》，见周锡山编校：《王国维文学美学论著集》，第 88 页。

⑤ 王国维：《〈人间词话〉乙稿序》，见刘刚强编：《王国维美论文选》，第 156 页。

界”说的重要性，“直观”的地位可见一斑。王国维没有用道家思想直接解释直观，但是他所说的直观的准备（超然于利害）、直观的状态（无欲之我、纯粹之外物）以及直观的效果（主客合一）等都能与道家思想相互发明，可视为道家思想与直觉美学在王国维这里达成的“不期然而然的会归”。

二、直观的准备：超然于利害

叔本华的“直观”有些复杂，他所说的直观、悟性直观与欣赏艺术时的纯粹直观或审美静观并不相同。我们先来看一下他有关直观的一些表述：“物质或因果性，两者只是一事，而它在主体方面的对应物，就是悟性。……悟性表现的第一个最简单的，自来即有的作用便是对现实世界的直观。这就始终是从效果中认原因，所以一切直观都是理智的”，“从根本上看来，不管是理性的认识也好，或只是直观的认识，本来都是从意志自身产生的……认识本来是命定为意志服务的……然而〔本书〕第三篇我们就会看到在某些个别的人，认识躲避了这种劳役，打开了自己的枷锁；自由于欲求的一切目的之外，它还能纯粹自在地，仅仅只作为这世界的一面镜子而存在。艺术就是从这里产生的。”①“某些个别的人”就是“天才”，“它”当指“理念”，认识理念是艺术的任务。一般的直观是理智的，作为认识的一种方式会受到意志的支配，而认识“理念”所依靠的直观摆脱了为意志服务的命运，当然也就与一般的直观不同，是为“审美静观”。王国维在《叔本华之哲学及其教育学说》中，并没有划分一般直观与审美直观，而是统一称之为“直观”。这个“直观”似乎也并不复杂，王国维说“叔氏之出发点在直

① ［德］叔本华：《作为意志和表象的世界》，石冲白译，杨一之校，第37、220页。

观”时专门在直观后的括号中注明“即知觉”，用《论新学语之输入》中的说法就是：“夫‘Intuition’者，谓吾心直觉五官之感觉，故听嗅尝触，苟于五官之作用外加以心之作用，皆谓之‘Intuition’，不独目之所观而已。”“‘Intuition’之语，源出于拉丁之‘In’及‘tuitus’二语。‘tuitus’者，观之意味也，盖观之作用，于五官中为最要，故悉取由他官之知觉，而以其最要之名名之也。”① 也就是说，叔本华复杂的直观说在王国维这里遭到了简化，从王国维对叔本华的介绍来看，他并非不懂直观的复杂性，之所以简化直观，是基于自身思想基础对直观复杂性的选择性忽视。

实际上，王国维对叔本华有关直观、意志、理念的复杂关系并不十分感兴趣，他关心的是超功利的艺术直观，这种选择性的关注与王国维先期接纳的道家美学思想有关。道家追求自然、追求逍遥、追求“心斋”“坐忘”的心灵境界，都要与现实功利划清界限。王国维倾心道家思想，很重要的一个原因就是道家思想所具有的超离现实生活的解脱色彩，这种色彩对于“体素羸弱，性复忧郁，人生之问题，日往复于吾前”② 的王国维来说无疑有一种心理救济的作用，而对道家的倾心也使超功利内化为王国维的一种价值取向。当接触到同样超功利的西方美学思想时，王国维便产生了强烈的共鸣。从《论教育之宗旨》开始，《孔子之美育主义》《红楼梦评论》《论哲学家与美术家之天职》《古雅之在美学上之位置》等一系列论文，王国维谈及美时都不忘强调美超然于利害的性质，“忘一己之利害”“不关利害”“超然于利害之外”等是他常用的语句。这些说法明显受到康德的影响，如《孔子之美育主

① 王国维：《论新学语之输入》，见周锡山编校：《王国维文学美学论著集》，第113页。

② 王国维：《静庵文集续编·自序》，见周锡山编校：《王国维文学美学论著集》，第242页。

义》说："美之为物，不关于吾人之利害者也。吾人观美时，亦不知有一己之利害。德意志大哲人汗德，以美之快乐为不关利害之快乐（Disinterested Pleasure）。"① 叔本华论述艺术直观时偶尔提及其不关利害的性质，如说艺术直观是"持续地进行一种在任何意义之下都完全不计利害的观察"②，但没有刻意强调这一性质，超利害已成为艺术直观的内在前提，这显然是对康德美学观念的继承。王国维介绍了康德"美之快乐"的说法之后接着引述叔本华的直观论（详见下文），也是将"不关利害"看作了艺术直观的当然前提。《古雅之在美学上之位置》谈及"优美"时更明确表达了这一观念："由一对象之形式不关于吾人之利害，遂使吾人忘利害之念，而以精神之全力沉浸于此对象之形式中。"③ "沉浸于此对象之形式中"就是直观，获取直观的条件即是"不关于吾人之利害"。王国维在叔本华直观论影响下发现的中国美学中的"以物观物"的观物法及其新创的诗学核心观念"境界"说都是以超功利为当然的前提。"超然于利害"作为直观的准备具有逻辑上的合理性，也是现实中形成直观所必备的条件，道家思想与康、叔美学的共鸣也在这里找到了契合之处。

"超然于利害"是道家思想与西方美学的共鸣点，而道家思想作为中国的本土文化思想，王国维从道家这里所得的滋养更为根本和扎实。"华胥之国"式的审美理想在王国维接触西方美学之前已成为其寻求解脱、救济的精神领地，道家"无用之用"的观念更是他接纳西方美学、进行现代学理建构的内在依据。"无用之用"语出《庄子・人间世》："山木自寇也，膏火自煎也。桂可食，故伐之；漆可用，故割之。人皆

① 佛雏校辑：《王国维哲学美学论文辑佚》，第 254 页。

② 叔本华：《作为意志和表象的世界》，石冲白译，杨一之校，第 262 页。

③ 王国维：《古雅之在美学上之位置》，见周锡山编校：《王国维文学美学论著集》，第 37 页。

知有用之用，而莫知无用之用也。”世间有用之物皆因有用而遭破毁，无用之物正因无用而入逍遥之境。王国维欣赏道家“无用之用”的观念，一方面用于描述美术的性质，另一方面用于描述学术的性质：“美之为物，为世人所不顾久矣！庸讵知无用之用，有胜于有用之用者乎？”① “以功用论哲学，则哲学之价值失……即令一无所用，亦断无废之之理，况乎其有无用之用哉！”② 美术和学术有用的前提正在其无用，只有以超然于利害的态度对待美术与学术，它们才会产生真正的效用。王国维从道家那里得来的超功利思想已深入骨髓，成为他接引叔本华直观论及建构自己诗学的重要基础。

三、直观的状态：“忘我”与“见独”

《孔子之美育主义》中，王国维转述了叔本华有关观美状态的一段文字，可视为直观的状态：

> 至叔本华而分析观美之状态为二原质：（一）被观之对象，非特别之物，而此物之种类之形式；（二）观者之意识，非特别之我，而纯粹无欲之我也。何则？由叔氏之说，人之根本在生活之欲，而欲常起于空乏。既偿此欲，则此欲以终；然欲之被偿者一，而不偿者十百；一欲既终，他欲随之：故究竟之慰藉终不可得。苟吾人之意识而充以嗜欲乎？吾人而为嗜欲之我乎？则亦长此辗转于空乏、希望与恐怖之中而已，欲求福祉与宁静，岂可得哉！然吾人一旦因他故，而脱此嗜欲之网，则吾人之知识已不为嗜欲之奴隶，于是得所谓无欲之我。无欲故无空乏，无希望，无恐怖；其视外物

① 王国维：《孔子之美育主义》，见佛雏校辑：《王国维哲学美学论文辑佚》，第257页。

② 王国维：《奏定经学科大学文学科大学章程书后》，见周锡山编校：《王国维文学美学论著集》，第54—55页。

也，不以为与我有利害之关系，而但视为纯粹之外物。此境界唯观美时有之。①

这段文字基本上可以看作对叔本华原文的撮要译述，为说明问题，我们不妨引述一段叔本华的原文：

> 我们在美感的观察方式中发现了两种不可分的成分：〔一种是〕把对象不当作个别事物而是当作柏拉图的理念的认识，亦即当作事物全类的常住形式的认识；然后是把认识着主体不当作个体而是当作认识的纯粹而无意志的主体之自意识。②

王国维的译述对原文的忠实度比较高，但他略去了叔本华的一个关键词——理念，将"意志"改换为容易理解的"欲"，"认识的纯粹而无意志的主体"被称为"无欲之我"，作为意志的完美客体化的"理念"则是"纯粹之外物"。写作《孔子之美育主义》时正值王国维"大好"叔本华的时期③，那么王国维在转述叔本华的观念时，为什么要做上述改变呢？回答这个问题有两个方向：（1）因为王国维借叔本华观念要说明的是中国的美学问题，"理念""意志"等西方概念无助于解决问题，反足以引起淆乱，所以进行了适当的改变，这是有意为之；（2）王国维以基于中国传统美学思想形成的美学观念过滤掉了不符合中国文化习惯的概念，以使叔本华的美学观更好地与中国美学相化合，这

---

① 王国维：《孔子之美育主义》，见佛雏校辑：《王国维哲学美学论文辑佚》，第254—255页。

② ［德］叔本华：《作为意志和表象的世界》，石冲白译，杨一之校，第273页（着重号原文有）。

③ 《静庵文集自序》云："癸卯（1903）春，始读汗德之《纯理批评》，苦其不可解，读几半而辍。嗣读叔本华之书而大好之。自癸卯之夏，以至甲辰（1904）之冬，皆与叔本华之书为伴侣之时代也。"见周锡山编校：《王国维文学美学论著集》，第226页。《孔子之美育主义》发表于1904年2月。

种“过滤”有点无意的倾向。其实，这两个方向的回答都离不开一个共同的基础，就是王国维对中国美学思想的深刻领会。具体到审美直观的状态这一问题，“无欲之我”与“纯粹之外物”在道家思想中早有类似的说法，在这里，道家思想俨然已成为接引西方美学思想的“亲善大使”。

叔本华的“无欲之我”类似《庄子》中的“丧我”。《庄子·齐物论》篇首云：

> 南郭子綦隐机而坐，仰天而嘘，荅焉似丧其耦。颜成子游立侍乎前，曰：“何居乎？形固可使如槁木，而心固可使如死灰乎？今之隐机者，非昔之隐机者也。”子綦曰：“偃，不亦善乎，而问之也！今者吾丧我，汝知之乎？女闻人籁而未闻地籁，女闻地籁而未闻天籁夫！”

在道家词典中，独者，不偶也。耦（通偶）者，对待也，“丧其耦”，意为不与他物对待，超越充斥在价值世界的二元区分及其随之而来的是非算计和利害纷争。最经典的是“丧我”！“丧我”即“忘我”，郭象注曰：“吾丧我，我自忘矣；我自忘矣，天下有何物足识哉！故都忘外内，然后超然俱得。”① 庄子这段话的意思是去欲忘我、冥同自然，达至天籁般的体道境界。若以现代审美的眼光来看，“超然俱得”的体道境界与超利害的审美境界并无二致。“丧我”在《庄子》中不是孤例，心斋、坐忘都与“丧我”相通，“无己”“忘我”之类的言论所在皆是，“堕肢体，黜聪明”（《庄子·大宗师》）、“洒心去欲”（《庄子·山木》）之后的“我”才能如叔本华所说的那样“纯粹观审”。在《庄子》一书中，诸如丧、外、遣、堕、黜、无等，都与“忘”同义，都是对世俗价值和功利机心的遗忘、否定和超越。王国维非常熟悉道家思

① 见（清）郭庆藩撰，王孝鱼点校：《庄子集释》，中华书局2004年版，第45页。

想，从他对叔本华观念的改造来看，很难说他在引述“无欲之我”的时候心中没有擎着道家的旗帜。

王国维所说的“纯粹之外物”在叔本华那里是从柏拉图一脉而来的“理念”，是“意志的直接而恰如其分的客体性”。王国维没有大费周章去解释“理念”，因为他要说明的是中国的美学问题，所以直接用“物”置换“理念”而扫去了“理念”的晦涩。在叔本华看来，“理念”作为艺术直观的对象，它的呈现也需要直观的条件，按照王国维的介绍便是，美术“拾其静观之对象而使之孤立于吾前……空间时间之形式对此失其效，关系之法则至此而穷于用，故此时之对象，非个物而但其实念（指理念）也”①。吾人脱去“嗜欲之网”而得到“纯粹之外物”也需要一个“孤立”的过程，这在道家叫作“独”。《庄子·大宗师》云：

> 吾犹告而守之，三日而后能外天下；已外天下矣，吾又守之，七日而后能外物；已外物矣，吾又守之，九日而后能外生；已外生矣，而后能朝彻；朝彻，而后能见独；见独，而后能无古今；无古今，而后能入于不死不生。

通过“外天下”“外物”“外生”等不断“外”（外即是忘）的功夫，达到“朝徹”的境界，“朝徹，而后能见独”。“朝徹”的意思可以说是“一旦解悟”。“独”者，不偶也，故《庄子·齐物论》言：“彼是莫得其偶，谓之道枢。”而所谓“莫得其偶”的“道枢”，就是“一切差别与对立之诸相悉为扬弃而返归于物自身之本然之境地。”②“见独”

① 引自王国维：《叔本华与尼采》，见周锡山编校：《王国维文学美学论著集》，第61页。

② ［日］福永光司：《庄子》，见陈鼓应注译：《庄子今注今译》，中华书局1983年版，第57页。

即“目击而道存”，直观体悟独立无待的至道。“见独”，郭象解释道：“忘先后之所接，斯见独者也。”徐复观先生则更为明确地说：

> 《庄子》一书，最重视“独”的观念，本亦自《老子》而来。老子对道的形容是“独立而不改”，“独立”即是在一般因果系列之上，不与他物对待，不受其他因素影响的意思。不过老子所说的是客观的道，而庄子则指的是人见道以后的精神境界。①

庄子“见独”的程序、状态和所达到的境界，与艺术直觉的程序、状态和境界几乎完全一致。前面介绍的王国维译介叔本华直觉论：“拾其静观之对象而使之孤立于吾前”“空间时间之形式对此失其效，关系之法则至此而穷于用”，这一艺术直觉的特征与庄子“见独”时“忘先后之所接”、超越“一般因果系列”“不与他物对待”“一切差别与对立之诸相悉为扬弃”的心理状态完全一致。因此，庄子的“体道”“见独”，实际上接近于一种所谓的审美直觉。

四、直观的极致：物我合一

艺术直观的任务是认识理念，其效果是主客合一，“认识理念所要求的状况，是纯粹的观审，是在直观中沉浸，是在客体中自失，是一切个体性的忘怀”②。所以我们常说的“主客合一”并非真的主体与客体合为一体，而是主体“自失”于客体中、“自失”于直观中，如德国成语所说的那样，“人们自失于对象中了”，主体在忘我的状态下沉浸于直观，似乎是主客合为一体了。

王国维非常欣赏直观的这种主客合一的境界，于是直观论也成了他

① 徐复观：《中国人性论史·先秦篇》，上海三联书店 2001 年版，第 348 页。
② 叔本华：《作为意志和表象的世界》，石冲白译，杨一之校，第 274 页。

建构其诗学、美学的重要组成部分。托名樊志厚的《〈人间词〉乙稿序》说“原夫文学之所以有意境者，以其能观也”①，“观”即是直观，而“意境”（亦称“境界”）在王国维诗学中居于核心地位，其境界说就以“直观”为基石，于此亦可见“直观”的重要意义。此后，64则《人间词话》也不断提及直观：第3则有“以我观物”“以物观物”之说，“观”字都有直观之意，尤其是“以物观物”，“不知何者为我，何者为物”，正是主客合一的鲜明特点；第40则，“语语都在目前，便是不隔”，“语语都在目前”发表前原稿为“语语都能直观”，这种改动足以看出直观论的影响；第52则，“纳兰容若以自然之眼观物，以自然之舌言情”；第60则，“入乎其内，故能写之；出乎其外，故能观之”，此处的“观”与直观也有牵系。上述种种“观”都有“直观”的色彩，而回归中国传统的王国维在《盛京时报》版的《人间词话》中将其悉数删去，恰也从反面证明这些“观”受到了西方美学的深刻影响。很多学者据此申论王国维美学建基于西方美学之上。不能否认，中国现代美学的发生的确离不开西方美学的照亮，但也不能简单地认为这种“照亮”是决定性的。任何一种异质文化融入他种文化都不可能是完全顺利的，西方美学思想与中国传统美学思想必然也经过了排斥、适应、化合等过程。在这个过程中，中国传统美学思想不可能纯然被动，深谙传统文化的中国学者必然以先期形成的中国文化、美学视野去迎接、审视甚至改造西方美学思想，使其更加符合中国的文化语境。

就在《孔子之美育主义》将“物”替代了“理念”而称为“纯粹之外物”之后，王国维列举了数例中国的诗文来证明观美时才有的“纯粹之我”与“纯粹之外物”合而为一的境界，如苏轼的“寓意于物”、邵雍的“以物观物”、陶潜的“采菊东篱下”、谢灵运的“游子

① 王国维：《〈人间词〉乙稿序》，见刘刚强编：《王国维美论文选》，第156页。

澹忘归”等。这几位诗文大家都明显受到过道家思想的影响，他们诗文中的通脱灵妙大有道家的遗泽。邵雍的“以物观物”所受的道家影响已在前章中论之甚详，我们这里从道家“物我两忘”的观念申述道家思想与“直观”美学的共通之处。

王国维所受西方美学的影响十分明显，而熟悉中国传统文化的学者也早已看出他所受的道家思想的影响。如前文引过的许文雨，就在其《人间词话讲疏》中指出了王氏意与境浑、物我合一“殆与庄生物我双遣之旨同符”。庄子的“物我双遣”就是“物我两忘”，物我两忘的结果便是物我合一，与直观“主客合一”的境界恰相仿佛。其实，“物我双遣”并非庄子的原话，而是后来注释者的说法，如成玄英疏《德充符》“圣人有所游”时说：“物我双遣，形德两忘，故放任乎变化之场，遨游于至虚之域也。”① 如果用庄子自己的话来解释“物我双遣”，那便是“物化”：

> 昔者庄周梦为胡蝶，栩栩然胡蝶也，自喻适志与！不知周也。俄然觉，则蘧蘧然周也。不知周之梦为胡蝶与，胡蝶之梦为周与？周与胡蝶，则必有分矣。此之谓物化。（《庄子·齐物论》）

庄周化蝶已成为家喻户晓的寓言，但这段文字并不只是书写庄周化蝶的栩栩适志的轻妙，更重要的是阐说随变任化的玄理。《大宗师》中，孔子回答颜回孟孙氏为何“居丧不哀”的问题时说：“孟孙氏不知所以生，不知所以死；不知就先，不知就后；若化为物，以待其所不知之化已乎！且方将化，恶知不化哉？方将不化，恶知已化哉？吾特与汝，其梦未始觉者邪！”这段话简直就是“庄周梦蝶”的翻版，“物化”即是“若化为物”。正如成玄英所说：“夫新新变化，物物迁流，譬彼穷指，

① 见（清）郭庆藩撰，王孝鱼点校：《庄子集释》，第218页。

方兹交臂。是以周蝶觉梦，俄顷之间，后不知前，此不知彼。而何为当生虑死，妄起忧悲！”① 归根到底，这就是庄子“齐物”的思想。世间万物，无论大小长短、美丑寿夭，若以道观之，并无分别。如何才能以道观之呢？那就是忘掉自己与万物的区别，即如庄子所说“伦与物忘”（《庄子·大宗师》），成玄英亦疏曰：“身心两忘，物我双遣，是养心也。”② 所以说，“物化”并不是真化为物，而是“若化为物”，靠的是“忘”的养心功夫。“物化”即是物我两忘，物我两忘才能物我合一。

徐复观以庄子精神沟通西方美学，说庄子的“物化”是“主客合一的极致”③，而王国维在更早的时候已将道家美学与叔本华直观论的“主客合一”做了潜在的沟通。道家思想中充盈着美学精神，深受中国传统文化濡染的学者在做中西沟通的时候总免不了或隐或显地受到道家思想的影响。缪钺在《王静安与叔本华》一文中述及叔本华的思想时也有隐隐的表现：“叔氏之意，以为人之观物，如能内忘其生活之欲，而为一纯粹观察之主体，外忘物之一切关系，而领略其永恒，物我合一，如镜照形……”④ “物我合一，如镜照形”，缪钺的说法与王国维一样，也在用道家的语言述说着叔本华的思想。

第三节　朱光潜“形象直觉”论与道家因缘

继王国维之后，高倡直觉美学的是朱光潜。王国维接受的主要是叔本华的直观论，朱光潜接受的则是克罗齐的直觉说。王国维对叔本华的直观论有所改造，朱光潜对克罗齐的直觉说也不是照单全收。意大利汉

① 见（清）郭庆藩撰，王孝鱼点校：《庄子集释》，第 114 页。

② 见（清）郭庆藩撰，王孝鱼点校：《庄子集释》，第 391 页。

③ 徐复观：《中国艺术精神》，第 53 页。

④ 缪钺：《诗词散论》，第 107 页。

学家马利奥·沙巴蒂尼于1970年指出："朱光潜用来解释美感经验，并归纳其特性的三种理论——直觉的形相（克罗齐），心理的距离（布洛）和移情作用（费肖尔、立普斯、古鲁斯、浮龙李）——有一个基础，都在道家的理论中找到了他们自己的正当理由。"① 朱光潜并不完全认同这个说法，他后来说："他批评我移克罗齐美学之花接中国道家传统之木，我当然接受了一部分道家影响，不过我接受的中国传统主要的不是道家而是儒家，应该说我是移西方美学之花接中国儒家传统之木。"② 朱光潜受儒家影响较深并非虚言，但在接引克罗齐直觉说、建构其美学理论时，信手拈来的还是老庄语词，秉持的主要还是道家思想。他主张审美的超功利性，追求远离政治、商业利益的"纯正的艺术趣味"，就与道家艺术精神同趣。他曾说过："比如在悠久的中国文化优良传统里，我所特别爱好而且给我影响最深的书籍，不外《庄子》《陶渊明诗集》和《世说新语》这三部书以及和它们类似的书籍……一个人应该'超然物表''恬淡自守''清虚无为'，独享静观与玄想乐趣。"③ 他喜欢以庄子、惠子的濠上之辨来比喻审美的心理特征，被朱先生本人视为其早期的代表作《文艺心理学》的缩写本的《谈美》（1932年开明书店出版），一些标题更是采用了"子非鱼，安知鱼之乐？""超以象外，得其环中"等道家语言来论述审美、艺术的奥秘。马利奥·沙巴蒂尼说朱光潜"接道家传统之木"，还是接近事实的。

一、美感经验即形象的直觉

朱光潜融合克罗齐之说，称美感经验为"形象的直觉"，这一说法

---

① 见《外国学者论朱光潜与克罗齐美学》，《读书》1981年第3期。

② 此是1983年的说法，见《答郑树森博士的访问》，《朱光潜全集》第10卷，安徽教育出版社1993年版，第648页。

③ 朱光潜：《我的文艺思想的反动性》，见《朱光潜全集》第5卷，第12—16页。

是《文艺心理学》第一章的标题，以后各章都是在“形象的直觉”的基础上伸展开去的。他的另一部代表作《诗论》，其中的“诗境”说也是以“形象的直觉”为理论基源。其他散论中谈及美亦多涉及“形象的直觉”。由此可见，“形象的直觉”实为朱光潜前期美学思想中的一个核心观念。虽然“形象的直觉”主要来自克罗齐，但也有对叔本华的直观论、布洛的“心理距离说”、立普斯的“移情说”的融会贯通。朱光潜自己曾说，他对于从康德到克罗齐一线相传的形式派美学“本来不是有意要调和折中，但是终于走到调和折中的路上去”①，所以“融会贯通”也可以说是“调和折中”。

与同时代宗白华美学的诗意气质不同，朱光潜的美学如李泽厚所说是“西方的”“推理的”“科学的”②，凡遇到问题，他都力图讲清楚，以“理”、以科学的解说服人。《文艺心理学》也有一个科学的意图，就是以“形象的直觉”为中心，统合诸多美学思想而成就一个直觉美学的体系。朱光潜虽然没有明确表示建构“体系”的愿望，但他叠床架屋式的论述所欲架构的确乎是一种“整体”的美学。《文艺心理学》首标“形象的直觉”，接下来的“心理的距离”“物我同一”（移情）都是“形象的直觉”内涵的延展，都能归结到直觉的核心问题上来，后面的章节也都建基在这一核心之上。而最为关捩的就是前三章内容，它们是“形象直觉”论的直接阐说。

朱光潜从回答“什么叫作美感经验”这一问题入手，依据克罗齐“直觉的”“名理的”知识的划分，辨析直觉与形象（image）或说意象的关系，认为美感的经验就是直觉的经验，直觉的对象就是“形象”，“‘美感的经验’可以说是‘形象的直觉’”（208 页）。引起直觉的形象

---

① 朱光潜：《文艺心理学·作者自白》，见《朱光潜全集》第 1 卷，安徽教育出版社 1987 年版，第 198 页。

② 见宗白华：《美学散步》，“序”。

需孤立绝缘、独立自足；直觉的态度（即美感的态度）[①] 是超脱实用的态度；直觉的状态则“是一种极端的聚精会神的心理状态”（212 页），并引叔本华那段“自失于对象之中”的话加以证明。以上就是朱光潜“形象直觉说”的核心内容，接下来介绍的“心理距离”说及“移情”说是对美感态度及直觉状态的进一步说明。“心理距离”的问题并不简单，如“心理距离”有积极和消极两个方面、“心理距离”本身存在一种“距离的矛盾”、不同的艺术类别具有不同的制造距离的方式等，总之“距离”的作用就是“叫我们把日常实用世界忘去，无沾无碍地来谛视美的形象”（232 页）。移情说要说明的是“物我两忘”及“物我同一”的问题。审美过程中的移情作用能够达到物我同一的效果，但由于移情作用不能直接促成直觉经验的发生，所以朱光潜说：“移情作用与物我同一虽然常与美感经验相伴，却不是美感经验本身，也不是美感经验的必要条件”（251 页）。[②]

《诗论》中有关诗的“境界”的说法也建立在“直觉”论的基础上。有关论述摘要如下：“每首诗都自成一种境界”，“无论是欣赏或是创造，都必须见到一种诗的境界。这里‘见’字最紧要”，“一种境界是否能成为诗的境界，全靠‘见’的作用如何”，“诗的‘见’必为直觉（intuition）”，“诗的境界是用直觉‘见’出来的，它是‘直觉的知’的内容而不是‘名理的知’的内容”，“一个境界如果不能在直觉中成为一个独立自足的意象，那就还没有完整的形象，就还不成为诗的境界。”[③] 不过，诗的组成元素是语言文字，必然涉及所谓“名理的思

① 朱光潜说：“本书所谓‘美感的’和‘直觉的’意义相近”。见《朱光潜全集》第 1 卷，第 208 页。

② 本段引文见朱光潜《文艺心理学》，《朱光潜全集》第 1 卷，第 205—251 页。括号内页码为书中页码。

③ 朱光潜：《诗论》，见《朱光潜全集》第 3 卷，第 49—52 页。

考”，如何能呈现直觉的境界呢？朱光潜给出的解释是“美感经验和名理的思考不能同时并存，并非说美感经验之前后不能有名理的思考”①。

朱光潜以其对西方美学的谙熟，选取克罗齐“直觉”说为基础，融合创新出“形象的直觉”的观念，并以之为线索，串接起西方近代多种美学思想，不遗余力地向国人介绍西方美学，对中国美学的现代发展来说可谓功不可没。西方近代美学纷繁芜杂，朱光潜竭尽全力“调和折中”，他想要带给国人的是有关西方美学的整体的、清楚明白的认知。朱光潜美学具有明显的“西方的”“科学的”特征，“形象的直觉”的观念就是他秉持科学的态度甄选西方美学思想的结果。但另一方面，我们绝不能忽视，朱光潜在接受西方美学之前所受的中国文化、美学的熏陶而形成的“期待视野”，某种意义上说，正是这种“期待视野”使他高度认同克罗齐的“直觉”说并以之为基础建构了自己的美学观念。沙巴蒂尼有关朱光潜解释“美感经验”依据道家理论的说法可能只是看到了朱光潜行文中所引用的道家语汇，实际上由于道家思想与直觉论美学思想的深刻共通，朱光潜用以接引克罗齐“直觉”说的也的确是道家思想。与王国维不经意流露出其所受的道家影响不同，朱光潜明确地以道家语言解释美感经验，这可以说是道家思想汇通“直觉”美学的新阶段。

二、美感经验与“损学益道”

朱光潜论述美感经验时引述老子的语言：“老子说：‘为学日益，为道日损。’这句话可以应用到美感经验上去。学是经验知识，道是直觉形象本身的可能性。对于一件事物所知的愈多，愈不易专注在它的形象本身，愈难直觉它，愈难引起真正纯粹的美感。美感的态度就是损学

① 朱光潜：《文艺心理学》，见《朱光潜全集》第1卷，第277页。

而益道的态度。"[①] 朱光潜没有生硬地解释"道"为何物，而是以近乎譬喻的方式说它是"直觉形象本身的可能性"，这似乎不经意的引譬确也指出了老子思想中近于美感经验的成分。根据克罗齐"直觉的""名理的"知识的划分，"为学日益，为道日损"对释"美感经验"可以说恰到好处，"为学"得到的是"名理的"知识，"为道"接近的是"直觉的"知识，不断减损、摆脱名理的知识，才能日渐接近直觉的知识——道，及至"损而又损，以至于无为。无为而无不为"（《老子》第四十八章），损去所有名理的知识，也就达到了直觉的、道的境界了。

以现代美学的眼光来看，老子"为学日益，为道日损"的说法含有一种美学精神的指向，这种指向在庄子那里得到了更好的展开。为了梳理这一展开的路径，我们有必要回到老庄的语境中做一番考察。"为学日益，为道日损"，"学"与"道"是一组矛盾。老子所说的"学"，河上公注为"政教礼乐之学"，陈鼓应同意这一说法，认为"为学""仅指对于仁义圣智礼法的追求"。[②] 由此可推知，所谓"损而又损"是对仁义礼法的否定。《庄子》与《老子》关于这一问题的直接联系就是引用了"为道日损"的话。《知北游》开篇述"知"问道于"无为谓"和"狂屈"，无为谓"不知答"，狂屈"中欲言而忘其所欲言"，后知又问于黄帝，黄帝答曰："无思无虑始知道，无处无服始安道，无从无道始得道。"黄帝虽回答了知，但对自己的回答并不满意，他说道：

> 彼无为谓真是也，狂屈似之；我与汝终不近也。夫知者不言，言者不知，故圣人行不言之教。道不可致，德不可至。仁可为也，

---

① 朱光潜：《文艺心理学》，见《朱光潜全集》第 1 卷，第 210 页。

② 陈鼓应：《老子注译及评介》，第 250 页。

义可亏也，礼相伪也。故曰，“失道而后德，失德而后仁，失仁而后义，失义而后礼。礼者，道之华而乱之首也。”故曰，“为道者日损，损之又损之以至于无为，无为而无不为也。”……（《庄子·知北游》）

大道之行，不可以言语相诘问，无为谓“不知答”，所以是真得道者；狂屈忘答，故近于得道；黄帝与知虽然在有关“道”的语言描述中得到了满足，但始终不能接近大道。接下来的话几乎是老子原文的复述，“道不可致”意即道不可凭“有为”而获得，道的一步步丧失就是不断“有为”“为学”的结果，为学愈多，离道愈远。为获大道，就要不断地减损“有为”，“损之又损之以至于无为，无为而无不为也”。“无为”的境界就是“道”的境界，没有语言的诘难、没有仁义礼法的侵扰，甚至无迹可寻，一片空明，这片空明的境界就类似于美学上所说的直觉的境界。

《知北游》中的这个故事有点隐喻的味道。“知”即包括分析、概念、推理在内的理性认知活动，以知求道当然不可能得道；欲求大道，只能不断减损认知活动以趋于无为。老子“损”的功夫在《庄子》中具体表现为“忘”，“忘”的极致便是“坐忘”：“堕肢体，黜聪明，离形去知，同于大通，此谓坐忘。”（《庄子·大宗师》）“堕肢体，黜聪明”与“离形去知”同义反复，“堕肢体”为“离形”，“黜聪明”为“去知”，“离形去知”不但忘掉了形体，也忘掉了认知，这才是彻底的忘，亦即“坐忘”，如此便可以同于大道。认知之知是一切混乱的源头，有了认知，就有了差别，有了差别就有了欲望，有了欲望就有了竞争甚至杀伐……认知之知成了体道的最大阻碍。所以徐复观说“在坐忘的意境中，以‘忘知’最为枢要”，而且将“忘知”推及审美活动：“忘知，是忘掉分解性的、概念性的知识活动，剩下的便是虚而待物的，亦即是循耳目内通的纯知觉活动。这种纯知觉活动，即是美的观照。”① 这里的“纯知觉活动”就是直觉活动。我们前面说过，“坐忘”同于“心斋”，它们应用于艺术上都类于审美直觉。朱光潜也认识到了这一点，他曾说：“老子所谓‘抱朴守一’，庄子所谓‘心齐’（即心斋），都恰是西方哲学家与宗教家所谓观照（contemplation）与佛家所谓‘定’或‘止观’。”② 这里的“观照”也有直觉的意义，如康德“无所为而为的观赏”（disinterested contemplation）即为类似于直觉的反省功夫③。

“离形去知”之知是庄子否定的对象，但有一种知是庄子积极肯定的，那就是“真知”：

> 且有真人而后有真知。何谓真人？古之真人，不逆寡，不雄成，不谟士。若然者，过而弗悔，当而不自得也。若然者，登高不慄，入水不濡，入火不热。是知之能登假于道者也若此。（《庄子·大宗师》）

所谓真人就是顺变任化、遂行自然之道的人。因为顺任自然，所以不会以多凌寡、不会恃功劳自矜、不会靠计谋招揽才士；随遇而安，没有“过”与“当”的区别，也就没有“悔”与“自得”的区分；欣于所遇，不以高为高，不以水为濡，不以火为热。真人如此，其知也能登升于至道，故曰“真知”。此处的“真知”，也如《齐物论》所说“古之人”，“不知有物”（不知天地、万物、自我的区分）的“至知”，是取消了区别与对待的知，取消了一切差别，与自然浑然一体，也就进入了

① 徐复观：《中国艺术精神》，第 44 页。

② 朱光潜：《看戏与人生——两种人生理想》，见《朱光潜全集》第 9 卷，第 259 页。

③ 朱光潜：《朱光潜全集》第 1 卷，第 211 页。

"无为"之境。由此看来，如同"大仁不仁"，"真知"与庄子想要忘掉的"知"相反，也可以说"真知"同于"无知""忘知"。

老子的"损"和庄子的"忘"所要达到的目的都是去掉克罗齐所谓"名理的知"，去掉"名理的知"也就去掉了一切差别及其引起的欲望，摆脱了现实的功利，也就能达到"目击而道存"的直觉境界。老子的"损"、庄子的"忘"，是一种否定论而非肯定式的话语姿态，这使笔者自然想起克罗齐的名言："艺术即直觉——是从它绝对否定的一切及与从艺术有区别的一切中汲取力量和含义的。"① 从这种观点和方法出发，他就把艺术作为"物理的事实""功利的活动""道德的活动"及概念、逻辑活动的否定而独立出来，从而使艺术变成了纯的东西。纯粹的美感需要超脱实用目的，实用目的往往依附于知识与判断，"损"去知识也就断弃了实用的根源，所以朱光潜说："美感的态度就是损学而益道的态度"。

三、孤立绝缘与凝神境界

"损学益道"可以视为美感经验形成的原理，美感经验或说审美直觉的表现则是形象（image，朱光潜亦称为"意象"）的孤立绝缘。形象的孤立并非形象自身的事情，不是形象断弃了与周围事物的联系主动呈现为一种孤立绝缘的状态，而主要是心理直觉的作用："美感经验是一种极端的聚精会神的心理状态。全部精神都聚会在一个对象上面，所以该意象就成为一个独立自足的世界……"② 王国维也认识到直觉对象的"孤立"性质（"拾其静观之对象而使之孤立于吾前"），但没有对产生"孤立"的原因进行深入考察，这或许跟他接受的叔本华的美学

① ［意］克罗齐：《美学纲要》，见《美学原理　美学纲要》，朱光潜等译，外国文学出版社 1983 年版，第 209 页。

② 朱光潜：《文艺心理学》，见《朱光潜全集》第 1 卷，第 212 页。

思想有关。叔本华着力论述“表象”“意志”“理念”的关系，并不重视发生直觉的心理原因的探究，王国维也受其影响，而且王国维迅速地从中国文化思想中找到了对接叔本华直观论的资源，并以之解决中国美学的问题，冲淡了他对直觉心理机制的关注。宗白华也讲到过“孤立绝缘”：“美感的养成在于能空，对物象造成距离，使自己不沾不滞，物象得以孤立绝缘，自成境界。”① 凭借对西方近代心理学美学的了解，加之克罗齐的影响，朱光潜深入考察了直觉的形成原理，认定“意象的孤立绝缘是美感经验的特征。在观赏的一刹那中，观赏者的意识被一个完整而单纯的意象占住，微尘对于他便是大千：他忘记时光的飞驰，刹那对于他便是终古。”并且在道家思想中找到了美感经验特征确切的对应点：“‘用志不分，乃凝于神。’美感经验就是凝神的境界。”②

“用志不分，乃凝于神”语出《庄子·达生》：

> 仲尼适楚，出于林中，见痀偻者承蜩，犹掇之也。仲尼曰：“子巧乎！有道邪？”曰：“我有道也。五六月累丸二而不坠，则失者锱铢；累三而不坠，则失者十一；累五而不坠，犹掇之也。吾处身也，若厥株拘；吾执臂也，若槁木之枝；虽天地之大，万物之多，而唯蜩翼之知。吾不反不侧，不以万物易蜩之翼，何为而不得？”孔子顾谓弟子曰：“用志不分，乃凝于神，其痀偻丈人之谓乎！”

“累丸二而不坠”“累三而不坠”“累五而不坠”，不断的练习使技艺日渐精熟，与之同步且更为重要的是精神的日益醇化，最终达到“用志不分，乃凝于神”的“凝神”境界。达此境界，则“天地之大，万物

① 宗白华：《论文艺的空灵与充实》，见《宗白华全集》第 2 卷，第 346 页。
② 朱光潜：《文艺心理学》，见《朱光潜全集》第 1 卷，第 213 页。

之多，而唯蜩翼之知”。如果将“蜩翼”换成“对象”或“意象”，这句话几乎可以翻译为“全部精神都聚会在一个对象上面，所以该意象就成为一个独立自足的世界”，一个“孤立绝缘”的世界，可见道家思想与西方美学的深度契合。如果说王国维用“以物观物”沟通叔本华的直观论是一种天才式的比附的话，那么朱光潜用“凝神境界”解释美感经验则属于严谨的科学剖析，以“凝神境界”称呼“美感经验”非常贴切。而通过不断练习达到的凝神境界与“损学益道”是否相反呢？并不相反。技艺的不断精熟固然可以说使精神日趋凝定，另一方面也可以说是杂念的日渐清除，痀偻丈人执臂“若槁木之枝”即是《齐物论》开篇所说南郭子綦“形如槁木，心如死灰”的“丧我”境界，因此，凝神境界的到达也可以视为一种不断减损的过程。由此看来，庄子的“凝神”境界与“心斋”“坐忘”的境界是相通的，都要经过损与忘的功夫追求心灵的净化以至虚纳万物的境地，亦即“见独”达至的“忘先后之所接”的境界。徐复观在引“痀偻者承蜩”一段后也说道：“痀偻丈人所说的，实即由忘知忘己以呈现其虚静之心，而将此虚静之心凝注于蜩翼（艺术对象）之上；此时蜩翼以外之一切，皆以将其忘掉，而蜩翼即无异于天地万物。这正是美的观照的具体实现。”①

全神贯注于观照的对象，无法察觉到自我的存在，无法区分对象与自我，好像二者合而为一了：“美感经验的特征就在物我两忘，我们只有在注意不专一的时候，才能很鲜明地察觉我和物是两件事。如果心中只有一个意象，我们便不觉得我是我，物是物，把整个的心灵寄托在那个孤立绝缘的意象上，于是我和物便打成一气了”，“物我两忘的结果是物我同一。”② 朱光潜用移情说解释“物我两忘”“物我同一”的现

① 徐复观：《中国艺术精神》，第73—74页。

② 朱光潜：《文艺心理学》，见《朱光潜全集》第1卷，第213—214页。

象，得出的结论是“移情作用与物我同一虽然常与美感经验相伴，却不是美感经验本身，也不是美感经验的必要条件”①。既把“物我两忘”“物我同一”说成是“美感经验的特征”，又说“物我同一”不是美感经验本身，朱光潜前后的说法显然存在着矛盾，这个矛盾其实是直觉与移情的矛盾。看来，朱光潜在西方各种美学思想之间所做的“调和折中”的功夫并不彻底，由于西方美学思想内部的复杂纷乱，他的这种功夫也不可能彻底。“物我两忘”“物我同一”均是道家美学的观念，如果从道家美学的角度解释审美直觉，也就不会出现上述矛盾了。

前述章节，我们已把“物我两忘”推源到庄子的“物化”，“物化”是庄子讲述物我关系的最基本的观念，“物化”的观念同样可以解释这里所说的“物我两忘”与“物我同一”。朱光潜没有提及“物化”，但他所说的“凝神”可通于“物化”的境界，凝神时对意象的专注与投入也可以说是“若化为物”，道家思想中的很多重要观念都是内在相通的，可以循环阐释。痀偻丈人承蜩故事的前后有若干寓言故事，如“醉者坠车”“纪渻子养斗鸡”“梓庆削木为鐻”“津人操舟”“丈人游水”等，所说道理的重点都在精神的修养。醉者因“死生惊惧不入乎其胸中”，故能“神全”；斗鸡因不断地损去骄矜之气，形同木鸡，故能“德全”；梓庆“齐（按斋）以静心”，“不敢怀庆赏爵禄”“不敢怀非誉巧拙”“辄然忘吾有四枝（肢）形体”，故能“以天合天”。“神全”“德全”“以天合天”都是摆脱了外在的各种干扰而获得的精神的大清明境界，等同于痀偻丈人的“凝神”境界，达到这种境界才能全神贯注于其所从事的对象。庄子的寓言故事于朱光潜所说的“凝神”境界之外还有一层意思就是技艺的精熟，其实在庄子这里，技艺的精熟并不外在于精神的修养。“佝偻者承蜩，犹掇之也”，梓庆所为之鐻

① 朱光潜：《文艺心理学》，见《朱光潜全集》第1卷，第251页。

"见者惊犹鬼神"，以及《养生主》中的庖丁解牛"得心应手""以神遇而不以目视"，他们的技艺都已达到"指与物化而不以心稽"（《庄子·达生》）的极诣，心、手、物完全合一，即后来文艺批评所说的创作主体与客观对象、语言表达的完全合一。这里触及一个重要问题，庄子谈艺的寓言故事指与"物化而不以心稽"，充分强调"手"的作用，影响到后来，就是艺术表达在整个艺术活动中的意义，正是这点，是主张把表达排除在艺术之外的克罗齐直觉主义所没有的。也可以说，庄子的心手合一、指与物化，是对克罗齐直觉主义艺术观的一个有力补充。①

四、直觉与妙悟

"悟"常被佛教用来指修行时的恍然大悟、洞见真谛的情形，待到与道家思想有密切关联的禅宗兴起之后，"悟"的修行方式更被推到了极致，如"顿悟"。禅宗追求"不立文字""见性成佛"，这一过程极类似于直觉，朱光潜也以"悟"来称呼"直觉"："诗的境界的突现都起于灵感。灵感亦并无若何神秘，它就是直觉，就是'想象'（imagination，原谓意象的形成），也就是禅家所谓'悟'。"② 朱光潜这里使用的"悟"虽冠以禅家的名号，其实具有一种普遍的意义。他以"悟"称呼直觉，我们同样也可以用直觉来解释"悟"，这样"悟"的使用范围就随着直觉思维方式的扩展而扩大了，如他也以"悟"来称呼道家："老庄哲学都全凭主观的妙悟……"③ 如此说来，朱光潜在"悟"的思维方式中也找到了道家思想与直觉美学的联通之处。

---

① 这方面的论述，可参见台湾学者古添洪《直觉与表现的比较研究》，见古添洪、陈慧桦编著：《比较文学的垦拓在台湾》，（台湾）东大图书股份有限公司 1976 年版。

② 朱光潜：《诗论》，见《朱光潜全集》第 3 卷，第 52 页。

③ 朱光潜：《诗论》，见《朱光潜全集》第 3 卷，第 79 页。

“妙悟”本为佛家用语，据史载，“妙悟”一词最早出现在东晋僧肇的《涅槃·无名论》中：“玄道在于妙悟，妙悟在于即真。”“妙悟”是佛家的隽语，同时也受到道家思想的影响，“妙悟”之“妙”即来源于道家。《老子》第一章有“常无，欲以观其妙”①、“玄之又玄，众妙之门”，《庄子·寓言》也说：“颜成子游谓东郭子綦曰：‘自吾闻子之言，一年而野，二年而从，……九年而大妙。’”道家的“妙”无法言传，都是体道、悟道的至境。朱自清先生在《好与妙》一文中列举了大量事实，发现“妙”总与“玄（妙）”“神（妙）”“微（妙）”“妙（不可言）”等联用，它出于自然，归于自然，“不可寻求”“不可以形诘”②。美籍华人学者刘若愚在译中国文论“妙契同尘”“妙造自然”的“妙”时，开始选用“wonderfully”，但认真思考则觉得不妥，最后敲定为“intuitively”，颇为得意。③“妙”与“悟”都有直觉的性质，因此，深具直观性、神秘性、体验性的“妙”和指称恍然大悟、洞见真谛的领悟性的“悟”组合成词，二者的结合与历史上庄禅的相互影响和融会贯通是相一致的。后来，宋人严羽将“妙悟”引入文学批评，其《沧浪诗话·诗辨》云：“大抵禅道惟在妙悟，诗道亦在妙悟。”严羽所说的“妙悟”也有浓厚的直觉色彩，“所谓不涉理路，不落言筌者，上也”，“不涉理路，不落言筌”可以理解为不涉及理性认知活动，不落入逻辑因果程序、不涉及语言与概念，这正是妙悟的结果。可见，“妙悟”的直觉特征非常明显，它虽属佛家语汇，但与道家思想也有深刻渊源，朱光潜用以称呼老庄哲学不无确当。

---

① 朱光潜也引用过这句话，不过其断句方式为：“无欲以观其妙。”见朱光潜：《诗论》，《朱光潜全集》第3卷，第82页。

② 朱自清：《好与妙》，见《朱自清古典文学论文集》，上海古籍出版社1981年版。

③ ［美］刘若愚：《中国文学理论》，杜国清译，（台湾）联经出版事业股份有限公司1981年版，第47页。

然而，朱光潜这样做的意思并不是称赞老庄哲学的直觉性质，相反，恰恰是批评其直觉特征。我们不妨引一段完整的话来探察朱光潜的本意：

> 他们（指老庄）对于中国诗的影响虽很大，但是因为两层原因，这种影响不完全是可满意的。第一，在哲学上有方法和系统的分析易传授，而主观的妙悟不易传授。老庄哲学都全凭主观的妙悟，未尝如西方哲学家用明了有系统的分析为浅人说法，所以他们的思想传给后人的只是糟粕。老学流为道家言，中国诗与其说是受老庄的影响，不如说是受道家的影响。第二，老庄哲学尚虚无而轻努力，但是无论是诗或是哲学，如果没有西方人所重视的“坚持的努力”（sustained offort）都不能鞭辟入里。老庄两人自己所造虽深而承其教者却有安于浅的倾向。①

这段话有一层意思可以明确，老庄哲学的确有直觉（妙悟）的特征，朱光潜也说过老子“五千言大半是一个老于世故者静观人生物理所得到的直觉妙谛”②。但这不是朱光潜所要说的重点，他的重点是由于老庄哲学缺乏明了有系统的分析、缺乏不懈的分析的努力，故而不能将其精妙思想传给后人，传袭下来的只有糟粕。这显然是种成见，成见的形成无疑是受“赛先生”的影响，一切追求清楚明白，过分信任语言的力量。还是徐复观说得好：“假定谈中国艺术而拒绝玄的心灵状态，那等于研究一座建筑物而只肯在建筑物的大门口徘徊，再不肯进到门内，更不肯探讨原来的设计图案一样。”③ 徐复观对待“玄”的态度可以用来谈老庄的“妙悟”，中国的学问本也有很多妙悟的特征，不见得留给

① 朱光潜：《诗论》，见《朱光潜全集》第 3 卷，第 79—80 页。

② 朱光潜：《看戏与演戏——两种人生理想》，见《朱光潜全集》第 9 卷，第 259 页。

③ 徐复观：《中国艺术精神》，“自叙”。

后人的都是糟粕。因为秉持成见，所以朱光潜低估了道家对后世文学的影响。这段文字中所说的“道家”其实是道教，在朱光潜看来，道家对后世文学的影响集中于道教促生的游仙思想。由于低估了道家的影响，朱光潜对有些问题看得就不够透彻，如深受道家影响的描写自然美的诗歌，朱光潜反于佛家推求根源：“中国诗人对于自然的嗜好比西方诗要早一千几百年，究其原因，也和佛教有关系。魏晋的僧侣已有择山水胜境筑寺观的风气，最早见到自然美的是僧侣。”①

中国诗歌当然也受到了佛学的深刻影响。同老庄哲学的“妙悟”所受的待遇一样，朱光潜也并不看好佛家的“禅趣”，他说：“受佛教影响的中国诗大半只有‘禅趣’而无‘佛理’。‘佛理’是真正的佛家哲学，‘禅趣’是和尚们静坐山寺参悟佛理的趣味。”②“佛理”之所以是真正的佛家哲学，也不外乎它“明了有系统”，与不立文字的禅趣大不相同。以此为标准，具有禅趣的中国诗歌相较于富含哲理和宗教情感的西方诗歌自然要低一个等级。其实“禅趣”与“妙悟”本无法分割：“‘禅趣’中最大的成分便是静中所得于自然的妙悟，中国诗人所最得力于佛教者就在此一点。”③“自然的妙悟”不仅得力于佛教，更深取于道家。尽管朱光潜对“妙悟”的价值有所贬低，但不能抹杀它与道家的关联及其与审美直觉的深刻互通。

王国维对道家思想与直觉美学的沟通多半不是有意为之，而是由于王国维深受道家思想特别是庄子思想的濡染，在他接受西方美学时，已深入其肌理的道家思想自发地启动了招引程序，从而使王国维在一种不完全自觉的状态中完成了中西美学的会通。朱光潜则是有意地在直觉美学与道家思想之间架起桥梁，以中西互释的方式筑实了中国现代美学的

---

① 朱光潜：《诗论》，见《朱光潜全集》第3卷，第85页。
② 朱光潜：《诗论》，见《朱光潜全集》第3卷，第84页。
③ 朱光潜：《诗论》，见《朱光潜全集》第3卷，第85页。

地基。无论是“无心插柳”还是“有意架桥”，西方美学思想输入中国之后都不可能保持其原真的状态，都会或多或少地发生一些变异以适应中国的文化与现实语境。所以我们在谈论西方美学对中国现代美学的影响时一定要注意中国本土文化形成的招引结构，重视中国文化本身的改塑力量。其实，王国维与宗白华的“意境”说都带有直觉的特征，王国维的“意境”说还能够见出叔本华直观说的影响，但如果仅从西方美学的视角来解释“意境”说必然无法得其真意，只有回归中国文化尤其是道家美学思想而与西方美学进行会通，才能体会个中三昧。

第三章

人生艺术化——道家精神滋养下的人生美学

相比于意境、直觉等纯粹的美学范畴或美学概念，“人生艺术化”更像是一种现今人们常说的人生哲学、生活美学。然而，处在西学东渐、古今交替的时代风口之上，“人生艺术化”注定不能被简化为一种生活态度。事实上，“人生艺术化”是由西方输入的超功利美学与中国传统尤其是具有超功利色彩的道家艺术精神融会而成的具有鲜明时代特色的美学思想。如果说人生有加法、减法之说，那么道家所启发的人生则在减法思维上悟出了极为深刻的真谛，并深深影响了从古代到现代的中国知识分子。减去的是充满机心和功名利禄纷扰的外在羁绊，得到的是心灵的自由和宁静、透脱以及事业追求的专注。当然，中国现代美学“人生艺术化”并非一味地超功利、作减法，超功利的精神背后有着深挚的现实关切和进取精神，成为中国现代美学体系中独具特色的人生美学。中国现代美学上的“人生艺术化”思想大成于朱光潜，之前王国维、梁启超、宗白华等人均有触及。

第一节　庄子：中国古代艺术人生的标本

关于艺术人生，如果追索其源头，我们可能要到道家人物中去寻找。老子的生平被披上了一层迷雾，《汉书·艺文志》说道家“盖出于史官，历记成败、存亡、祸福、古今之道，然后知秉要执本。”应该说，这只适合于老子。“反者道之用，弱者道之用”（《老子》第四十章），老子思想有一个最为突出的特色，就是守柔、取反、处弱、居下。它是一种“执两用下”（相对于孔子之“执两用中”）的人生处世哲学。可见，老子思想总是从对待两端着眼，而以谦卑、柔弱、清虚为立于不败的根本，理智、计议是其思想的主基调，它似乎是出自一个洞晓古今事变、反复权衡事物正反两方面得失的智者的声音。尽管老子的名言“为道日损”“无为而无不为”深深影响到后来的人生论美学，但就其思想本身而言，也有导向阴谋权变的另一层面。

而庄子，则是艺术人生表现得最为充分、也是对后世影响最大的一个诗性哲学家。在中国文化史上，庄子是一个个性鲜明、极富艺术气质而又蒙上一层迷雾的人。旷达的性格、自在洒脱的生活情调，以及由高洁的人格、超人的想象、浪漫的情怀、幽默机智的语言共同组成的庄子的艺术人生，早已渗透并融化到古代文学艺术家的生命之中。我们甚至可以说，庄子的艺术人生已为中华民族艺术家奠定了独立的人格型态。庄子尽管作过小官（《史记》说庄子做过“漆园吏”），但从《庄子》一书许多关于庄子的事迹记载来看，他似乎更像《刻意》篇所谓“就薮泽、处闲旷，钓鱼闲处，无为而已矣”的那种人。《史记》曾生动地表现了庄子的隐士思想和生活作风：

> 楚威王闻庄周贤，使使厚币迎之，许以为相。庄周笑谓楚使者

曰："千金，重利；卿相，尊位也。予独不见郊祭之牺牛乎？养食之数岁，衣以文绣，以入太庙。当是之时，虽欲为孤豚，岂可得乎？予亟去，无污我！我宁游戏污渎之中自快，无为有国者所羁；终身不仕，以快吾志焉。"（《史记·老子申韩列传》）

司马迁的这则记载显然混合了《庄子》中《秋水》《列御寇》诸篇关于庄子事迹的记载。《秋水》篇就记载庄子不愿"以境内累"，终身不仕，意欲过着一种游戏的生活以"自快"。到了《让王》篇，不愿"以境内累"、不肯"以天下为事"的庄子就宣扬其"独乐其志，不事于世"的游戏人生的观点。从这些记载中，我们看到的是庄子对人间世事所采取的游戏态度。不仅如此，庄子著书也不是以某些功利目的为依归，而是"彼其充实而不可以已"，是"以谬悠之说，荒唐之言，无端崖之辞"（《天下》）"自快""自适"而已。所以司马迁指出庄子的文章"洸洋自恣以适己"。思想的艺术色彩，人生态度的游戏性，著书目的的审美化，在庄子那里和谐地统一起来了。

在我国封建社会中，"穷则独善其身，达则兼济天下"（《孟子·尽心上》），已成为人们的立身信条。王夫之说："得志于时而谋天下，则好管、商；失志于时而谋其身，则好庄、列。"（《诗广传》卷四）当人们"达"的时候，力求政治上的作为、道德上的建树，无暇进行艺术创作。只有当人们"失志于时"的时候，"还家自休息"，在山水、田园中徜徉自得，从自然气韵中发现诗意和美，才使其创作能摆脱政治实用的束缚而具有纯粹、独立的性质。因此，庄子的"不仕"、清贫的艺术人生，为中国文人奠定了艺术的原质，使中国古代文人只有当他们如庄子那样"失志于时""不仕"之际，才成为具有独立性质的文人。鲁迅先生曾把封建社会的文学，分为"廊庙文学"和"山林文学"两种，把中国封建社会的文人，分为“帮忙”和“帮闲”，而且以一“帮”字，概括了封建文人的依附性。“廊庙文学”是“已经走进主人家中，非帮主人的忙，就得帮主人的闲”，而“山林文学”虽然“暂时无忙可帮，无闲可帮，但身在山林，而‘心存魏阙’”，仍怀抱“被聘的希望。”① 应该说，这里对“廊庙文学”的概括，是非常精当的。“廊庙文学”或宣扬封建伦理道德观念以加强对人民的统治，或反映王道政治的治乱得失以供统治者参考，或歌功颂德、粉饰太平为封建王朝点缀升平，其“帮”（或“帮忙”，或“帮闲”）的特点是十分鲜明的。这类文人的地位，或“参与国家大事，作为重臣”，或“献诗作赋，‘俳优蓄之’，只在弄臣之例”②，都没有从封建依附关系中独立出来。而所指的“山林文学”，情况就不那么简单了。它固然有“心存魏阙”，仍怀抱“被聘的希望”的现象，但从庄子开始的那些具有出世思想的“不仕”文人，却更多的是对自身个性的肯定，是对独立人格和自由的追求，并由此产生了对“天地之大美”的发现。由于受庄子影响的那些“不仕”文人往往把艺术创作当作抒发幽情、慰藉心灵、自娱自遣的一种手段，这就使得他们的创作能够摆脱在朝时的政治、道德等功利目的的束缚而具有纯粹、独立的性质。从这种意义上，与不仕、隐逸活动相联系的文学艺术活动，正是从封建政治、道德依附性中解放出来而具有独立、纯粹色彩的中国美学理论和艺术精神的最重要源地！

对于庄子的艺术人生与中国文学的关系，日本学人青木正儿有一段很精彩的论述。他在《中国文学概说》一书中把《庄子》中所传的庄

---

① 鲁迅：《帮忙文学与帮闲文学》，见《鲁迅全集》第 7 卷，人民文学出版社 2005 年版，第 405 页。

② 鲁迅：《从帮忙到扯淡》，见《鲁迅全集》第 6 卷，人民文学出版社 2005 年版，第 356 页。

子的行动，视为“高蹈生活的标本”，认为“此风在魏晋间清谈家中，由道家思想的实行派的竹林七贤之徒，又做了一番盛大的宣传。高蹈的世界，是由浮世的纷扰、个人的失意而生的苦闷的救济场。这无须乎说，是因为在那里独善——个人的自由——绝对的被容许的缘故。然独善的生活，在一方面自觉有意气昂然的、独行的气魄；而同时在他的里面，也不能一点儿感不到心的孤独寂寥。为安慰这种无聊，高蹈主义者往往选择了文艺。例如七贤中阮籍、嵇康是显耀于魏末的诗文作家，而其中的嵇康，长于音乐，能画画，字也是名家。像这样，高蹈生活与文艺的关系，影响于魏晋以来的文坛，遂至酿成文人气质之一大要素”①。中国现代美学家宗白华、朱光潜等人都或多或少具有“魏晋情结”，而魏晋正是庄子影响最深的一个时段。一到魏晋之间，“庄子的声势忽然浩大起来”②，不但注家蜂拥，而且庄子思想渗透到那个时代人的言行举止，深为当时的文人、名士所喜爱，“整个文明的核心是庄子”!③《晋书·向秀传》说向秀“为之隐解，发明奇趣”、郭象又“述而广之”的《庄子注》问世，才使“儒、墨之迹见鄙，道家之言遂盛焉”。受庄子艺术人生影响，例如陶渊明归隐田园后，“衔觞赋诗以乐其志”（《五柳先生传》），素来以相当超脱的审美态度来看待生活，尽管生活困顿，“环堵萧然，不蔽风日，短褐穿结，箪瓢屡空”（同上），但对大自然和人生的热爱，仍使他田园生活中的南山、林鸟、平畴、远风……一切都充盈着诗意。其中，读书和弄琴也是他这种生活情趣、审美追求的不可或缺的精神寄托之一。“乐琴书以消忧”（《归去来兮辞》），说的正是在艺术鉴赏中所得到的审美愉悦。在陶渊明那里，琴书之乐与山

① ［日］青木正儿：《中国文学概说》，隋树森译，重庆出版社 1982 年版，第 38—39 页。

② 闻一多：《古典新义》，见《闻一多全集》第 2 卷，第 279 页。

③ 闻一多：《古典新义》，见《闻一多全集》第 2 卷，第 279 页。

水之乐都是同一性质的审美追求和享受。“少学琴书，偶爱闲静。开卷有得，便欣然忘食。见树木交荫，时鸟变声，亦复欢然有喜。”（《与子俨等疏》）……在现实生活中，他落落寡合，“与物多忤”；但在精神生活中，他却可以呼朋引类，“从吾所好”。这种生活情调、艺术气质与庄子的艺术人生相当接近。这种情况不仅在受道家思想影响至深的嵇康、阮籍、陶渊明、李白、苏轼的创作中有鲜明体现，就是极力宣扬儒家诗教的白居易也是如此。他在谪居（“失志于时”）时，“去国辞家谪异方，中心自怪少忧伤。为寻庄子知归处，认得无何是本乡。”（《读庄子》）这种处逆境而“少忧伤”的生活态度，显然受到了庄子艺术人生的影响。

中国古代知识分子的人生，主要是以积极入世的儒家情怀，与道家消极隐退的出世精神形成互补关系。儒家进取之路受到挫折、阻塞时，道家思想提供了心灵憩息之所、精神容与之地。即使遭际坎坷，但有了来自道家思想的消解困顿的力量，人生便会附上一层潇洒不群、浪漫逍遥的色彩，便具有一种艺术化的意味。这种意义上的儒道互补，道家扮演的是与进取相反的角色，是一种下行的、趋向自然的力量。时间行进到近现代，外国文化遽然闯入并与中国传统文化碰撞交融，呈现了一幅复杂的文化景观。儒家修、齐、治、平的家国理想让位于复杂国际情势下的启蒙、救亡主题，儒道互补的关系失去了稳固的依托。但延绵两千余年的文化思想不可能退出历史舞台，儒家思想进取的一面与时代主题相融合焕发出新的生机；道家的超功利思想则营造了一种接纳西方美学思想的前在视野，同时也成为现代“人生艺术化”思想的重要来源。“人生艺术化”追求的并非纯粹超脱的人生，而是有着明确的现实关切。有学者指出：“它的形成具有鲜明的现实指向性和理论的综合创新性，既体现了中国现代知识分子积极寻求匡世救民之道的社会责任感的自觉承担，也反映出他们在理想与现实冲突面前的矛盾心态和人生选择。”① 所以，与在传统的“儒道互补”语境下扮演的“下行”角色不同，道家为“人生艺术化”的现实关切提供了一种超功利的前提与基础，因而具有一种积极的、上行的意义。“下行”“上行”虽有不同，但超脱功利、趋于自然则是一致的，都为人生染上了一层艺术化的色彩，而道家思想由于其“上行”的意义也开启了通向现代美学的维度。

第二节　王国维、梁启超、宗白华的人生艺术化思想

“人生艺术化”美学观的提出不是一蹴而就的事情，它经历了一个发生发展的过程。若论其发生，可推至王国维处。王国维作为中国现代美学的开创者，虽然没有对“人生艺术化”进行明确论述，但他所持的美学观念已然涉及了“人生艺术化”的美学命题。金雅认为：“从理论史来看，中国现代‘人生艺术化’的相关思想初萌于 20 世纪 20 年代前后。”② 这个判断似可商榷。作为中国现代美学的开创者，王国维的美学研究必定会与人生发生关联。若说“人生艺术化”“生活艺术化”的名词、概念始于 20 世纪 20 年代前后，可能符合历史实际；然若考索现代美学“人生艺术化”思想的源始，还是应当前推至王国维处。其后，梁启超、宗白华等先后谈及“人生艺术化”问题并有一定的理论建树，使“人生艺术化”逐步走向一种理论自觉。在中西文化融会的大背景下，“人生艺术化”的美学观杂糅了多种文化观念，尽管每位学者所接受的中西方文化思想不尽相同，“人生艺术化”的具体表现也

① 王德胜、李雷：《中国现代“人生艺术化”理论探析》，《江苏社会科学》2009 年第 2 期，第 19—23 页。

② 金雅：《人生艺术化与当代生活》，商务印书馆 2013 年版，第 1 页。

不尽一样，但道家的超功利思想毫无疑问铸就了“人生艺术化”的底基。对中国现代美学家们来说，道家思想因其先天的本土文化优势，在“人生艺术化”形成的过程中所起的作用更为根本。

一、王国维的“解脱人生”

王国维没有明确提出“人生艺术化”的命题，但他“人生之问题，日往复于吾前”，其美学研究从某种意义上就是解决人生问题的。通过审美以寻求人生痛苦的解脱，亦可以称为现代人们所热议的人生论美学或“人生艺术化”。处在古今更迭的大变局之中，王国维“人生艺术化”思想也具有一种承前启后的身份。杜卫说王国维“一方面继承了中国古代人生艺术化的思想，同时又吸收了康德、叔本华等西方人本主义美学和生命美学观念，结合中国当时的现实人生状况，针对当时中国普遍的人生问题，创建了具有现代思维特征和理论形态的人生论美学，积极倡导审美教育，力图以此改造现实人生”①，这种判断是比较恰当的。不过，杜卫所说的“中国古代人生艺术化思想”主要是指儒家思想，如他所说“作为专注人生的美学，中国古代美学十分重视人的生存状态和生命价值的实现，重视高尚人格的养成和生命境界的提升”②，这一观点主要着眼并放大了20世纪初审美救国论的积极入世、与社会政治关联的思想层面。但作为一种审美心态，我们认为，王国维接近于“人生艺术化”思想的传统影响主要来自道家。事实上，也只有超脱的道家思想才能承载并缓解命途多舛带来的心理压力。

---

① 杜卫主编：《中国现代人生艺术化思想研究》，上海三联书店2007年版，第12页。

② 杜卫主编：《中国现代人生艺术化思想研究》，第1页。

王国维自道儿时不喜欢《十三经注疏》[1]，但从他后来的言论及行为来看，他的儒家情结十分深厚。他后期学术转向“旧学”，不满辛亥革命及五四运动，曾充当“南书房行走”，诗文中也每每流露出对儒家纲常的维护与留恋，其在日本所作的七古《颐和园词》（作于 1912 年）简直是一首清帝国的哀婉颂歌……所有这些，都展现出他的士大夫格调。而此时王国维心目中的封建王朝已是穷途末路，再加上复杂的时代变局、个人的坎坷遭际，王国维所承受的精神交困可想而知，在这种情况下，道家思想依然不失为一种温良药剂。“体素羸弱，性复忧郁”的王国维早年就深受道家思想影响。据罗振玉外孙刘惠孙回忆，罗振玉三十几岁时在上海办农报馆，王国维任报馆的校对，一天罗振玉到报馆极早，“听见有人在读庄子，音节苍凉，大奇，再一着（看）原来是这位校对先生”[2]。由此看来，王国维对庄子早有莫逆之心了。写于 1903 年的《端居（三首）·其二》有“安得吾丧我，表里洞澄莹”[3]，这句话也基本属于庄子的思想。“吾丧我”见《齐物论》：“今者吾丧我”。丧我，并不是把自我完全消除，而是要破除“我”对外物的执念，“我”与外物“道通为一”，达到内外澄澈的境界，即“表里洞澄莹”。1917 年初，罗振玉胃疾发作，仍伏案问学，王国维以为此有碍消化，致信说：“消遣之法，以看画及阅《庄》、《列》诸书或诗文集为宜。处今之世，烦恼由外，慰藉不能不求之于心。”[4] 可见，道家思想已成为王国

---

① 王国维：《静安文集续编·自序》尝云：“家有书五六箧，除《十三经注疏》为儿时所不喜外，其余晚自塾归，每泛览焉。”见周锡山编校：《王国维文学美学论著集》，第 241 页。

② 龙峨精灵：《观堂别传》，原刊上海《人间世》杂志第 39 期（1935 年 11 月 5 日），见陈平原、王枫编：《追忆王国维》，第 423 页。龙峨精灵即刘惠孙。刘惠孙记述有误，据陈鸿祥《王国维传》（人民出版社 2004 年版），王国维所在报馆应该是汪康年主办的《时务报》报馆。

③ 陈永正校注：《王国维诗词全编校注》，中山大学出版社 2000 年版，第 36 页。

④ 刘寅生、袁英光编：《王国维全集·书信》，中华书局 1984 年版，第 180 页。

维的慰藉之道。然而，当时已不是传统社会，多元文化的碰撞已将儒道互补的既有格局打破，道家思想已难以承受皇朝沦丧、精神支柱隳颓造成的人生重压，王国维的自沉于是成为不可避免的乱世悲音。

如果说王国维一生中不完整的儒道互补是其“人生艺术化”思想的“承前”表现的话，那么力图以审美来解脱人生苦痛并推及于美育以改良精神则是其“人生艺术化”思想的“启后”表现，后者在王国维“人生艺术化”思想中占据更重要的地位，同样与道家思想有着密切关联。

王国维早期的美学论文《红楼梦评论》① 开篇即引老、庄的话来阐述痛苦与人生并存互生的事实：“老子曰：‘人之大患，在我有身。’庄子曰：‘大块载我以形，劳我以生。’”身、形只是载体，由人的智识生出的欲望才是痛苦的根源。“生活之本质何？‘欲’而已矣。欲之为性无厌，其原生于不足。不足之状态，苦痛是也。既偿一欲，则此欲以终。然欲之被偿者一，而不偿者什佰。一欲既终，他欲随之。故究竟之慰藉，终不可得也……”欲望如环无端，接踵而至，不可终止，痛苦也就相伴而生，无有了时。王国维给出的解决方案是美术，因为美术能“超然于利害之外”、“忘物与我之关系”。面对人生痛苦，道家给出的方案也是“超功利”“忘物我”，王国维开篇的引文已经暗含着对道家解决方案的认可。其实，倡导“无为”的道家思想本然地具有一种“解脱”的意旨。牛宏宝就曾经指出，庄子思想成就的艺术精神所具有的一个显著倾向即“在于其所追求的物我两忘、物我冥合的境界中，总有一种‘解脱’意蕴；‘非功利性’、‘超功利性’正是从这种‘解脱’的角度达成的”。② 某种程度上讲，正是道家思想中超功利的一面

① 王国维：《红楼梦评论》，见周锡山编校：《王国维美学论著集》，第1—23页。

② 见汝信、王德胜主编：《美学的历史——20世纪中国美学学术进程》，第414—415页。

对西方超功利美学思想的接引促成了王国维美学研究的最初动力。虽然王国维后来说《红楼梦评论》“立论全在叔氏之立脚地”①，但不能抹杀王国维受道家思想影响所形成的期待视野在接受西方美学思想时所起的基础作用。

王国维的美学研究有自我救济的味道，但基本还是一种学术行为，他有关绘画的言论则更能呈现出一种以审美谋求解脱的人生取向。前述“看画”的消遣之法已能看出端倪，《中国名画集序》《此君轩记》《待时轩仿古鉩印谱序》② 等有限的几篇论绘画的文字尤能看出这一点，道家思想是如影随形。《中国名画集序》开篇述绘画的起源有“宋舍众史，受元君之图”之语，即来自《庄子·田子方》中的寓言故事：宋元君将画图，众史皆至，受揖而立，舐笔和墨，在外者半。有一史后至者，儃儃然不趋，受揖不立，因之舍。公使人视之，则解衣般礴羸。君曰：“可矣，是真画者也!”为什么后至之史是真能画画的呢？就因为他和那些逡巡门外、形容猥琐，时刻担心自己能否得到指派，因而精神为利害得失、荣辱毁誉等身外物所束缚的画史不同，全然不考虑庆赏爵禄、毁誉巧拙等外在功利目的，裸体赤身，忘其形体，旁若无人，表现出心灵的最大自由。《此君轩记》中赞善画竹者达到“物我无间，而道艺为一，与天冥合，而不知其所以然”的境界，“物我无间”即庄周化蝶之譬，“道艺为一”是《庄子·养生主》中庖丁“臣之所好者道也，进乎技矣”的引申，“与天冥合”是《庄子·达生》中“以天合天”的说法；《待时轩仿古鉩印谱序》批评“今之攻艺术者，其心偷，其力弱，其气虚憍不定”，称赞罗振玉季子子期的作品“全于天”，这些评价也是《庄子·达生》篇自“醉者坠车”到“梓庆削木为鐻”等一系

① 王国维：《静庵文集自序》，周锡山编校：《王国维文学美学论著集》，第226页。

② 三篇均见周锡山编校：《王国维文学美学论著集》。

列故事的综合运用。这些言论都可以归结到道家思想导引出的超功利的艺术精神上。

注重美术解脱苦痛的功能，尚倾向于个人的救济，倡导美育则表现出复杂时代背景下更为宽广的济世情怀。应该说王国维的美学研究自美育始，正是审美的超功利的快乐使其重视审美教育，这也是王国维“人生艺术化”思想的逻辑进路。1903 年王国维发表《论教育之宗旨》，述及美育时最早谈到美的话题：“盖人心之动，无不束缚于一己之利害；独美之为物，使人忘一己之利害而入高尚纯洁之域，此最纯粹之快乐也。”① 这句话所包含的类似意涵在以后的美学论文中反复出现，《孔子之美育主义》即介绍康德及叔本华超功利的美学观念，王国维认同席勒“与美相接，则其感情日益高，而暴慢鄙倍之心自益远”及“审美之境界乃物质之境界与道德之境界之津梁”的观念，因此更加推崇美育。接下来的《古雅之在美学上之位置》《人间嗜好之研究》《去毒篇》《奏定经学科大学文学科大学章程书后》等文章都有申说美育的作用，足可见出王国维忧心国家前途、民族命运的济世情怀。有意思的是，王国维谈孔子的美育主义，时时晃动的却是庄子的身影，文中提到邵雍的“以物观物”我们已证明有道家思想的影响，后文“之人也，之境也，固将磅礴万物以为一”即化用《庄子·逍遥游》“之人也，之德也，将磅礴万物以为一”。尤其需注意的是，论文末段所说的那句话：“美之为物，为世人所不顾久矣！庸讵知无用之用，有胜于有用之用者乎？”王国维不仅在美学、美育思想中强调“无用之用”，在人文学科的学术研究上也提倡“无用之用”。《教育小言》就言：“以官奖励职业，是旷废职业也；以官奖励学问，是剿灭学问也。……无怪举天下不知有职业学

---

① 佛雏校辑：《王国维哲学美学论文辑佚》，第 251—253 页。

问，而惟官之是知也。"[1] "夫今日欲求真悦学者，宁于旧学中求之。以研究新学者之真为学问欤？抑以学问为羔雁欤？吾人所不易知。不如深研见弃之旧学者，吾人能断其出于好学之真意故也。"[2] "惟官"之学是有用之学，可以实现"庆赏爵禄"等丰厚的功利目的。"见弃之旧学"跟不上时代需求，从现实需求上讲是"无用"，但正因其"无用"，却"出于好学之真意"，是自己的兴趣、感受、研究、领悟所得，因而套用一句庄子的话，是"自得其得""自适其适"而不是"适人之适""得人之得"。(《庄子・大宗师》，亦见《庄子・骈拇》)"无用之用"正是道家的重要观点，庄子多次提及"无用之用"。超功利的审美确乎无用，做学问摆脱急功近利的浮躁心态，正因为"无用"，才有助于培养"完全之人物"(《论教育之宗旨》)，才能够促进行业发展、国家进步、民族振兴，此为"大用"。审美的这种"无用之用"被很多研究者称为"审美功利主义"。以超脱功利目的为前提为基础的审美与功利主义联系在一起并且组合成词，确有一种悖论的感觉。也许，这正印证了道家"无为而无不为"所具有的治国、治身、治心的积极人生指向。

二、梁启超的"趣味人生"

王国维的"审美人生"有些内敛，梁启超的"趣味人生"则热情奔放，这或许是性格使然。梁启超自1891年就学万木草堂起即积极投身中国的政治生活，之后避祸日本，又旅美、游欧，人生履历丰富，其思想与学术也展现出一种大开大合之势。梁启超曾一度倾心于西方文

---

① 王国维：《教育小言十三则》之十，见姚淦铭、王燕编：《王国维文集》第3卷，第86页。

② 王国维：《教育小言十则》之四，见姚淦铭、王燕编：《王国维文集》第3卷，第87—88页。

明，对中国文化鄙薄有加；直至欧游归来，深慨“西洋文明破产”“中国文明救世界”，回归中国传统文化，其学术亦从“通经致用”、转介西学、评议时政渐转向“为学问而学问”①，可谓“绚烂至极，归于平淡”。梁启超的“善变”很容易遭人批评，他自己对此早有觉察。1902年，何擎一辑成《饮冰室文集》，梁启超为序文一篇，其中就谈道：“以吾数年来之思想，已不知变化流转几许次，每每数月前之文，阅数月后读之，已自觉期期以为不可……”② 梁启超的“变”可以从后期的一次讲演中获得积极的解释。1921年12月，梁启超为北京哲学社讲演《“知不可而为”主义与“为而不有”主义》③，其中说道：“诸君读我的近二十年来的文章，便知道我自己的人生观是拿两样事情做基础：（一）‘责任心’，（二）‘兴味’”，“我是感情最富的人，我对于我的感情都不肯压抑，听其尽量发展。……‘责任心’与‘兴味’都是偏于感情方面的多，偏于理智方面的少。”不肯压抑感情，率性而为，“兴味”的表现大抵如此。关心政治与国运是“责任心”的集中表现，日本、美国、欧洲的阅历及其带来的思想文化撞击每每给梁启超以新的刺激，加之“感情”的酵素，“善变”似乎在所难免。欧游回来后钟情于中国历史与文化，可以说是最后一“变”，这篇讲演也成了梁启超“趣味人生”的宣言。

王国维的“审美人生”与道家思想的关联需要我们去找寻、发现，

---

① 张荫麟《近代中国学术史上之梁任公先生》将梁启超学术活动分为四期：“第一期自其撇弃辞章考据，就学万木草堂，以至戊戌政变以前止，是为‘通经致用’之时期。第二期自戊戌变法以后至辛亥革命成功时止，是为介绍西方思想、并以新观点批评中国学术之时期，而仍以‘致用’为鹄的。第三期自辛亥革命成功后至先生欧游以前止，是为纯粹政论家之时期。第四期自先生欧游归后以至病殁，是为专力治史之时期；此时期渐有为学问而学问之倾向，然终不能忘情国艰民瘼，殆以此损其天年。”载天津《大公报·文学副刊》第57期，1929年2月11日。转引自王瑶主编：《中国文学研究现代化进程》，第2页。

② 丁文江、赵丰田编：《梁启超年谱长编》，上海人民出版社1983年版，第293—294页。

③ 见张品兴主编：《梁启超全集》，北京出版社1999年版，第3411—3415页。

梁启超的“趣味人生”往往自报其思想来源，超功利的道家思想依然呈现出其在“人生艺术化”思想中的强大影响力。《“知不可而为”主义与“为而不有”主义》的标题鲜明地标出了其与儒道两家的渊源，细读全文，会发现来源于儒、道的这两种“主义”都可以在道家思想中找到根据。“知不可而为”主义与“为而不有”主义反对的都是近代欧美的功利主义。“知不可而为”主义“就是做事时候把成功与失败的念头都撇开一边，一味埋头埋脑的去做”，之所以能够如此，是因为“成功与失败本来不过是相对的名词”。这种想法庄子早已说过：“其分也，成也；其成也，毁也。凡物无成与毁，复通为一。”（《庄子·齐物论》）一件事情自一方面言之是成功，自他方面言之，则可能是失败。既然如此，就没必要精打细算地计较成功与失败，甚至预料着失败，“知其不可而为”，一味去做，就能收获快乐。“为而不有”是指“不以所有观念作标准，不因为所有观念始劳动。简单一句话，便是为劳动而劳动。”也就是说，“知不可而为”与“为而不有”都是要摆脱功利的想法对自己的限制，凭“兴味”去做。“‘知不可而为’主义与‘为而不有’主义都是要把人类无聊的计较一扫而空，喜欢做便做，不必瞻前顾后。合并起来，可以说这两种主义就是‘无所为而为’主义，也可以说是生活的艺术化，把人类计较利害的观念，变为艺术的情感的。”这里说得很明白，儒道两家启发的两种“主义”最终都归结到道家的“无为而无不为”上面来了。虽然儒道两家脱胎于同一文化母体，其本身有相通的地方，但超绝功利无疑是道家的标志性本色。只有超绝功利，才能以一种艺术化的心胸面对生活，才能展开艺术化的人生。

接下来的《趣味教育与教育趣味》《学问之趣味》[①] 继续申说对“趣味”的钟情。《趣味教育与教育趣味》开篇说：“假如有人问我：

---

① 这两篇亦见张品兴主编：《梁启超全集》，第 3963—3965、4013—4014 页。

‘你信仰的什么主义?’我便答道:‘我信仰的是趣味主义。’有人问我:‘你的人生观拿什么做根柢?’我便答道:‘拿趣味做根柢。’”《学问之趣味》开篇说:“我是个主张趣味主义的人:倘若用化学化分‘梁启超’这件东西,把里头所含一种元素名叫‘趣味’的抽出来,只怕所剩下只有个0了。”梁启超的“趣味人生”可见一斑。选择趣味,没必要以道德为标准,那么应以什么为标准呢?《趣味教育与教育趣味》讲了《世说新语》中的一个小故事:“祖约性好钱,阮孚性好屐,世未判其得失;有诣约,见正料量财物,客至屏当不尽,余两小簏,以著背后,倾身障之,意未能平;诣孚,正见自蜡屐;因叹曰:‘未知一生当着几緉屐。’意甚闲畅;于是优劣始分。”好钱与好屐,皆是一好,也都是一累,难分优劣。祖约好钱,顾自珍惜,恐人撞见,心怀惴惴。这不免让人想起庄子给惠子讲的故事,鹓鶵志高行洁,“非练实不食,非醴泉不饮”,鸱得腐鼠却恐鹓鶵前来抢夺,敝帚自珍,丑态毕露。拜访祖约的人未必如鹓鶵,但祖约好钱却恰如鸱得腐鼠,此等趣味实为人所不齿。阮孚好屐是由衷喜爱,其与所好已合而为一,互相成就,所谓“累”对阮孚来说也不存在了,于是得人生之大自在,这不正是道家任性自然的境界吗?选择趣味,当顺乎本性,弃绝功利,不要让趣味成了自身的限制,这样的人生才是趣味人生。《学问之趣味》论学问趣味的形成应走的几条路,第一条便是“‘无所为’(为读去声)”,“趣味主义最重要的条件是‘无所为而为’”,也就是道家的“无为而无不为”。做学问如果是为了某种目的(功利)去做,便不会形成真正的趣味;“为学问而学问”,如小孩子“为游戏而游戏”一样,才能产生趣味。一句话,只有超脱功利,才会有真正的“趣味人生”。

《敬业与乐业》① 由趣味延展至行业,开头便自报家数:“我这题

① 梁启超:《敬业与乐业》,见张品兴主编:《梁启超全集》,第4019—4020页。

目，是把《礼记》里头‘敬业乐业’和《老子》里头‘安其居乐其业’那两句话断章取义造出来。”虽然是“断章取义”，但也有几分渊源。“敬业”的立场出自儒家，梁启超推崇朱熹“主一无适便是敬”的说法，“凡做一件事便忠于一件事，将全副精力集中到这事上头，一点不旁骛，便是敬”。进一步阐述，则落到道家思想上了。首先论职业无分尊卑：“当大总统是一件事，拉黄包车也是一件事，事的名称，从俗人眼里看来有高下，事的性质，从学理上解剖起来并没有高下。”这种说法听起来不像强调尊卑等级秩序的儒家口吻，而若从庄子“齐物”的角度加以解释却能够看到其合理的一面。世间万物，品性万殊，都是自然的赋予，没有高低贵贱之分，万物各依其性各当其职，世界才能有序发展。郭象注《逍遥游》就认为只要物各“称其分”，则“大小虽殊，逍遥一也。”人类社会也是如此，人的智愚不同也是自然的赋予，不是求智便得智，讲究人与人的平等是对自然的尊重。每个人的秉性不同，其所从事的职业也应有差异。人人都想当大总统，但未必人人都做得了大总统；人人都能拉黄包车，但未必人人都拉得好黄包车。选择适合自己的职业，实实在在做下去，也会自有境界。这是职业的平等。其次，敬业还需要“忠实”。梁启超引《庄子》中痀偻丈人承蜩的故事来解释忠实：“虽天地之大，万物之多，而惟吾蜩翼之知”，“用志不分，乃凝于神”。忠实也就是专注。任何职业，如果患得患失，瞻前顾后，是没法做到圆满的。敬业，讲究平等与专注，都要摆脱计较之心。“乐业”则是从现有职业中找出“趣味”来，只要持续从事一种职业，“趣味自然会发生”。这与前述趣味主义似有不同。但无论是从职业中找出趣味还是依着趣味从事职业，超脱狭隘的功利主义都是一致的。

梁启超的这些言论并非标榜自己的“逍遥”生活，毋宁说是人生经验的分享。上述几篇文章都是他的讲演，听众多为青年学生①，他分享“趣味主义”是想让青年学生能在趣味的引导下有更大的作为，说到底仍然是对国家命运的眷眷关怀，如张荫麟所说“终不能忘情国艰民瘼”。这些讲演中，梁启超屡屡提及道家思想，运用道家的语言阐释、发挥其“趣味人生”的真实内涵，老子的“无为而无不为”已成为梁氏“趣味人生”的根底。与传统“人生艺术化”中排遣人生痛苦的“下行”表现不同，道家思想在梁启超“趣味人生”中的表现则是一种“上行”的、建设新人生的智慧。

三、宗白华的“艺术人生”

王国维的“解脱人生”、梁启超的“趣味人生”作为“人生艺术化”的表现多少有些接近、启发的意味，宗白华则实实在在地提出了“艺术人生”观并对之身体力行。“艺术人生”有两层意义：一是其人生与包括创作、欣赏、收藏等在内的艺术活动联为一体，相交相忘；二是以超功利的心态面对人生、充实人生、美化人生、成就人生，建立一种艺术的人生态度。宗白华晚年写的《我和艺术》一文开篇说道：“我与艺术相交忘情，艺术与我忘情相交，凡八十又六年矣。”② 这显然是诗人的语言。宗白华未必生来就喜爱艺术，但后来进入艺术领域，欣赏艺术，评论艺术，其与艺术的交情岂一个“深”字了得！与梁启超、王国维相比，宗白华晚了整整一个时代。梁、王二人渐近暮年的时候，宗白华恰值青年，他们的经历、学识、思想等都存在着显著的不同，但

---

① 《“知不可而为”主义与“为而不有”主义》，1921 年 12 月 21 日为北京哲学社讲演；《趣味教育与教育趣味》，1922 年 4 月 10 日为直隶教育联合研究会讲演；《学问之趣味》，1922 年 8 月 6 日为东南大学暑期学校学员讲演；《敬业与乐业》，1922 年 8 月 14 日为上海中华职业学校讲演。

② 宗白华：《我和艺术》，见《宗白华全集》第 3 卷，第 614 页。

对于国家命运的担当却有着相同之处，且都主张以非功利的心态从事启蒙救世的事业，因而也都与道家思想有着不解之缘。

宗白华对道家思想早有接触，《我和诗》叙述他 17 岁到青岛求学时开始研究哲学："庄子、康德、叔本华、歌德相继地在我的心灵的天空出现，每一个都在我的精神人格上留下不可磨灭的印痕。"① 庄子思想所留下的精神印痕一定程度上已成为接受西哲思想及生成人生价值判断的基础。《说人生观》列举了三大类、九小类人生观，极力称赞建基于庄周释迦超然观基础上的超世入世派："超世入世派，实超然观行为之正宗。超世而不入世者，非真能超然观者也。真超然观，无可而无不可，无为而无不为，绝非遁世，趋于寂灭，亦非热中，堕于激进，时时救众生而以为未尝救众生，为而不恃，功成而不居，进谋世界之福，而同时知罪福皆空，故能永久进行，不因功成而色喜，不为事败而丧志，大勇猛，大无畏，其思想之高尚，精神之坚强，宗旨之正大，行为之稳健，实可为今后世界少年，永以为人生行为之标准者也。"② "无为而无不为"（《老子》第三十七章）、"为而不恃，功成而不居"（《老子》第二章）都是道家的语言，归于一点就是"超功利"。非功利、超功利的另一境界，是超越"小我"，熔进"大我"，排除短视，眼望前方。因而只有超脱功利，才能实现"大勇猛，大无畏"，这就是超越功利之后而得到的功利，亦即"无为而无不为"。

宗白华认可并盛赞的这种人生观深刻影响了他接着提出的"人生艺术化"。《青年烦闷的解救法》③ 首先谈到"唯美的眼光"："我们要

---

① 宗白华《我和诗》，此文写于 1923 年，后刊于《文学》第 8 卷第 1 期，1937 年 1 月 1 日。见《宗白华全集》第 2 卷，第 151 页。

② 宗白华：《说人生观》，原刊《少年中国》第 1 卷第 1 期，1919 年 7 月 15 日。见《宗白华全集》第 1 卷，第 24—25 页。

③ 宗白华：《青年烦闷的解救法》，原刊《解放与改造》第 2 卷第 6 期，1920 年 3 月 15 日。见《宗白华全集》第 1 卷，第 178—181 页。

持纯粹的唯美主义，在一切丑的现象中看出他的美来，在一切无秩序的现象中看出他的秩序来，以减少我们厌恶烦恼的心思，排遣我们烦闷无聊的生活。”这是唯美眼光的消极方面，其积极方面则是生成一种“艺术人生观”：“我们时常作艺术的观察，又常同艺术接近，我们就会渐渐的得着一种超小己的艺术人生观。这种艺术人生观就是把‘人生生活’当作一种‘艺术’看待，使他优美、丰富、有条理、有意义。”“纯粹唯美”“超小己”就是要摆脱功利心，从自己狭隘的世界里挣脱出来，形成一种唯美的、艺术的态度。《新人生观问题的我见》倡导“科学的人生观”和“艺术的人生观”，延续了前面的说法，主张在“艺术的人生观”之上建立一种“艺术的人生态度”，即“积极地把我们人生的生活，当作一个高尚优美的艺术品似的创造，使他理想化、美化。”①《艺术生活——艺术生活与同情》② 则把艺术与人生真正联系了起来：“一曲悲歌，千人泣下；一幅画境，行者驻足，世界上能融化人感觉情绪于一炉者，能有过于美术的么？美感的动机，起于同感。”这篇文章中的同情并非怜悯之意，而是“人同此心”的“共同”之意，艺术能够“融社会的感觉情绪于一致”。“艺术生活”无疑具有理想化色彩，所以文章的末尾宗白华说道：“所谓艺术生活者，就是现实生活以外一个空想的同情的创造的生活而已。”“艺术人生”“艺术生活”都离不开建立在道家思想基础之上的超世入世派的人生态度。超世故能超脱功利，专注于自己的事业；入世故能与国家同命运，有裨于现实社会。

此后，正如宗白华所说“与艺术相交忘情”，他流连于中西艺术之间，研究美学、艺术学，深入研究中国哲学并反观中国艺术，诗心艺境

① 宗白华：《新人生观问题的我见》，见《宗白华全集》第 1 卷，第 207 页。

② 宗白华：《艺术生活——艺术生活与同情》，原刊《少年中国》第 2 卷第 7 期，1921 年 7 月 15 日。见《宗白华全集》第 1 卷，第 316—319 页。

交相辉映，真可谓一种艺术化的人生。即使经历战乱，颠沛流离，宗白华对艺术人生的追求也未曾或忘，《论〈世说新语〉与晋人的美》极力称赏晋人之美正是这种追求的反映。切勿以为宗白华在逃避现实，与年轻时一样，他依然有“创造少年中国”的巨大热忱，他写作《论〈世说新语〉与晋人的美》的目的正是“要从中国过去一个同样混乱、同样黑暗的时代中，了解人们如何追求光明，追求美，以救济和建立他们的精神生活，化苦闷而为创造，培养壮阔的精神人格”①。在宗白华先生最为精彩的美学论文中，除了《中国艺术意境之诞生》，可能就是这篇《论〈世说新语〉与晋人的美》了。在这篇论述宗先生所说“世说新语时代”的审美文化论文中，讲述晋人之美的八点内容几乎都与道家深有渊源。“魏晋人生活上、人格上的自然主义和个性主义”与道家的自然观念和齐物思想有关；“山水美的发现和晋人的艺术心灵”，自然山水是庄子艺术精神的落实，庄子的理想人格“藐姑射仙人，绰约若处子，肌肤若冰雪”正是晋人的美的意象的源泉；晋人的“一往情深”接续庄子的真情观；最哲学、最解放、最自由的晋人精神演绎的恰是道家自然、逍遥的意趣；晋人的神韵之美也是庄子“无待”的自由精神的外现；“人物的品藻”所重视的自然美、人格美也有契于道家自然精神的旨归。宗白华历数了晋人的七种“美”之后总结道：“这是中国历史上最有生气，活泼爱美，美的成就极高的一个时代。”关于那个时代，宗白华曾留下一个不知被转引过多少次的经典论断：“汉末魏晋六朝是中国政治上最混乱、社会上最苦痛的时代，然而却是精神史上极自由、极解放，最富于智慧、最浓于热情的一个时代。因此也就是最富有艺术精神的一个时代。”这样一个“最富有艺术精神”的时

① 宗白华：《〈论《世说新语》与晋人的美〉》等编辑后语，原刊《时事新报·学灯》第126期，1941年4月28日。见《宗白华全集》第2卷，第286页。

代背后，如闻一多所说“像魔术似的，庄子突然占据了那个时代的身心，他们的生活、思想、文艺——整个文明的核心是庄子。他们说‘三日不读《老》、《庄》，则舌本间强’。尤其是《庄子》，竟是清谈家的灵感的泉源。从此以后，中国人的文化上永远留着《庄子》的烙印”①。异曲同工，宗白华认为“晋人的美感和艺术观，就大体而言，是以老庄哲学的宇宙观为基础，富于简淡、玄远的意味，因而奠定了一千五百年来中国美感——尤以表现于山水画、山水诗的基本趋向。”增订稿②添加的“晋人的道德观和礼法观”一节，立意在儒家思想之上，与道家思想也有关联。“孔子知道道德的精神在于诚，在于真性情，真血性，所谓赤子之心”，所以孔子对“乡愿”深恶痛绝。这种精神如前所述可以说也是超脱功利的、刚健有为的艺术精神，与魏晋时人用以祭起反礼教大旗的道家思想正相合拍。“魏晋人以狂狷来反抗这乡愿的社会，反抗这桎梏性灵的礼教和士大夫阶层的庸俗，向自己的真性情、真血性里掘发人生的真意义、真道德”。世人常指责道家逃避社会，实际上道家逃避的是庸俗礼教、乡愿横行的社会，他们追求真、追求诚，“无为而无不为”，“无不为”也正是社会担当。

就在那篇晚年所写的《我和艺术》中，宗白华极力称赞了庄子艺术精神后写道：“他是中国有代表性的哲学家中的艺术家……中国古代艺术繁荣的时代，庄子思想就突出，就活跃，魏晋时期就是一例。”宗白华的艺术人生与道家思想的关系可见一斑。

---

① 《闻一多全集》第 2 卷，第 279—280 页。

② 《论〈世说新语〉与晋人的美》原刊于《星期评论》第 10 期，1941 年 1 月出版。后加了一节《晋人的道德观与礼法观》，发表于《时事新报》1941 年 4 月 28 日《学灯》第 126 期上。《宗白华全集》第 2 卷收入的是增订稿。

第三节　朱光潜“人生的艺术化”对道家精神的拓展

朱光潜之前及同时代的其他美学家对“人生艺术化”的论述大多是吉光片羽，在朱光潜这里，“人生艺术化”获得了独立的美学地位，被朱自清称为“孟实先生自己最重要的理论”①。朱自清的这一论断得到了当代美学研究者的广泛认同，如劳承万称“人生艺术化是朱光潜美学思想体系中最重要的、属于他自己的思想”②，王旭晓认为《人生的艺术化》一文是朱光潜“美学思想的出发点与指归目标的阐明”③，李范则说“人生的艺术化”是朱光潜美育思想的核心④等。众多学者之所以大力推举“人生的艺术化”，就在于它是朱光潜“自己”的理论。“人生的艺术化”表面看来仅是一种人生态度，但它却牵系着朱光潜的美学探索，潜含着一种美学精神。这种美学精神自然离不开中西文化的陶养，但最为重要的则是朱先生对中国传统儒、道思想的创造性阐发和审美拓展。

一、“人生的艺术化”的出场

朱光潜与宗白华处在相同的时代，年龄亦相同，同样关注“人生的艺术化”的命题，朱光潜“人生艺术化”思想的提出要比宗白华晚一些。不过，二人倡导“人生艺术化”的初衷却有着相似之处。宗白

① 朱自清：《〈谈美〉序》，见《朱光潜全集》第2卷，第100页。

② 劳承万：《朱光潜美学论纲》，安徽教育出版社1998年版，第142页。

③ 王旭晓：《“人生的艺术化”——朱光潜早期美学理想与他的人格理想》，见叶朗主编：《美学的双峰——朱光潜　宗白华与中国现代美学》。

④ 李范：《朱光潜美育思想的核心——“人生的艺术化”》，见叶朗主编：《美学的双峰——朱光潜　宗白华与中国现代美学》。

华从人生观入手思考“青年烦闷的解救法”，朱光潜稍晚些时候也有一篇《消除烦闷与超脱现实》①。在这篇文章中，朱光潜提出超脱现实的三种方法：一为宗教信仰，二为美术，三为“孩子气”。宗教信仰虽有自欺的性质，但“能把游离不定的感情引到一个安顿的地方”；美术之要在没有实用目的，“在美术中发泄生机，所感的快乐比在现实界还更加纯粹深厚，因为没有实用的目的来滋扰”；孩童天真烂漫，不会瞻前顾后，“人生快乐倘若想完备，一定要保存一点孩子气”。② 这些主张中，美术即是现实的艺术，“孩子气”所保留的天真趣味也不失为一种艺术精神。留学英国期间所写的《给青年的十二封信》③ 也着落在人生之上，《谈摆脱》《谈人生与我》尤有一种“艺术化”的味道。《谈摆脱》说“认定一个目标，便专心致志地向那里走，其余一切都置之度外，这是成功的秘诀，也是免除烦恼的秘诀”④。《谈人生与我》⑤ 谈论两种看待人生的方法，一种是把自己“摆在前台”，一种是把自己“摆在后台”。摆在前台，为生活而生活，生活自身就是目的；摆在后台，则是把人和物一律看待，“件件都很有趣味”。这种“人生艺术化”的倾向在《谈美》⑥ 中得以定型。《谈美》谈的几乎都是艺术，艺术的创造与欣赏和人生不能截然分开，于是《谈美》的最后一章《“慢慢走，

① 朱光潜：《消除烦闷与超脱现实》，原刊《学生杂志》第10卷第5期，1923年4月。见《朱光潜全集》第8卷，安徽教育出版社1993年版，第88—95页。

② 着重号为原文所加。

③ 《给青年的十二封信》曾以“给一个中学生的十二封信”为题，分期发表在1926年11月至1928年3月的《一般》杂志上，1929年3月由开明书店出版。见《朱光潜全集》第1卷之“第一卷说明”。

④ 朱光潜：《谈摆脱》，见《朱光潜全集》第1卷，第50页。

⑤ 朱光潜：《谈人生与我》，见《朱光潜全集》第1卷，第57—61页。

⑥ 《谈美》写于1932年，是继《给青年的十二封信》之后的“第十三封信”。《中学生》杂志曾选刊了其中的部分篇章，同年11月由开明书店出版。见《朱光潜全集》第2卷之“第二卷说明”。

欣赏啊!”——人生的艺术化》[①] 讨论艺术与人生的关系，其副标题便是“人生的艺术化”。在朱光潜看来，人生和艺术本不可二分，“严格地说，离开人生便无所谓艺术，因为艺术是情趣的表现，而情趣的根源就在人生；反之，离开艺术也便无所谓人生，因为凡是创造和欣赏都是艺术的活动，无创造、无欣赏的人生是一个自相矛盾的名词”，“人生本来就是一种较广义的艺术”，“知道生活的人就是艺术家，他的生活就是艺术作品”。没有哪位学者像朱光潜那样在论著中把艺术与人生紧密地结合起来，铺演成独具一格的人生艺术化思想。此后，《谈修养》《谈文学》都有论及人生艺术化思想[②]。《谈文学》中《文学的趣味》继续说道：“一个对文艺有修养的人决不感觉到世界的干枯或人生的苦闷。他自己有表现的能力固然很好，纵然不能，他也有一双慧眼看世界，整个世界的动态便成为他的诗，他的图画，他的戏剧，让他的性情在其中‘怡养’。到了这种境界，人生便经过了艺术化，而身历其境的人，在我想，可以算得一个有‘道’之士。”[③] 虽然朱光潜说自己“谈不上革命”[④]，但一篇篇对青年人的诤言和谆谆教导足以让读者看出艺术化人生之下的家国之情和济世之怀。

二、以出世的精神，做入世的事业

艺术化的人生都需要一种超功利的态度，朱光潜“人生的艺术化”

---

① 朱光潜:《“慢慢走，欣赏啊!”——人生的艺术化》，《朱光潜全集》第 2 卷，第 90—97 页。

② 《谈修养》收文章 22 篇，是作者在 1940 年至 1942 年间陆续写成的，1943 年 5 月由重庆中周出版社出版。《谈文学》收作者在抗战后期写作的论文 19 篇，1946 年 5 月由开明书店出版。见《朱光潜全集》第 4 卷，安徽教育出版社 1988 年版，“第四卷说明”。

③ 朱光潜:《文学与人生》，见《朱光潜全集》第 4 卷，第 163 页。

④ 见朱光潜:《作者自传》，见《朱光潜全集》第 1 卷。

也不例外。朱光潜对西方美学至为熟悉，超功利的态度固然离不开西方美学的影响，道家思想的影响则更为根本。

《谈美》以“人生的艺术化”做结，其实在《开场话》[1] 中已经奠定了基调。朱光潜认为中国当时的社会之所以糟糕，“大半由于人心太坏”，主张“要求人心净化，先要求人心美化”，“人要有出世的精神才可以做入世的事业”。要有一番作为，首先要有“出世的精神”，跳脱出“密密无缝的利害网”。而要跳出利害之网，艺术无疑是一座很好的津梁：“艺术的活动是‘无所为而为’的。我以为无论讲学问或是做事业的人都要抱有一副‘无所为而为’的精神，把自己所做的学问事业当作一件艺术品看待，只求满足理想和情趣，不斤斤于利害得失，才可以有一番真正的成就”。所谓“出世的精神”就是“无所为而为”的精神。“无所为而为”即老子常说的“无为而无不为”，所以“出世的精神”当指道家的精神。然而朱光潜第一次谈到“以出世的精神，做入世的事业”时并没有与道家联系起来，他早年在《悼夏孟刚》（1926 年 5 月）中提到“绝我而不绝世”的态度时说：“持这个态度最显明的要算释迦牟尼，他一身都是‘以出世的精神，做入世的事业’。”[2] 而从他的论说来看，“出世”之说与道家精神更为接近。后来的《生命》一文，朱光潜认为以他对佛家的了解尚无法圆满解答“既证明生命空幻而还要这样护持生命”这一属于佛家的问题，而在庄子“化”的意念中却找到了解决这一问题的钥匙，而且还特别注明“我不敢说它是否符合佛家的意思”[3]。可见，朱光潜对道家思想的理解更为深透。鲁迅也有一段妙论，可作为参证：“故自史迁以来，均谓周（指庄周）之要

① 朱光潜：《开场话》，见《朱光潜全集》第 2 卷，第 5—7 页。

② 朱光潜：《悼夏孟刚》，见《朱光潜全集》第 1 卷，第 76 页。

③ 朱光潜：《生命》，原刊《文学杂志》第 2 卷第 3 期，见《朱光潜全集》第 9 卷，第 277 页。

本，归于老子之言。然老子尚欲言有无，别修短，知白黑，而措意于天下；周则欲并有无修短白黑而一之，以大归于‘混沌’，其‘不谴是非’，‘外死生’，‘无终始’，胥此意也。中国出世之说，至此乃始圆备。”① 出世之思想、出世之精神，在中国传统中，当以道家为版权拥有者。

朱光潜所谓“出世”并不意味着消极逃避，而是一种超越功利、顺应自然的心态。“入世”，一般理解为儒家的积极入世精神，所以朱光潜这句话被普遍认为是儒道结合的人生观的典范。这样理解当然没错，只是道家也不是没有往这方面理解的思想层面，老子“无为而无不为”就是如此。“出世”是前提和基础。如果我们从朱光潜引用的道家语汇中找一个形象的说法，那就是庄子所说的“鱼相与忘于江湖”。初看起来，朱光潜“出世”“人生艺术化”的说法与“鱼相与忘于江湖”了无相涉，细察之下则会发现，“鱼相与忘于江湖”实是“人生的艺术化”的形象写照。

朱光潜十分欣赏陶渊明，他在《陶渊明》一文中说：“渊明打破了现在的界限，也打破了切身利害相关的小天地界限，他的世界中人与物以及人与我的分别都已化除，只是一团和气，普运周流，人我物在一体同仁的状态中各徜徉自得，如庄子所说的‘鱼相与忘于江湖’。”② 渊明的人生实在是一种艺术化的人生，这也是朱光潜的人生理想，这也便是“鱼相与忘于江湖”的境界。《生命》一文也说：“人的最聪明的办法是与自然合拍，如草木在和风丽日中开着花叶，在严霜中枯谢，如流水行云自在运行无碍，如‘鱼相与忘于江湖’。”③ “鱼相与忘于江湖”在朱光潜这里就是摆脱了外在事功的拘囿，与自然万物一样无拘无束、

① 《鲁迅全集》第 9 卷，第 377 页。

② 朱光潜：《陶渊明》，见《诗论》，正中书局 1948 年版，载《朱光潜全集》第 3 卷，第 259 页。

③ 朱光潜：《生命》，见《朱光潜全集》第 9 卷，第 278 页。

自然而然地生活。这也就是“出世”，也就是“无为”。

“鱼相忘于江湖”语出《庄子·大宗师》：“泉涸，鱼相与处于陆，相呴以湿，相濡以沫，不如相忘于江湖。与其誉尧而非桀也，不如两忘而化其道。”“鱼相忘于江湖”的故事并不是要人们互相冷漠、自私，而是强调在尊重各自的天性的基础上自由无碍，逍遥牧放。鱼儿与其濒临绝境，相互帮助以示友爱，不如各自充足，彼此互不相识，而逍遥于江湖之中以尽其天命。“誉尧而非桀”即是是非非，与其任是任非，不如是非双遣而通达道境。成玄英疏得好：“犹大道之世，物各逍遥，鸡犬声闻，不相来往。”① 与其礼尚往来而生偏爱，不如忘怀礼义而各成其自然之命。《庄子》此段郭象注曰：“与其不足而相爱，岂若有余而相忘”，“夫非誉皆生于不足。故至足者，忘善恶，遗死生，与变化为一，旷然无不适矣，又安知尧桀之所在耶。”② 所谓“足”不应简单地理解为外在条件的充足，“足”主要应是“性”之足，如郭象《逍遥游》篇题注曰：“夫小大虽殊，而放于自得之场，则物任其性，事称其能，各当其分，逍遥一也，岂容胜负于其间哉！”③“物任其性，事称其能”即是性“足”也，如是方能“鱼相忘乎江湖，人相忘乎道术”。鱼与人皆任其天性，即可相忘而逍遥。郭像所谓“性”与其所谓“自然”、所谓“独化”皆可相通。李昌舒说“郭象哲学的核心范畴是‘独化’，‘独化’的主体是‘性’”④。现在人为学特别喜欢标明“逻辑起点”，而中国古代的许多概念皆可循环阐释，不像西方的认识论那样有严整的秩序。自然即独化，独化即因循自性的独化，性即自然之性。顺

---

① （清）郭庆藩撰，王孝鱼点校：《庄子集释》，第 242 页。

② 见（清）郭庆藩撰，王孝鱼点校：《庄子集释》，第 242、243 页。

③ 见（清）郭庆藩撰，王孝鱼点校：《庄子集释》，第 1 页。

④ 李昌舒：《自然与自由——论郭象哲学之“性”》，《中国哲学史》2005 年第 3 期。

应自然之性，尊重自己的天性而自由生存、发展，就能成就艺术性的人生。

三、人生艺术化的“道家”境界

朱光潜经常引用道家语言阐明他的“人生艺术化”思想，以至于道家语言、道家思想已成为其“人生艺术化”理论的有机组成部分。朱光潜“人生的艺术化”的美学境界甚至可以用道家思想加以阐释，那便是：“自然”“无我”“化”。

（一）自然

《谈人生与我》讲作者“前台”“后台”的两种看待人生的方法。“站在前台时，我把我自己看得和旁人一样，不但和旁人一样，并且和鸟兽虫鱼诸物也都一样”，“我把自己看作草木虫鱼的侪辈，草木虫鱼在和风甘露中是那样活着。像庄子所说，它们是‘诱然皆生，而不知所以生；同焉皆得，而不知所以得。’它们时而戾天跃渊，欣欣向荣，时而含葩敛翅，晏然蛰处，都顺著自然所赋予的那一副本性”。[①] 这就是道家理想的自然之世。朱光潜此处所引庄子话，出自其《骈拇》篇，成玄英疏曰：“诱然生物，禀气受形，或方或圆，乍曲乍直，亭之毒之，各足于性，悉莫辨其然，皆不知所以生，岂措意于缘虑，情系于得失者乎！”[②] 世间万物皆顺其自然本性而存在，像朱光潜后来所说的“与自然合拍”，也就不会有什么得失之患。“生活自身就是方法，生活自身也就是目的”，“世间少我一个，多我一个，或者我时而幸运，时而受灾祸侵逼，我以为这都无伤天地之和。”这可以说是庄子“安时处顺”的现实运用。

---

① 朱光潜：《谈人生与我》，见《朱光潜全集》第1卷，第57—61页。

② 见（清）郭庆藩撰，王孝鱼点校：《庄子集释》，第322页。

至于“后台”，朱光潜则说：“我站在后台时把人和物也一样看待，……是非善恶对我都毫无意义。”这也就是庄子所说“与其誉尧而非桀也，不如两忘而化其道”，只是冷静旁观，不做是非的分辨。这种看待人生的方法与站在前台没有根本的区别，同样是无为，同样是自然。

（二）无我

朱光潜在一次讲演中说：“我学文学和美学所得的是学会看人，把‘自我’置诸物外，纯粹作为旁观者，这样自己常是小说家、戏剧家去看人，看社会，这种‘无我’的境界使自己摆脱许多无谓的烦恼与纷纭。”① “无我”也是道家的观念，在《庄子》中阐述得较为透彻。“无我”在庄子那里即《逍遥游》篇的“无己”、《齐物论》篇的“丧我”，即去掉“我”的好恶心知之性与是非之心，此一境界也就是“两忘而化其道”的境界。文学或美学带来的“无我”的态度在《谈学文艺的甘苦》中说得更为详细，朱光潜特别重视这一段，在《谈冷静》中又加以引证，我们也不避繁冗，将其抄录于下，以见朱光潜的真意：

> 我应该感谢文艺的地方很多，尤其是它教我学会一种观世法。一般人常以为只有科学的训练才可以养成冷静的客观的头脑。……我也学过科学，但是我的冷静的客观的头脑不是从科学得来的，而是从文艺得来的。凡是不能持冷静的客观的态度的人，毛病都在把“我”看得太大。他们从“我”这一副着色的望远镜里看世界，一切事物于是都失去它们的本来面目。所谓冷静的客观的态度就是丢开这副望远镜，让“我”跳到圈子以外，不当作世界里有“我”而去看世界，还是把“我”与类似“我”的一切东西同样看待。

① 朱光潜：《研究文学的途径》，原刊《大学新闻周报》第3卷第10期，1935年5月7日，见《朱光潜全集》第8卷，第385—386页。

这是文艺的观世法，这也是我所学得的观世法。①

文艺给了朱光潜冷静的态度，这冷静就是“让‘我’跳到圈子以外”，即是“无我”。而说“把‘我’与类似‘我’的一切东西同样看待”也就是《谈人生与我》中站在后台时的态度，又与“诱然皆生而不知所以生，同焉皆得而不知所以得”同调了。朱光潜的冷静得之于文艺而非科学，也就决定了朱式冷静的特殊性。如他说：“冷静并不如庄子所说的‘形如槁木，心如死灰’，但是像他所说的游鱼从容自乐。”② “游鱼从容自乐”虽出自庄、惠濠梁之辩的故事，但依循的仍然是“鱼相与忘于江湖”的意旨。

朱光潜后来所说的看戏的人生理想也可以视为朱式冷静的演绎。《谈人生与我》中说他“平时很喜欢站在后台看人生”，自然也欣赏看戏人的人生理想。老庄俱属“看戏”的一类：“庄子尤其如此。他齐是非，一生死，逍遥于万物之表，大鹏与鲦鱼，姑射仙人与庖丁，物无大小，都触目成象，触心成理，他自己却‘凄然似秋，暖然似春’，哀乐毫无动于衷。他得力于他所说的‘心齐’（即心斋）；‘心齐’的办法是‘若一志，无听之以耳，而听之以心’，它的效验是‘虚室生白，吉祥止止’。他在别处用了一个极好的譬喻说：‘至人之用心若镜，不将不逆，应而不藏’。”③ 庄子原文的后面还有一句话：“故能胜物而不伤”。郭象注曰：“物来乃鉴，鉴不以心，故虽天下之广，而无劳神之累。”④ 以“镜”喻“心”，即谓心纳万物而不以万物为念，故患虑无

① 朱光潜：《谈学文艺的甘苦》，见《朱光潜全集》第3卷，第343—344页。

② 朱光潜：《谈冷静》，见《朱光潜全集》第4卷，第82页。

③ 朱光潜：《看戏与演戏——两种人生理想》，见《朱光潜全集》第9卷，第259页。“暖然似春”，“暖”郭象注本为“煖”，“不将不逆”，《庄子·应帝王》中为“不将不迎”。

④ 见（清）郭庆藩撰，王孝鱼点校：《庄子集释》，第309页。

所萦怀。朱光潜之所以激赏这个譬喻，还是由于他那一直以来的看法——“是非善恶对我都毫无意义”，或许这种看法本就得自于庄子。

（三）化

前述两点有密切联系，但仍大致可分为前台的态度、后台的态度。朱光潜后来又于《生命》一文中拈出庄子“化”的意念，可以说统合了前后台的态度，突破了“我执”，超脱了生死。其引《庄子》“今大冶铸金”① 一段后说：“在这个比喻里，庄子破了‘我执’，也解决了生死问题”，“庄子所谓寐觉，是比喻生死。睡一觉醒过来，本不算一回事，生死何尝不如此？寐与觉为化，生与死也还是化。”也正如庄子所说：“浸假而化予之左臂以为鸡，予因之以求时夜；浸假而化予之右臂以为弹，予因之以求鸮炙……”，朱光潜继而说：“试想宇宙中有几许因素来化成我，我死后在宇宙中又化成几许事物，经过几许变化，发生几许影响，这是何等伟大而悠久，丰富而曲折的一个游历，一个冒险？这真是所谓‘逍遥游’！”其意犹未尽，又接着说：“这种人生态度就是儒家所谓‘赞天地之化育’，郭象所谓‘随变任化’（见《大宗师》篇‘相忘以生’句注），翻成近代语就是‘顺从自然’。”

朱光潜于庄子的“化”已经说得非常明白了，已无需我们再行费词。庄子的“化”追求的也就是突破外物带来的心的拘滞，以成其无待的逍遥。这里面关键的还是一个“顺”字，顺从自然，即自然而然，也就是朱光潜所说的“与自然合拍”，亦即“鱼相与忘于江湖”隐含的意义。朱光潜“人生的艺术化”也可以说是“人生的顺自然化”，人只有保持一种无为的、冷静的、自然的心态，才能生出欣赏的眼光，才能使生活美化、艺术化。

---

① 《庄子·大宗师》：“今大冶铸金，金踊跃曰‘我且必为镆铘’，大冶必以为不祥之金。今一犯人之形，而曰‘人耳人耳’，夫造化者必以为不祥之人。今一以天地为大炉，以造化为大冶，恶乎往而不可哉！成然寐，蘧然觉。”

传统的“儒道互补”，道家处于一种隐性地位，其展现的是一种向下导引的力量。现代的“人生艺术化”，道家思想也是在潜隐地起作用，其超功利思想不再是单纯地疏导精神滞碍，而是审美功利主义的前提和准备，展现出一种向上的、积极的力量，这即是道家思想的现代阐释和现代发挥。“人生艺术化”是一种人生态度，更是一种美学思想，尤其在朱光潜这里，他反复论证“人生的艺术化”得以成立的依据及其价值，使“人生艺术化”呈现出明显的理论形态。

其实，现代的文人学者倡导“人生艺术化”的不独我们上面论述的几位著名美学家，田汉、郭沫若、梁实秋、周作人、林语堂、丰子恺等很多现代作家都提倡过，写作小品的作家也大都有一种“艺术化”的情怀，他们的思想底色中，也多多少少有道家思想的影响。最典型的是郭沫若早期写过一篇文章，题目就是《生活的艺术化》，文中这样解读《庄子》“梓庆削木为鐻”的寓言故事：

> 这一段文字，我以为可以道尽一切艺术的精神，而尤其重要的，便是其中的“不敢怀庆赏爵禄，不敢怀非誉巧拙，辄然忘吾有四肢形体也”这几句话。这便是天才的秘密，便是艺术的生命所在的地方。我们的艺术家，如果能够做到这一步，就是能够置功名、富贵、成败、利害于不顾，以忘我的精神从事创作，他的作品自然会成为伟大的艺术，他的自身自然会成为一位天才。所以我说天才不是天生成的，也不是疯子，他并没有甚么秘密。……德国哲学家萧本华（Schopenhauer）说，天才即纯粹的客观性，……所谓纯粹的客观性，便是把小我忘掉，融合于大宇宙之中，——即是无我。①

① 郭沫若：《郭沫若全集（文学编）》第15卷，第211页。

“置功名、富贵、成败、利害于不顾”，“把小我忘掉”，就是我们前面反复、多次提及的超功利的心态。这种心态不仅是从事艺术创作的不二法门，也是生活美化、人生艺术化的关键。这样，郭沫若就以“超功利”“忘我”“无我”“小我”等现代“人生艺术化”常用概念，对庄子思想进行了现代对接。“人生艺术化”思想的发生与发展，无疑丰富了中国现代美学的内容，也是传统道家思想影响、参与中国现代美学建设的一个重要话题。

第四章

从“个人”到“解构”

“意境”“直觉”“人生艺术化”是中国美学在现代化进程中形成的深具中国传统道家美学思想底蕴同时又兼容西方现代美学观念的重要美学据点。中西文化的交往并不总是表现为相近、融合，也有差异、碰撞，碰撞过程留存下的一些文化思想向文艺、美学的进路构成了中国现代美学的复杂景观。这些文化思想在20世纪前半期以“个人主义”为典型代表，20世纪中期以后则以后现代主义掀起的“解构”风潮最为惹眼。之所以说是碰撞，是因为西方输入的文化思想与中国占统治地位的正统文化思想表现为强烈的不适应。有意思的是，与西方思想不相适应的主要是占传统文化统治地位的儒家思想，而大多数时候处于“非主流”状态、与儒家既互补又对立的道家思想往往能够与西方思想产生共鸣，并成为新思潮的重要传统资源。很多学者早已看到这一点，余英时谈到新文化运动时说：“当时在思想界有影响力的人物，在他们反传统、反礼教之际首先便有意或无意地回到传统中非正统或反正统的源头上去寻找根据。"① 王元化也说："'五四'是反传统的，但不是全盘反传统。'五四'时对庄子、墨子、韩非子以及小传统中的民间文学是肯定的。"② "非正统或反正统"的当然包含道家，也主要是道家。相对于儒家长期的正统地位，道家虽不能说是传统思想的逆子贰臣，但大多时候处于一种"非主流"状态，所谓与儒家的"互补"其实也暗含着一种对立。司马迁《史记·老子申韩列传》说庄子"作《渔父》《盗跖》《胠箧》，以诋訿孔子之徒，以明老子之术"，"善属书离辞，指事类情，用以剽剥儒、墨，虽当世宿学不能自解免也"，所以"自王公大人不能器之"。在儒家思想占正统地位的社会中，道家中的庄子思想由于其与统治阶级不合作的姿态，自然也就不会被器重了。正是由于扮演着"非正统反正统"的角色，所以道家特别是庄子更容易与西方文化思想找到相契点。"个人主义"本身包含的自由平等思想与道家的自然、逍遥、齐物的观念存在着相通之处，其向美学、文艺领域的渗透也成就了别具一格的文艺思想。鲁迅、郭沫若这两位风格迥异的文艺家都接受和发扬了"个人主义"，显示了个人主义思想广泛的影响力。20 世纪中后期兴起的"后现代主义"先是在西方形成热潮，后迅速波及华人学界，20 世纪 80 年代之后逐渐成为中国大陆学者的研究热点。后现代主义的"解构"策略也与庄子从道的立场消解价值世界的二分思维的立场有着类似之处，道家思想与"解构"相比再次展现了道家向新的思想展开延伸的向度。"个人主义"与"解构"在西方文化中几乎了无关涉，"个人主义"甚至还是被"解构"的对象，但在中国的文化场域中，它们都与道家思想发生了关联。个人主义追求自由，解

---

① 余英时：《五四运动与中国传统》，《中国思想传统的现代诠释》，第 346—347 页。

② 王元化：《对"五四"的思考》，见《九十年代反思录》，上海古籍出版社 2000 年版，第 127 页。

构主义反传统、反权威、反经典等也与道家“剽剥儒墨”、追慕自由的路向一致，虽然不是独立的美学据点，但个人主义与解构思潮仍然在文艺、美学方面留下了深深印记。

第一节 “个人主义”与道家思想

“个人主义”是一个复杂的概念，无论是在西方，还是在随着东渐之潮进入中国之后，它都有一种难以厘清的含混。卢克斯较为全面地梳理了西方的个人主义，他认为“个人主义”是一个新兴概念，“‘个人主义’像‘社会主义’和‘共产主义’一样是19世纪的一个术语”①，而且“‘个人主义’一词的用法历来都非常缺乏精确性”（《个人主义》“前言”）。法国、德国、美国、英国等国家的个人主义并不完全相同，这也是其缺乏“精确性”的一种佐证：“法国人所谓‘个人主义’的含义是消极的，标示着个人的孤立和社会的分裂，而德国人的理解则是积极的，意味着个人的自我完成和（最早的浪漫主义者除外）个人与社会的有机统一”（19页），美国的个人主义“最初是唱着对资本主义和自由民主主义的颂歌而出现的”（24页），个人主义在英国则“被广泛应用于表示经济和其他领域中没有或少有国家干预”（36页）。尽管个人主义缺乏精确性，但依据逻辑分析也可以分解出一些基本观念，如“人的尊严”“自主”“隐私”“人的发展”等。这些基本观念不是孤立的，而是彼此联系的，它们与其他观念之间也存在着密切联系，即以西方重要的价值观念“平等”“自由”来说，“人的尊严”“自主”“隐私”“人的发展”等观念就是“平等和自由思想中的基本要素”，具体

---

① ［英］史蒂文·卢克斯：《个人主义》，阎克文译，江苏人民出版社2001年版，第1页。本段以下所引凡未特别标注者，皆据此书，且随文标出页码，不再另作注释。

来说，“人的尊严或对人的尊重这一观念是平等思想的核心，而自主、隐私和自我发展则代表着自由或自主的三个侧面”。(115 页)

由卢克斯的论述可见，西方的“个人主义”的确比较复杂。作为一个术语，“个人主义”的历史并不久远，但就其基本观念来讲，却渊源已久。一般来说，古希腊智者普罗泰戈拉“人是万物的尺度”的命题可以作为“个人主义”较为明确的源头，从这个意义上讲，个人主义涵括了“人文主义”的基本思想，即尊重人、关怀人、以人为本的思想。人文主义是文艺复兴时期反对宗教神权的有力思想武器，近代的自由、平等思想由其衍生而来，19 世纪新兴的“个人主义”也与之内在相关。西方的个人主义于 19 世纪末传入中国，逐渐产生强烈的影响，许多有识之士皆有论述。“个人主义”在西方有多重指涉，其传入中国后又与中国的复杂现实结合起来，内涵也不可能唯一，甚至有人将“个人主义”与“利己主义”等同起来，这是不了解个人主义的文化背景所产生的武断。尽管“个人主义”内涵复杂，但国人接受时也有重点，平等、自由、以人为本的观念即是重点内容。中国儒家思想中也有平等、自由等内容，也讲究以人为本，但作为两千多年的官方思想，儒家更看重修、齐、治、平的整体关怀，更看重社群关系中人伦关系的和谐，更讲究秩序与遵从，有学者更是把儒家思想及其现实应用归结为“主—奴”关系的意识形态。所以儒家对个人主义主张的“个性”与“自主”只能选择性忽视了，有时甚至压制了。于是在倡导个人主义的文化浪潮中，儒家思想成了被批判的对象。道家游离于正统思想之外，其对儒家的批评反而促成了与“个人主义”更多的相似点，在接纳西方个人主义的过程中扮演了一种积极的角色。

就道家思想而言，其与个人主义的相似点集中在平等、自由及对个性的尊重方面，这三方面内容都可以归结到道家自然的观念上。道家以自然为宗，“人法地，地法天，天法道，道法自然”(《老子》第二十五章），“自然”即自然而然，世间万物皆依循本性自然而成，从自然的角度讲，当然也就没有高低贵贱之别了。论述平等观念最为彻底的当属庄子。其《齐物论》申述是非、生死都在均齐之列，世间万物就更不用说了，“凫胫虽短，续之则忧；鹤胫虽长，断之则悲”（《庄子·骈拇》），万物各依其性，以自然之眼观之，并不存在差别。毛嫱丽姬（《庄子·齐物论》）之美，支离疏（《庄子·人间世》）、哀骀它（《庄子·德充符》）之恶（丑），都是天赋的容貌，从自然的角度讲也不存在美丑之分。其实，世间的差别都是人类智慧分类的结果，若以自然的标准进行观照，则无所谓差别，这可以说就是平等，同时也是尊重“个性”的依据。以小草与大树为例，从人类的角度来看，二者差别巨大；而从自然的眼光来看，小草和大树都是自然的一分子，平等地享有阳光雨露。如此，我们便不能以大树的标准要求小草，也不能以小草的标准要求大树，小草和大树各依本性擅其胜，如郭象解《逍遥游》所说：“夫小大虽殊，而放于自得之场，则物任其性，事称其能，各当其分，逍遥一也，岂容胜负于其间哉！”“物任其性，事称其能”即是个性，“自得”便是自由。正是由于道家思想的这些观念，近代学者严复最早把庄子与西方个性主义思想联系起来，他的《〈庄子〉评点》就有以自由、平等的观点来解释《齐物论》，并认为《马蹄》篇的旨意“极似法之卢梭”①。

不过，道家思想与个人主义，却存在这样一个悖论：具有个性主义的思想因素，但却在理论上又以“非个人化”为依归！前面几章所大加阐述的虚静、无己、丧我、心斋、坐忘等庄子标志性概念，无不以“非个人化”为主要特点。冯友兰先生曾指出：“放情肆志之人生观，虽亦可

① 《严复集》，中华书局 1986 年版，第 1121 页。

谓为道家之支流余裔，然道家之老学庄学，固不主张此也。”① 尽管道家也有主张“为我”的杨朱支裔，但老子庄子却更强调对自我中心甚至人类中心的消解。宋人叶适曾把“奸邪者济其欲”作为“世之悦而好之（指《庄子》）者有四焉”② 之一，尽管这一说法里含有一种正统的道德腔调（以封建卫道士的“天理”的眼光来看待“人欲”，那么从欲当然是“奸邪”的了），但却凸显了这样一个矛盾：主张“无知无欲”“堕肢体、黜聪明”“形如槁木、心如死灰”的无欲寡欲主义者，却在历史上具有“济其欲”的影响力！魏晋时期的哲学家、文学家嵇康说：“《六经》以抑引为主，人性以从欲为欢。抑引则违其愿，从欲则得自然。然则自然之得，不由抑引之《六经》；全性之本，不须犯情之礼律。”（《难自然好学论》）正是在反拨儒家压制人性的特定历史语境中，作为与儒家相对立的道家自然人性论，就可能成为“从欲”的强大思想引擎。“退仁义，宾（摈）礼乐”，意在“以情性为主也”（郭象《庄子·天道》注），正是在对仁义礼智等社会秩序和伦理道德规范的否定和批判时，才促成了文学抒写自己性情的思想产生。

正是道家思想存在的这些“悖论”，形成了思想和文本的张力，给后来特别是现代文学家、现代美学学者接受其影响提供了较大的解说、发挥空间。

道家与西方的“个人主义”也有显见的不同：西方的个人主义以“人”作为万物的尺度，道家则是以“自然”作为万物的尺度；西方的自由更加强调个人的“自主”，道家的自由则是返回自身，于精神中求得逍遥。这些不同并没有造成二者的对立，在那个风起云涌的年代，西

① 冯友兰：《中国哲学史》下册，华东师范大学出版社 2000 年版，第 93 页。

② 叶适曾说：“自周之书出，世之悦而好之者有四焉：好文者资其辞，求道者意其妙，汩俗者遗其累，奸邪者济其欲。”（《水心别集》六）郭绍虞先生加上一层：“谈艺者师其神。”见郭绍虞：《中国文学批评史》，上海古籍出版社 1979 年版，第 15 页。

方的个人主义处于显在的位置，道家思想则是在隐性层面，二者互为表里，共同参与了中国美学的现代进程。

第二节　鲁迅"个人主义"文艺观及其对道家的批判与接受

鲁迅与"个人主义"的关系历来是学界关注的焦点。现在来看，虽不能说鲁迅是最早传播"个人主义"的人，但起码可以说他是最早传播"个人主义"的人之一。1907 年写于日本的《文化偏至论》是鲁迅早期集中论述个人主义的文章，鲁迅后来并没有时时提起个人主义，但他的做人与作文都或多或少地延续了早期个人主义的基调。《坟》的"题记"谈到早年的几篇用文言写的文章时说道："这样生涩的东西，倘是别人的，我恐怕不免要劝他'割爱'，但自己却总还想将这存留下来，而且也并不'行年五十而知四十九年非'，愈老就愈进步。"① 这句话分明可以见出鲁迅并不"悔其少作"，也是他有"特操"的一种表现。

"诚若为今立计，所当稽求既往，相度方来，掊物质而张灵明，任个人而排众数。人既发扬踔厉矣，则邦国亦以兴起。"② 这两句话可以视为《文化偏至论》的核心观点，也是理解鲁迅"个人主义"的关键。从这两句话可以看出，鲁迅的"个人主义"重视个性与精神的发扬，其目的在于兴起邦国。也就是说，鲁迅接纳与传播个人主义不是为了实

① 鲁迅：《坟·题记》，见《鲁迅全集》第 1 卷，人民文学出版社 2005 年版，第 3 页。文中"行年五十而知四十九年非"加了引号，系引用庄子而来。《庄子·寓言》篇："孔子行年六十而六十化，始时所是，卒而非之。未知今之所谓是之非五十九非也。"先生记忆小有出入。

② 鲁迅：《文化偏至论》，见《鲁迅全集》第 1 卷，第 47 页。

现一己的某种意图，而是致力于国家民族的发展，这与他对国民性的关注是一致的。许寿裳曾经回忆说："鲁迅在弘文学院的时候，常常和我讨论下列三个相关的大问题：（1）怎样才是最理想的人性？（2）中国国民性中最缺乏的是什么？（3）牠的病根何在？他对这三大问题的研究，毕生孜孜不懈，后来所以毅然决然放弃学医而从事于文艺运动，其目标之一，就是想解决这些问题。"① "毕生孜孜不懈"符合实际情况，这即是鲁迅的"特操"。因为关注国民性的问题，他对个性主义有较为清醒的认识，也有自己的选择。他在《文化偏至论》中说："个人一语，入中国未三四年，号称识时之士，多引以为大诟，苟被其谥，与民贼同。"这种诟病"个人"的理解是将西方的个人主义与中国传统的利己主义相比附，自然无法探其奥义。鲁迅接着梳理西方的个人主义，论及法国大革命之后平等、自由与个人主义的关联。平等固然是一种美好的理想，但亦有弊端："凡个人者，即社会之一分子，夷隆实陷，是为指归，使天下人人归于一致，社会之内，荡无高卑……流弊所至，将使文化之纯粹者，精神益趋于固陋，颓波日逝，纤屑靡存焉。"在鲁迅看来，平等或一致可能抹杀个性，形成"众数"，这正是他极力反对的。于是鲁迅大力称扬新神思宗，主张极端个人主义的斯契纳尔（施蒂纳，M.Stirner）、高倡意志论的勖宾霍尔（叔本华，A.Schopenhauer）、宣扬超人哲学的尼佉（尼采，Fr.Nietzsche）等都在他的称颂之列，其目的即在于张扬人的精神，以唤醒庸众。《文化偏至论》末尾写道："是故生存两间，角逐列国是务，其首在立人，人立而后凡事举；若其道术，乃必尊个性而张精神。""尊个性而张精神"即是鲁迅个人主义的高度概括。深受幻灯片事件刺激的鲁迅曾感叹："凡是愚弱的国民，即使体格如何健全，如何茁壮，也只能做毫无意义的示众的材

① 许寿裳：《亡友鲁迅印象记》，（上海）峨嵋出版社 1947 年版，第 23 页。

料和看客……”① 鲁迅深慨于中国庸众的愚弱，立意改变国人的精神，挽国运之将颓，“尊个性而张精神”便有这样一种宏大的关怀。于是，《摩罗诗力说》高扬裴伦（拜伦）等异域诗人的“雄桀伟美”之声，大赞其“刚健不挠，抱诚守真；不取媚于群，以随顺旧俗；发为雄声，以起其国人之新生，而大其国于天下”的品行，最后发出“今索诸中国，为精神界之战士者安在”② 的浩叹！《破恶声论》又说道：“今之所贵所望，在有不和众嚣，独具我见之士……庶几烛幽暗以天光，发国人之内曜，人各有己，不随风波，而中国亦以立。”③ 鲁迅不断称颂、热切期盼的“独具我见之士”绝不是斤斤于自身利益的独夫，而是能够起“国人之新生”，“大其国于天下”的精神界战士。只有超人般的“精神战士”才能唤醒国民本有的个性精神——“内曜”，从而立中华民族于世界民族之林。鲁迅称扬个人主义不只是喊口号，也将之奉为圭臬，终其一生，鲁迅对“群”都保持着一定程度的警惕，对个人主义的践行构成了他深刻的生命体验。

鲁迅对精神界战士的呼唤与道家思想有所不同，道家推崇无为素朴，而发出“雄桀伟美”之声的摩罗诗人却与之相反。故鲁迅对道家思想多有批判：“老子书五千语，要在不撄人心；以不撄人心故，则必先自致槁木之心，立无为之治；以无为之为化社会，而世即于太平。其术善也。然奈何星气既凝，人类既出而后，无时无物，不禀杀机，进化或可停，而生物不能返本。使拂逆其前征，势即入于苓落，世界之内，实例至多，一览古国，悉其信证。若诚能渐致人间，使归于禽虫卉木原生物，复由渐即于无情，则宇宙自大，有情已去，一切虚无，宁非至

---

① 鲁迅：《呐喊·自序》，见《鲁迅全集》第 1 卷，第 439 页。

② 鲁迅：《摩罗诗力说》，见《鲁迅全集》第 1 卷，第 101—102 页。

③ 鲁迅：《破恶声论》，见《鲁迅全集》第 8 卷，人民文学出版社 2005 年版，第 27 页。

净。而不幸进化如飞矢，非堕落不止，非着物不止，祈逆飞而归弦，为理势所无有。此人世所以可悲，而摩罗宗之为至伟也。”① 在鲁迅看来，道家“不撄人心”的思想在进化的世界潮流中难有立足之地。虽然如此，道家思想两千多年的传播的确给中国社会带来了深刻影响，而这种影响所形成的文化惰性阻碍了摩罗诗人的诞生。从这个角度看来，鲁迅对老子思想是比较抵触的。不仅如此，他对庄子思想也颇有微词：“就是思想上，也何尝不中些庄周韩非的毒，时而很随便，时而很峻急。”②

鲁迅对道家思想的否定论断并不意味着他全面拒绝道家思想，鲁迅对于道家思想实际上是批判继承的。正如我们前面讲到，个人主义与道家思想存在矛盾、吊诡现象，其在中国的影响也是双重的。闻一多先生曾深刻地指出了“道家不愿做奴隶”，但“最终还是沦为奴隶”这一深刻的矛盾现象。把人格从社会习俗和社会道德规范的束缚中彻底解放出来而逍遥任性、遗世独立，这就是对中国文人产生了深远影响的“庄子精神”。这是“不愿做奴隶”的一面；但是，道家最终又以取消人的主观努力而顺应自然，实际上是把发现了的人的自由和价值又融化到了社会异己力量以外的另一种异己力量——壮观的宇宙自然——之中去了，使其思想感情具有极为浓厚的悲观、宿命、虚无的色彩。这就导致了某种程度的主观精神的自我欺骗，甚至类似阿 Q 的精神胜利。因此道家“最终还是沦为奴隶”。

鲁迅对道家思想的接受，就处在这样一种纠结着不满、同情、接纳的复杂心态，对其“最终还是沦为奴隶”的层面，鲁迅对道家提出了无情的批判；而对“不愿做奴隶”的自由精神，则有潜在的吸

① 鲁迅：《摩罗诗力说》，见《鲁迅全集》第 1 卷，第 69—70 页。
② 鲁迅：《写在〈坟〉后面》，见《鲁迅全集》第 1 卷，第 301 页。

纳。正如我们前引余英时所论："在他们反传统、反礼教之际，首先便有意或无意地回到传统中非正统或反正统的源头上去寻找根据。"在"非正统或反正统"的道家身上，就在"反传统、反礼教"、主张个性解放这一层面上与现代新思潮有效地接通了！有关鲁迅的个人主义与道家思想的联系，巴人早有论述："我们从鲁迅先生的思想发展过程中来考察，在初期——即在辛亥革命前后——鲁迅先生是个个性解放的倡导者；而鲁迅先生的主张个性解放，是承受尼采的部分的哲学思想的。这思想又和他那感受于中国农村社会里潜存着的庄老的哲学，并在他旧学传统中对于庄老哲学的濡染因而养成的那爱自由的精神，相融合的。"① 鲁迅推崇的自由是"人各有己"的自由，这与道家齐物思想有着相通之处。道家的"齐物"不是追求绝对的平均，而是在尊重自然的基础上谋求个性的"自得"，万物皆可依照自己的本性自由发展，这即是"个性"，也是"平等"。鲁迅反对"夷隆实陷"的平均，倡导"夷峻而不湮卑"②，既是发扬个性，也是呼唤平等。尽管鲁迅称颂的摩罗诗人"刚健不挠"的精神与道家"不撄人心"的思想迥然异趣，但在重视个性、追求自由等方面却存在着相同的基础。

鲁迅不满老子的"不撄人心"，疾视庄子之"毒"，但他对个人主义的坚守却潜隐着一种道家气质。鲁迅曾力赞庄子的文辞，他说庄子"著书十余万言，大抵寓言，人物土地，皆空言无事实，而其文则汪洋辟阖，仪态万方，晚周诸子之作，莫能先也"③。不仅如此，鲁迅的著作中常常使用庄子的语言，早期的几篇文言论文尤其明显。仅以《文化偏至论》为例，就有"傲睨""请徇其本""缘督""黮暗""狂酲"

① 巴人：《论鲁迅的杂文》，（上海）远东书店 1940 年版，第 146 页。

② 鲁迅：《文化偏至论》，见《鲁迅全集》第 1 卷，第 52 页。

③ 鲁迅：《汉文学史纲要》，见《鲁迅全集》第 9 卷，第 375 页。

“吊诡”“成然以觉”① 等，鲁迅在使用这些词时显然不是刻意为之，但足可看出他对《庄子》文本的熟稔。喜欢庄子的文辞不可能完全不受其思想影响，中些“毒”在所难免，将道家思想与现代观念进行跨时空的连接也在情理之中。最为有趣的是，鲁迅以个性主义观点对庄子文章进行了别有会心的解读，发现了其“辨多而情激”的特点：就以庄子的忘是非而论，鲁迅指出：“就是庄生自己，不也在《天下篇》里，历举了别人的缺失，以他的‘无是非’轻了一切‘有所是非’的言行吗？要不然，一部《庄子》只要‘今天天气哈哈哈……’七个字就写完了。”因此，在鲁迅看来，庄子所谓的忘是非，只不过“空存其理而已”②，只不过是一种表象。

就具体的文艺观念而言，庄子的“无用之用”及“心”的观念都在鲁迅的美学思想中有所表现，并与其个人主义思想相结合，构成了道家思想在现代文艺美学中的延续。

就在力赞“精神界战士”的《摩罗诗力说》中，鲁迅指出了纯文学“不用之用”的性质：“由纯文学上言之，则以一切美术之本质，皆在观听之人，为之兴感怡悦。文章为美术之一，质当亦然，与个人暨邦国之存，无所系属，实利离尽，究理弗存。……然吾人乐于观诵，如游巨浸，前临渺茫，浮游波际，游泳既已，神质悉移……故文章之于人生，其为用决不次于衣食，宫室，道德。盖缘人在两间，必有时自觉以勤劬，有时丧我而惝恍，时必致力于善生，时必忘其善生之事而入于醇

① “傲睨”见《庄子·天下》“独与天地精神往来而不傲倪于万物，不谴是非，以与世俗处”，“傲睨”即“敖倪”；“请徇其本”为《庄子·秋水》庄惠“濠梁之辩”中庄子的用语；“缘督”见《庄子·养生主》“缘督以为经，可以保身，可以全生，可以养亲，可以尽年”；“黮暗”见《庄子·齐物论》“我与若不能相知也，则人固受其黮闇”，“黮暗”即“黮闇”；“吊诡”见《庄子·齐物论》“是其言也，其名为吊诡”；“成然以觉”化用《庄子·大宗师》“成然寐，蘧然觉”。

② 鲁迅：《“文人相轻”》，《鲁迅全集》第6卷，第309页。

乐，时或活动于现实之区，时或神驰于理想之域；苟致力于其偏，是谓之不具足。严冬永留，春气不至，生其躯壳，死其精魂，其人虽生，而人生之道失。文章不用之用，其在斯乎？……涵养人之神思，即文章之职与用也。”① 鲁迅一方面颂扬摩罗诗人的“伟美之声”，另一方面又推崇纯文学“实利离尽，究理弗存”的特质，显然有矛盾之处，而庄子“无用之用”的观念化解了这种矛盾。“无用之用”的观念在《庄子》中多次出现，明确的说法则见于《庄子·人间世》：“山木自寇也，膏火自煎也。桂可食，故伐之；漆可用，故割之。人皆知有用之用，而莫知无用之用也。”山木、膏火因为“用”而招致祸患，无用之物恰由于“无用”而成其天命，人们大多注目于“有用之用”，而对于“无用”之后的“大用”往往视而不见。文章“涵养人之神思”正是“实利离尽”之后的大用，庄子的观念提供了一种文化参照。不能忽视的是，庄子的“无用之用”大多指向自然、逍遥的终极旨归，属于“不撄人心”的文化脉络，而鲁迅所说的“不用之用”恰是要“撄人心”，“发国人之内曜”，二者的“用”并不相同。所以，木山英雄说鲁迅“是遵循庄子式的‘无用之用’的逻辑”。② 思维逻辑上的影响显然超过了单纯语言上的袭用，而“无用之用”对鲁迅的影响还不止于逻辑。“用”的前提“无用”或“不用”都要弃绝功利，摆脱斤斤于利益的心态，因此，纯文学的“不用之用”与庄子的“无用之用”有着共通的“无用”的思想基础。

如果说“无用之用”偏重于逻辑上的借用的话，那么“心”的文艺观则显示了一种思想上的承续。鲁迅有关“心”的说法有很多，如“白心”“童心”“赤子之心”“诚心”“本心”“真心”等。这些说法

① 鲁迅：《摩罗诗力说》，《鲁迅全集》第 1 卷，第 73—74 页。

② 赵京华编译：《文学复古与文学革命——木山英雄中国现代文学思想论集》，北京大学出版社 2004 年版，第 224 页。

有的来自道家，如“白心”；有的则来源比较复杂，如“赤子之心”。尽管来源不同，但在连接文艺的主要观念上却有着相通之处，那就是重视纯文学超乎狭隘功利的“不用之用”的特质。这一系列有关“心”的说法，“白心”出现最早：

> 故病中国今日之扰攘者，则患志士英雄之多而患人之少。志士英雄，非不祥也，顾蒙帼面而不能白心，则神气污浊，每感人而令之病。奥古斯丁也，托尔斯泰也，约翰卢骚也，伟哉其自忏之书，心声之洋溢者也。若其本无有物，徒附丽是宗，辄岸然曰善国善天下，则吾愿先闻其白心。使其羞白心于人前，则不若伏藏其论议，荡涤秽恶，俾众清明，容性解之竺生，以起人之内曜。①

“白心”一说可推源于《庄子》。《庄子·天地》有“机心存于胸中，则纯白不备”，鲁迅后文就有“朴素之民，厥心纯白”之语，可见鲁迅的“白心”即为“纯白之心”。成玄英释“纯白”为“纯粹素白”②，难以让人想见其与心灵的关系，而考究其他相关文句，则能进一步理解“纯白”的意义。《庄子·人间世》有“瞻彼阕者，虚室生白”，郭象注曰“视有若无，虚室者也。虚室而纯白独生也”，“白”即“纯白”，崔譔曰“白者，日光所照也”，虚室因日光所照而澄澈。③“虚室生白”紧承“心斋”而来，“虚室”因而有“心斋”之“虚”的比喻性意义，故“纯白之心”亦可理解为“澄明之心”。钱理群借鲁迅自己的话对“白心”做过解释：“所谓‘白心’，就是‘诚于中而有言’，就是‘声发自心’，这是对文学表达的基本要求：一要真诚，即‘抱诚守真’，

① 鲁迅：《破恶声论》，见《鲁迅全集》第 8 卷，第 29 页。

② 见（清）郭庆藩撰，王孝鱼点校：《庄子集释》，第 434 页。

③ 见（清）郭庆藩撰，王孝鱼点校：《庄子集释》，第 151 页。

发出‘真之心声’、‘至诚之声’；二要直白；三要发自内心。”① 钱理群没有推究“白心”的渊源，但从这种解释来看，如果称为道家“澄明之心”的发挥并不为过。钱理群还认为，早期对文学的思考对于终生作为文学家存在的鲁迅来说具有起点和原点的意义。所以鲁迅后来论文学所说的“童心”“赤子之心”“真心”等都与“白心”一脉相承。“赤子之心”一语虽来自《孟子》，但从“赤子之心”与文艺的关联来看，它没有导向道德境界，而是导向了艺术境界，与道家思想的关系更为密切。② 而且，老庄书中多称道“婴儿”“孩”“赤子”“儿子”“婴儿之未孩”，主张“复归于婴”，影响所及，明人李贽更是提出了著名的“童心说”。鲁迅论文艺所说的“童心”“赤子之心”，可能更多地远承道家影响、直承李贽之“童心说”，并加以现代思考而成。鲁迅一以贯之的“心”的文艺观不是另外一条独立的理论线索，这种文艺观与他宣扬的个人主义及文学“不用之用”的观念都是相互涵容的。个人主义的倡导需要“精神界战士”发出“伟美之声”，而“伟美之声”必然是纯粹的心灵发出的呐喊。

第三节　郭沫若“个人主义”文艺思想的道家印记

鲁迅接纳“个人主义”有过审慎的思考，早期的《文化偏至论》等几篇理论文章能够看出他的思考过程。郭沫若没有经历这样一个理性的思考过程，而是经由文学创作直接拥抱“个人主义”，他五四之后的

---

① 钱理群：《与鲁迅相遇》，生活·读书·新知三联书店 2003 年版，第 74 页。

② 钱穆曾论孟、庄两家之修养论：“故循孟子之修养论，而循至于极，可以使人达至于一无上之道德境界。循庄子之修养论，循至于极，可以使人达至于一无上之艺术境界。”可为一证。见钱穆：《庄老通辨》，第 287 页。

诗作如《凤凰涅槃》《匪徒颂》等都表现出强烈的“个人主义”倾向。郭沫若的“个人主义”一方面有西方“个人主义”思想及时代思潮的影响，另一方面则与他浪漫的性格有关。郭沫若缺乏理论深度的个人主义思想没过几年便遭到了他自己的否定，在给成仿吾的一封信中他写道：“我把我从前深带个人主义色彩的想念全盘改变了。”① 此时他已接受了马克思主义思想，自称已成为“彻底的马克思主义的信徒了”。主观上可以抛弃“个人主义”，而骨子里的浪漫却无法断然弃绝。此后的创作与言论虽然不如早期那样自由豪放，但毫无疑问也带有郭沫若鲜明的个性印记。与鲁迅一样，郭沫若的“个人主义”与道家也有深厚的渊源，而与鲁迅“阴”承道家不同的是，郭沫若是“明”继道家。他从不掩饰对道家尤其是对庄子的喜爱，他曾说过少年时就爱读《庄子》，行文中也常引用《庄子》中的话，如给宗白华的信中曾说：“孔仲尼见温伯雪子，见之而不言，曰‘目击而道存，不可以容声’。”② 再如上章末尾所引郭沫若《生活的艺术化》一文，就对《庄子》书中“梓庆削木为鐻”的寓言故事进行了精彩的、富有现代意义的解读。郭沫若对庄子在中国文学史上的影响，予以最高度的肯定，认为“秦汉以来的一部中国文学史差不多大半是在他（指庄子——引者注）的影响之下发展”。③ 郭沫若推崇的泛神论及自然流露的诗学观中能够见出个人主义与道家思想的跨时空互通。

郭沫若接纳“个人主义”缺乏一个自觉的过程。学界热衷于讨论

---

① 郭沫若：《孤鸿——致成仿吾的一封信》，见《郭沫若全集（文学编）》第16卷，人民文学出版社1989年版，第9页。首次发表于1926年上海《创造月刊》第一卷第二期，正题《孤鸿》，副题《给芳坞的一封信》。

② 《三叶集》，见《郭沫若全集（文学编）》第16卷，第111页。“目击而道存，不可以容声”，语见《庄子·田子方》。

③ 郭沫若：《庄子与鲁迅》，见《郭沫若全集（文学编）》第19卷，人民文学出版社1992年版，第64页。

郭沫若与“个人主义”的关系，郭沫若自己也坦承接受过“个人主义”，但他究竟何时开始接受“个人主义”以及接受了什么样的“个人主义”则没有一个明朗的答案。有论者指出，郭沫若的个人主义思想“主要表现在反抗包办婚姻、反抗礼教社会这一点上”①。这种观点是有道理的，郭沫若拒绝父母的婚姻安排，对日本女子安娜一见钟情并进而同居，这一系列行为能看出他的反抗精神。由于传统文化势力的强大，郭沫若的反抗首先遭到了内化为自身价值观的封建礼教思想的阻挠，以至于他在给田汉、宗白华的信中将自己与安娜的自由恋爱称为“罪恶”。郭沫若的反抗在“罪恶”的心态中饱受压抑，他向宗白华和田汉告白也是在为这种“罪恶”寻找一种存在的依据。而稍在此前，郭沫若接触到了泰戈尔、歌德、海涅、席勒、惠特曼等作家的作品，这些作品的浪漫情怀以及强烈的个人主义色彩都对郭沫若产生了深刻的影响。郭沫若后来在《序我的诗》中说道：“当我接近惠特曼的《草叶集》的时候，正是‘五四’运动发动的那一年，个人的郁积，民族的郁积，在这时找出了喷火口，也找出了喷火的方式，我在那时差不多是狂了。”② “个人的郁积”显然是来自封建礼教的压抑。可见，郭沫若接受“个人主义”并不自觉，他本身就有反抗的精神、热情的种子，经由歌德、惠特曼等具有鲜明个人主义色彩的作品的催发，蓬勃而出的诗情就成了个人主义的绝好表达。有论者将郭沫若的个人主义称为“欧陆版的个人主义”，说“个人主义在欧陆版本中，在情感领域内扩展，追求个性解放，追求自我扩张，具有‘积极自由’的特征”③，我们只

① 陈小明：《反抗社会、热爱国家——郭沫若五四思想中的个人主义与人格主义成分》，见中国郭沫若研究会编：《郭沫若与东西方文化》，当代中国出版社 1998 年版，第 295 页。

② 郭沫若：《序我的诗》，见《郭沫若全集（文学编）》第 19 卷，第 408 页。

③ 刘卫国、陈淑梅：《论郭沫若个人主义思想的知识谱系和历史意义——兼论郭沫若思想转折的原因》，《郭沫若学刊》2007 年第 4 期。

能说郭沫若的个人主义符合这种特征，而不能说他的个人主义“是”欧陆版的个人主义，因为郭沫若狂飙突进的诗情与他内在的反抗要求及热情奔放的性格有更为直接的关系。直到《三叶集》出版的时候，郭沫若对个人主义还缺乏理性的认识，他在《三叶集》中对“个人主义”只字未提，频繁提及“个人主义”是在接触了社会主义思想、将个人与集体作了比较之后，此时对以前自己的个人主义表现才有了一种理性的反顾。也正是因为有了这种理性的反顾，郭沫若决定抛弃个人主义，这给他“善变”的人格又增加了一条证据。其实，郭沫若的“变”不是处心积虑的投机，而是诚挚的追求，是富于热情的青春人格本有的一种表现，这种青春人格也决定了他不可能完全抛弃基于个性特征而呈现的个人主义。当然，如果没有西方个人主义思想的输入，没有汹涌的时代文化潮流，郭沫若即使有反抗精神和不羁的性格，也不一定有大放异彩的个性表现。所以，郭沫若的个性主义思想仍是中西合璧的结果，在与个人主义相关联的泛神论及自然流露的诗学思想中尤能看出这一点。

“泛神论”是郭沫若早期文艺思想中的关键词。郭沫若自述其在日本读书的时候接触了泛神论思想：“因为喜欢泰戈尔，又因为喜欢歌德，便和哲学上的泛神论（Pantheism）的思想接近了。——或者可以说我本来是有些泛神论的倾向，所以才特别喜欢有那些倾向的诗人的……由歌德又认识了斯宾诺莎（Spinoza）……”① 在郭沫若看来，“泛神便是无神。一切的自然只是神的表现，自我也只是神底表现。我即是神，一切自然都是自我的表现”②。郭沫若所说的泛神论与西方的泛神论不完全相同，甚至有很大的差别，这几乎已成为学界的共识。他所说的泛神论其实与“神”没有多少关系，反而跟自我有莫大的关系，

① 郭沫若：《创造十年》，见《郭沫若全集（文学编）》第12卷，第66—67页。

② 郭沫若：《〈少年维特之烦恼〉序引》，见《郭沫若全集（文学编）》第15卷，第311页。

因而在郭沫若这里，“泛神论”可以说是自我表现论，也可以说是一种个人主义的泛神论。接触到泛神论，便又重新发现了庄子，郭沫若不止一次地谈及这个话题：“和国外的泛神论思想一接近，便又把少年时所喜欢的《庄子》再发现了。我在中学的时候便喜欢读《庄子》，但只喜欢文章的汪洋恣肆，那里面所包含的思想，是很茫昧的。待到一和国外的思想参证起来，便真是到了‘一旦豁然而贯通’的程度，”① “我在思想上是倾向着泛神论的，在少年时所爱读的《庄子》里面发现出了洞辟一切的光辉。”② 他甚至将庄子与斯宾诺莎、加皮尔一起称为“三个泛神论者”③。但是，郭沫若将泛神论比附于道家思想并不恰当，“道”的遍在与“神”的泛在虽然在形式上有相似之处，但二者的精神却相去甚远。庄子的“道”与斯宾诺莎的“神”并不一样，庄子的“道”“有情有信，无为无形”（《庄子·大宗师》），如老子所说“惚兮恍兮”“恍兮惚兮”“窈兮冥兮”（《老子》第二十一章），难以确切把握；斯宾诺莎的“神”是“绝对无限的存在”，是“具有无限‘多’属性的实体”，④ 甚至可以通过证明得知其存在。郭沫若之所以将二者联系起来，是因为庄子思想与泛神论一样，为郭沫若张扬自我提供了理论依据。可以这样说，泛神论和庄子思想都在为郭沫若的个人主义做注脚。郭沫若认为“道家特别尊重个性，强调个人的自由到了狂放的地步”，他所发现的“洞辟一切的光辉”就是庄子对自我的张扬：

向这种“道”学习，和这浑沌的东西合而为一体，在他（按

---

① 郭沫若：《创造十年》，《郭沫若全集（文学编）》第 12 卷，第 67 页。

② 郭沫若：《我的作诗的经过》，《郭沫若全集（文学编）》第 16 卷，人民文学出版社 1989 年版，第 212—213 页（该文最初发表于 1936 年 11 月上海《质文》月刊第 2 卷第 2 期）。

③ 郭沫若：《三个泛神论者》，《郭沫若全集（文学编）》第 1 卷，人民文学出版社 1987 年版，第 73 页（最初发表于 1920 年 1 月 5 日上海《时事新报·学灯》）。

④ ［荷兰］斯宾诺莎：《伦理学》，贺麟译，商务印书馆 1983 年版，第 3 页。

指庄子）看来，人生就生出意义来了。人生的苦恼、烦杂、无聊，乃至生死的境地，都可得到解脱。把一切差别相都打破，和宇宙万物成为一通，说我是牛也就是牛，说我是马也就是马，说我是神明也就是神明，说我是屎尿也就是屎尿。道就是我，因而也就什么都是我。道是无穷无际、不生不灭的，因而我也就是无穷无际、不生不灭的。未生之前已有我，既死之后也有我。你说我死了吗？我并没有死。火也烧不死我，水也淹不死我。我化成灰，我还是在。我化成为飞虫的腿，老鼠的肝脏，我还是在。这样的我是多么的自由呀，多么的长寿呀，多么的伟大呀。……一切差别相都是我的相，一切差别相都撤弃，…一切都混而为一。一切都是“道”，一切都是我。这就叫作：“天地与我并生，而万物与我为一。”①

这段话是对《庄子·大宗师》“夫道，有情有信，无为无形。……在太极之上而不为高，在六极之下而不为深，先天地生而不为久，长于上古而不为老”一段的解释，间杂了《庄子》书中其他内容。从这段话中我们可以觉察到郭沫若掺入其中的强烈的感情色彩，具有明显的“庄子注郭”的特征。郭沫若一句“向这种‘道’学习”，把“道”置换成了“我”，庄子对“道”的推崇在郭沫若这里就成了自我的扩张。为了强调自我的作用，郭沫若甚至对道家“无我”的思想做了转变，用以说明泛神论：“人到无我的时候，与神合体，超绝时空，而等齐生死。……忘我之方，歌德不求之于静，而求之于动。以狮子搏兔之力，以全身全灵以谋刹那之充实，自我之扩张，以全部精神以倾倒于一切!”② 庄子的“无我”是去除智识、“心如死灰”的静，郭沫若的

① 郭沫若：《庄子的批判》（该文写于 1944 年 9 月 26 日），见《郭沫若全集（历史编）》第 2 卷，人民出版社 1982 年版，第 199 页。

② 郭沫若：《〈少年维特之烦恼〉序引》，见《郭沫若全集（文学编）》第 15 卷，第 311—312 页。

“无我”却是要“与神合体”，在“动”中求“刹那之充实”。由此可以看出，郭沫若糅合了泛神论和道家思想的个人主义，是一种独特的个人主义，泛神论与庄子思想都是为我所用，以更好地表现自我。不管怎样，我们应该看到，郭沫若“诸家注郭”的研究方式拓展了道家思想的诠解空间，泛神论、个人主义增加了道家思想的现代识度，道家思想以一种不期然的方式进入了现代艺术哲学的苑囿。

郭沫若对个人主义、泛神论与道家思想的融会有些牵强，但他“自然流露”的诗学观却在个人主义与道家思想之间架起了一道较为坚实的桥梁。郭沫若早年在给宗白华的信中说：“我自己对于诗的直感，总觉得以‘自然流露’的为上乘，若是出于‘矫揉造作’，只不过是些园艺盆栽，只好供诸富贵人赏玩了。”① 自然流露是“情绪”“情感”的自然流露，也是在这封信中，郭沫若几次谈到诗与情绪的关系：“诗的本职专在抒情”，“情绪的律吕，情绪的色彩便是诗。诗的文字便是情绪自身的表现（不是用人力去表现情绪的）”，“诗的原始细胞只是些单纯的直觉，浑然的情绪”。② 这些话可以说是郭沫若诗歌创作实践的理论概括。他本来就是一个“尊重个性，景仰自由的人”③，这种内在的追求遇到恰当的时机便表现为喷薄而出的热情、天马行空的想象，他的《凤凰涅槃》等诗歌都是纯任情绪的自然流露。我们前面说过，郭沫若通过文学创作直接拥抱“个人主义”，而“自然流露”的诗学观念是个人主义文学的理性沉淀，也可以称为“个人主义诗学”。郭沫若的“个人主义”兼容中西，“自然流露”的诗学观也有中西维度。在诗歌

---

① 《三叶集》，见《郭沫若全集（文学编）》第 15 卷，第 47 页。

② 《三叶集》，见《郭沫若全集（文学编）》第 15 卷，第 47—49 页。

③ 郭沫若：《〈文艺论集〉序》（最初发表于 1925 年 12 月 16 日上海《洪水》半月刊第 1 卷第 7 号，是为《文艺论集》初版写的序言），见《郭沫若全集（文学编）》第 15 卷，第 146 页。

创作方面，歌德、惠特曼等西方作家都给了郭沫若直接的参照，若追溯理论来源，则可以在英国浪漫派诗人华兹华斯那里找到呼应："一切好诗都是强烈情感的自然流露。"① 而从郭沫若自己的述说来看，"自然流露"说与道家自然观念的关联更为密切。就在前引"自然流露"的表述之后，郭沫若接着说："天然界的现象，大而如寥无人迹的森林，细而如路旁道畔的花草，动而如巨海宏涛，寂而如山泉清露，怒而如雷电交加，喜而如星月皎洁，莫一件不是自然流露出来的东西，莫一件不是公诸平民而听其自取的。"这段话的意念与郭象注庄的那句"万物万化，亦与之万化"② 极为类似，天然界现象的自然流露即"万物万化"，平民的"听其自取"则是"与之万化"。自然是道家的核心观念，但在道家思想体系中，"自然"一念也有分别，大致可分为"天籁"式自然与"人籁"式自然。"天籁"式自然如《齐物论》中的"吹万不同，而使其自己也是，咸其自取，怒者其谁邪"，天机自张，无假他求，自然而然；"人籁"式自然则如庖丁解牛、梓庆为鐻等需要人为的修养功夫来凑泊自然的妙境。两类自然之间还有一个中间地带，那就是真情之自然："真者，精诚之至也。……真在内者，神动于外，是所以贵真也。"（《庄子·渔父》）情感由内而外，自然发抒，毫无假饰，这是人之为"人"而又特别"自然"的地方。从郭沫若有关"自然流露"说的论述来看，他借取的是"天籁"式自然，直承的是真情之自然。虽然自然流露说对中西理论资源都有鉴取，但从少年时期便喜爱庄子的事实来看，郭沫若所受道家自然观的影响显然更为深刻一些。需要说明的是，郭沫若的美学观也继承了"人籁"式自然的观念，只不过没有表现在自然流露说中，而是表现在后来对"没功利心"的艺术精

① 伍蠡甫、胡经之主编：《西方文艺理论名著选编》（中），北京大学出版社 1986 年版，第 43 页。

② 见（清）郭庆藩撰，王孝鱼点校：《庄子集释》，第 246 页。

神的宣扬之中。

本章伊始我们曾说，由于西方个人主义与道家思想的几分近似，道家思想成为国人接受个人主义的潜在文化基础。但在郭沫若这里，我们要做一下辩说，因为郭沫若推崇道家的个性，同时也不废儒家的个性，而且不废儒家的个性，纯粹是“孔子注郭”的极端表现。他激赏道家的个性自由，说“道家特别尊重个性，强调个人的自由到了狂放的地步”，而接着又说“这和儒家个性发展的主张没有什么了不起的冲突”。① 早年的文章中，他也说过“我们所见的孔子，……他把自己的个性发展到了极度——在广度和深度”②，而且把孔子也看成是泛神论者。从郭沫若的这些说法中仍能看到他青春人格的影子，但过多的热情用于学术判断却难以让人采信。

第四节　解构与庄子

如果说个人主义思想对中国文化传统的反拨还比较温和的话，那么后现代主义对传统、经典、权威的解构就激烈得多了。后现代主义思想自 20 世纪中期出现后先是影响到海外华人学界，20 世纪 80 年代输入中国大陆之后也迅即引发了学界的广泛关注。虽然当时的中国尚处于改革开放初期，没有明显的后现代特征，但学界却掀起了轩然大波。尤其是解构思想，其对传统、权威、价值、中心的解构一时间刷新了人们的认知。与 20 世纪前半期相似，学界在非正统的道家思想中发掘出了与解构思想的诸多相似点，并做了广泛的沟通参证。

---

① 郭沫若:《庄子的批判》，见《郭沫若全集（历史编）》第 2 卷，第 206—207 页。

② 郭沫若:《中国文化之传统精神》，见《郭沫若全集（历史编）》第 3 卷，人民出版社 1984 年版，第 259 页。

后现代主义是一种兴起于20世纪、首先席卷欧美发达国家继而影响全球的文化思潮，它不是一种哲学思想，而是多种哲学流派、文化思想甚至是社会文化现象的统称。一般认为，后现代主义产生于20世纪60年代，是伴随着后工业社会的兴起而产生的。“后工业社会”这一说法由美国学者丹尼尔·贝尔于1959年提出，他发现自己身处的西方社会“处于一种巨大的历史变革之中，旧的社会关系（由财产决定的）、现在的权力结构（集中于少数权贵集团），以及资产阶级的文化（其基础是克制和延迟满足的思想）都正在迅速消蚀”，之所以有这种变化，科学、技术及文化方面的变革是其根源。① 的确，科学、技术的快速发展极大地改变了社会文化结构，深刻地影响了人类的文化观念。但是，贝尔的说法只是后现代主义众声合唱的一部分，更多的学者倾向于认为后现代主义是现代文化哲学自身发展演变的结果。20世纪中期以后，伴随着存在论哲学、现象学、结构主义等哲学派别及方法论的式微，解构主义思想异军突起，而“解构”正是后现代主义的显著特征。可以这样说，后现代主义是多维力量共同作用的结果。科技带来的文化层面的巨大变革改变了人们的思想观念，同时引动了思想家对既有哲学思想的检视与思考，检视与思考的结果又对现实文化产生了新的激越刺激，于是后现代主义大潮奔涌向前。无论如何，后现代主义的发生离不开思想领域的自我校正，因为新的思想观念必然要从旧有的哲学思想中谋求突破，解构主义的执牛耳者德里达堪称典型代表。

雅克·德里达是法国著名思想家，他于1967年出版了有关解构理论的三本重要著作：《书写与差异》《论文字学》《言语与现象》。其中，《书写与差异》是论文集，收入的最早文章为1963年发表的《力

---

① ［美］丹尼尔·贝尔：《后工业社会的来临——对社会预测的一项探索》，高铦、王宏周、魏章灵译，高铦校，新华出版社1997年版，第41页。

量与意谓》，德里达在这篇文章中就已经对“结构主义”发难了。贝尔于1959年提出“后工业社会”，德里达自1963年始倡言“解构”，两位后现代主义的标杆人物几乎同时著书立说，可以佐证后现代主义多方发力的事实。但是，德里达长期未受到法国哲学界的重视，他自述1960—1964年在索邦大学当了四年助教之后“曾在高师一个相当低的位子上当了20年的助理讲师”①，之所以如此，是因为他的解构思想被看作“异端”，无法在法国哲学界登堂入室。虽然“解构”对传统哲学思想有一种颠覆性的拆解指向，但德里达自己没有对旧有哲学思想充满敌意，他尝试思考和解决的还是哲学问题，只不过方式比较独特。20世纪60年代，法国思想界充斥着一些“哲学终结”的论调，德里达并没有如此悲观。他一方面觉得有瓦解形而上学的必要性，另一方面也认为无需否定哲学。于是他游走在哲学的边缘，常常处于一种“两难”的境地：“我一直被两种必要性拉扯着，或者说我一直尝试公平对待两种可能看起来相互矛盾或不兼容的必要性：解构哲学，即思考哲学的某种关闭范围，但不放弃哲学。”德里达这种特殊的对待哲学的方式难以得到深谙逻各斯中心主义哲学家的认同，而较早介绍“解构主义”的中国学者陆扬用老子的“道可道，非常道”来比附德里达“滑溜溜”“变动不居自证自明”的言说风格②却在不经意间呈现出德里达的特殊智慧。道家思想也有很多“变动不居”的说法，似无实有、似有实无，在有无相生中却有一种居间引发的力量，这与德里达解构思想的整体风格有些类似。德里达在“访谈”中也谈道：“从一开始，我对中国的参照，至少是想象的或幻觉式的，就占有十分重要的地位。”或许德里达没有得到过中国文化的亲炙，但他对中国文化的亲和却是不容抹杀的，

① 见［法］雅克·德里达：《书写与差异》，张宁译，生活·读书·新知三联书店2001年版，“访谈代序”。本段下文有关德里达的引文均出自这篇访谈中，不另注释。

② 陆扬：《解构主义批评简述》，《学术月刊》1988年第3期。

尤其与道家思想的相似，甚至被称为“德里达道家”。德国学者卜松山曾提到这一说法：“德里达哲学通过攻击所谓的西方言说中心主义并拒绝征引以形而上学方式固定下来的现有存在，也同样接近了庄子（特别是《齐物论》），以致现在有人称之为‘德里达道家’。”① 所以，德里达的解构思想注定是超凡脱俗的，他说：“解构，是那种来临并发生的东西……”我们可以这样理解，解构是应“运”而生的，不是按照某种程序设定的规定动作，它因时、因事而发，富含巨大的可能性。也就是说，不同领域、情境中的解构具有不同的表现。即使如此，对传统、既定秩序与规则等的疏离也使得“解构”具有一些共通的特征，如德里达所说：“解构的责任自然是尽可能地转变场域。……也是去转变一种存在霸权的情境，自然这也等于去转移霸权。去叛逆霸权并质疑权威。从这个角度讲，解构一直都是对非正当的教条、权威与霸权的对抗。”正因为解构具有“叛逆”秉性，当它涌入文化现实之后，便掀起了“反叛”的后现代旋风，德里达的解构实践也演变为全球性的文化实践，一切成熟的、占据权威地位的思想体系似乎都难以避免来自“解构”的挑剔。中国较早研究后现代主义的学者王岳川认为：“后现代主义是以消解认识论和本体论，即消解认识的明晰性、意义的清晰性、价值本体的终极性、真理的永恒性这一反文化、反美学、反文学的‘游戏’态度为其认识论和本体论的。它终止了一切诗意唤神的本性，放逐了一切具有深度的确定性，走向了精神的荒漠和不确定性的平面”，而后现代主义的反中心性、反二元论、反体系性恰是“解构主义的徽章”。②

道家思想之所以能够和摧枯拉朽的“解构主义”相并比，除了上

---

① ［德］卜松山：《时代精神的玩偶——对西方接受道家思想的述评》，赵妙根译，刘慧儒校，《哲学研究》1998 年第 7 期。

② 王岳川：《后现代主义文化研究》，北京大学出版社 1992 年版，第 12—13 页。

述“变动不居”的表述方式外，还因为其具有“剽剥儒墨”的批判气质，尤以对儒家的批判为主。道家创始人老子的思想已经显示出对儒家的批判倾向。孔子与老子约略同时，但二者的治世理想并不相同。孔子心中的理想社会是宗周时期的礼制社会，老子心中的理想社会则是远古时期没有礼法仁义观念的自然之世，“结绳而用之”“民至老死不相往来”的“小国寡民”社会是老子理想社会的缩影。孔子欲通过仁义礼智重新整合纷乱的社会，使社会复归于宗周时的秩序。老子则认为礼制的形成是“大道”不断下衰的结果，“失道而后德，失德而后仁，失仁而后义，失义而后礼。夫礼者，忠信之薄，而乱之首也”（《老子》第三十八章），而社会的纷乱正是人类自作聪明导致的，“智慧出，有大伪”，只有绝弃仁义礼智，才能重归大道之世，所谓“绝圣弃智，民利百倍；绝仁弃义，民复孝慈；绝巧弃利，盗贼无有”（《老子》第十九章）是也！由孔、老二人的社会理想可见，孔子秉持进取的态度，老子采取“后退”的方略，也可以说前者“建构”，后者“解构”。陈炎在谈到儒道两家对华夏美学的贡献时就以“建构”和“解构”作出区分：“儒家的功能主要在‘建构’，即为中国人的审美活动提供某种秩序化、程式化、符号化的规则和习惯；道家的功能则主要在‘解构’，即以解文饰、解规则、解符号的姿态对儒家美学在建构过程中所出现的异化现象进行反向的消解，以保持其自由的创造活力。”①

庄子继承和发展了老子的观念，面对已然成为宗派的儒家思想，庄子给予了更为切实的批评。他述道德下衰的过程更为详细：

> 逮德下衰，及燧人、伏羲始为天下，是故顺而不一。德又下衰，及神农、黄帝始为天下，是故安而不顺。德又下衰，及唐、虞

---

① 陈炎：《儒家的“建构”与道家的“解构”》，《传统文化与现代化》1997 年第 5 期。

> 始为天下，兴治化之流，浇淳散朴，离道以善，险德以行，然后去性而从于心。心与心识知而不足以定天下，然后附之以文，益之以博。文灭质，博溺心，然后民始惑乱，无以反其性情而复其初。（《庄子·缮性》）

人类社会的发展史就是智慧不断增益而淳朴不断离散的过程，而智慧增益的结果就是使民“惑乱”，失去真性情。庄子的这些表述没有直接针对儒家，但无疑与儒家恢复周礼的努力背道而驰。庄子对儒家的批评在《内篇》中还不显著，对孔子的描述也比较温和，甚至有所褒扬，著名的“坐忘”的修养功夫就是借孔子与颜回的对话呈现出来的。但到了《外篇》和《杂篇》，庄子的批评就变得尖锐起来，来看《马蹄》中的一段：

> 及至圣人，蹩躠为仁，踶跂为义，而天下始疑矣；澶漫为乐，摘僻为礼，而天下始分矣。故纯朴不残，孰为牺尊！白玉不毁，孰为珪璋！道德不废，安取仁义！性情不离，安用礼乐！五色不乱，孰为文采！五声不乱，孰应六律！夫残朴以为器，工匠之罪也；毁道德以为仁义，圣人之过也。

“蹩躠”“踶跂”“澶漫”“摘僻”，成玄英疏为“用力之貌”“矜持之容”“纵逸之心”“曲拳之行”①。圣人努力倡行仁义礼乐，结果却是道德破坏，性情浇离，人们丧失了淳朴真性，庄子最后毫不客气地指出这是“圣人之过”。这里的“圣人”并非《逍遥游》中“圣人无名”中的“圣人”，而是儒家推崇的圣人，制礼作乐的周公当然包括在内。《盗跖》篇孔子欲劝盗跖弃恶从善，着实对盗跖夸奖了一番，但盗跖却

---

① 见（清）郭庆藩撰，王孝鱼点校：《庄子集释》，第337页。

丝毫不领情，对孔子的批评到了剑拔弩张的地步，鄙薄他“修文、武之道，掌天下之辩，以教后世，缝衣浅带，矫言伪行，以迷惑天下之主，而欲求富贵”，最后质问：“天下何故不谓子为盗丘，而乃谓我为盗跖？”这些话显然是道家门徒编织的故事，但所说的确属实，以至于孔子无言以对，“再拜趋走”。道家后学对儒家思想的批评来源于道家创始人老子与儒家创始人孔子在理想社会基本观念上的全然背离，这种背离奠定了道家批评儒家的基础。

其实，道家对儒家的批判不是简单的宗派之争，而是根源于对自由的追求。儒家追求的礼制、仁义等都是人类自作聪明立下的标准，标准一旦确立就会有等级贵贱之分，内心就会生出得陇望蜀的念愿，人世间的纷乱扰攘也就源源不断，自由与逍遥便无从谈起。道家的批判直指人类的好胜之心制定的各种标准、框限，只有彻底解除各种限制，回归“大道”，才能真正获取自由。正因如此，许多长期浸淫于儒家思想的学者文人往往要从道家思想中寻求解脱，如程颐所说：“学者后来多耽《庄子》，……为他极有胶固缠缚，则须求一放旷之说以自适。譬之有人于此，久困缠缚，则须觅一个出身处。”① 再者说，各家标准不同，何必以你为是，以我为非呢？“与其誉尧而非桀也，不如两忘而化其道”（《庄子·大宗师》）。“孔子行年六十而六十化，始时所是，卒而非之。未知今之所谓是之非五十九非也”（《庄子·寓言》）。所以，道家的批判是非常彻底的，包括其独特的“变动不居”的表达方式，所要表现的就是对既有秩序、标准、规则、中心等的怀疑、批判与否定。

当道家思想与解构主义相遇，其批判秉性就被激发了出来。如上所述，道家的批判并非是单纯地宣示立场，更重要的是通过对权威、秩

① 《二程遗书》卷十八，见《二程集》一，中华书局 1984 年版，第 246 页。

序、规则的反抗释放出自由的创造力，这种意图与解构主义可谓欣然神会，海外华人学界率先对此做出反应。20 世纪 70 年代，美籍华裔学者奚密就以解构批评来解读《庄子》。她在一篇题为《解结构之道：德希达与庄子的比较研究》①（德希达即德里达）的论文中，坚持认为庄子与德希达是可以并提的，这不仅因为两者都代表一种反传统、反家规的立场，两者都是在反叛或否定的背后体现了一股彻底自由和创造的精神，而且两者在反对、消解二元对立的思想上达到了不期然而然的会通。奚密认为“庄子用来消解语言中的二分律的策略亦可称之为‘解结构’。和德希达一样，他从一固定之‘观念阶级’内部着手，进而显示所谓优越的一方（如：是、生、此、我等）‘总已’牵涉于所谓卑劣的一方（如：非、死、彼、物等），并以后者为必要条件。这样，庄子揭露了二分律的限制”，“二分律的功用是有条件性的，其效能是有时间性的。如将对立的状态固定化、二分化，则失之偏执”。庄子所主张的从“道”的立场上对这种偏限执着的超越，就是一种“解结构之道”。此外，奚密还沟通了庄子“坐忘”之主题与德希达的“游戏式”风格，发现了庄子“坐忘”这一字面的消极背后所蕴藏的积极力量。她认为庄子在“忘”的背后即是自由与逍遥，“坐忘”兼具遗忘和提醒的功能：“它遗忘了对立之二分律（及其系统），而在此遗忘过程中也唤醒了‘道’或‘延异’肯定性的‘自由游戏’。‘遗忘’是一种‘双重性’的最后姿态，它是‘解结构’之‘多元性’的一面。”奚密在后现代出现不久即敏锐地洞悉道家与解构主义的相契之处，足可看出道家思想跨越时空的文化张力。与之同趣，台湾学者廖炳惠也对庄子思想与解构主义进行了沟通。他根据解构批评，将《庄子》视为一种暗喻

① 见郑树森编：《现象学与文学批评》，（台湾）东大图书股份有限公司 1984 年版，第 60 页。

性作品（metaphorical text），认为它一方面诉说真理，一方面却自我解构，对“真理”“语言”的稳定性、局限性产生质疑。作者以《逍遥游》为例分析道：“由全篇看来，《逍遥游》毋宁是一再地消除现存、真理、自足性，文字变得一再逃避自己所要达到的。最后，我们读到的‘自我解构’：尧的‘窅然丧其天下’、庄子的‘置大树于无何有之乡’，由‘无’来解开一切的执著，包括对意义、价值（甚至语言）的期待。”最后指出，这种解构所显示的“标准的不稳定性及意义的模棱性”，使《庄子》一书成为一“开放性结构”。①

大陆20世纪80年代中后期开始介绍和引入解构主义思想，90年代才有道家思想与解构主义比较的专门文章在一些以“解构”论中国古代、现代文艺思想和审美文化思潮的理论建构中自然联系到道家。两位已故学者陈炎、余虹最有代表性。陈炎关于儒家的“建构”与道家的“解构”之论，最早发表于《东方审美文化研究》1996年第1辑，《传统文化与现代化》1997年第5期，后又在他的各种专题论文集或收录或展开论述，如其《艺术与技术》以及他生前定稿的《陈炎学术文集》，在理论界产生了较大影响。余虹则更是以审美、革命、解构三个词来概括20世纪中国文学理论的现代进程，指出1980年代以来的中国文学理论的“解构”特征，既是西方后现代主义思潮影响所及，又与中国古代的庄禅相对应。② 20世纪80年代特别是90年代以来审美文化中凸显的消解崇高，文学创作及现当代文学研究中所提倡的告别宏大叙事，回归日常生活叙事，无一不是这一思想的回响。在学术研究层面，关于解构主义者德里达与庄子的比较研究，亦引起很大关注。胡继华较

① 廖炳惠：《晚近文评对庄子的新读法——洞见与不见》，（台湾）《中外文学》1983年第11卷第11期。

② 余虹：《革命·审美·解构——20世纪中国文学理论的现代性和后现代性》，广西师范大学出版社2001年版。

早对庄子与德里达进行了比较："庄子与德里达都强烈地对抗规范，反叛权威，以致痛苦地审父弑祖：庄子颠覆儒家'导人入仁'的伦义中心及其刻意正名分封的语言设置，德里达拒绝凝望'理性'的逻各斯中心及其虚构的先验幻象。"① 虽然在"解构"方面找到了庄子与德里达的沟通点，但他也同时表达了对二者虚无思想走向的担忧。曹顺庆没有刻意地对比道家与德里达，但他使用的话语资源显然来自解构主义："在世界文化史上，中国的老、庄首先创造了一种消解（或曰解构）性话语系统；老庄在对语言文字（或曰文本）的消解性解读中，建立了'得意忘言'的话语模式；在对自我（人类）的消解性解读（或曰阐释）中，形成了'忘物'、'忘己'、超越生命羁绊的诗意人生境界。消解性解读，正是道家思想的意义生长点……"② 由此，我们也可以说，解构主义思想扩充了道家智慧的诠解空间，使道家思想更为充分地彰显出现代维度。和胡继华略显激动地在庄子与德里达之间找寻相似点不同，新世纪初王树人的文章要显得理性得多。在王树人看来，庄子对礼乐文化的解构性批判"具有'后现代性'，但又不能归结为'后现代性'"，"庄子并未从解构走向虚无主义"，庄子所追求的是精神上的理想境界。他没有将庄子的思想导向虚无，对"后现代性"的价值评价也很克制："'后现代性'的合理限度，只在解构'现代性'异化与引导创新，超出这个限度，就必然导致虚无主义"。③ 王树人非常警惕"解构"可能导致的虚无主义，他一方面否认庄子思想与虚无主义的关联，另一方面也拒斥不恰当的解构所可能导致的虚无主义，意图化解"解构"带来的消极影响，这代表了一部分中国学者的态度。之后，探

① 胡继华：《庄子与德里达：浪迹虚无的大道行》，《东方丛刊》1996年第4辑。

② 曹顺庆：《老、庄消解性话语解读模式及其"无中生有"的意义建构方式》，《复旦学报》（社会科学版）1998年第3期。

③ 王树人：《庄子的批判精神与后现代性》，《文史哲》2001年第5期。

讨解构主义与道家思想关联的文章不断增多，虽没有达到“爆发”的程度，但也显示了二者“比较”的广阔空间。有的文章延续了前人的思路，以“解构”的视角整体阐释道家思想；有的从言意方面探讨道家与解构主义的语言观；有的继续发掘道家对儒家的解构方略；有的走向细部探察，考索一些具体的观念，如“心斋”“坐忘”以及人物形象等所呈现的解构思想；有的将“解构”视为道家美学的思想特征等。这些比较与解读进一步确证了道家思想与解构主义跨时空互通的思想价值。

中　编

台港及海外华人学者阐释下道家美学的新发展

第五章

研究台港及海外华人美学的意义

中西文化的碰撞与融通是20世纪中国学术现代化进程中不可回避的语境。应对这种语境、回应现实问题，从中国古典文化的深邃海洋中发掘出具有再生性的资源并成功有效地植入现代美学的建构中，创造出既有现代思维形态，又具有民族根性的美学理论，就成为20世纪美学学人所共同致力的学术目标。这一目标的达成在“古今对接”与“中西融通”的思维视野下展开，“重构传统”与“取径西洋”也相应地成为20世纪以来中国美学由古典向现代转型过程中两股重要取向，这两股取向又非常复杂地交织在一起。在这一整体学术视域的观照下，大批受过西学洗礼的美学家都不约而同地通过阐释道家思想来为其美学理论找寻据点。道家思想为中国现代美学建设提供了极丰富的精神资源，王国维的“超功利纯艺术论”、朱光潜的“形象直觉论”、宗白华的“意境”论、郭绍虞的“谈艺者师其神”说、方东美的“生命美学”、徐复观的“中国艺术精神”、叶维廉的“纯粹经验美学”、刘若愚的“形上理论”等现代美学的重要命题都既散发着老庄思想的氤氲气息，也烙印下了西方美学的改塑印痕。对道家思想与中国现代美学建设关系的考察不仅能阐明道家思想被现代阐释所激活而获得的生命力，也不失为研究中国现代美学生成、建设的一条有效途径。

回顾20世纪中国美学的百年历程，其间风云变幻、波澜丛生，大致可分两大区块三个阶段。20世纪前50年，王国维、朱光潜、宗白华等现代美学大家，引进西学重新阐发中国古典美学资源，奠定了中国现代美学作为一门“学科”发生发展的坚实基础。1950年代以来，政治的分途导致大陆美学与台港美学分途发展。50—70年代，台湾地区、香港地区由于其政治的特殊原因成为大陆以外全球华人文化学术的交汇处和进出场。出于对中华文化的共同体认，台湾地区、香港地区与海外华人学界构成了一个独特的“文化共同体”。50年代至70年代初，相对于大陆学界美学研究受意识形态干扰而一度对传统几近“中断”的现象，台港学界则续承了近现代美学发展，将中国现代美学研究向前推进了一大步。龚鹏程认为“台湾的美学，乃是承续民初以来美学传统而又有所发展的，其面相亦较大陆丰富完整”①。伴随着“美学”在台湾的发展，道家美学也继续焕发了新的光芒。历史发展的事实证明，20世纪50、60、70年代乃至80年代初的台港及海外华人美学接续了中国现代美学的历史整体之思，对于20世纪中国美学来说有着无法取代的地位和作用。而80年代以来，随着大陆的改革开放，两岸三地、全球华人的美学研究资讯得到了交流，相互影响、相互吸纳的格局逐渐形成。特别是90年代以来互联网的出现、社会主义市场经济的建立，中国融入世界的步子加

① 龚鹏程等:《美学在台湾的发展》,（台湾）南华管理学院1998年版，第20页。

快了，其审美文化与西方最新思潮具有了更多可直接接通的地方。在这一背景下，两岸三地、全球华人的美学研究越来越走向了汇通、融合，一种颇具规模、立足于中华传统文化的“大中华美学”大有应运而生之势。

重要的是，相对于大陆学者来说，台港学者及频繁往来于台港的海外华人学者作为一个学术“群体”，某种程度上有着相似的生存语境。他们都是龙的传人，对中国传统文化怀持着本能的“根”的体认，他们又漂泊异乡，尤其能切身感受到中西文化的“对抗共生”，隔海相望，身心飘零的体验、文化无根的忧患，使他们的文化悲情、归根乡愁不自觉寄托到对中国传统文化的深情眷恋和立意阐扬中。同时，他们在中西文化频繁交流的境外（大陆以外）工作生活，更易获得一种“比较”眼光和“他者”视野，能更直接而迅速地反映国际学术思潮变迁所带来的机遇和挑战，更深刻彰显中西学术思想交汇前沿所留下的文化印记，从知识论到方法论为我们提供一种思考现代学术的参照。独特的文化身份与所处的学术语境，使得台港及海外华人学者具有与纯粹的大陆学者不同的文化立场、思维方式和阐释视野。从理论酝酿到建构，从现代阐发到海外传播，台港及海外华人学者对道家思想的现代美学研究极具有典范性。回应当下社会语境，在古今对话、中西融通视野下，一批具有现代价值的美学理论命题，如“中国艺术精神”“纯粹经验美学”“无言独化”“形上理论”等呈现出来，接续了中国文化传统，丰富了中国现代美学的内涵，彰显了道家思想在现代语境下的再生性活力，成为今天中国现代美学研究与建设可资借鉴的重要资源。以“问题”带“人物”的方式，整体扫描台港及海外华人学者的道家美学阐释最具创造性的成绩，有以下问题值得重视。

第一节　现代新儒家阐发老庄艺术精神的现代价值

现代新儒家在哲学美学视域中阐发道家思想的现代美学价值，主要表现为从“艺术精神”层面阐发道家思想，彰显艺术“主体”之“生命”维度和“人生”价值，体现出浓厚的儒道汇通的色彩。

首先需要重视方东美、唐君毅、牟宗三、徐复观、钱穆等现代新儒家在 1949 年后台港及海外华人学界的文化影响力、学术影响力。1949 年国民党撤退至台湾，随之在台湾密集建立各种文化机构、制定各种文艺政策，如定北京话为国语，全面禁止报刊使用日文，官方提供经费成立各种作家协会、开设文艺奖项等。虽然官方高度重视中国文化的重建，但日据台湾半个世纪（1895—1945 年），中国文化在台湾几近覆灭。在这种背景下再兴中华文化的魅力，一批从大陆南渡台港的新儒家学者担当了这一重任。这些新儒家学者的前半生均在大陆度过，并已奠定了其哲学基础和良好声名，迁台驻港后，通过教书与演讲，他们的思想很快入驻中华文化荒芜已久的台港学界。五六十年代台港哲学文化界回荡的基本上是这批新儒家学者的声音。对大陆传统的“承续”及对台港学术的“开拓”两个方面，现代新儒家都有着不可替代的地位和作用，龚鹏程指出：“在近代、现代的西方思潮冲击下，若要重建中国传统美学，则更须以‘新儒家’的理论反省为基础，而再向前跃进。”① 他们的研究，不仅维系了中华文化、中国美学的精神命脉，也奠定了台港及海外华人文化圈的美学阐释形态。由于新儒家学者们在台

① 龚鹏程等：《美学在台湾的发展》，第 68 页。

港各大学哲学系、哲学研究所执教多年,① 加上他们常往来互动于台港两地大学之间任客座教授，台港哲学文化界不受新儒家影响的学者几乎没有。如果说20世纪五六十年代的台港美学阐释还相对地集中在南渡台岛的新儒家的哲学著述中，那么70年代以来的美学则全面绽放于受新儒家影响的新一代学者的哲学美学阐释中。

台港新儒家及其后学对于道家思想的现代美学阐发有几点特别需要注意。首先是普遍认为道家美学本质上是一种生命之学、人生之学。虽然台港新儒家学者们并不专以美学为研究对象，但他们在对传统文化、哲学进行研究的过程中自觉或不自觉地对道家思想予以了美学观照。哲学是关于生命的学问，虽然各自学问取向不同，台港新儒家们都注重从“生命”“人性”“道德”“人格”等视域来阐发老庄的美学智慧。方东美认为“一切艺术都是从体贴生命之伟大处得来的”②。方东美的生命哲学、生命美学在其任教于南京中央大学的20世纪30年代就已经奠定雏形。1947年迁台后学术场域虽换，但命脉不息，围绕“生命”这一核心继续深化拓展、耕植不辍，至形成一个旁通统贯的生命本体论哲学、美学体系。其哲学、美学体系建构与他对《庄子》一书的阐释最为密切，他通过阐释《庄子》文本来打通儒道，阐扬最能与西方哲学抗衡的中国哲学、美学精神。方先生对于道家美学的最大贡献在于从“普遍生命”看庄子，最为倾心于庄子之超越性的“大美”，运转不息的“生生之美”，“乘虚凌空”“积健为雄”的刚性之美，为道家美学注入了一股酣畅淋漓、饱满健康的“生命精神”。方先生执教于台湾大学哲学系，春风化雨30载，其学生遍及台港及海外地区，其道家美学

---

① 如方东美在台湾大学，牟宗三在台湾师范大学，唐君毅、钱穆在香港新亚学院，徐复观在台中东海大学任教。

② 方东美:《中国人生哲学》，(台湾) 黎明文化事业股份有限公司1980年版，第55页。

定位与阐述影响深远。陈鼓应曾受教于方东美先生，特别倾心于《庄子》的注解与阐发，他的《庄子今注今译》1974年由台湾商务印书馆初版，1983年中华书局以繁体字印行首次与大陆读者见面，此后更是一版再版，成为两岸研读庄子的通行权威读本。在《庄子哲学》（1966年）及《老庄新论》（论文集，1992年）[①] 等著作中，陈鼓应多次阐述了庄子哲学是一种关注人精神生命之扩展，重视内在生命的修养工夫的一种“境界”的哲学。“道”的境界从人的主体生命开发出来，是一种人生的最高境界，体“道”的境界，是一种人的纯粹直觉性的内在经验。如此，“庄子的‘道’，乃是对普遍万物所呈现着的一种美的观照。”“若从文学或美学的观点去体认，则更能捕捉到它的真义”[②]。“庄子的内圣之学带有一种很浓厚的艺术心情、艺术境界，艺术化人生，人生艺术化，这是庄子的生命情调”[③]。这些说法表达了陈鼓应先生对道家生命修养“境界”所达至的美感经验和艺术情怀的体认。与此同时，徐复观先生则标榜“人性论”来阐释庄子，认为庄子艺术精神“乃直接由人格中所流出……庄子与孔子一样，依然是为人生而艺术”[④]。徐复观甚至说“人格的修养，成为中国论文论艺的最后的极准，可能是千古不磨的”[⑤]。徐复观认为道家艺术精神的核心在于“主体”的“生命精神”，这一点与西方艺术精神多从艺术特征的总结或形上思

---

① 陈鼓应：《庄子哲学》，（台湾）商务印书馆1966年版。大陆版本改书名为《庄子浅说》，生活·读书·新知三联书店1998年版。陈鼓应1984—1997年在北京大学哲学系任教，讲授老庄哲学。《老庄新论》虽为1992年在上海古籍出版社首次出版，但里面亦收入作者在台湾期间写作的关于庄子的文章，且陈鼓应受教、任教于台湾的学术语境，本文认为其庄子研究更多是台湾庄学研究的一部分。

② 陈鼓应：《庄子浅说》，生活·读书·新知三联书店1998年版，第80、78页。

③ 陈鼓应：《庄子的悲剧意识和自由精神》，见《老庄新论》，上海古籍出版社1992年版，第229页。

④ 徐复观：《中国艺术精神》，第81—82页。

⑤ 徐复观：《环绕李义山〈锦瑟〉诗的诸问题》，见《中国文学精神》，第314页。

辨建构而来相比，呈现出本质性的区别，堪为中国艺术精神的民族特色。对于艺术主体之“心”，新儒家学者有着共同的重视，唐君毅看重庄子之“虚灵明觉心”的艺术意味，徐复观称庄子之“虚静之心”为艺术精神之主体，牟宗三解释“玄览之心”为“妙慧妙感之静观直感”之前提。在新儒家学者看来，道家艺术精神不是对艺术本身特性的总结，而是从老庄“体道”的人生哲学而来，是一种“人生—艺术”精神。

第二，新儒家学者往往以儒释道，秉持儒道比较、儒道汇通的视野来阐发道家思想的现代美学特质。新儒家释道家，本身是一个有意味的问题，其不可避免地会涉及艺术与道德关系的处理。儒道汇通成为台港新儒家阐发道家的自觉意识和普遍视野，不管是“勇者型儒者”徐复观，还是“仁者型儒者”唐君毅、“智者型儒者”牟宗三、“诗哲型儒者”方东美，诸位新儒家学者普遍具有以儒家为本位贯通道禅的视野，论儒道相通一面远甚于儒道对立一面的论述。唐君毅对于道家的看法最能代表新儒家知识分子在面对道家时的双重心态，当他们从道德理性出发，不免对道家有所批评，但当他们撇开道德这顶“高帽”的时候，却能依着中国艺术的“精神”追溯到道家这一源头活水，从而彰显道家之艺术精神特质。当秉持“道德为体、艺术为用”的唐君毅从具体的、绚丽多姿的中国各门类艺术的欣赏体验来提炼中国艺术之精神时，却能深契于庄子所论之“虚实相涵”与“生化无穷”之境。唐君毅论道家“纯粹之艺术精神”，可以说是对他“道德为体、艺术为用”之艺术观的逸出。《鹅湖》的早期创始人之一曾昭旭，继承新儒家（尤指牟宗三、唐君毅）的职志，对中国哲学、美学的现代建设非常用心。他在《充实与虚灵——中国美学初论》（1993 年）中，以儒道汇通的视野来阐释道家美学，以建构传统中国儒道两家美学的特质与精神。曾昭旭认为中国哲学本质上是一种人生哲学，所以中国美学也是以人为本，重在显发生命本真，他把“美”定义为“美是真实生命的自然流露”，[①] 如果说儒家美学更偏重讲明什么是“真实生命”，而道家美学则更着眼于讲明什么是“自然流露”。“真实生命”与“自然流露”是互相渗透为一体的，儒道美学亦一体两面，互为本末。比起儒家义理更接近道德而善于探触到道德学的核心，“道家义理是更贴近于美学核心的，换言之，道家义理与艺术活动（包括艺术创作与鉴赏）有更多的相关”[②]。如果说儒家表现为“充实之美”，道家则表现为“虚灵之美”。在对比阐释中，“生命美学”为儒道架起了沟通的桥梁。不可忽视的是，物极必反，新儒家学者揭示出儒道美学汇通一面的同时，往往过于强调了“生命主体”对于艺术作品的决定性作用，把道家美学精神解读为一种“人格”精神，对于艺术作品本身的艺术性有所忽视，有把艺术作品看作承“道”或“艺术精神”的“器皿”的意味。

第三，新儒家学者重视以“艺术精神”沟通庄子之“道”，系统阐述了“中国艺术精神”这一话题内涵，道家思想由此跃居“中国艺术精神”的主体地位。“中国艺术精神”是20世纪中国美学现代建构进程中的重要话题之一，是道家思想参与中国现代美学建设的最质实的一份成果。中国近现代美学家，如王国维、郭沫若、宗白华、朱光潜、郭绍虞等，都不约而同地取资道家思想，在古今对话、中西融通视野下谈及道家的艺术精神。王国维受康德、叔本华影响提出的超功利纯艺术论，本质上是以西方现代美学的概念为色相，而以道家美学精神为底蕴；朱光潜一生致力于传播、翻译、引介西方美学，并使之与中国本土审美经验对接，朱光潜不仅经常以庄子的“鱼相忘于江湖”一语来理解和阐发克罗齐美学的审美境界，而且他的“形象直觉论”实际上就

---

① 曾昭旭：《充实与虚灵——中国美学初论》，（台湾）汉光文化事业股份有限公司1993年版，第85页。

② 曾昭旭：《充实与虚灵——中国美学初论》，第121页。

是克罗齐的直觉主义纯艺术论与庄子从“忘”到“游”的人生所体现的纯艺术精神的汇通；宗白华虽然也有深厚的西学修养，但他却不以西方美学的理式、逻辑、思辨、理性为美学写作的关键词，而是更多关注中国美学、艺术精神的民族特色，其“意境”理论在老庄艺术精神所影响的山水诗、山水画的传统“意境”理论基础上融合现代新质的发展，是道家思想遭遇西方现代美学所结出的硕果；郭沫若以泛神论阐发庄子，直言《庄子》中的“梓庆削木为鐻”的故事“可以道尽一切艺术的精神”，“这没功利心便是艺术的精神”①；郭绍虞先生不仅从现代美学的角度对《庄子》书中对文艺理论富有启发意义的寓言故事做触类旁通的探幽发微工作，并对庄子“神”（神遇、神化）概念进行阐释，提出“谈艺者师其神”一说。这些学者从各自理论兴趣、视野对庄子思想进行总结、阐释、化用，对古典的庄子资源进行了现代激活并使之创造性转化到中国现代美学的建设中。

从大陆现场到台港地区，道家“艺术精神”此一话题在台港新儒家学者阐释视域下呈现不一样的面貌。相对徐复观 1966 年提出并影响深远的庄子之“纯艺术精神”来说，唐君毅早于徐复观近 20 年提出的道家“纯粹之艺术精神”之价值未得到学界关注。在《中西文化精神之比较》（1947 年）中，唐君毅通过中西、儒道的层层比较来推出道家所表现的为一种“纯粹之艺术精神”②。在《中国哲学原论·原道篇》中，唐君毅以“郭象注庄”为案例阐述了庄子之艺术精神。唐君毅对道家“纯粹之艺术精神”的话题发轫与阐述，在其博大精深之哲学著述中虽稍显单薄和零散，但在学术渊源上却上承宗白华与方东美，下启

---

① 郭沫若：《生活的艺术化——在上海美术专门学校讲》，见《郭沫若全集（文学编）》第 15 卷，第 211 页。

② 唐君毅：《中西文化精神之比较》，见《人文精神之重建》，广西师范大学出版社 2005 年版，第 80 页。

徐复观与叶维廉。钱穆 1949 年赴港，与唐君毅、张丕介等创立新亚书院，此后一直在台港两地为中国文化之弦歌不辍奔波不止。钱穆先生庄子研究主要在注释与哲学义理阐发方面，《庄子纂笺》（1951 年初版）、《庄老通辨》（1957 年初版）是其研读庄子的主要著作。虽然钱穆并未有专门阐释庄子美学的篇章，但明确提出“艺术精神”阐发道家，如他说：“孟子论心必及性，而庄子论心则不及性而常言神，性乃实理，神则虚灵之因应而已。……是亦只可谓之是一种艺术境界，而非道德境界也。……《庄子》书，可谓有甚高之艺术境界。”“盖庄生之人生终极理想，夫亦一适字可以括之。而其所以达此之工夫，则曰无心、曰忘。然而此等境界，其实则是一种艺术境界也。”① 钱先生解读了《庄子》中庖丁解牛、解衣般礴、梓庆削木为鐻、工倕旋而盖规矩等由技入道系列寓言故事中所体现的“艺术精神”。虽然唐君毅、钱穆二位只是在对道家哲学研究时涉及道家之“艺术精神”，但唐君毅、钱穆与徐复观学术往来非常频繁，对徐复观正式标举并提出“中国艺术精神”这一话题并非没有影响。

如果说上述学者只是在研究中涉及并论及道家的艺术精神，而真正从理论上对道家“艺术精神”进行理论建构的是徐复观出版于 1966 年的《中国艺术精神》一书。这是一部“中国艺术精神”话题建设的奠基性著作，也是一部道家美学思想现代阐发的集大成式著作，是台港地区道家美学研究的一座高峰，在 20 世纪中国现代美学研究史中具有不可取代的地位。张法先生曾评价：“在对古代艺术精神进行阐发的前辈学者中，我认为，只有两人堪称一流，一是宗白华，一是徐复观。”② 徐复观以 30 万字的篇幅在逻辑推理和实践论证两个层面开拓性地集中

① 钱穆：《比论孟庄两家论人生修养》，见《庄老通辨》，第 249、253 页。

② 张法：《徐复观美学思想试谈——读〈中国艺术精神〉》，见李维武编：《徐复观与中国文化》，第 515 页。

阐发了老庄之“道”其实是一种“最高的艺术精神”，并落实到中国山水画论中得以根深叶茂：“老、庄思想当下所成就的人生，实际是艺术的人生，而中国的纯艺术精神，实际系由此一思想系统所导出。”① 明确的理论建构意识，缜密的学理逻辑，徐复观对“中国艺术精神”的阐释，代表了新儒家学者道家美学研究的最高成就，一方面展开、深化了钱穆、唐君毅所述及的庄子之“艺术精神”（心斋之心与艺术境界）；另一方面也叩合着方东美的“生命美学”理论诠释（为人生的艺术精神），同时与牟宗三以康德之“趣味判断”“纯粹无关心的满足”来阐发庄子由无用、无功利所得到的精神的自适感的思路有着一致之处。徐复观以“中国艺术精神”整体观照中国文学、中国美学、中国艺术的根本特质，可以说是20世纪中国文化形象工程建设中的一张脸谱。

虽然徐复观高屋建瓴地建构了庄子所代表的“中国艺术精神”，但对于何谓庄子之艺术精神却并未予以落实来讲，把“艺术精神”研究推向深入的是颜昆阳的《庄子艺术精神析论》（1985年）。颜昆阳认为：“庄子虽然不像西方美学家或中国一般艺术观念，将‘美’或‘艺术’视为知识客体，而加以正面、直接、明白的思考及论断，也未针对一特定之艺术对象，去探求它的起源、内涵、技巧及功用。但他从主体生命所开展出来的自由无限的精神境界，无疑是最高的艺术境界，也是艺术实践活动得以发生，艺术成品得以实现的本体根源。”② 颜昆阳深入细致、系统地阐发了庄子艺术精神之“本体精神”如何、如何掌握此一精神，又如何表现此一精神这三大问题。他从“明体”“达用”两方面来考察庄子艺术精神。在“明体”方面，为求证“庄子艺术精

① 徐复观：《中国艺术精神》，第28页。

② 颜昆阳：《庄子艺术精神析论》，（台湾）华正书局有限公司1985年版，第346页。

神即是道”这一论点，他论证了“真、虚、和、美”为“艺术精神”与“道”之共同基性，“自由无限”为道与艺术之最根本精神，庄子艺术精神的本义止于主体心灵之无限开展，具有“无目的性”“纯粹主体性”“内在境界性”“完全自然性”“经验绝对性”等五种特殊性格。在“达用”方面，颜昆阳主要考察庄子艺术精神境界证入之“主体修养”与“对象观照”方法以及这一证入方法对于中国艺术创作的影响。从“艺术精神主体之修养”来看，庄子提出了由心斋、坐忘的修养功夫，消解欲望与成见累积而成的知识，而回归“本原能识”的心灵境界，印证于中国传统艺术创作，艺术家之主体“养性”“凝神”之修养功夫，乃源自于庄子。从“艺术对象之观照”来看，庄子以“直观”方式，达到土客合 ，物我两忘之物化境界，传统艺术创作中艺术家观照艺术对象，循着“对象孤立”“以物观物”“物我两忘”之程序进行实受庄子影响。颜氏析论“庄子艺术精神”，体系严密，把讨论艺术精神本貌与对中国艺术的影响考察结合在一起，既明晰了庄子艺术精神之具体所指，亦见出庄子在中国艺术思想史上的地位。然而，他把庄子艺术精神直接等同于“道”，不免过于绝对。

经过徐复观的倡导、阐发，颜昆阳的深入，“中国艺术精神”成为台港及海外华人学者普遍重视的一个中国现代美学话题。一批年轻学者纷纷对此话题进行理论探讨与价值反思。如郑峰明的《庄子思想及其艺术精神之研究》（1987 年）讨论了庄子艺术精神如何成立及其为后世书画艺术提供了什么样的影响两个议题。① 李宣侚的博士论文《庄子的生命理境及其艺术精神》（1990 年）认为庄子的生命理境与其艺术精神密不可分，庄子虽然不曾以艺术耕耘为主要诉求，但其追寻或修养至他生命理境的同时，也存在了这一种艺术的态度。庄子之由技入道，心

---

① 郑峰明：《庄子思想及其艺术精神之研究》，（台湾）文史哲出版社 1987 年版。

斋、坐忘、物化等修养功夫及历程，正是庄子艺术精神的表现。[①] 董小蕙的《庄子思想之美学意义》（1993 年）深受徐复观启发，从自身的绘画艺术创作甘苦参悟、体证庄子思想所蕴含的艺术精神与美学意味，探讨了庄子之美感特质及其所开显的美学意义。[②] 孙中峰的博士论文《庄学之美学义蕴新诠》（2005 年），带有比较强的反思意识，他从省察徐复观、牟宗三、颜昆阳等对庄子“艺术精神”阐释入手，认为他们对庄子美学意蕴的阐释，大多以艺术审美为进路，纵有论及庄子生命美，总不免滑转至庄子对后代艺术美学“影响”的论述，或者将庄子美学中的“美”之本义与魏晋以后“自然美”“艺术美”之观念妄加牵和，而泯没了庄子美学的核心本质。孙著把庄学之美学义蕴的构成分为“根本义蕴”与“衍生义蕴”两种来加以区别和分析。“庄子美学”的本质是基于生命自身的反省与实践而开出的美学系统，终极关怀指向生命的超越与提升，所以可以说是一种“生命美学”。庄子美学的“衍生义蕴”，则表现在审美精神及艺术美学两方面。[③] 孙中峰对于庄子美学阐释的路径，显然综合了方东美、徐复观及其师颜昆阳的看法，显得更为辩证，对于庄子美学的定位也更为清晰。

以徐复观为代表所阐发的“中国艺术精神”之于中国现代美学的“遗产”，有以下几点需要明确。(1)“中国艺术精神”命题成为 20 世纪中国现代美学的一个重要概念，为道家美学阐释提供的是一种从人的“主体性”切入艺术精神的“生存论美学”阐释框架。(2) 老庄虽否定艺术，但老庄艺术精神却与艺术结下不解之缘。老庄思想对中国艺术产生深远影响，并借助中国艺术（尤其是中国山水诗画）而落实彰显

---

① 李宣侚：《庄子的生命理境及其艺术精神》，（台湾）中国文化大学中国文学研究所博士论文，王邦雄教授指导，1990 年，第 140 页。

② 董小蕙：《庄子思想之美学意义》，（台湾）学生书局 1993 年版，第 3 页。

③ 孙中峰：《庄学之美学义蕴新诠》，（台湾）文津出版社 2005 年版。

其艺术精神的实质，中国艺术又以道家精神为核心追求与最高指引。（3）中国艺术精神是整体审视老庄及其所影响的中国美学特质所提出，不仅是一种美学精神，更是一种文化精神，其所遵循的“人性—艺术精神”的路径区别于西方“艺术—艺术精神”的路径，显现了中国美学的民族特质。

值得一提的是，徐复观《中国艺术精神》影响非常深远，不仅辐及台港，还在80年代以后反哺大陆学界，产生重大影响。大陆学者李泽厚、刘纲纪、叶朗、张法、陈传席等人的中国美学史、美学史论著，[①] 刘绍瑾、陶东风、包兆会等的庄子美学专著都无不汲取了徐复观所述老庄艺术理论营养。[②] 这里有一个学术史的现象值得提及一下：《中国艺术精神》在大陆最初于1987年在春风文艺出版社出版，徐氏此著显在影响即在1987年以后，不但引用如潮，而且后来出现了数量极其可观的以此著为研究对象的论著。但1987年以前，中国美学史研究形成热潮的1980年代中前期，相信还是有少数学者因出国途经香港而看到由台湾学生书局1966出版的《中国艺术精神》。例如叶朗于1985年在上海人民出版社出版的《中国美学史大纲》，在仅不到三页的“参考文献要目”中，就列有徐复观的《中国艺术精神》，位列该“要目”中倒数第二，与倒数第一的熊秉明之《中国书法理论的体系》，为仅有的两本台港版书籍（倒数第三的叶嘉莹之《王国维及其文学批评》

---

① 如叶朗：《中国美学史大纲》，上海人民出版社1985年版；李泽厚、刘纲纪主编：《中国美学史》，中国社会科学出版社1984—1987年版；张法：《中国美学史》，上海人民出版社2000年版；陈传席：《中国山水画史》，天津人民美术出版社2001年版。

② 如刘绍瑾：《庄子与中国美学》，广东高等教育出版社1989年版；张利群：《庄子美学》，广西师范大学出版社1992年版；陶东风：《超迈与随俗——庄子与中国美学》，首都师范大学出版社1995年版；包兆会：《庄子生存论美学研究》，南京大学出版社2004年版；刘介民：《道家文化与太极诗学——〈老子〉、〈庄子〉艺术精神》，广东人民出版社2005年版。

也可算是台港及海外华人学者的成果，但“要目”所引该著为广东人民出版社1982年版本）。李泽厚、刘纲纪认为：“‘道’是一切美所从出的根源。庄子论‘道’同时也是论美。他从不离开‘道’去讲美。他的美学与他的本体论是不可分离的”①，就与徐复观的看法极其相似。张法就指出：“李泽厚有关庄子审美的人生态度的观点，大概就与徐先生的庄子观有渊源关系。”② 此处“大概”就只能是猜测而已！而以中国山水画美学研究蜚声学界的陈传席，则明显感觉到了徐复观“影响的焦虑”，在《中国山水画史》一版后记（1988年出版）中，他曾言他的中国山水画美学思想研究与徐先生的《中国艺术精神》在“有很多观点”上“不谋而合”③，后来又有这样的说法：

> 这部分内容，我实际上写于1981年。那时候，很难看到台湾学者的著作，后来美国堪萨斯大学著名学者李铸晋教授告诉我，台湾徐复观的《中国艺术精神》一书中的观点和对某些问题的分析和我相近。我便设法找到徐著，他果然写得好，我修改时，又参考了他的一些写法（实际上我们所用资料和部分观点本也相同）。刘勰云：“有同乎旧谈者，非雷同也，势自不可异也；有异乎前论者，非苟异也，势自不可同也。同之与异，不屑古今，擘肌分理，惟务折衷。”斯言得之。实际上我们的结论和大部分观点并不相同，有的则相反。虽然如此，我仍然反复声明参考了徐复观的著作。这本来是学术研究上正常的事，但有人仍有微词。④

---

① 李泽厚、刘纲纪主编：《中国美学史（先秦两汉编）》，中国社会科学出版社1984年版，第241页。

② 张法：《徐复观美学思想试谈——读〈中国艺术精神〉》，见李维武编：《徐复观与中国文化》，第514页。

③ 陈传席：《中国山水画史》，天津人民美术出版社2001年版，第665页。

④ 陈传席：《中国绘画美学史》，人民美术出版社2000年版，第658—659页。

海外华人学者高友工再三称道《中国艺术精神》一书第一二章，坦言“我受益于此二文处甚多”。① 他以“抒情美典”论深化，落实了徐复观从“美感体验”方面沟通老庄之道与艺术精神的要点。由此可以看出，以道家为立基的“中国艺术精神”在不断地被重提、被阐释中显示了极强的创生能力。

第二节 在比较诗学语境中阐发道家美学的世界意义

比较文学是20世纪70年代初兴起、一直持续到90年代初期的一股对台湾学界产生巨大冲击的文学研究思潮，这一股思潮之发源主要在外文系，台湾大学、淡江大学为大本营。外文系学者由于语言的优势，在引进西学方面往往能得风气之先。早在五六十年代，任教于台大的夏济安曾主办《文学杂志》一刊，大量译介西方现代主义诸种理论，尤其是新批评派理论。海外华人学者陈世骧先生最早把西方形式批评理论引入古典文学研究，并通过在台大的演讲影响过一大批学子，一度形成一股“语言美学”“形式美学”研究的热潮。到70年代初期，一批出身外文系，五六十年代赴欧美研读比较文学的学子都纷纷回到台湾客座、讲学、发表学术论文，如叶维廉、高友工、颜元叔等。在这一批学者的推动下，1970年台大外文研究所开设比较文学博士班，同年淡江文理学院西洋文学研究室出版比较文学期刊《淡江文学评论》（半年刊），1971年淡江文理学院主办远东地区第一届“国际比较文学会议”，1972年6月，台大外文系学者创办《中外文学》杂志，1973

---

① 高友工：《中国文化史中的抒情传统》，见《美典：中国文学研究论集》，第107页。

年“中华民国比较文学学会”成立，定《中外文学》为会刊。经此一连串的努力，“比较文学”在台湾生根发芽，以西方理论来阐发中国美学的研究热潮亦随之兴起。

在中西比较视野下，道家思想不仅是引介西方美学理论的“期待视野”，还成为中国美学走向世界的“形象大使”。叶维廉、刘若愚、郑树森、余宝琳、王建元、廖炳惠、奚密、古添洪、赖贤宗等都在比较诗学“求同存异”或曰“同异全识”的视域下凸显了道家美学的民族特质、现代价值和世界意义。其中，叶维廉是成就最大、影响也最大的一位，他不仅是台湾比较文学的发起者、推动者，比较诗学理论的引介者、建构者，亦是以“中西比较”的方法来研究中国古典美学领域的佼佼者。70 年代以来，叶维廉活跃于台湾、香港、北美比较文学学界，为台港培养了大批比较文学领域的优秀学者。周英雄、郑树森、陈鹏翔、古添洪、张汉良、王建元、陈清侨、廖炳惠、梁秉钧等，都在不同时期出自叶维廉门下，被称为“圣地亚哥学派”。

叶维廉对道家美学的研究可以说是其比较诗学视野催生的。叶维廉总是把道家美学置于最前沿的学术场域来观照与阐释，用西方最新的理论知识阐释道家，并有强烈的中西互阐与理论建构的意识。道家美学在叶维廉的阐释下不断获得新的生长点。如果说叶维廉前期通过“纯粹经验美学”这一提法，使庄子美学阐释之于中国现代诗论、中国现代美学的贡献与价值凸显出来，后期则在比较诗学视野下，以现象学美学对道家美学进行再发现，并通过“道家美学如何影响了英美现代诗”“后现代语境下的道家”等问题的探讨凸显出道家美学的普适价值与世界意义。叶维廉成就尤其突出，形成了台港及海外华人学界道家美学阐释继徐复观之后的第二座高峰。

以叶维廉为代表的、自觉运用比较方法阐发道家美学的研究，亦有几点特别需要注意。首先，在研究方法上，阐发研究与影响研究成为道家思想现代美学意义彰显的两大法宝。以西方近现代美学思想来阐发道家哲学中的相关范畴、概念，进而彰显道家美学，成为普遍做法。康德的审美之“无利害关系”说，卢梭的浪漫主义，胡塞尔、海德格尔的现象学，德里达的解构主义，诸多后现代艺术理论，西方从古典到现代美学的各家各派几乎都可以在老庄这里找到汇通比较的论点。求同存异，“庄子引人注目地被推到了前沿，俨然成了与西方诗学、美学对话、交流、汇通的‘中国大使’”①。庄子之“道”“游”“物化”“虚静”“真”等哲学范畴经过西方美学之观照获得了美学新义。然，在阐发比较的“繁华”背后，也有值得思索的问题。以最为道家美学研究者关注的现象学美学来说，郑树森曾反思：“不同于其他主义，现象学落实在文学评论时，多半不是系统性的，而是局部的、选择性、个别观念的借用；有时二者之间的关系并不特别明确。相信这与现象学本质上的复杂及艰涩，不无关系。”② 显然，以西方美学理论来阐发道家思想，既是一种发明也是一种误读，效力与限度并存。就影响研究来说，以叶维廉为代表的台港学者，一方面尽力挖掘中国艺术中的道家影响，反推道家美学的现代价值。道家对中国艺术的影响非常深远，就艺术门类来说，诗歌、散文、绘画、书法，都深得庄子影响，就诗学流派来说，兴趣说、神韵说、意境论都得庄子营养，不胜枚举。另一方面在中学西渐视野下观照西方文化所受的道家影响，彰明道家美学的世界意义。叶维廉、钟玲等学者都论述了庄子美学对西方现代诗歌的影响。反观学界所发掘的丰富的“影响”谱系，是否能以“影响”来求证道家美学的存在合理性呢？显然，“影响”并不能直接证明道家哲学“等于”美学，但是可以证明道家哲学“通于”美学，影响研究是阐发道家美学的重

① 刘绍瑾、侣同壮：《叶维廉比较诗学中的庄子情结》，《文史哲》2003 年第 5 期。
② 见郑树森编：《现象学与文学批评》，“前言”。

要手段。

其次，在研究成果上，西方现象学美学与道家美学之汇通成就尤为丰富。早在1966年，徐复观就以现象学的纯粹意识来阐发庄子心斋之心的美学意味，在差异同识的警惕中，徐复观一方面求证二者之同。他认为庄子的忘知近于胡塞尔（Edmund Husserl）现象学的归入括弧，中止判断，庄子的心斋之心，亦即是纯粹意识。通过种种比较，徐复观认为："假定在现象学的纯粹意识中，可以找出美的观照的根源，则庄子心斋的心，为什么不是美的观照的根据呢？"① 另一方面力证二者之异。徐氏指出现象学只是为知识求根据而暂时忘知，庄子则是为人生求安顿而一往忘知；现象学之于美的意识，只是偶然遇之，而庄子则是彻底地全盘呈露。

华裔美籍学者刘若愚在其《中国文学理论》（1975年）与《中西文学理论综合初探》（1977年）中也不谋而合地以现象学观点来与受庄子影响最深的中国诗学"形上理论"比较。刘氏所谓的形上理论包括以文学为宇宙原理之显示这种概念为基础的各种理论，老子和庄子关于"静观自然"以及"与道合一"的观念为其哲学精神源头，尤其是庄子，"《庄子》对中国人的艺术感受性的影响，比其他任何一本书都深远，这种说法绝非夸大。此书虽然不是关于艺术或文学，而是关于哲学的，可是却启示了若干个世纪的诗人、艺术家和批评家，从静观自然而达到与道合一的忘我境界这种观念中获得灵感。"② 陆机、刘勰、司空图、严羽、谢榛、王夫之、王渔洋、王国维等批评家关于形上理论的阐述都"暗合"或直接"来自庄子"，这些形上理论不仅"提供了最有趣的论点"，而且"可与西方理论作为比较"，"对于最后可能的世界文学

① 徐复观：《中国艺术精神》，第47页。

② ［美］刘若愚：《中国文学理论》，杜国清译，江苏教育出版社2006年版，第45页。

理论，中国人的特殊贡献最有可能来自这些理论”。[①] 通过比较杜夫海纳的理论（受现象学哲学影响）与中国形上理论（受庄子道家哲学影响），刘若愚求证了“现象学与道家之间根本哲学的相似性”。[②] 刘若愚将中国形上理论与杜夫海纳等西方现象学理论试作比较与对接，意图显然不在于为杜夫海纳的复杂的美学体系提供一个完整而详尽的概观或评论，亦并不是将中西观念并列在一起而加以机械统合，而是试图通过唤起注意中西之间的“类似点”，并加以“综合”以发展自己的理论，刘氏认为“我的理论建设即是综合的工作”，[③]《中西文学理论综合初探》中提出的“创境（created world）”一说便是这一“综合”之成果。

继而，刘若愚的学生余宝琳在其博士论文《王维诗的境界：一个象征主义诗学的阐明》（*The World of Wang Wei's Poetry*：*An Illumination of Symbolist Poetics*，1976 年）中承其业师进一步把现象学派文学理论引入中国诗（王维诗）的分析中。在“批判性导论”中，余女士引述胡塞尔（Edmund Husserl）、梅洛-庞蒂（Maurice Marleau-Pont）、华莱士·史蒂文斯（Wallace Stevens）、杜夫润（Mikel Dufrenne）等几位现象学批评家的观点来陈述现象学批评的基本假设和关注所在，并解释这种现代西方批评取向与中国形上批评有何相似之处，进而为阅读王维诗提供一种更为广大而清晰的参照标准。1980 年，余氏在博士论文基础上出版了《王维的诗：新译及注释》（*The Poetry of Wang Wei*：*New Translations and Commentary*），郑树森评论“余氏在引用西方现象学美

---

① ［美］刘若愚：《中国文学理论》，杜国清译，第 20 页。

② ［美］刘若愚：《中西文学理论综合初探》，杜国清译，见《中国文学理论》附录，第 213 页。

③ ［美］刘若愚：《中西文学理论综合初探》，杜国清译，见《中国文学理论》附录，第 215 页。

学家的时候，是比较和互相参考，向不质疑诘难”①。郑树森的这一看法不仅客观揭示了余宝琳借现象学理论阐释中国诗的不足之处，亦揭示出华裔学界热引西方现象学理论来比较沟通道家美学的欠反思之处。

叶维廉从比较诗学视域来沟通中西美学，尤其重视现象学与道家美学的比较与融合，他在著述中多次援引胡塞尔、海德格尔的现象学概念来阐发中国古典诗之美感经验，建构中国诗歌美学之特质。对叶维廉来说，现象学最核心的理念在于提出“回到现象本身”。他认为：“消除玄学的累赘、概念的累赘也可以说是海德格尔哲学最用力的地方。像道家的返璞归真，海德格尔对原真事物的重认，使得美学有了一个新的开始。”② 现象学美学家海德格尔主张回到苏格拉底以前的原真状态，力求呈现“存在的具体性”，梅露彭迪（即余宝琳所译梅洛-庞蒂）主张回到“概念化之前的世界”，重建与世界的直接、原始的接触。受此启发，他在20世纪70年代曾倡导“纯粹经验美学”来概括中国诗“未受知性的干扰的经验”③ 的美感视境。80年代，他又以“真实世界”一语来指代“纯粹经验”，“在注意及决定事物的状态和关系之‘前’的一瞬，亦即‘指义前’的一瞬，是属于原来的、真实的世界”④。所谓“‘指义前’的一瞬”即舍却了“语言”和“思考”的一瞬，这一瞬间世界中的物象摆脱人为限制，自生自足、真实自然地存在与生长。叶维廉所提的“无言独化”“饮之太和”“任物自然”“以物观物”等相关道家美学范畴都无不鲜明地体现了现象学的思想痕迹。

---

① 郑树森：《西方理论与中国文学研究》，《中国文哲研究通讯》1992年第2卷第1期。

② 叶维廉：《道家美学·山水诗·海德格》，见郑树森编：《现象学与文学批评》，第155页。

③ 叶维廉：《从比较的方法论中国诗的视境》，见《叶维廉文集》第1卷，安徽教育出版社2003年版，第72页。

④ 叶维廉：《比较诗学》，第88页。

就叶维廉寻求以海德格尔为代表的西方现象学美学与中国受庄子影响的传统美感视境之汇通这一努力来说，叶维廉与徐复观、刘若愚等做的工作没什么不同，那么叶维廉运用现象学有无特出之处？显然，其特出之处在于他从中国诗语言、语法分析的角度有力印证了中国诗吻合现象学“回到现象本身”的理念。这一点刘若愚先生也曾触及但却未展开，他说“在文言文里，尤其是在诗里，动词的主语经常没有加以表明，这暗示着中国传统的思考是朝向现象学论的，而非起源论的”①。叶维廉则通过中西比较视野下的王维诗的分析充分阐释了中国文言语法在呈现“现象”上的优势，如中国诗没有人称代词，这样物象就不容易沾染主体知性的干扰；中文动词没有语尾变化“正是要回到经验本身与情境本身去”，没有时态变化“倾向于回到‘现象’本身”，现象本身正是没有时间性的；② 中国诗意象独立，中间不加插分解性的元素，物象得以最纯粹的形态出现，就中文的句法语法特性来说，中国古典诗在表达原始的、未经思虑的、具体直接的、生动自然的“现象”与“经验”上有着得天独厚的优势。当然，叶维廉同时认为中国诗文言语法之表达策略所形成美感视境是由道家观物感物方式所决定的。由此，亦可以看出道家美学与现象学美学之间的可通约性。

叶维廉不仅以现象学来讨论道家美学，还在《历史、传释与美学》（1988 年）中借镜西方诠释学来建构中国诗学“传释学”。叶维廉的学生王建元对这两点深有体会，在《现象诠释学与中西雄浑观》（1988 年）③ 一书中明确地将现象学与诠释学综合使用，称为“现象

---

① ［美］刘若愚：《中西文学理论综合初探》，杜国清译，见《中国文学理论》附录，江苏教育出版社 2006 年版，第 214 页。

② 叶维廉：《从比较的方法论中国诗的视境》，见《叶维廉文集》第 1 卷，第 72 页。

③ 此书在其由叶维廉指导的博士论文 *Unspeaking, heaven and earth their great beauty: a study of the Chinese sublime*（1980 年）的基础上修订出版。

诠释学”，并以之作为切入点探讨了 sublime 这个西方美学观念与中国文学传统中的“雄浑”观的类同性表现及中西美感经验的异同。王建元直称自己所用的是一种“现象学读法”（a phenomenological reading），“这种方法植根于现象学摒弃‘我思’而着眼于‘我在’的世界观……将一个‘情况’（它可以是正文的 text）在澄清行动中面对其‘事实性’（facticity）、‘被抛入性’（thrownness）和‘在情况中’（stiuatedness）……海德格尔早期的论说舍弃了‘是’（be）的探究而转入‘存有’（being），就是这个改变的最佳范例。再之，他在《存有与时间》中更直接阐明了这探究的基本态度就是诠释行动本身，这也是 20 世纪现象学与现代诠释学结合联盟的开端”①。此处，可充分见出王建元对其师叶维廉之理论的综合与发展。至于为何不取通译的用法“崇高”（梁宗岱、姚一苇）或“雄伟”（朱光潜）来与 sublime 相提并论，王建元解释道：“‘雄浑’在中国传统诗学中是一个既有观念，对中国文艺评论有极大的影响。它本身深植于经过悠长发展的道家艺术精神之中，它是《诗品》的第一品，其作用是统摄以后各品的哲学内涵，是所有其他品类的理论基石，所谓‘统冒诸品’是也。”② 简而言之，“雄浑”是深染道家美学精神且最能表现中国美学特质的一个文艺理论范畴。

其实在王建元之前，陈慧桦（又名陈鹏翔）就在《庄子的词章与雄伟风格》（1976 年）一文中用西方“雄伟”（the sublime，即通译的“崇高”）这一美学观念来探讨“庄子”的文体，陈氏认为从“庄子”里可以找到“修辞雄伟”，也可以找到“自然雄伟”，同时探讨了庄子

① 王建元：《现象诠释学与中西雄浑观》，（台湾）东大图书股份有限公司 1988 年版，第 4 页。

② 王建元：《现象诠释学与中西雄浑观》，第 35 页。

如何通过语言、句法、语法、节奏等运用达到“雄浑”的风格之美。[①] 王建元的探讨可以说是在此基础上更进一步。他以现象诠释学“读法”来批评受庄子影响的体现了“雄浑”美感的中国山水画、中国文评、中国山水诗，以“在中西美学诗学等问题中间拓建一个具有涵摄性的理论基础”[②] 的写作思路与写作意图，于此可见。首先，王建元借现象学美学观点阐发了中国山水画雄浑美感的结构核心，“存在着一个同时是手段又是最终目的的负面性‘排除抵消行动’。它是一个消极—积极、负面—正面、否定—肯定的开辟分破程序”[③]。其次，集中探讨了现象学的时间观与中国山水诗时空关系。以“时间”来探讨“存在”是海德格尔及梅洛-庞帝等现象学家常采用的方式，而道家之“时空融贯说”亦为中国美学之从有限超入无限提供了无限的启示。王建元《现象诠释学与中西雄浑观》大幅化用西方现象学、诠释学理论来阐发中国美学，引用繁密、论述精微，为中西美学的比较沟通提供了阐发研究的难得案例。

沿着王建元继续在现象学与道家美学之间探进的是台北大学的赖贤宗。赖贤宗可以说是哲学家中的艺术家，在哲学研究的同时从不懈怠书画等艺术创作，其《意境美学与诠释学》（2003 年，论文集）借海德格尔的现象学诠释学美学观念来阐发深受道家影响的“意境美学”。“意境美学”阐释是赖贤宗建立“中国诠释学”体系的重要一部分。赖贤宗本人留学德国多年，系统整理过海德格尔论道和老庄的相关原典与相关报道之中译与注释，对海德格尔哲学、艺术学深有研究，其用来与意境结构比较的现象学观念主要来自海德格尔。此外，他采挹刘若愚、王建元的论述，认为“意境美学为中国文学的形上理论的发展的后期

① 陈鹏翔：《主题学理论与实践》，（台湾）万卷楼图书有限公司 2001 年版。
② 王建元：《现象诠释学与中西雄浑观》，第 3 页。
③ 王建元：《现象诠释学与中西雄浑观》，第 39—74 页。

理论，也可以说是其高峰之主流理论”①。形上理论哲学基础发源于老庄，意境美学主张艺通乎道、艺即是道，亦可以说是道家美学“高峰之主流理论”，中国之“意境美学”又可以“雄浑”一词来代表。所以赖贤宗主要在意境美学（雄浑观来自道家）与海德格尔的艺术思想（来自现象学）之间展开了沟通与比较。

比较诗学作为道家美学阐释的重要维度，打开了道家美学研究的更多面向，呈现了道家美学的新景观。然而比较亦是一把“双刃剑”，中西文化各自的精神传统、发展走向、关注焦点都呈现出不同，稍有不慎，就容易以西切中，把中国的材料装进西方的理论系统中，对道家美学阐释来说，这种危险不能不引起重视。

第三节　一种老庄，各自阐述

一种老庄，各自阐述，道家美学呈现差异性面向，显示了道家思想因应不同时代语境、问题意识、研究方法，具有多元美学生发的特质。

从阐释学的角度来看，传统的老庄著述、道家原典只是作为阐释对象而存在，其在不同时代语境、不同接受者手中自会呈现不一样的面貌。对台港最具代表性的道家美学阐释者——徐复观与叶维廉的相关观点进行比较，可以发现其间差异性非常惊人。是“我注六经”还是“六经注我”？是“误读”还是“发明”？差异阐释背后又有着各自怎样的动因？这其实为道家思想的多元现代美学转换与创新性发展提供了一个有趣的可供探讨的话题。

首先，关于道家之“道”有无超越性。徐复观认为道家通过“修

---

① 赖贤宗：《论现象学诠释学美学在台湾的发展》，见《意境美学与诠释学》，（台湾）历史博物馆 2003 年版，第 25 页。

养工夫”而达至“精神境界”的过程可以理解为一个自我不断“超越”的过程，这是一种既“独与天地精神往来”，又不舍离万物“以与世俗处”的“即自的超越”。叶维廉对于道家美学的阐释，从不提“超越精神”，不提“体道”，他提得最多的是庄子的“独化”论，也即万事万物之自生自化，万物平等，现象即本体，不需要超越的努力。“体道”“工夫”等词显然带有一定的刻意性、人为性，这与叶维廉所理解道家的任物自然的看法有所相悖。

其次，关于道家美学有无“形上学”意义。徐复观以思想史家（并非思想家）自居，他认为庄子之“道”兼有形上学与人生体验两个层面的意义，但强调从具体的生命、人性、心性上来看庄子，所持的是一种“形而中”的学问。叶维廉则常以诗人自居，他认为：“‘道’所指万物自然自动自化自真，当然没有形而上的含义……中国的运思与表达心态，完全不为形而上的问题所困惑，所以能物物无碍、事事无碍地任物自由涌现。”① 徐复观撇开“形上学义”而取“体验义”来看庄子，叶维廉则完全否定庄子之“形上学”，从“物自性”来看庄子，二人所理解的庄子呈现极不一样的面貌。

再次，关于道家美学的“主体性”等方面。此处所谓“主体性”指“人”的主体性，与“自我意识”“个体”“生命”“心灵”相关。徐复观认为：“我国的艺术精神，则主要由庄子的人性论所启发出来的。”② 他把庄子之“心斋之心”看成中国艺术精神之主体，认为庄子艺术精神“乃直接由人格中所流出……庄子与孔子一样，依然是为人生而艺术。”③ 徐复观讲“人性、心性”，并以之为庄子美学的源头、根

① 叶维廉：《语言与真实世界——中西美感基础的生成》，《叶维廉文集》第1卷，第162页。

② 徐复观：《中国人性论史》，华东师范大学出版社2005年版，第2页。

③ 徐复观：《中国艺术精神》，第81—82页。

底，都是对于庄子美学“主体性”的肯定。叶维廉则由庄子之“丧我”而发展出“无我”一说，他认为道家之观感物方式对于中国诗歌的表达形态有着深刻的影响，中国山水诗无须诗人注入情绪、理性的干扰，景物自然呈现，此说自然是比较极端的看法，但若说叶维廉看重中国诗之“再现物象”胜于“表现情感”，看重中国诗之“画境”胜过“情境”则不为过，某种程度上说明了他对于庄子美学之“主体性”不甚强调。

与此同时，关于庄子之“道”是否具有创生性，徐复观持肯定态度，叶维廉则反对；关于儒道美学之关系，徐复观多从儒道汇通的视野来阐释二者，难免有以儒解庄的倾向，叶维廉则多从儒道对立来看二者，认为道家美学从反对儒家之“名”“制”“言”“权”等观念发展而来；对于西方现代艺术，徐复观曾激烈批评过，引发过“现代派论战”，叶维廉则是现代艺术的支持者及身体力行者；对于庄子美学阐释的形态，徐复观的阐释是理论建构和实践论证的结合，实践论证只落实于中国山水画论，亦未涉及对受庄子影响的中国艺术作品的文本批评，仍是理论形态的。叶维廉虽然涉及对于道家美学的理论阐述，但他的重心更多在于对具体艺术作品，尤其是中国诗、中国画的文本分析等。在诸多方面，徐复观、叶维廉对道家的看法都呈现了极大的不同。

同一阐释对象在不同的阐释者笔下，呈现如此不一样的风景。首先自然是研究方法上的差异导致。从阐释者身份来说，徐复观研究思想史，从哲学美学的立场来阐释道家，尤其重视道家之“精神义”，重视“生命”“主体”“人性”“人格”等与道家美学的密切关系。叶维廉认为自己“基本上是诗人，而非纯学者”①。诗人最关心创作实践，最关心的是语言表达，所以叶维廉并无意于从理论上建构一个道家美学的体

① 叶维廉：《秩序的生长》，（台湾）时报文化出版企业有限公司 1986 年版，第 20 页。

系，他做得更多的工作是从语言语法分析的角度去寻找道家美学与诗（包括中国文言诗、中国现代诗、英美现代诗）之间的影响性关联，可以说他更多是一个庄子美学的实践者，他更关心的是庄子美学落实于“艺术”产生了何种影响，而不是庄子美学的“理论建构”。

更为重要的只怕是，徐复观也好，叶维廉也罢，他们对于道家思想的美学研究，并不是以还原道家本来面目为取向，而是出于自身所关心的中国现代美学问题的阐发需求。徐复观从庄子之“修养功夫”与“体道境界”受到启发，建构了以“人性”为根本的“中国艺术精神”，以建立区别于西方的中国式艺术精神；叶维廉早期从庄子及深受庄子影响的王维诗的阐释中提出“纯粹经验美学”一说并使之成为中国现代诗论的核心要义，解决的是中国现代诗创作的问题；叶维廉晚期更侧重从庄子之“无言独化”对西方英美现代诗的影响，从庄子之“去语障、解心囚、恢复活泼泼的整体生命世界”到西方后现代主义之“解蔽”精神的对接，道家美学成为中国美学之“形象代表”。

更为关键的是，任何理论的生成都可以看作是因应现实语境而来的文化建设，回应当下社会语境，在古今对话、中西融通视野下阐发道家思想的现代价值与世界意义是徐复观等台港新儒家学者及以叶维廉为代表的海外华人学者的共同学术取向。然而，在选择道家思想作为阐发对象之前，二者所面对的历史语境、问题意识的差异，不能不影响他们的道家美学阐释形态的差异。如果说徐复观等台港新儒家学者面对中国传统文化被遮蔽或被破坏，重在阐扬与重建“中国艺术精神”，以叶维廉为代表的海外华人学者面临中西文化的冲突，则重在思考如何在西方文化语境中传播中国文化、中国美学，且更多从“道家美学的海外影响”的视域来阐发道家。也正是由此，一种老庄，各自阐述，道家美学在20世纪50年代以来的台港及华人学界呈现多元丰富的景观。

1949年前后，从大陆南渡台港，新儒家学者对于中国传统文化精神的阐扬与重建，更多来自对时代病痛的反省与批导。他们所面临的首要现实问题是中国传统文化被遮蔽或破坏。一方面，西方现代思潮在20世纪五六十年代的台湾泛滥。战后台湾工业以空前的速度复兴，加之蒋氏政府的亲美政策，西方各类现代文化思潮一度凶猛涌入台湾，在岛内风靡一时。以《文学杂志》《现代文学》为代表的现代主义文学和以五月画会、东方画会为代表的现代主义绘画，高举起反传统、反理性、反道德的大旗。这种西方现代艺术的盛行，很快引起新儒家学者的警惕。新儒家唐君毅对西方现代艺术提出了强烈批评："现代之西方艺术，则任主观之意想构造以为意，乃不惜与自然人物之形相，舛异乖忤，则又无异自封闭限制于主观之'意'中，而'意'成罗网。其更欲决裂此罗网，乃或唯破坏形式为形式，任意涂抹颜料，亦任其凌乱杂沓，以表现其心灵之积郁怨愤为事，此则入于艺术之魔道。"① 徐复观更是写了系列文章来批评意识流小说以及超现实主义一系列下来的绘画、雕刻，他认为："现代最大的特性之一，是人的地位的动摇。这在现代艺术方面，便表现为'非人间'的性格。"② "纯主观地抽象艺术，乃是出自变态的，因而是闭锁的人性、心理状态。他们根本失掉了人性最基本作用之一的美地观照的作用。"③ 徐复观的《中国艺术精神》即是回应50年代末60年代初"现代派论战"的成果，他借儒道两家艺术精神的阐释来检讨现代派艺术之"非合理性"，以确立中国艺术精神之"主体性"，即人的主体性。另一方面，胡适、殷海光等自由主义者对中国传统文化的批判，也引发了新儒家学者们的担忧与共斥。方东

---

① 唐君毅：《中国艺术与中国文化》，见《中华人文与当今世界》，广西师范大学出版社2005年版，第665页。

② 徐复观：《现代艺术对自然的叛逆》，见《徐复观文录选粹》，（台湾）学生书局1980年版，第250页。

③ 徐复观：《现代艺术的永恒性问题》，《徐复观文录选粹》，第271页。

美、徐复观都曾多次公开批评胡适。徐复观与殷海光亦在50年代末60年代初展开过“中西文化论战”，这场论战之实质是“西化派”与“传统派”的冲突。不同于自由主义者的西化倾向，新儒家学者认为中国文化之更新应走“返本开新”之路，如徐复观所说：“中国文化，固然有偏差，有流弊，需要大的洗刷，更需要大的接枝接种运动。”① 所谓“接种”即以西方视野为参照，从中国文化本身去疏导、发掘有价值的资源，把它的真精神提出来，秉持的是“中体西用”的模式。徐复观呼吁的“灵根再植”，唐君毅倡导的“人文精神之重建”，都是如此。此外，大陆的左翼唯物主义路线及“文革”浩劫造成了中国传统文化的厄运，隔海引发新儒家知识分子的痛心疾首。唐君毅深感中国文化之“花果飘零”，在《中国文化之精神价值》一书的序中，他痛愤地写道：“唯瞻望故邦，吾祖先之不肖子孙，正视吾数千年之文化留至今者，为封建之残余，不惜加以蠲弃。怀昔贤之遗泽，将毁弃于一旦，时或苍茫望天，临风陨涕。”② 此涕泪之音令人摧心动容。徐复观更是把自己形容为“并没有家”的人，所以唐君毅高呼“人文精神之重建”，徐复观则要为中国文化“招魂”，“要为中国文化当披麻戴孝的最后的孝子”。③ 基于以上这些“当下问题”，方东美揭示庄子之“生命美学精神”，徐复观建构老庄“艺术精神”，唐君毅阐述道家“纯粹之艺术精神”，都可看出他们重建中国文化之精神的努力。在这一重建过程中，最重要一点是对“主体”及与“主体”相应的“心性”“人格”“德性”的重建，徐复观甚至说“人格的修养，成为中国论文论艺的最后的极准，可能是千古不灭的”④。

① 徐复观：《复性与复古》，见《徐复观文存》，（台湾）学生书局1991年版，第126页。

② 唐君毅：《中国文化之精神价值》，广西师范大学出版社2005年版，“自序”第4页。

③ 徐复观：《无惭尺布裹头归》，见《徐复观文录选粹》，第333页。

④ 徐复观：《环绕李义山〈锦瑟〉诗的诸问题》，《中国文学精神》，第314页。

相比较之下，以叶维廉为代表的海外华人学者主要生活在美国等西方国家，切身感受到中西语言、文化的差异，他们所面临的首要问题是中西文化的冲突及如何让西方人正确了解中国文化、中国美学。一方面，西方人对中国文化、中国美学持有偏见，歪曲贬低中国文化，是海外华人学者经常碰到的问题，出于为中国文化“正名”的动机，他们自然要予以辩释。如黑格尔在其《美学》中，就以西方浪漫型抒情诗的标准，批评中国诗缺乏主体性与精神性，叶维廉“反其意而用之”，认为中国诗之“无我”是一种境界，是道家“无言独化”“任物自然”观感物方式的体现，丝毫不逊色于西方浪漫主义诗歌。陈世骧、刘若愚、叶嘉莹等对中国古典文学美学深有研究的华裔学者，也在西方语境下作了不少纠偏与重建的工作，通过“比较诗学”的方法来破除西方思维霸权，阐明中国美学独特的运思及结构方式。另一个层面，海外华人学者的双重身份尤为特殊，即他们既拥有双语优势又面临双重边缘的尴尬。一方面，他们得以不断进出于中西异质文化之间，但浸淫西方文化越深，就越在感情上归属中国文化，叶维廉曾剖白自己的心迹：“中国的思想，有无比的独立的潜力，只是它的面貌被历史歪曲了，被西方某种控制的模式僵化了，所以彳亍不能生动。……如果对根的文化都没有信念，不带点狂傲，中国便趋于衰微。我是很希望能和有心人，国内的和台湾方面的，努力去唤起自己文化根（不受西方有色眼镜透视）的再认。”① “我何尝愿意放逐在外，为别人的世界而折腰，但为了做一些整体的工作，为了可以保存一个较大的透视，我不得不自我孤立在此。”② 此两段出自私人信件的表达，显得愈加情真意切，足见作为一

① 叶维廉：《致萧乾信（1980 年春）》，《叶维廉教授手稿资料 · 书信底稿》，台湾大学图书馆特藏，2003 年。

② 叶维廉：《致卞之琳信（1979 年 10 月）》，《叶维廉教授手稿资料 · 书信底稿》，台湾大学图书馆特藏，2003 年。

位华人在西方学术语境下从事中国研究的情怀。此外，长期在海外学术机构工作，对于中国美学、诗学在西方的传播与影响有着特殊的“敏感”与得天独厚的研究条件。叶维廉在海外语境中研究道家美学的一个着力方向就是寻找道家美学与西方现代诗的对接点。从《静止的中国花瓶——艾略特与中国诗的意》（1960 年）开始，叶维廉就开始探寻中国道家美学如何影响了英美现代诗这一课题。叶维廉通过中国山水诗、山水画这两个中介，通过语言语法分析，论证“道家美学”对英美现代诗所起到了“触媒”性的作用，并进而对美国乃至西方当代文化产生了影响。钟玲、奚密及目前在大陆工作但具有海外背景的赵毅衡都对“中国诗学西方影响”尤为关注并积极探索。

在此，需要重提台港地区道家美学阐释之成就对于 20 世纪庄学史和中国现代美学史之“整体性”的重要意义。今天的中国现代美学史仍难免存在把 20 世纪 50 至 80 年代这一时段看作中国现代美学发展的“断裂”的倾向，如章启群先生在《百年中国美学史略》一书的序中就总结道，“20 世纪的上半叶的中国美学研究，呈现出一种蓬蓬勃勃的景象……但是，在 20 世纪的下半叶，这种富有生机的景象被一种肤浅、表面化的喧闹所代替。除了与意识形态相关的一种美学理论呈现出畸形的繁荣以外，其他的美学理论和思想几乎无学可谈。”① 这种认识并没有把 20 世纪 50—80 年代台港及海外华人学者的美学成就纳入考虑。台港文化是中国文化不可分割的一部分，如果视野放开，就不会说中国 20 世纪下半叶“除了与意识形态相关的一种美学理论呈现出畸形的繁荣以外，其他的美学理论和思想几乎无学可谈”。台港及海外华人学者对于道家思想的现代美学阐释，对于弥补大陆美学的传统“断裂”，接续中国现代美学的“历史整体性”来说，其价值亟待阐发。

---

① 章启群：《百年中国美学史略》，第 3 页。

第六章

儒道汇通：台港新儒家视野中的道家艺术精神

台港新儒家学者虽然并不专门研究美学，但他们据其深湛的哲学功力，加之哲学与美学之亲缘关系，从哲学视野透视中国美学、中国艺术，亦不无精微睿见，甚至是自有一番高格。不管是“勇者型儒者”徐复观，还是“仁者型儒者”唐君毅、“诗哲型儒者”方东美，都对中国传统文化一往情深，并以儒家为本位，贯通道、佛、禅，涉猎历史、哲学、文学、艺术等诸多领域，汲取欧美、印度、日本的学术精华，以融贯的大视野致力于“中国文化精神”的重建，再铸民族魂。新儒家释道家，本身是一个有意味的问题，儒道汇通成为台港新儒家阐发道家的普遍视野和自觉意识。方东美从“普遍生命”根源开掘出老庄艺术精神的雄浑之美，为其生命美学的建构增添一股磅礴超越之气。唐君毅论道家“纯粹之艺术精神”，可以说是对他“道德为体、艺术为用”之儒家艺术观的逸出。徐复观从“人性论”根底、思想史立场疏释道家艺术精神，更是濡染了浓厚的以儒解道、儒道汇通的色彩。

第一节　从“生命”开掘庄子艺术精神的雄浑之美

方东美先生一生致力于激浊扬清、阐扬光大中国哲学的生命精神，1947年迁台执教杏坛、春风化雨30载，在台港及海外地区产生深远的影响。方东美尤能欣赏怀特海（Alfred North Whitehead，1861—1947）所谓的“哲学与诗境相接”一说，即“哲学的高度发展总是与艺术上的高度精神配合……中国人总以文学为媒介来表现哲学，以优美的诗歌或造型艺术或绘画，把真理世界用艺术手腕点化，所以思想体系成立的同时又是艺术精神的结晶”①。这一点和他对庄子的评价遥相呼应：“庄子是兼有诗和哲学两方面造诣的伟大天才，作为一位诗人，他带有浓厚的情感，作为一位哲学家，他献身于精神生命的高扬。”② 方东美称“在性情契合上我是道家”③，作为“诗人兼哲学家”④，他用生命体验庄子，两相契合，所以也尤能钟情于庄子所开启的中国之艺术境界。他极重视对《周易》生命精神与《庄子》艺术精神的阐发与融通，从“普遍生命”看老庄，认为道家哲学充满了艺术情调与美感，并最为用力于阐发出道家思想之超越性的“大美”，运转不息的“生生之美”，“乘虚凌空”“积健为雄”的刚性之美，为其生命美学的建构增添一股磅礴雄浑之气。他通过阐释《庄子》文本来打通儒道，阐扬最能与西方哲学抗衡的中国哲学精神、艺术精神。

---

① 方东美：《原始儒家道家哲学》，第10页。

② 方东美：《从比较哲学旷观中国文化里的人与自然》，见《生生之德》，（台北）黎明文化事业股份有限公司1979年版，第272—273页。

③ 《方东美先生演讲集》，（台北）黎明文化事业股份有限公司2005年版，第99—100页。

④ 方东美：《诗与生命》，见《生生之德》，第394页。

一、道家哲学的艺术情调与美感

原始儒家与原始道家是方东美最看重的中国思想之两大流派，中国人对美的看法，孕育在道家和儒家的伟大系统中。在方东美看来，庄子是融贯《周易》与《老子》的哲学家，对中国艺术精神最能曲为表达。方东美多次提及庄子的学说综合了孔子和老子："庄子立言，上合老、孔，所以说得最妙。"① "庄子把老子和孔子的智慧推展到极点，同时也为一千年以后的大乘佛学融入中国哲学而铺路。"② 庄子被方东美当成儒道两家系统的集大成者来看待，是方东美心中最理想的哲学家。同时，由于他论原始儒家不重《论语》，而是以《尚书》和《周易》作为孔子所代表的儒家经典，尤钟情于《周易》，所以说庄子综兼老、孔，实际上是融合发展了《周易》和《老子》。老子庄子学说一脉相承已是通识，《周易》与《庄子》之间血缘关系也论者众多，如朱伯崑先生认为："《彖》文多韵语，同老庄著作为一类，作者为南方人。"③ 持中国哲学"道家主干说"的陈鼓应先生，更是详细论证了"《易传》主体思想乃属老庄哲学发展之系脉"④。所以，胡军教授认为方东美以《周易》来阐述儒家思想，犯了"张冠李戴"的错误，"他所谓的儒家哲学却也成了道家的哲学"，并认为"方东美是一位地地道道的新道家"⑤。而把方东美划归为"现代新儒家"的余秉颐也强调"将学

---

① 方东美：《中国人生哲学》，第 44 页。

② 方东美：《从比较哲学旷观中国文化里的人与自然》，见《生生之德》，第 299、273 页。

③ 朱伯崑：《易学哲学史》上，北京大学出版社 1986 年版，第 40 页。

④ 陈鼓应：《易传与道家思想》，商务印书馆 2007 年版，第 1 页。

⑤ 胡军：《方东美的道儒会通及其庄学精神》，见陈鼓应主编：《道家文化研究（第二十辑）——"道家思想在当代"专号》，生活·读书·新知三联书店 2003 年版，第 171—172 页。

者和诗人的方东美视为一位富于道家气质的现代‘雅儒’”[①]。目前大陆学界对于方东美的学派归趋问题争论不息，某种程度上与方东美不太重视各学派之间的差异性，而是全力求各学派之通性以发掘中国哲学“一以贯之”的精神相关。

道家哲学在方东美看来满溢艺术的情调与美感。首先，道家的“诗哲”型人格。方东美借用剑桥大学康佛教授的提法，把中国哲人分为诗人、圣贤、先知三种类型，最理想的人格是三者合一的复合型人格，但现实中的哲学家毕竟是人，而人之才情必定有所偏重，如果说佛学家倾向先知、宗教家，儒家倾向圣贤，道家则倾向诗人、艺术家。所以，“就中国哲学家的艺术才能看起来，我们可以说，道家远超过墨家，甚至于超过儒家”[②]。“道家之诗人灵感或气质，可说是得天独厚”[③]。显然，从老子、庄子哲学来看，“诗人、艺术家”更多指的是庄子，方东美多次称庄子为“雅儒”，“雅儒”在方东美的理解中，一是“儒家兼道家”[④]，二是透过“诗情了解宇宙人生”。同时被方东美称为“雅儒”的是以文学家身份名世的屈原、陶渊明、李白、杜甫等。[⑤] 显然庄子之所以被方先生称作“雅儒”无不由于庄子的诗人气质和《庄子》文本的文学特质。其次，道家宇宙观之诗意化境。庄子不仅认为时间无限，也认为空间无穷，在这无限无穷的时空中，即宇宙中，庄子“以其诗人之慧眼，发为形上学睿见，巧运神思，将那窒息碍人之数理空间，点化之，成为画家之艺术空间，作为精神纵横驰骋、

---

① 余秉颐：《方东美哲学思想的理论归趣——与胡军先生商榷》，《学术月刊》2001 年第 12 期，第 48 页。

② 方东美：《原始儒家道家哲学》，第 185 页。

③ 方东美：《中国形上学中之宇宙与个人》，见《生生之德》，第 286 页。

④ 方东美：《原始儒家道家哲学》，第 134 页。

⑤ 方东美：《原始儒家道家哲学》，第 134 页。

灵性自由翱翔之空灵领域。”① 经诗人之眼、艺术家的心灵点化，播艺术之神思以经纶宇宙，宇宙之景象顿显芳菲蓊勃之意境。这是一种艺术之意境，区别于希腊人与近代西洋人宇宙之科学之理境，独具中国特色。再次，道家的生命情调表现为一种美感。方东美认为：“透过中国人共同的才情来点化宇宙，这个共同的才情是什么呢？就是艺术的才情，以艺术的才情，把有限的宇宙点化成无穷的境界。……尤其是道家，特别富有这一种精神。他处在有限的境界里面，能够破除有限，而通达到无穷的前头。”② 在道家看来，人、宇宙、艺术三者如神之于影、影之于形，交相感应，统摄于“普遍生命”的大化流行中。道家生命情调表现为一种观宇宙的姿态，美感涵摄在这种姿态之中。

二、“天地之大美”的道家渊源

方东美称中国艺术之“美的本质”即是一种“天地之大美”。“天地之大美”出自《庄子·知北游》中的“天地有大美而不言，四时有明法而不议，万物有成理而不说。圣人者，原天地之美而达万物之理，是故至人无为，大圣不作，观于天地之谓也”。庄子以“无言”讲“天地之大美”讲的是美的特性，而不是美的本质，何谓“天地之大美”？方东美进一步引发之：“天地之大美即在普遍生命之流行变化，创造不息。我们若要原天地之美，则直透之道，也就在协和宇宙，参赞化育，深体天人合一之道，相与浃而俱化，以显露同样的创造，宣曳同样的生香活意，换句话说，天地之美寄于生命，在于盎然生意与璨然活力，而生命之美形于创造，在于浩然生气与酣然创意。”③ 从这里，可以看出

---

① 方东美：《从比较哲学旷观中国文化里的人与自然》，见《生生之德》，第300页。

② 方东美：《原始儒家道家哲学》，第184页。

③ 方东美：《中国人生哲学》，第212页。

“天地之大美”主要有以下几个方面的内涵：

首先，天地之大美是一种生生之美。“生命精神”是方东美哲学的枢纽，也是他美学的核心。其“生命精神”化自中国哲学的“万物有生论”，不仅指人之生命，更旁涉宇宙一切万物之生命，所以他又在多处称之为“普遍生命”。普遍生命大化流衍，灌注于世界上万事万物之中。科学、哲学、艺术、道德、宗教因为普遍生命的流灌其中而息息相通，中国哲学之宇宙论、本体论、生命论、艺术论、价值论都无法不从“普遍生命”说起。万物含生，流衍互润，生命精神得以弥漫天地、周行无穷，中国艺术作品之职志在尽情宣畅此种生命劲气。方东美反问：“宇宙假使没有丰富的生命充塞其间，则宇宙即将断灭，哪里还有美之可言。而生命，假使没有玄德，敝则新、生而不有、为而不恃、长而不宰、功成而弗居，则生命本身及将‘裂、歇、竭、蹶’，哪里更还有美可见。”① “生而不有、为而不恃、长而不宰、功成而弗居”来自《老子》第十章，指“道”孕育万物，推动万物繁殖、成长、发育、结果、成熟，但又不据为己有，不恃为己功，不主宰它们生命。“普遍生命”发而为用，体现在中国艺术作品中为一种“生命精神”。天地之美寄于生命，生命之美形于创造，如中国音乐最能表现生命的雄姿、生命的旋律；殷商周代以降到汉代的青铜、陶器上的雕刻、雕纹尤能宣畅雄伟无尽的生命威力；汉代的浮雕、北魏的壁画、唐代的佛像雕刻都寄寓着循环不息的生命元气；而中国诗词作品也在于表现宇宙人生之“生香活意”，创作者发之、欣赏者体之，在生命的相遇与碰撞中，粲然一笑，欲辩已忘言。借方东美释《周易》之“生生之德”，我们可以说中国艺术之大美为“生生之美”，“普遍生命”是其核心，“创进不息”是其运动形态，“气韵生动”则是其

---

① 方东美：《中国人生哲学》，第 214 页。

艺术形态。

其次，天地之大美也是一种超越之美。此种超越呈“双回向”，一方面提神太虚、游于玄境，从相对的“有”进入绝对的“无”；另一方面俯瞰人间、和光同尘，从绝对的“无”返回相对的“有”，这种上下双向、并轨发展的超越精神，方东美借庄子《逍遥游》中的大鹏之喻来说明。大鹏抟扶摇而上九万里，负云气，背青天，达“寥天一”处以契会真宰、冥合大道，顿觉一种弥沦宇宙生命的“天地之大美”，将这种天地之大美向下流注，投放回人间世，顿觉“天之苍苍，其正色邪？……其视下也，亦若是则已矣”（《庄子·逍遥游》），将人世间点化为艺术天地。天地宇宙之大美与人间世之艺术美一体俱化，既“独与天地精神相往来”又“与世俗处”，在某种程度上的确抓住了庄子超越意识的真正本质。但是方东美真正看重的却是向上的超越精神，而不是向下的回流精神。大鹏挟天地生命之大美将人世间点化为艺术天地，说“点化”，不如说“美化”。方东美从“美善合一”的美的理想出发，赋予大鹏逍遥游之美的象征的同时，也赋予其美化人间的善的职责，“透过诗意的创造的幻想来看人性的缺陷，使之美化了，从而宽恕欣赏，这是道家精神特别的地方”①。方先生虽然从情感上偏爱庄子之遗世独立、超凡脱俗，但也曾批评道家“超脱之后会有看不起世界的危险”②。由此看来，为从哲学上建立一个统摄形而上学与价值论，融贯美与善的理想，方东美并未能照顾到庄子之思想事实本身，他对庄子超越之美的价值属性的阐发带有明显的“六经注我”的意味。

再次，天地之大美是一种和谐之美。方东美把“天地与我并生，万物与我为一”看作道家的一贯之道。宇宙广大悉备，旁通统贯，天

---

① 方东美：《新儒家哲学十八讲》，（台湾）黎明文化事业股份有限公司 2005 年版，第 128 页。

② 方东美：《原始儒家道家哲学》，第 41 页。

地含生、万物含情，人置身于天地万物之“生命场”，相与浃化，畅游无碍。不同于西方哲学主流从二元对立思维出发，把我与物、人与天“剖为两橛”，从而导致了人与宇宙自然的疏离，相比之下，中国哲学之思维是一种“彼是相因”的交感和谐：“一方面，在任何空间、时间与时空的透视之下，每一个体都能两两相待，彼是相需，故能冥齐物我，更而物物均调，互摄交融，形成一体周匝，了无障碍；另一方面，一切万有又都契入大化之流行，深悟天地同根万物一体，故能以大道为枢纽，而怡然与化同体。要之，一切大化流行，莫非妙道之行，足以包举万有，涵盖一切，广大悉备，了无遗韵。因此大道乃能曲成万物，无所不在，自物观之，一切万有皆沐浴大道之中各适其性，各得其所，所以在本质及尊严上皆系一往平等，而自道枢观之，则一切万物并作，乃因其各依本性，相待而有，大道自身只是致虚极、守静笃，从而无为观复而已，所以不论从哪一方面来看，宇宙与人，乃至与一切万物万有，都是广大和谐的关系。”① 方东美通过对庄子之“齐物”思想之阐释，解释了天地之大美的“和谐”要义。

三、“乘虚凌空”与“积健为雄”的道家艺术精神

《原始儒家道家哲学》一书开篇阐述“中国哲学之根本意涵”，方东美就一语道明，“道家在中国精神中，乃是太空人，无法局限在宇宙狭小的角落里，而必须超升在广大虚空中纵横驰骋，独往独来。乘虚凌空是道家的精神，但同时也要‘积健为雄’，如大鹏在抟扶摇升空前，要先修养，先培风，积聚精神力量到一定程度才能起飞。”② 方东美称道家为“太空人”，用“乘虚凌空”形容道家艺术精神恰到好处。而

① 方东美：《中国人生哲学》，第 179—180 页。
② 方东美：《原始儒家道家哲学》，第 12 页。

“积健为雄”容易被理解为儒家精神，方东美独辟蹊径，认为“就‘积健为雄’方面看，原始儒家与道家是一致的”①。这极其呼应方先生对于庄子的定位——融合《周易》《老子》的“诗人哲学家”。根据方东美的逻辑，由于《庄子》与《周易》文本存在着互相涵摄、秘响旁通之处，作为一种艺术精神的“积健为雄”不仅出自《周易》，也通于《庄子》。他从“普遍生命”看庄子，尤其倾心于庄子之“乘虚凌空”“积健为雄”的刚性之美，这种美学建构可以看成他“生命哲学”建构的其中一环。

（一）“乘虚凌空”。方东美以“时空观”论儒道两家哲学之对比与融通，独具特色，他以为儒家是一种“时际人”（time-man），尚“时”；道家是典型的“太空人”（space-man），尚“虚”“无”。② “乘虚凌空”可以说是“太空人”的基本品格。这里的太空，“并不是几何学、物理学上有形的空间，而是像德国艺术史家 Wolfflin 所谓的诗的空间，因为如果是物理的空间，则在一层层的空间上仍受障碍，而诗的空间则可一直在上界腾云驾雾，超升而了无障碍……所以道家事实上是艺术幻想中的太空人，因此精神能如此超升，到达高超的境界，再回看世界，对于世间的许多愚蠢、愚昧、错误的地方才可以原谅”③。显然，“回看世界”之说是方东美念念不忘将美之价值善性给予“太空人”的修饰之词，“太空人”真正强调的是道家之超入“无”境的绝对自由之美。庄子笔下的大鹏御气培风而行，“与造物者游”还不是最高境界，最高的境界在于直造乎“廖天一”处，洒脱太清，洗尽尘凡，作“无待”之游。庄子醉心于“独”，“独与天地精神相往来”，遗世独立，乘虚凌空，飘飘然有几分“仙气”，方东美沉潜道家，与之周旋，深悟此

① 方东美：《原始儒家道家哲学》，第 12 页。

② 方东美：《中国形上学中之宇宙与个人》，见《生生之德》，第 287 页。

③ 方东美：《原始儒家道家哲学》，第 43 页。

中奥妙，不禁自叹，“吾人一旦论及道家，便觉兀自进入另一崭新天地，如历神奇梦幻之境”①。“太空”之境为一“梦幻之境”，老子之“玄”，庄子之“太虚”，是“太空”的另一说法。

方东美对于道家之“虚”“空”“无”尤为看重，他认为：“在哲学中‘无’比本体论上的‘有’更重要，它是超本体论。”② 儒、道两家哲学的根本差异在于儒家只讲本体论，滞留在“有”的世界里面，而道家能在空间上开拓出“虚”“空”“无”之领域，讲“本体论”的同时还讲“超本体论”，所谓“有之以为利，无之以为用”（《老子》第十一章），有无相生、虚实相涵即是此意。道家最能化有为无、以无达有，实者虚之、以虚显实，这正是中国艺术之妙蒂。方先生以诗人之慧眼，发现“中国人之空间，意绪之化境也，心情之灵府也，如空中音、相中色、水中月、镜中相，形有尽而意无穷，故论中国人之空间，须于诗意词心中求之，始极其妙”。③“诗词的语句，犹如大鹏展翅，扶摇直上而驰情入幻，遨游太虚而臻于完美；中国的绘画在精神上就如‘太空人’，能够提神入虚，俯视万物。”④ 庄子与中国绘画的精神渊源绵密深远，可惜方东美并未展开论述，徐复观先生在《中国艺术精神》中详细疏释出中国山水画论史里的庄子艺术精神，使其昭明朗现。相对于“实”“有”来说，“虚”“无”更能传达空间之“冲虚绵渺”之意，空灵缥缈、美感丰赡，是艺术的、审美的、意境的空间。

（二）“积健为雄”。“积健为雄”来自托名司空图的《二十四诗品》之“雄浑”一品，“大用外腓，真体内充。返虚入浑，积健为雄。具备万物，横绝太空。荒荒油云，寥寥长风。超以象外，得其环中。持

---

① 方东美：《中国形上学中之宇宙与个人》，见《生生之德》，第 295 页。

② 方东美：《原始儒家道家哲学》，第 30 页。

③ 方东美：《生命情调与美感》，见《生生之德》，第 131 页。

④ 方东美：《中国人生哲学》，第 222 页。

之匪强，来之无穷。”方东美以“雄浑”来形容道家之生命艺术精神，谓之“道家之大合唱”①。这首诗本身汲取了大量的道家元素，“大用”“真体”“虚”“浑”“太空”“环中”等都是来自老庄。何谓雄浑？得扣住“返虚入浑、积健为雄”来解答。杨廷之《诗品浅解》释为“大力无敌为雄，元气未分曰浑”②。而方东美运用“雄浑”一诗来说明道家之“生命精神”，并不求确解“雄浑”之义，而是取此诗的所彰显出来的“力”“气势”而用之。从他对《逍遥游》的意旨的解说可以看出。他说：“我们若要了解《逍遥游》，千万不能只透过向秀、郭象的注来了解！……‘小大虽殊，而放于自得之场，则物任其性，事称其能，各当其分，逍遥一也！’这种看法只是近代‘小市民的心声’！”③郭注以为万物各适其性，并无高下优劣之分，方东美为了张扬一种不断超升、至刚至大的创生不已的生命精神，自然不会认同郭注把大鹏之“抟风九万”与小鸟之“决起榆枋”看作“逍遥一也”。大鹏鸟培风而行，直上云霄，正是“积健为雄”的最佳说明，此等境界不是燕雀的“小市民”心态所能理解。方东美以“劲健”一品来形容儒家周易精神，“喻彼行健，是谓存雄”，可以和“积健为雄”互相阐发。郭绍虞先生《诗品集解》则释“健”为“强健之气”，“雄”为“刚也，大也，至大至刚之谓”。④“积健”方能“为雄”，只有蓄积强劲充周之力，以“横绝太空”之势，才能达至“至刚至大”之境。

在《二十四诗品》中，“雄浑”“劲健”属“阳刚之美”，与“冲淡”“含蓄”之阴柔美相对。前者偏于壮美，后者偏于优美，都受到《庄子》的深刻影响。从老子的“柔弱胜刚强”、庄子的“淡然无极而

---

① 方东美：《诗与生命》，见《生生之德》，第 397 页。

② （唐）司空图、袁枚著，郭绍虞集解辑注：《诗品集解　续诗品注》，第 3 页。

③ 方东美：《原始儒家道家哲学》，第 246 页。

④ （唐）司空图、袁枚著，郭绍虞集解辑注：《诗品集解　续诗品注》，第 4 页。

众美从之”来看，后之深受老庄精神影响的论者偏爱中国艺术之“冲淡”“自然”“空灵”之美。如王国维以中国艺术“优美”高于“壮美”，因为表现“优美”的“无我之境”更能神会庄子“冥齐物我”之说；宗白华从中国各门类艺术提炼艺术精神契会庄子，言“虚静”，尚“空灵”；徐复观《中国艺术精神》认为表现在中国山水画论史里的谢赫之“韵”、顾恺之之“神”、张彦远之“自然”、黄休复之“逸”、郭熙之“远”、董其昌之“淡”，都受庄子之“道”的启发而一脉相承。庄子的“雄浑”“壮阔”之美，在某种程度上受到遮蔽。方东美却不同，他从“生命精神”出发，认为：“从个体来看，艺术家一直在追求壮美，从宇宙来看，则其内心深感与宇宙生命脉动相连，所以合而言之，他才能酣然饱餐生命的喜乐，怡然体悟万物与我合一，盎然与生命生机同流，进而奋然振作人心，迈向壮美，凡此种种，正是中国艺术绵延不尽之大用!”① 在《二十四诗品》中，他舍“冲淡”而取“雄浑”来形容道家，否定几成权威之论的郭象释庄子《逍遥游》之说，把《周易》精神注入对《庄子》的阐发中，以“积健为雄”表达了对庄子艺术精神的理解。《东美纪念亭碑铭》中概括方东美一生“于道家则赞明其诗艺化境，宣扬高瞻远瞩之生命气魄”②。极其切要。

不管是1937年他应抗战之需演讲的《中国人生哲学概要》，还是1956年初次回应西方学者挑战而用英文写的《中国人的人生观》，抑或其晚年呕心沥血所著的英文巨著《中国哲学精神及其发展》，三书的见解呈纵深式不断成熟，但著述体例、纲维几近一致，都是以阐释哲学史上的代表流派，以哲学通史的写作方式来提炼精神、建构体系。“生命”是方东美建构哲学体系的根基与支柱，也是贯通中国哲学史的命

---

① 方东美：《中国人生哲学》，第231页。

② 《东美纪念亭碑铭》，冯沪祥编著：《方东美先生的哲学典型》，（台湾）学生书局2007年版，第263页。

脉。为“生命精神”寻找源头活水，方东美通过对集原始儒家原始道家之大成的、融合了《周易》《老子》思想智慧的《庄子》的创造性阐释，搭建了其生命美学的哲学基础。更重要的是，从把庄子定义为融贯老孔的哲学家，到庄子“乘虚凌空”与“积健为雄”之艺术精神阐发，一方面是他对中国传统文化之根深热爱，另一方面也离不了他直面时局，以一个文化人特有的方式呼吁国人生命精神的觉醒。对于疲弱之民族命运的忧虑，凡斯种种，无不激荡着方东美立志描绘“人与世界在理想文化中的蓝图”，以“生命精神”灌注其中，并急切地播向西方。从比较哲学视野出发，以生命哲学为依归，方东美阐发了道家“大气磅礴的精神气魄”①，宣畅了中国美学之酣畅淋漓、饱满健康的“生命精神”。

第二节　从“道德理性”发见道家“纯粹之艺术精神”

近年来，台港新儒家唐君毅的美学思想日益受到学界的关注与研究，论者大多从唐氏的新儒家身份切入，认为其美学根本上是一种“儒家文艺美学”②、“仁道美学观”③，此种“知人论世”的入思易于给唐君毅的美学以平实的定位，但也极易给研究对象造成遮蔽。因为当唐君毅从“道德文化哲学”的角度，顶着“人文精神重建”的压力来综论“道德精神”与“艺术精神”时，他把二者的关系理解为“体用关系”，即道德为体、艺术为用。但当他从具体的绚丽多姿的中国各门

① 方东美：《原始儒家道家哲学》，第 248 页。

② 张毅：《儒家文艺美学——从原始儒家到现代新儒家》，南开大学出版社 2004 年版。

③ 见侯敏：《有根的诗学：现代新儒家文化诗学研究》。

类艺术的表现特质分析出发，结合他个人的欣赏体验，来提炼“中国艺术精神”时，却能从纯粹美学眼光看出中国艺术异于西方艺术的精神本质所在。其论中国艺术本质之“虚实相涵”“生化无穷”之“化”境，都深契于道家所开启的中国艺术精神，可以说是对他“道德为体、艺术为用”之艺术观的逸出。

一、道德与艺术的两种关系

唐君毅哲学属于客观唯心主义哲学，“道德理性”是其哲学的“环中”。“道德理性”对于唐君毅哲学来说，类似于柏拉图的“理念”、康德的“物自体”、黑格尔的“绝对精神”，也近于孔子之“仁”、孟子之“义”、程朱之“理”、陆王之“心”，同时与方东美之“普遍生命”、熊十力的“仁体”、牟宗三的“心体”、徐复观之“心性”有着同样的地位和作用。从唐君毅的学术历程来看，在1944年出版的《人生之体验》《道德自我之建立》中，他通过人生体验的反复证悟，发现并充分肯定人之“道德主体”，“超越现实自我，于当下一念中自觉地自己支配自己，以建立道德自我之中心观念”①。20世纪50年代，唐君毅有感于中国文化之“花果飘零”而提倡“灵根自植”，并把全幅生命投入到“中国文化之精神价值”的抉发与“人文精神重建”的思考当中，继续深化对“道德”的认识。其出版于1957年的《文化意识与道德理性》一书旨在说明：“人类一切文化活动，均统属于一道德自我或精神自我、超越自我，而为其分殊之表现……一切文化活动之所以能存在，皆依于一道德自我，为之支持。一切文化活动，皆不自觉的，或超自觉的，表现一道德价值。道德自我是一，是本，是涵摄一切文化理想的。文化活动是多，是末，是成就文明之现实的……所以本书之目

① 唐君毅：《道德自我之建立》，广西师范大学出版社2005年版，“自序”第19页。

的，一方是推扩我们所谓道德自我、精神自我之涵义，以说明人文世界之成立；一方即统摄人文世界于道德自我、精神自我之主宰之下。”① 唐君毅以“道德”统摄一切文化活动，根据其理解，“道德”不是超绝于文化之上，而是内化于文化活动中，既内在又超越的实践形态。“道德理性”与“文化意识”呈“理一分殊”之关系，诸如宗教、科学、政治、艺术、文学等无不都是“道德”分殊的表现。唐君毅在其晚年集大成之作《生命存在与心灵境界》自序中曾赋诗：“30 年来寻剑客，几回叶落又抽枝。自从一见桃花后，直至如今更不疑。”② 笔者认为“一见桃花”指的是他早年对于“道德自我”契然遇合，30 多年来，随心灵之层层证验、学问之层层进境，唐君毅的学问一贯而出，即他对“道德自我”的执着思考与实践。

由此来看唐氏所理解艺术与道德之关系，艺术作为文化之一种，与道德是“体用”关系，“道德”为体，“艺术”为用。然而，唐君毅很多时候又把道德与艺术并称，认为二者是“并列”关系，如他认为西方文化偏于科学与宗教，中国文化偏于道德与艺术。何以会有如此矛盾不一之处，还得从究竟何谓唐君毅之“道德”寻找原因。客观来看，唐君毅所使用的“道德”有广狭义之分。广义的“道德”，指一种“精神”，一种“自觉的自己支配自己之生活”③ 的向善的意志。狭义的“道德”，指一种“活动”，一种并列于政治、艺术、科学、宗教的伦理活动。当“道德”指向一种“精神”时，它是所有文化活动的灵魂和向导，当“道德”指向一种“活动”时，它与艺术并驾齐驱于中国文

---

① 唐君毅：《文化意识与道德理性》，中国社会科学出版社 2005 年版，“自序（二）”第 3 页。

② 唐君毅：《生命存在与心灵境界》，中国社会科学出版社 2006 年版，“自序”第 3 页。

③ 《唐君毅著作选：人生三书》，中国社会科学出版社 2005 年版，第 3 页。

化大河中。唐君毅在行文中并未仔细区分两种“道德”的所指义，造成“道德”广狭义之界限的模糊。再由此进一步看唐君毅对于“艺术”的态度，“艺术”既可以归属于作为“精神”的“道德”之下，又可以独立于作为“活动”的“道德”之外。也正是这一双重认识为唐君毅之论“中国艺术精神”的矛盾埋下伏笔。当唐氏从道德本体的眼光看中国艺术，中国艺术只能是道德精神的表现，归宗儒家；而当他撇开本体来源，直面中国艺术形式本身的鉴赏分析时，中国艺术精神自成一脉，深契道家。

二、道家“纯粹之艺术精神”

徐复观在《中国艺术精神》一书中对中国儒道两家之艺术精神予以现代疏释，认为二者都是为人生而艺术，相对“儒家所开出的艺术精神，常需要在仁义道德根源之地，有某种意味的转换……由道家所开出的艺术精神，则是直上直下的，因此，对儒家而言，或可称庄子所成就的为纯艺术精神”①。并通过翔实的逻辑论证与个案阐发，徐氏彰明了庄子之“纯艺术精神”的美学价值，影响极深远。然而，如果把徐复观所阐释的“庄子艺术精神”当成一个不断生成的命题来看，可以发现唐君毅早在20年前就已经触及此一命题，其提法与徐复观先生极其类似。唐君毅1947年在南京为《东方与西方》一刊所作的《中西文化精神之比较》（后纳入1955年出版的《人文精神之重建》）中，通过中西、儒道的层层比较来推出道家所表现的为一种“纯粹之艺术精神”。

中国文化思潮虽多变，然而以儒道二家相激荡、相错综之发展为其主流，二家都表现出对艺术精神的重视，但各有所偏。唐君毅把中国艺术精神分为“统于道德之艺术精神”与“纯粹之艺术精神”两种：“纯

① 徐复观：《中国艺术精神》，第82页。

粹之艺术精神重观照。观照必以空灵为极致。统于道德之艺术精神，必重表现其内心之德性或性情，而以充实为极致。”孔子可以说是“统于道德之艺术精神”的首倡者，孔子定礼乐而统之以仁，仁立于礼而成于乐，又曾闻韶而三月不知肉味，赞曾点之志，笑弦歌之声，可见孔子既重视道德精神又尊重艺术精神，但是“在孔子思想，毕竟以道德为主，心由道德之实践，而和顺积中，英华外发，显为德音，可以感动人之善心者，斯为尽善尽美之乐……故孔子之艺术精神，是表现的、充实的，而非观照的、空灵的”。孟子曾曰“充实之谓美”，一脉相承。相对来说，“纯粹之艺术精神”主要体现在道家：

> 以道无乎不在，平齐万物，而观道于蝼蚁稊稗。此正是一观照的、欣赏的艺术精神。故庄子亦以天籁、天乐象征得道之境界。纯粹观照的、欣赏的态度，必使对象空灵化，成即虚即实者。而道家之道，亦即有即无，似有似无之物，而存于希夷恍惚、虚无寂寞之境。道家之人生观，唯重齐是非、忘生死得失利者，以忘物我之别。物我之别忘，而游心于万象，与天地之一气，此观天地之大美之艺术境界。物我相忘，而以神遇，不以目视，以游刃于虚，此成人间之大巧之艺术精神。①

由这段话可知，唐君毅从“观物达物”这一角度来阐发道家“纯粹之艺术精神”，不同于儒家把道德、性情投注于对象之中求其表现，道家观物毫无功利性，纯粹是一种“欣赏的”“游心的”态度，也就是一种“即物即道”的直观艺术精神。而这种直观艺术精神之达成，一须观照主体（人）能“虚灵其心”，即“齐是非、忘生死”，心斋坐忘、离形去知，“忘物我之别”；二须观照客体（物）能“虚实相涵”，物全虚

① 唐君毅：《人文精神之重建》，第79—80页。

不以成其物，全实不以承其物，“空故纳万境”。主体、客体“游刃于虚”，才能“以神遇，不以目视”，成就“人间之大巧之艺术精神”，“大巧”即毫无技巧，也就是成就“观照的、欣赏的艺术精神”。所以，唐君毅对庄子之“虚灵明觉心”尤其看重，对中国艺术之“虚实相涵”的本质亦极力阐明。

唐君毅所阐发的庄子之“虚灵明觉心”极类似于徐复观在《中国艺术精神》中所强调的庄子之“虚静之心”，徐复观把“虚静之心”作为“庄子精神的主体”来把握，唐君毅虽然未能把“虚灵明觉心”上升到“艺术精神主体”的地位，但是其所阐释的“虚灵明觉心”有着极浓厚的艺术意味。中国文化历来对“心”非常重视，以儒家来比较，儒家是有为之学，其言“心”，或承载知识、明察物理，或显性情、言教化，成己成物，以道德心之圆满成就为归依，有非常强烈的功利色彩。而“道家之虚灵明觉之心，则不以成就知识为目的。同时复直接与所接之物相遇，与大化同流”①。老子之“致虚守静”“空虚不毁万物为实”，庄子之“天地与我并生，万物与我为一”，强调“无己”“忘我”“丧我”，摒弃智性思考、消除概念运用所产生的阻隔，直接与物相遇，当下即悟，当下即化，物我相携在一片虚灵中运转无穷，与大化流衍。儒畅性天之机，以成己成物，道养心气之虚，以静照无求。“纯粹之艺术精神”，“根本在移情于物而静观静照之。静观静照之极，必突出对象，使之空灵”。② 要达到静观静照，则必须先虚静其心，“此心之感而后应，应而即忘，随气化而运行不滞，‘不将不迎，应而不藏’之虚灵明觉。此即庄子所谓常心，所谓‘万物不可纳于灵台’之‘灵台’。”③ 此种“虚灵明觉心”透彻玲珑，显一片艺术化境。

① 唐君毅：《中国文化之精神价值》，第 95 页。

② 唐君毅：《人文精神之重建》，第 75 页。

③ 唐君毅：《中国文化之精神价值》，第 94 页。

同时，唐君毅多处论及中国艺术深受道家艺术精神的深远影响，“此后代之书画文学，皆多少表现道家精神也”①。“中国之画更表现纯粹的艺术精神”②。这种影响关键一点在于“虚实相涵”，在唐氏看来，“虚实相涵”是中国艺术之所以成为中国艺术最核心的特质。《庄子·人间世》有言“瞻彼阙者，虚室生白，吉祥止止。”又说：“唯道集虚。”道家视万物，推崇实中有虚，全实则刚，有虚则柔，全实则滞，有虚则动。唐氏指出：“此即实知虚而游刃其中，即空灵化万物之本领，仍是艺术精神之一表现也。”③ 之所以能扣住“虚实相涵”来讲中国艺术精神，是因为唐君毅显发中国艺术精神，不是从道德哲学的立场出发，而是根据自己的艺术欣赏体验，以绚烂多姿的中国艺术作品的“形式”入手，在中西艺术精神的比较中一步步拿捏要点，直透精神本质。

为说清楚中国艺术之“虚实相涵”的特质，唐君毅扣住一“游”字，“虚实相涵”是中国艺术之本质，“游”是中国艺术之性能。“中国文学艺术之精神，其异于西洋文学艺术之精神者，即在中国文学艺术之可供人之游。”④ “凡虚实相涵者皆可游，而凡可游者必有实有虚。……故吾人谓中国艺术之精神在可游，亦可改谓中国艺术之精神在虚实相涵。虚实相涵而可游，可游之美，乃回环往复悠扬之美。此皆似属于西方之所谓优美而非壮美。”⑤ 唐君毅的这种认识，是对比中西艺术而来。以建筑论，西方教堂高耸云霄、金字塔横亘大漠，人叹其高卓、赞其伟大，可观可赏而不可游，不及中国之宫殿塔楼可拾级而上，瞻望四方而

---

① 唐君毅：《人文精神之重建》，第 80 页。
② 唐君毅：《人文精神之重建》，第 76 页。
③ 唐君毅：《人文精神之重建》，第 81 页。
④ 唐君毅：《中国文化之精神价值》，第 221 页。
⑤ 唐君毅：《中国文化之精神价值》，第 224 页。

神游乎远，中国堂屋檐下回廊，可徘徊漫步其间，息游流连；以书画论，西洋画之纸、笔、颜料皆质实而不虚，不若中国毛笔回环运转、游意自如，中国宣纸纸墨相渗、融摄不二，中国线条虚白相荡、疏朗空灵；西洋画定位观景，不若中国画游心于物、随物赋形，阴阳虚实、变化无穷，为人之精神所藏修息游之所；以音乐论，西洋歌唱壮美之音，悲壮慷慨，优美之音，婉转凄颤，皆发露无余，使人精神一往向上，显一种英雄豪杰式之伟大，中国音乐沉郁顿挫之音，盘旋回绕，悠扬安和之音，舒展疏达，引人于悠远之境，表现仙佛式之伟大……中国艺术尚“虚灵”，西方艺术尚“质实”，“虚灵”可供心灵悠游往来，即近即远，“质实”可引人企慕无限，追向无尽。庄子“游心于物之初”（《田子方》）、“游乎太虚”（《知北游》）、“游乎四海之外”、“游于无何有之乡”、“乘天地之正，而御六气之辩，以游无穷”（《逍遥游》），皆强调了“游”的重要性。中国艺术以“虚”而能“游”，“游”是一种高度自由精神，徐复观曾谓“庄子之所谓至人、真人、神人，可以说都是能游的人。能游的人，实即艺术精神呈现了出来的人，亦即是艺术化了的人”。① “游”是一种心物互摄、情景交融的生命体验的悠游境界，亦是一种艺术审美境界，这正是唐君毅隐而不彰之义。“虚”与“游”二字道尽受道家精神影响的中国艺术的特有美感。

三、通于“艺术精神”的老庄之“道”

唐君毅在《中国哲学原论·原道篇》论魏晋时期之“道”，先论“王弼之由易学以通老学之道”，次论“郭象庄子注中之言自然独化与玄同彼我之道”，紧接着“魏晋之玄理与文学艺术中之道”，即先通过“王弼注老”“郭象注庄”畅论魏晋玄学之“道”，后列专章讨论魏晋

① 徐复观：《中国艺术精神》，第 38 页。

时期艺术精神，如刘勰、陆机文论中的文学之道、嵇康乐论中的音乐之道、宗炳画论中的绘画之道，以证“玄学之道，即与文学艺术之道，不可相离”① 之核心旨意。宗白华曾感慨：“汉末魏晋六朝是中国政治上最混乱、社会上最苦痛的时代，然而却是精神史上极自由、极解放，最富于智慧、最浓于热情的一个时代。因此也就是最富有艺术精神的一个时代。”② 唐君毅亦以为：

> 魏晋六朝之精神，主要乃为道家庄子之精神之更人间化。非唯人之与天游之逍遥游，乃人与人相忘之逍遥游也……中国文化精神中，汉人之阔大、朴厚、浑成，转为魏晋人之疏朗、清新、俊逸，可谓中国文化精神，在地上建立帝国以后，再盘旋于空阔，优悠于虚灵，以脱去其重浊之气、沉滞之质，而归于纯化之美者也。王羲之之书法，陶渊明之诗及顾恺之之画则纯化美之代表也。③

在唐君毅看来，魏晋时代之“艺术精神”与其时代之玄学的兴盛息息相通，而玄学之兴盛通过“王弼注老”“郭象注庄”与老子、庄子的重新被阐释因果相连，所以魏晋玄学之道，亦或文学艺术之道，可以说都源自老庄之道。

唐君毅突出了“王弼注老”之以“虚通寂无”义言老子之道，“郭象注庄”之以“自然独化”旨言庄子之道，相对于汉代文化审美之“庄严凝重”，王弼与郭象都从“顺适轻灵”一面阐发老、庄之“道”。同时，唐君毅认为郭象忽视了庄子由“体道工夫”而成为“真人、天人、至人、圣人”之理想所需历经的“次第向上拔起之纵的一面”，而

---

① 唐君毅：《中国哲学原论·原道篇》，中国社会科学出版社 2006 年版，第 581 页。

② 宗白华：《论〈世说新语〉和晋人的美》，见《美学散步》，第 208 页。

③ 唐君毅：《中国文化之精神价值》，第 52 页。

重“人之心灵之可自浮游于天上，以横面的观其一切所遇，更与所遇者顺应，而俱适俱化与俱忘之一面”①，故缺庄子之悲悯与庄严之感，有观照境而无实践境。此观照之境，必趋向空灵，也趋向唐君毅所谓的“纯粹之艺术精神”。由此看来，说“郭象之注庄”，不如说“庄子注郭象”，唐君毅亦不否认这一点。他以大量的文本事实说明了郭注与《庄子》本义的诸多不合之处，并认为郭象之注庄有所“偏”于庄子本义，而“亦正以其偏，而有其精彩”②。

此精彩究竟何在？即“郭象之言，则只是一哲学上之玄理，而只可通于具空灵轻妙之意境之文学与艺术者……空灵轻妙之文学艺术，亦魏晋以后中国文学艺术之大宗，则其智之所及者之高，亦弥可贵也”③。由于郭象对庄子之有所“偏”的玄学化重释，在庄子哲学原义外开出通于文学艺术的美学意义。换句话说，老庄之道通过魏晋玄学的重新注解与阐发，而通向了艺术、文学之精神。郭象言“自然、自生、独化”，“以今语说之，只宜说之为一种对纯现象之纯观照主义”。④ 此一“纯观照”，即无所谓前后、上下、内外，使观照主体自其所遇会而呈现于眼前之物象之上下四方之关系，皆游离脱开，此物象，如凭虚而在，以成一空灵之境。此观照的空灵之境，是魏晋玄学之时代精神之所在，根底上是一种直观的、欣赏的、审美的艺术精神的表现。

唐君毅受郭象注庄之“自然独化”之启发，对道家之“化”尤其看重。他融摄吸收其师方东美之“生生”之说，以“生化”一词来形容中国文化之精神。中国以儒道为主流的哲学都讲生化，“儒家所长者，偏在讲生；道家所长者，偏在讲化。生是相继相续，此是生命之韵

① 唐君毅:《中国哲学原论·原道篇》，第 563 页。
② 唐君毅:《中国哲学原论·原道篇》，第 565 页。
③ 唐君毅:《中国哲学原论·原道篇》，第 579 页。
④ 唐君毅:《中国哲学原论·原道篇》，第 569 页。

律之来复；化是转易变化，此是生命中之韵律之转变，合以成生命之节奏……中国之文学，若从内容上看，亦可说或受儒家之影响，或受道家之影响……大约受儒家影响者之中国文学，多善于表现‘生’之情，而以性情胜、气象胜，受道家影响之中国文学，多善于表现‘化’之意，而以神韵胜、胸襟胜”①。中国文学艺术最为推崇“神韵”，不管是绘画中的“以形写神”“气韵生动”，还是文学之“兴趣说”“神韵说”“意境说”，都无不把“神”“韵”当作艺术之第一要义。唐君毅拈出“郭象注庄”之“自然独化”一义延伸阐发，揭示出庄子之“道”经过魏晋玄学之“空灵化”的转化，而通向了中国文学、艺术之精神，是独具慧眼。

相对徐复观所提出的道家之“纯艺术精神”来说，唐君毅早于徐复观近 20 年提出的“纯粹之艺术精神”之价值却未曾得到学术界之关注，一个非常重要的原因在于唐君毅庄子美学阐释所呈现出来的矛盾复杂形态。唐君毅一方面站在“文化精神重建”的立场，推崇“道德理性”，从理性上深慕儒家，难免对道家颇有微词。但是从情感上，唐君毅并不否定道家，而是投以极大的热爱，在《怀乡记》一文中他回忆自己 12 岁初入高小，即以《庄子》为教材，他对“北溟有鱼”“庖丁解牛”亦感兴趣，“我后来学哲学，亦许正源于此”②。对于庄子的喜爱和探索，成为其学哲学之原动力。同样，唐君毅虽认为儒家之“统于道德之艺术精神”“盖较纯粹艺术精神为尤高”，但当他真正从中国各类艺术出发论艺术时，却能抛开“道德”的涵盖，而抵达道家之艺术精神的真髓。

---

① 唐君毅：《中国文学与哲学》，见《中华人文与当今世界》，第 273 页。

② 唐君毅：《怀乡记》，见《人文精神之重建》，第 515 页。

第三节 “人性论”视野下的儒、道艺术精神汇通

徐复观是现代新儒家家谱中最“特别”的一个，他一生徘徊于政治与学术之间，双栖于思想史与艺术史研究，往返于传统与现代，“志于道、据于德、依于仁、游于艺”，致力于对中国传统文化做“现代疏释”的工作。他以儒家为安身立命之学，却也倾情于“庄子艺术精神”的阐发，甚至认为只有庄子才是中国艺术精神的纯粹体现者！他以新儒家的立场来解道家，以儒家之眼观庄子，本身是一个极有意味的“问题”。带着此“问题”来看徐复观所阐释的“庄子艺术精神”，可以看到他以儒解庄、汇通儒道的思想痕迹。

一、“人性论”阐释之儒道汇通视野

纵观中国文化，儒家、道家可以说是最重要的两条流脉。台港新儒家虽以儒家为本位，却并不偏废道家，但他们是带着儒家的情怀来拥抱道家的智慧，以孔孟的精神烛照老庄的性灵，集儒家忧患意识与道家任天而动情怀为一身的徐复观更是如此。他的“人性论”研究与“中国艺术精神”疏释都是以儒道两家为主脉来展开的，儒家、道家可以说是徐复观学术的两个枢纽，互相比较、互相牵制、互相通融。儒道比较作为一种潜在视野在徐复观的著作中频频浮出水面，相对于诸多学者谈及的儒道对立，徐复观看到的更多是儒道互通的一面。

（一）“为己之学”的相同归趋。孔子说：“古之学者为己，今之学者为人。”（《论语·宪问》）“为己之学”是徐复观拈出以汇通儒道的关键词。“所谓为己之学，是追求知识的目的，乃在自我的发现、开

辟、升进，以求自我的完成”[1]。徐复观生命的最后，在病床上口述《中国思想史论集续编》一书序时，强调自己“在《程朱异同》一文中，以‘为己之学’，贯通孔、孟、程、朱、陆、王学脉，老、庄对知识与人生态度与儒学异，但其学问方向亦与此相通，此乃余最后体悟所到，惜得之太迟，出之太骤，今病恐将不起，以未能继续阐述为恨”[2]。虽然，徐复观认为自己未能阐述，但是我们看到徐复观早已把“为己之学”渗入对庄子的解释中。徐复观认为儒道两家的基本动机，同是出于周初理性精神觉醒后的“忧患意识”而来，只不过“儒家是面对忧患而要求加以救济，道家则是面对忧患而要求得到解脱”[3]。救济也好，解脱也罢，都是为求取灵魂安定、心的安定，都有着深厚的现实品格。经过这种“为己之学”的阐说，徐复观把本来虚玄的、形而上的“道”彻底落向了“形而中”的“人心”“人性”，所以徐复观认为：“我国传统思想中，虽然老、庄较之儒家，是富于思辨的、形上学的性格；但其出发点及其归宿点，依然是落实于现实人生之上。”[4] 都是一种“为己之学”。

（二）徐复观以儒家的“复性”来贯通道家“体道”，认为二者都是由工夫向心性本体回归的心理体验过程。“人性（心性）论”是徐复观整个学术大厦的地基和中枢，也是他用以缝合儒道思想差异的黏合剂。他认为“仁义”是儒家性的本体、心的本源，但此“善”的“仁义之心”在现实中容易受污染而失“性”，所以孔子讲“克己”、孟子讲“存心”“养性”“集义”“养气”的工夫。而庄子以“虚静”为心

---

① 徐复观：《程朱异同——平铺地人文世界与贯通地人文世界》，见李维武编：《徐复观文集》第 2 卷，湖北人民出版社 2002 年版，第 296 页。

② 徐复观：《中国思想史论集续编 · 自序》，见李维武编：《徐复观文集》第 1 卷，第 373 页。

③ 徐复观：《中国艺术精神》，第 80 页。

④ 徐复观：《中国艺术精神》，第 28 页。

性之本体，此“虚静之心”在现实中容易受到知识欲望的诱因而充塞太多功名利禄，不免于累，所以老子讲“致虚极，守静笃”、庄子讲“离形去智”“心斋”“坐忘”“丧我”的工夫，此工夫的过程正是庄子“体道”的过程。更进一步说，儒家是以“性善论”为人性依据，通过“明心见性”“为仁由己”的“内在修养”工夫来体现“道德精神”，道家是以“虚静”为本，通过“损之又损”的“心斋”工夫呈露“艺术精神”。如果说孔孟儒家的工夫是存养型的、建设性的、积极的，老庄道家的工夫则是剥离型的、损耗的、消极的，一益一损，工夫形态不同，进路却一致，都是“对自己生理作用加以批评、澄汰、摆脱，因而向生命的内层迫进，以发现、把握、扩充自己的生命根源、道德根源”，①“以心的本来面目活动，这时心才能发出道德、艺术、纯客观认知的活动”②。这种由工夫向心性本体回归的心理体验过程结合了儒家、道家，道德与艺术也就有了沟通的可能。同时，因为儒家、道家都注重心理体验工夫，所以二者都不大重视对客观的物质、理性、真知的探索，而于主观的内省、直觉、体验层面上留意甚多，这也是徐复观之所以接着宋明理学讲，把儒道根源都统摄于“心性”的一个因由。

（三）“人性（心性）→现实人生→必有所成”的逻辑。徐复观在《中国人性论史·先秦篇》中疏释了“虚静”为庄子之心的本来面目后，仍感到不满足。因为照他看来：“西方纯思辨性的哲学，除了观念上的推演以外，对现实人生，可以不必有所‘成’。中国的道家思想，既依然是落实于现实人生之上，假定此种思想，含有真实的价值，则在人生上亦必应有所成。”③ 庄子的“虚静之心”不同于儒家的“道德之心”，儒家的一念一行，当下即成就人生中的某种道德价值，而庄子是

---

① 徐复观：《中国人性论史》，第 281 页。

② 徐复观：《心的文化》，见李维武编：《徐复观文集》第 1 卷，第 37 页。

③ 徐复观：《中国艺术精神》，第 28 页。

反对“有所成”的，“无”才是庄子之道的内核，这与徐复观所认定的“人性（心性）→现实人生→必有所成”的逻辑上出现了不能相容之处。如何圆融这种矛盾？徐氏只能以“否定中的曲折肯定方式”解释庄子“在否定人生价值的另一面的同时又肯定了人生价值……或许可以说，他们所成就的是虚静的人生”。但“虚静的人生”的提法毕竟脱离现实的人生，是“消极的”，有“近于挂空”的意味，这种解释仍不得关键，可潜意识里他仍觉得庄子还有重要的内容未被发掘出来而陷入了困惑：“我们能不能更进一步把握老、庄的思想，并用现代的语言观念，以探索这一伟大思想，归根到底，还是对人生只是一种虚无而一无所成？还是实际上是有所成，而为一般人所不曾了解？”问题的求解常常在深久的思索后的一个灵感的激发，徐复观因为研究思想史而旁涉文学、艺术理论，长期涵咏中国画论，使他恍然大悟：“老、庄思想当下所成就的人生，实际是艺术的人生，而中国的纯艺术精神，实际系由此一思想系统所导出。”① 成就艺术的人生的说法终于可以使庄子“虚静之心”落到实处。“艺术精神”这一“现代的语言观念”的发现一下子扫去了徐复观心中的阴霾，也扫去了庄子之“虚无”与人性之“有所成”上的相容障碍。由此，我们看到，徐复观之所以能以“艺术精神”发现庄子，一个重要的原因在于他坚信庄子“虚静之心”是必对人生有所成就的，虽然庄子未必执着于成就什么。这一点很关键，徐复观宁可以误读庄子、曲解庄子的方式来达成自己的理论逻辑，因为儒家的现实精神给予了他参照和坚定的信念，才照亮了他对于庄子的再发现。

值得一提的是，徐复观的“思想史”研究，不同于新儒家阵营的诸师友熊十力、牟宗三、唐君毅、方东美的“思想”研究。前者以“疏通致远”（牟宗三评价徐复观学术贡献语）为方向，后者以“博大

① 徐复观：《中国艺术精神》，第 28 页。

精深”为要点；前者“述而不作”，重在“致用”，后者强调学术原创，重在“建体”；前者是“形而中学”，后者是“形而上学”。对自己的诸师友的“博大精深”的“形上学”“原创”体系建构，徐复观是深表佩服但也多有保留。在《远奠熊师十力》中他指出熊师治学“思辨精微，证会玄远，《新唯识论》，斧藻群言，囊括百氏，自成一严密而宏伟的哲学巨构，海外已有不少学人，做专门研究，我生性鲁钝，对此难赞一辞”①。之所以有这种评价，乃是因为徐复观从根本上认为其师友用“形上学”的体系建构的方法治中国文化，“是反其道而行，要从具体生命、行为，层层向上推，推到形而上的天命天道处立足，以为不如此，便立足不稳。没有想到，形而上的东西，一套一套的有如走马灯，在思想史上，从来没有稳过”②。逻辑与思辨所构筑的“精致”形上体系确实有深刻博精一面，但是也容易陷入“象牙塔”中独舞，脱离现实，“不食人间烟火”，这是徐复观所不取的。另外，他对于自己“半路出家”的学术经历，对于自己的政治情结，都有着自觉的体认，认为“不仅我的学力限制了我写纯学术性的文章，而我的心境也不容许我孤踪独往，写那种不食人间烟火的东西”③。所以他从“心”来为中国文化立根基，认为“文化根源的心，不脱离现实；由心而来的理想，必融合于现实现世生活之中”④。杜维明评价徐复观“是身体力行的儒学思想家、历史学家和文学、美术的批评家。”⑤ 正是这种身体力

---

① 徐复观：《远奠熊师十力》，见徐复观著，陈克艰编：《中国知识分子精神》，华东师范大学出版社 2004 年版，第 48 页。

② 徐复观：《向孔子的思想性格回归》，见李维武编：《徐复观文集》第 2 卷，第 102 页。

③ 徐复观：《〈学术与政治之间〉甲集自序》，见李维武编：《徐复观文集》第 1 卷，第 352 页。

④ 徐复观：《心的文化》，见李维武编：《徐复观文集》第 1 卷，第 39 页。

⑤ 杜维明：《徐复观先生的人格风范》，见郭齐勇、郑文龙编：《杜维明文集》第 5 卷，武汉出版社 2002 年版，第 178 页。

行，使徐复观消解形而上学，持“形而中”儒学立场，所疏释的庄子艺术精神深染现实、人间品格。

二、“庄子艺术精神”阐释的儒家化倾向

“人性”在徐复观看来是“中华民族精神形成的原理、动力”，人性也即心性，指与形而上之“道”相区别的形而中的人的具体的生命的心、性。“人性”犹如一个深广的磁场，吸引着文化部门的一切种类，如文学、艺术、宗教都围绕此一中心而展开。中国艺术精神同样如此，他说“我国的艺术精神，则主要由庄子的人性论所启发出来的。”① “人性→艺术精神”的一个潜在思路是“为人生而艺术”，徐复观认为这是儒家、道家艺术精神的共同基调。从历史事实来看，“人性”的确为艺术铺设了存在的理由，只要人类存在，人类有安顿心灵的需求，艺术便不会走向衰落。可是有意思的是，徐氏却并没有遵照自己的逻辑，而是大胆断言儒家艺术精神随着音乐的衰落而衰落了，庄子艺术精神则落实到了中国山水画中。既然儒道都是“为人生而艺术”，那么何以儒家艺术精神衰落了而道家艺术精神却延绵几千年？孔子艺术精神的论述只占了《中国艺术精神》的一章，而庄子艺术精神相关的论述却占了全书的九章，这种不平衡，徐复观承认是由于自己在前一方面的研究做得不够，而又不愿抄辑未经自己重新检证过的他人文字来支撑门面，所以导致了他论中国艺术精神实际上成了庄子艺术精神的一枝独秀。然而，透过徐复观文章的深层肌理，我们发现徐氏除了“研究做得不够”外，还自觉或不自觉地把儒家艺术精神同化、潜藏到庄子艺术精神里去了，庄子艺术精神因为携带了太多儒家因子，亦并不如徐复观所说的“彻底”、“纯粹”。

① 徐复观：《中国人性论史》，第2页。

（一）儒之“和”？道之“和”？徐复观认为儒家艺术精神，通过音乐体现出来，是仁与乐的统一。而仁与乐的统一，也即是道德和艺术的统一，而道德与艺术，一主善，一主美，道德的功利性与艺术的审美性就一般层面上显然无法统一，但徐复观却看到了二者在最高表现境界上统一于“和”。仁者，“浑然与物同体”，自然是一种以和谐为基础的状态，而音乐从形式来说，“八音克谐，无相夺伦”是音乐成为艺术的基本条件，从功能上说，“乐和同”，音乐可以净化心灵、和谐人伦关系。除了“和”外，“自由”也可以说是仁与乐统一的归结之地，孔子一声感叹“吾与点也”，曾点所描述的“浴乎沂，风乎舞雩，咏而归”的理想蓝图可以说契合了他所说的“从心所欲，不逾矩”的自由境界追求，既合乎艺术的“不关心的满足”的精神，也完成了一个人的道德人格。但是儒家的“自由”用庄子的话来说是“有待的”，要依托在最高道德人格上的有限制的自由。

就道家来说，庄子之“游”通于艺术之“自由”，在“精神的自由解放”这一点上有着共通的心理状态。一“游”字泄露了庄子之艺术秘密。徐复观进一步认为“和”与“无用”是“游”的两个条件。徐复观以庄子之“一”释“和”，“庄子的所谓‘一’，若把它从形上的意义落实下来，则只是‘和’的极致”。[①] 这是极有发现眼光的，道家“体道”是“与天为徒”，是“入于寥天一”，“一”是“混沌不分”、是“大制未割”、是“自然而然”，是“无待”、是“朴”、“天”、“全”，这是一种万物皆循本性而自由兴发的“太和”境界。我们认为，儒道两家都讲“和”，但内涵极不同，道家更多讲的是精神境界的形而上的“太和”之“和”，而儒家更多讲的是现实人生的形而下的“和谐”之“和”。太和之“和”是混沌的“一”，是未有区分的“全”，

① 徐复观：《中国艺术精神》，第 40 页。

和谐之“和”，是多样的统一，是区分之后，各独立要素的相安无事。关于儒、道论“和”之不同，刘绍瑾曾从“复古”与“复元古”的差异中论述了其中的不同旨趣：“儒家的中和之美是以人与社会、理性与感性、自由与法则和谐（其中心又是社会、理性、法则）为基础的，强调对立的统一，等级差别的和谐。而道家及其影响到的艺术和谐之美，则是没有对立、没有差别的‘太和’，没有冲突、没有骚动甚至没有痛苦的田园牧歌式的和谐静观……这种和谐观所达到的，是一种恬淡、和谐、静穆、没有人间烟火味的纯粹的美，这种美在后世田园、山水诗画，在作家笔下的孩婴天趣中得到了呈现，并形成了一种和谐、冲淡、静穆的美学风格。”而且，“那种人与宇宙自然的和谐的理想，又往往是人与社会的不和谐所致。”关于它们各自的思想基础，“道家思想所隐含的艺术和谐观，正是从这种‘玄同’、‘归一’的文化‘原型’（即该书所说的“元古”）中获得意义，而有别于‘礼辨异，乐和同’的文化模式中所讲的等级差异、对立统一的和谐哲学”①。徐复观抓住“一”来释“和”，但遗憾的是他未能把好方向，在进一步以“和”论艺术时，却偏离了道家之“太和”的本旨，滑入儒家之“和谐”义。徐复观解释庄子之“和是化异为同，化矛盾为统一的力量。没有和，便没有艺术的统一，也便没有艺术，所以和是艺术的基本性格”②。似曾相识，徐复观论儒家仁乐之“和”：“在消极方面，是各种互相对立性质的东西的消解；在积极方面，是各种异质的东西的谐和统一。”③ 二者若出一辙，都是从儒家的和谐之和来说的。显然，这在逻辑上是以儒解庄。

（二）艺以载道。徐复观由音乐探索孔子的艺术精神，所把握到的

① 刘绍瑾：《复古与复元古》，中国社会科学出版社 2001 年版，第 84—88 页。

② 徐复观：《中国艺术精神》，第 41 页。

③ 徐复观：《中国艺术精神》，第 10 页。

是“乐与仁”在最高精神境界中的相得益彰，也即道德与艺术在穷极之地的融合统一。如何统一？具体来说是仁通过乐来表达，乐成为仁的修养之资，乐与仁绝不是同一层次的并举，而是有着浓重的“重仁轻乐”的意味，“孔子对音乐的学习，是要由技术以深入于技术后面的精神，更进而要把握到此精神具有者的具体人格，这正可以看出一个伟大艺术家的艺术活动的过程”①。“艺术是人生重要修养手段之一；而艺术最高境界的达到，却又有待于人格自身的不断完成”②。音乐所体现的精神实际上是演奏者的道德人格精神，音乐之所以感人动人，不是由音乐本身的形式之美所决定的，而是由音乐家的道德情操所决定的。音乐艺术不仅是人格修养的手段，也是人伦教育、礼乐安邦的工具。

徐复观反复论证庄子之“道”即今日所谓的艺术精神，庄子“虚静之心”则为艺术精神的主体。实际上，庄子之道绝不是同于艺术精神，只能说是通于艺术精神，徐氏虽认为庄子之“道”兼具形而上义和体验义，但道本身不能成就艺术，它需要艺术的承载、艺术的落实才能成就为艺术精神。庄子讲述了很多“由技入道”的故事，如“解牛”“为鐻”“斫轮”“捶钩”，这些“带有艺术性效验技术活动”都是体道、达道的工夫。被徐复观认作“全是庄学思想的”《画山水序》的作者宗炳画山水以“卧游”，可以说是“醉翁之意不在酒”，“卧游”之意不在山水而在“道”，“山水以形媚道”，推而求之，则是“山水画以形媚道”。可见，不管是创作还是欣赏，艺术只是引渡艺术家达到“道”的境界的工具。“道”鼓荡着中国文人孜孜以求，正在于“道”能安顿心灵、能使人“神飞扬、思浩荡”（王微《叙画》），在一片

① 徐复观：《中国艺术精神》，第 4 页。

② 徐复观：《中国艺术精神》，第 18 页。

“清、虚、简、远、淡”的“道”境中达到人生的自由状态。如果说，徐复观理解的艺术对于儒家是“道德”的媒介工具，对于道家，同样是“道德”的媒介工具。只不过，此“道德”非彼“道德”也。前者是伦理义的“道德”，后者是本体义的“道德”。用牟宗三先生的话来讲则是：“儒家所讲的道德是我们现在一般人所讲道德的意思，就是‘moral’一词之意。道家讲道德不是这个意思……道德是两个词，先讲以道为标准，这个道得之于自己，得之于心，此名之曰德。”① 这种艺术工具论，宋明理学家一句“文以载道”可谓道尽了其内涵。徐复观持“艺以载道”观来疏释“庄子艺术精神”，续承的是宋明新儒学们的衣钵传统。

（三）“人格”决定艺术。徐复观持“人性（心性）→艺术精神”的思路，“人性论是以人格为中心的探讨”②。自然而然，“人格”之高洁与否决定着艺术精神的高低，所以他充分重视“人性”“人格修养”“人格”与艺术的关系，肯定艺术精神是从人格根源之地涌现出来。艺术主体从属于道德主体。中国文化是“心”的文化，儒家道家都是“为人生的艺术”，实际是中国人格精神烛照下的艺术呈现。“道家‘虚静之心’与儒家‘仁义之心’，可以说是心体的两面，皆为人生所固有，每一个人在现实具体生活中，经常做自由转换而不自觉”③。徐复观把儒家“仁义”作为极重要的元素植入对道家“虚静”人格的考量之中，他虽称“虚静”是艺术家心灵的指标，但却挚情“仁义”，他认为：“坐忘、无己的精神生活，并不是反仁义礼乐的生活，而是超世俗

① 牟宗三：《四因说演讲录（节选）》，见李景明、唐明贵主编：《儒道比较研究》，中华书局 2003 年版，第 420 页。

② 徐复观：《中国人性论史》，“再版序”第 2 页。

③ 徐复观：《儒道两家思想在文学中的人格修养问题》，见《中国文学精神》，第 12 页。

之所谓仁义礼乐，即所谓‘大仁’、‘大义’的生活。”① 通过概念界域的滑动，徐复观把“虚静”与“仁义”统一到一起。又，徐氏所梳理的中国山水画论史可以说是一部庄子艺术精神传承史。中国山水画在宋元成熟期最为推崇“逸”的审美风格，画之逸来自人之逸，深得庄子精义的山水画家、画论家，如宗炳、荆浩、赵孟頫、倪云林无不具有一颗隐逸之心，这一点徐复观反复阐述。徐复观把米芾的画排斥在“逸品”之外，否定其“墨戏”的成就，重要原因在于他认为米芾沽名钓誉、装疯卖傻，因这一人格之“污点”就完全否弃了他绘画上的成就。而董其昌则被徐复观定位为“软体知识分子”，自然艺术成就不会高到哪里去。这无不是以一个传统儒家知识分子的口吻进行的道德责难。在徐氏对赵松雪所作的翻案文章中，我们解读到赵松雪所受徐氏大赞的“大隐隐于朝”之“隐逸”实为对现实的一种抗争，一种保全名节的方式，其隐逸之调高弹下是一颗文人受伤悲怆的不得已的心。虽然某种程度上赵松雪的确是庄子的隔代回音，但是我们却听不到庄子那一颗逍遥世外、纵情山水、高蹈悠游的自娱自适之音，而是听到一个儒家知识分子在高压政治下的绝望呼号。实际上，儒道交融化合，要强行区分本是一种危险，把艺术精神归为一端也自有偏颇。徐氏却以音乐的衰落来定评儒家艺术精神的衰落，从而把中国艺术精神窄化为庄子艺术精神，为了圆成他的理论逻辑，儒家艺术精神只有以潜在的、隐匿的方式渗入道家艺术精神之中。

（四）“道德与艺术”统一的最高审美理想。徐复观虽然认可“庄子艺术精神”，但是毫无疑问，他心中的最高艺术精神却是儒家的“道德与艺术”的合二为一。孔子的“仁乐统一”为万古标程，但是可遇而不可求，所以退而以庄子的艺术精神为方向，因为庄子的艺术精神容

① 徐复观：《中国人性论史》，第 244 页。

易把握。不仅如此，徐复观研究庄子艺术精神的一个极重要的现实动因是对现代艺术的不满。现代艺术之不能让徐复观容忍，主要在于三点：一是非人间的品格；二是对自然形象的扭曲、破坏；三是非理性精神。他认为："由达达主义所开始的现代艺术，它是顺承两次世界大战及西班牙内战的残酷、混乱、孤危、绝望的精神状态而来的。看了这一连串的作品——达达主义、超现实主义、抽象主义、破布主义、光学艺术等作品，更增加观者精神的残酷、混乱、孤危、绝望的感觉。"① 徐氏除了不遗余力对现代艺术刀锋相向，还希望通过对"庄子艺术精神"的发现与重建来进一步肃清这股风靡一时的"反传统、反理性、反道德"的思潮。因为带着这种现实使命，徐复观所要阐发的"庄子艺术精神"不可能只是"纯艺术精神"，而是立基于人的"心性"之上，从幽暗中澄汰出来，以"朗澈"的艺术形象来呈现世界，指向现实，救弊社会。他高度认可孟子的"性本善"的观点，认同儒家道德、理性，擎起它来鞭笞非人间、非理性的、黑暗的现代艺术。台湾学者李淑珍就认为："在'现代画论战'中徐氏持以批评现代艺术的立场，主要还是根据'文以载道''艺以载道'的儒家美学，不是庄子的艺术精神；是对社会的承担，不是对现世的回避。"② 于斯可见，徐复观的艺术观，是儒道融合而偏于儒家，这也是他游弋于儒道之间，化合二者的体现。

徐复观所持的这种以儒为本位，贯通道家的视野，也是现代新儒家诸位学人普遍所持。现代新儒家们不仅贯通儒道佛，甚至文史哲、中西印，中国文化对于他们更多是一种"和而不同"的整体的存在，可以"万物并育而不相害，道并行而不相悖"（《中庸》）。他们之所以以"文化守灵人"的身份自居，除了对中国儒道为主流的文化的深挚热

① 徐复观：《中国艺术精神》，"自叙"。

② ［美］李淑珍：《徐复观论现代艺术——就台湾文化生态及儒家人性论双重脉络的考察》，见李维武编：《徐复观与中国文化》，第559—560页。

爱，更指向当时台港“全盘西化”和“盲目现代化”的浪潮。对西化而言，儒道一起代表中国的文化，中国的灵魂；对现代化而言，儒道一起代表传统，而回首传统，并不是复古，而是以现代之眼照射传统，返本开新，以求中国文化的“灵根再植”。

第七章

中国艺术精神：徐复观对庄子美学的现代阐扬

“中国艺术精神”是中国现代美学史上的一个重要的、复杂的、贯通性的话题，不仅可由此反观折射儒道的二分与融合、古今的断裂与对接、中西的碰撞与汇通，还纠结体现出哲学与美学、艺术与道德的分合际遇。此一话题提出伊始，就与道家思想结下不解之缘。早在30年代，郭绍虞就在《中国文学批评史》中把庄子之“神”与中国美学之“神”贯通起来深入阐释，他以文学批评史家对理论问题的敏锐察觉和深邃把握，提出“视‘文学’为赘疣、为陈迹、为糟粕”的庄子思想何以“间接帮助文学的发展”[①]这一深具“问题意识”并有效追问道家美学价值的“关键入思点”，并提出“谈艺者师其神”的说法。至此开启了从“精神”层面去追问道家的“文艺”“美学”思想的不断探索、不断深化的历程。

① 郭绍虞：《中国文学批评史》上卷，百花文艺出版社2008年版，第27页。

真正将“中国艺术精神”作为一个话题提出，并自觉进行理论建构的是徐复观出版于1966年的《中国艺术精神》。徐复观标举“中国纯艺术精神”来疏释庄子思想，认为庄子体道之“道”是一种最高的艺术精神，这一徐复观本人认为“瞥见庄生真面目”的创见不仅在台湾学界产生了深远影响，也获得了大陆美学界的高度认可。刘纲纪认为“很有创见，对中国美学史的研究具有重要价值。”① 张法认为：“这一个重大的学术发现，或曰理论建树，它影响了整个中华文化圈对庄子美学思想的讨论。如李泽厚有关庄子审美的人生态度的观点，大概就与徐先生的庄子观有渊源关系。”② 张节末虽然认为以“艺术精神”这一有近代“美学”色彩的术语来解庄，对庄子思想做了“合乎情理但有违庄子本意”的误读，但是仍高度认可徐复观“对庄子美学做了深度的发明，于奠定庄子在中国美学史上的开山地位厥功甚巨。”③ 从“中国艺术精神主体”的高度阐发了庄子美学的内核与精髓，从庄子思想的现代美学阐释角度来建构“中国艺术精神”的理论内涵和实践可能，徐复观堪称20世纪道家美学阐释的一座高峰。

第一节　中国艺术精神主体之呈现——庄子的再发现

《中国艺术精神》第二章“中国艺术精神主体之呈现——庄子的再发现”是徐复观历经一番“茫茫坠绪苦爬搜，刿肾镌肝只自仇”后的

① 刘纲纪：《略论徐复观美学思想》，见李维武编：《徐复观与中国文化》，第511页。

② 张法：《徐复观美学思想试谈——读〈中国艺术精神〉》，见李维武编：《徐复观与中国文化》，第514页。

③ 张节末：《徐复观对庄子美学的发明及其误读》，《浙江社会科学》2004年第5期。

呕心沥血之作，此章最初在报刊上发表时题名为“庄子艺术精神主体之呈现”①，可见徐复观的“中国艺术精神”所指的实际上是“庄子艺术精神”。徐复观对庄子艺术精神的阐释从“人性”展开，立足于审美经验的分析，落实于“虚静之心”，在“工夫”与“境界”两个大的层面论证了“近代艺术精神”与“老庄之道”的“不期然而然”的回归。

一、庄子艺术精神主体建构的“人性论”根柢

“人性（心性）”可以说是徐复观整个学术大厦的地基和中枢。徐复观半生从政，晚年叩学，从政治上自由民主的向往过渡到文化上人文精神的阐扬，继而落实到思想史研究。在思想史研究中徐复观抓住“人性”一词，认为“人性”是“中华民族精神形成的原理、动力”②。“人性”犹如一个深广的磁场，吸引着文化部门的一切种类，如文学、艺术、宗教都围绕此一中心而展开。徐复观人性论也辐射到他的艺术精神研究、文学精神研究诸学问领域。抓住了徐复观对于中国文化中的人性内涵的独有情钟，才可以把握住他30年来所孜孜以求之学问的大方向。具体来说，从《中国人性论史》到《中国艺术精神》，徐复观的思考与写作是一路直下的，前者着力于掘发“孔孟道德精神”，后者倾心于疏释“庄子艺术精神”，徐氏定位两部书实为“人性王国中的兄弟之邦”，中国文化的两支擎天支柱——道德与艺术，一源二流，都从“人的具体生命的心、性中”③ 流出。徐复观认定“我国的艺术

---

① 载《民主评论》第15卷第11、12、13期，三期分别为1964年6月1日、6月16日、7月1日。见《徐复观著作编年目录》，李维武编：《徐复观文集》第5卷，第574页。

② 徐复观：《中国人性论史》，第2页。

③ 徐复观：《中国艺术精神》，“自叙”。

精神，则主要由庄子的人性论所启发出来的”①。此处徐氏所谓的“我国艺术精神”即是“庄子艺术精神”。庄子的人性论可以通过庄子“心性”结构来把握，其心性结构就是一个“体道”的心理体验活动。“道”如果在老子还保留更多形上学的性格的话，到了庄子“渐向下落，向内收，而主要成为人生一种内在的精神境界的意味，特别显得浓厚”②。

（一）庄子之“道”既“恍兮惚兮”“独立而不改”，又“无所不在”“在蝼蚁”“在稊稗”“在瓦砾”“在屎溺”（《知北游》），道既形上高蹈，又牵系万物、扎根“人心”，这种双重性，是徐复观把庄子之道分为形而上与人生体验两层的根据。同时，“道通为一”也为“心与道”的沟通架设了桥梁。

（二）“体道”源于为人生求解脱、求安顿的哲学，老子的“常道”、庄子的“纵身大化”，都希冀在“道”中获得人生的安全、心灵的自由、生命的容与。“道境”落实于人生、人心即是一种庄子所向往的“自由”的“艺术”之境。

（三）“心斋之心、虚静之心”的意义凸显出来，成为庄子之“道”的真正主体。徐氏认为：“庄子所提出的心的本来面目是‘虚、静、明’。”③“唯道集虚”，“道”的本性也是“虚”。所谓体道，即以本心合道，在无滞无碍的“无境”中做最深层的生命的交融与舒展。但“心”在向“道”靠近的过程中，极容易受到知识的干扰、欲望的指使拨弄，偏离“道”途，“知”与“功、名、利、仁义礼乐”相连，“形、己、身、欲、我”一体，“体道”即屏蔽心智的干扰，复归心的

① 徐复观：《中国人性论史》，第 2 页。

② 徐复观：《中国人性论史》，第 222 页。

③ 徐复观：《儒道两家思想在文学中的人格修养问题》，见《中国文学精神》，第 11 页。

本来面目。这需要排除、剥离、斋戒的工夫，所谓“离形去智”“心斋”“坐忘”“外生、外物、外天下”“涤除”“丧我”“见独”“无功、无名、无己”都是庄子反复提点的词汇。徐复观以“心斋之心”为庄子艺术精神的主体，莫不因缘于此。

二、庄子之道与艺术精神“不期然而然地会归”

徐复观对庄子之“道”进行了二分：形而上与人生体验两层，认为“庄子的道，从抽象去把握时，是哲学的、思辨的。从具象去把握时，是艺术的、生活的”①。他撇弃形而上之思辨性的“道”，把庄子之“道”落实到人性、人心的层面上来理解，这一点老子开其端，庄子尽其致，“庄子即把老子之形而上的道，落实在人的心上，认为虚、静、明之心就是道。”② 庄子论“体道”，并不是为了建立本体论的哲学系统，也不是做真理的求索，而是在心灵的体验中求取人生的安顿——“此心归处是吾乡”——灵魂的故乡。

因为“道”归根人性、人心，“唯道集虚”，徐复观一下子抓住了庄子以“虚静”为灵魂的“心斋之心”，也抓住了讨论老庄艺术精神的“据点”。徐复观如是说：“所谓‘心斋’与‘坐忘’，这是庄子整个精神的中核，全书随处都流露出此一意味，随处都可以用此种意味加以贯通。”③“心斋之心的本身，才是艺术精神的主体，亦即美的观照得以成立的根据。”④ 徐复观说自己“写的《中国艺术精神》，一个基本的意思，是说明庄子的虚、静、明的心，实际就是一个艺术心灵；艺术价值

① 徐复观：《中国艺术精神》，第 144 页。
② 徐复观：《心的文化》，见李维武编：《徐复观文集》第 1 卷，第 35 页。
③ 徐复观：《中国艺术精神》，第 42 页。
④ 徐复观：《中国艺术精神》，第 45 页。

之根源，即在虚、静、明的心”①。《中国艺术精神》集中阐发庄子艺术精神的第二章即以“中国艺术精神主体之呈现——庄子的再发现”命名，可以想见徐复观对于“心斋之心”这一核心命题的重视。心斋之心即通过工夫的修炼保持心的“虚静”状态，徐复观极重视“虚静”，认为“虚静是道家工夫的总持，也是道家思想的命脉。”“虚静乃是从成见欲望中的一种解放、解脱的工夫；也是解脱以后，心所呈现的一种状态，亦即是人生所到达的精神境界”。② 这一说法，看似随意，实则深意所存。“虚静”在“修养工夫”与“精神境界”中起着至关重要的作用，徐复观也是从这两个层面沟通庄子之“道”与艺术精神的，庄子体道“所用的工夫，乃是一个伟大艺术家的修养工夫；……由工夫所达到的人生境界，本无心于艺术，却不期然而然地会归于今日之所谓艺术精神之上”③。可以说，“虚静”把心斋之心与艺术精神联系起来，我们可以看到这样一组类比：

哲学基础	人生体验	艺术创作
体道（心斋）	人生修养工夫	艺术家心理修养工夫
道（唯道集虚）	人生精神境界	艺术精神境界

具体来说，徐复观的“中国艺术精神”是一个极具建设性的范畴。在逻辑学理上呈现他思想史研究的一贯缜密思路：“人性”的展开，立足于审美经验的分析，落实于“虚静之心”，在“工夫”与“境界”两个大的层面论证了“近代艺术精神”与“庄子之道”的“不期然而然”的会归，以“中国山水画论史”的梳理来实践印证庄子艺术精神。

① 徐复观：《心的文化》，见李维武编：《徐复观文集》第 1 卷，第 35 页。
② 徐复观：《中国人性论史》，第 234 页。
③ 徐复观：《中国艺术精神》，第 30 页。

（一）修养工夫。徐复观“所说的艺术精神，既有艺术心理的活动义，又有艺术境界的超越义”①。从工夫层面来说，庄子之体道和艺术家之修养都是一种趋向“虚静”的体验工夫。老子强调“致虚极、守静笃”，庄子反复陈说“心斋”“坐忘”“丧我”“离形”“去智”“外生”，因为落实了“道”的庄子之“心”的本性是虚是静，但这种心性容易为外物所吸引而逐外物离其本性，所以需要一种心性的修炼“工夫”来使心照物而不致随物迁流，以在最原始朴初的“无”的状态中圆成主体心灵的自由与和谐。《庄子》中的庖丁解牛、梓庆削木为鐻、轮扁斫轮、痀偻者承蜩、津人操舟、工捶旋而盖规矩、大马之捶钩等可以说是“由技入道”主题的不同变奏，徐复观通过对“由技入道”的故事的巧妙改装来说明了这一点。何以说徐复观巧妙改装？是因为徐复观为了沟通“体道”与“艺术家创作”，而对《庄子》中大量的技术活动做了一个巧妙的艺术嫁接，他把庖丁们的技术活动定位成“带有艺术意味”的活动，或者干脆说成是艺术活动。徐复观认为庖丁解牛时“未尝见全牛”，人与牛的对立解消了，正类同于艺术创作中的心与物的对立解消；庖丁以“神遇而不以目视，官知止而神欲行”中手与心的距离的解消，对应于艺术创作中技术对心的制约性的解消；庖丁“提刀而立，为之四顾，为之踌躇满志”正是一种艺术性的效用与享受；道在庖丁解牛之无所系缚的精神游戏中实现，通于艺术精神在技术的解放而来的自由感与充实感中的呈现。

《大宗师》中女偊言道与《达生》中梓庆削木为鐻更深刻地说明了“体道的人生修养工夫”与“艺术创作工夫”何以在“忘”的心理体验过程中所呈现的若合符节之处。徐复观做了以下对比：

---

① 王守雪：《人心与文学——徐复观文学思想研究》，郑州大学出版社 2005 年版，第 114 页。

《大宗师》女偊	《达生》梓庆
以人的自身为主题	以一个乐器的创造为主题
“圣人之道”	“心斋”“必齐以静心”
“外天下”“外物”	“不敢怀庆赏爵禄”“不敢怀非誉巧拙”
“外生”	“忘吾有四肢形体”
“朝彻”	“以天合天”
成就艺术的人生（道）	成就“惊犹鬼神”的乐器（最高艺术精神）

两个故事说的其实是同一个意思，梓庆削木为鐻只不过是作为女偊言道比喻、比拟而提出来，女偊得道的过程即是一个“忘”的过程，梓庆创作乐器的过程是“心斋”的过程，心斋的实质即是“忘”。与徐复观所述的心性工夫若合一辄，都是一种剥离型的、损耗的、消极的，通过“对自己生理作用加以批评、澄汰、摆脱，因而向生命的内层迫进”① 的工夫，“为学日益、为道日损，损之又损，以至于无为”（《老子》第四十八章），无为则虚静之心才能呈现，以这种超越世俗的虚静之心进入对象，对象才能以其纯净之姿进入虚静之心里面，主客体生命融为一体，人与对象由相忘而相化，这即是艺术的共通之处。

（二）精神境界。从精神境界层面来说，经过“心斋”与“虚静”的工夫，得道之人所体验到的精神境界和艺术家所体验到的精神境界有相通之处，庄子之“游”与艺术之“自由”在“精神的自由解放”这一点上体验着共通的心理状态。“庄子思想的出发点及其归宿点，是由老子想求得精神的安定，发展而为要求得到精神的自由解放，以建立精神自由的王国。”在桎梏、倒悬一样痛苦的时代人生中，这种自由解放在现实人生中无处安身，“只能是求之于自己的心。心的作用、状态，

---

① 徐复观：《中国人性论史》，第 281 页。

庄子即称之为精神；即是在自己的精神中求得自由解放”①。这种自由解放的精神状态是“逍遥游”。而“游”在庄子只是一种人生状态，如何过渡到艺术？徐复观进一步在“无用”与“和”两点上沟通了庄子之“游”与艺术之“自由”，“游”自然散发出浓厚的艺术意味。

庄子站在“道”的立场，以无用为用，无用的极致则是“忘”，忘困苦、忘功利、忘天下、忘己忘物。在时间与空间的深远辽阔之境地中，更容易“忘”掉人世的羁绊，“逍遥乎寝卧其下”，我自悠闲，随心嬉荡，获得精神的自由，这是何等自由洒脱的人生境界。而艺术也正是以非功利、以无用之用为归趋的，艺术家如果在心中塞满了太多人生的负累、尘世的纷争，便无法超脱，“虚则静、静则明”，只有忘其用、虚其心，敞开灵府，玄鉴览物，才能在最本心处神与物“游”，“与物为春”（《庄子・德充符》），在心灵的自由状态中获取精神的解放。徐复观进一步援引“无关心的满足”来解说庄子之“游”。康德在《判断力批判》中认为美的判断，不是认识判断，而是趣味判断。趣味判断的特性，乃是“纯粹无关心的满足”。所谓无关心，主要是既不指向于实用，也无益于认识的意思。庄子将人世所认为无用的，“树之于无何有之乡，广漠之野，彷徨乎无为其侧，逍遥乎寝卧其下”（《庄子・逍遥游》），精神上得到了自由解放，这种自由解放，实际是由无用、无功利所得到的精神的自适感，正是康德所说的“无关心的满足”，亦正是艺术性的满足。

但由无用所得精神的自由，常流于逃避社会的孤芳自赏，而不能涉世、不能及物，这样“游”便有一定的限制，庄子提出比“无用”更积极的“和”的概念。“庄子的所谓‘一’，若把它从形上的意义落实

① 徐复观：《中国艺术精神》，第 37 页。

下来，则只是‘和’的极致”①。徐复观用庄子之“一”释“和”，是极有发现眼光的，但是遗憾的是，徐氏在具体以“和”论艺术时，却偏离了道家之“和”的本旨，讲的却是儒家之“和”。我们认为，儒道两家都讲“和”，但内涵极不同。道家更多讲的是精神境界的形而上的“太和”之“和”，而儒家更多讲的是现实人生的行而下的“和谐之和”，太和之“和”是混沌的“一”，是未有区分的“全”；和谐之“和”，是多样的统一，是区分之后，各独立要素的相安无事。而徐复观认为在艺术中，“和是化异为同，化矛盾为统一的力量。没有和，便没有艺术的统一，也便没有艺术，所以和是艺术的基本性格”②。很显然，徐复观并没有抓住庄子之“和”的要义，在逻辑上犯了以儒解庄的倾向。在庄子看来“体道”之进入的境界，是“与天为徒”，是“入于寥天一”。“一”是“混沌不分”、是“大制未割”、是“自然而然”，是“无待”、是“朴”“天”“全”，这是一种万物皆循其本而自由兴发、心灵极度自由的状态。

客观辩证地看待所谓的“艺术精神”，有两种获思进路。一是由哲学背景涵咏而来，从艺术创作主体的人格精神中开发出来，可以说是一种“人性→艺术精神”的进路，更多表现为一种“艺术理念”；二是由艺术作品体认而来，从具体的艺术创作、形式实践中总结出来，可以说是一种“形式→艺术精神”的进路，更多表现为一种“艺术特征”。庄子从本质上是否定艺术的，其老庄思想的核心是以“体道”的方式来求取人生困境的解脱，是一种审美生存哲学，或曰一种人生艺术哲学。庄子论及的哲学问题带有鲜明的审美色彩，移植到对艺术的审美特征的理解中，使其哲学命题获得了审美意义，而“人性”可以说是庄子哲

---

① 徐复观：《中国艺术精神》，第 40 页。

② 徐复观：《中国艺术精神》，第 41 页。

学与美学沟通的共同基础。徐复观把庄子艺术精神建立在“人性”上，准确把握了中国艺术精神的特色。而且，“艺术精神”比之“美学”一词更能得庄子之艺术观的神髓，因为“美学”是西来词汇，而且其源头建立在西方知识论的视野上，而“精神”或“精”“神”都常现于中国典籍之中，且与庄子之“道”相关，“道”落实到人“心”上，则为“精、神”，“精”是心之“道”，“神”是“道”之用，“精神”即为“心的作用、状态”，[①] 且庄子又对中国艺术产生了极大的影响。所以用西方从知识论而来的“美学”一词远不如用从中国“人性、人心”而来的“艺术精神”一词地道。

第二节　中国山水画论史：庄子艺术精神接受史

《中国艺术精神》是徐复观“有计划地、有系统地一部书”[②]。第二章讨论“中国艺术精神主体之呈现——庄子的再发现”。“第三章以下，可以看作都是为第二章作证、举例”[③]。第三章至第十章可以命名为一部简要的“中国山水画论史”。可见，整本书除第一章讲孔子艺术精神以外，其余章节所讨论的实为“庄子艺术精神”。第二章是徐复观甚为得意，也是影响最大的一章，可能光芒太大了，研究者凡论徐氏之“中国艺术精神”总是自觉聚焦于对此章的探幽发微而忽略了徐复观对中国山水画论史所下的工夫。而且徐复观对庄子艺术精神的发现实得自他涵咏画论经典的长期积累之后的“恍然大悟”。徐复观通过对中国山水画论的考订、统理及阐发而“作证”庄子艺术精神的研究同样值得重视。

---

① 徐复观：《中国艺术精神》，第 37 页。
② 徐复观：《中国文学精神》，第 3 页。
③ 徐复观：《中国艺术精神》，“自叙”。

一、庄子艺术精神与中国山水画论史

徐复观从理论与逻辑层面上建立了老庄之“道”与“艺术精神”的关联，但是“逻辑的发展完全不必限于纯抽象的领域。相反，它需要历史的例证，需要不断接触现实。”① 老庄之“道”如果不落实于艺术中，只能是一种“潜艺术精神”，经过中国艺术实践的检验才能真正显发、成就其“艺术精神”的实质。在中国诸种艺术中，徐复观认为山水画是最能得庄子之神髓，可以说是老庄艺术精神的“独生子”，“中国画的主流，始终是在庄学精神中发展”②。尤以南宗山水画为甚，徐复观花大篇幅梳理出一部“中国山水画论史”，只为使流淌其中的老庄艺术精神这一脉清流彰显出来。

一部中国山水画论史可以说是一部庄子接受史。徐复观的“中国山水画论史”的叙述与一般的艺术史、绘画史、山水画史的书写不同，呈现出“史论”结合特点，“史”显示他通阔的视野，“论”透出他精辟的识见。他无意于细陈中国历代山水画论的林林总总，也无意于对庄学与画论的关系做面面俱到的考辨，而是大刀劈斧，直抵精神，紧扣中国山水画论的生命线——庄学精神——并以此为中轴，站在精神的高台上，以思想史家的深邃透辟的眼光，在宏大处着眼，于深细处用力，抓住大纲的关节点问题，通过细致的辨疑、论证、疏释、建构，疏通了以下两条动态发展又具体丰富的历史谱系：一是中国山水画的精神源头是庄子，庄子艺术精神经魏晋玄学及其所影响的人伦品鉴而落实到绘画上，中国绘画从人物画到山水画，山水画又由青绿山水画到水墨画，这两次大的改变，都是由庄学精神所内在决定的，也就是说“中国绘画，由人物而山水，山传色而淡彩，而水墨，这都是出自虚、静、明的精

① ［德］恩格斯：《卡尔·马克思〈政治经济学批判（第一分册）〉》，见《马克思恩格斯选集》第 2 卷，人民出版社 1995 年版，第 45 页。

② 徐复观：《中国艺术精神》，第 108 页。

神，都是向虚静明精神的自我实现”①。二是，就中国山水画最高审美范畴来说，“气韵生动”是最高标准，“气韵”中的“韵”根源于老庄之“道”“虚”“无”，上承顾恺之的“神”，下启张彦远之“自然”、郭熙之“远”、黄休复之“逸”、董其昌之“淡”、赵松雪之“清”等，这些艺术范畴可以说都是老庄族裔，在不同历史语境下呈现同中有异的发展。可以说，老庄艺术精神与中国山水画论交感渗透、相依相存，前者是后者的精神之源、灵魂之乡，后者是前者存在之场、畅达之媒。庄子艺术精神在山水画及画论中得到不断回响，中国山水画在老庄艺术精神的烛照下跃动着一条深邃而血脉贯通的生命之流。

二、中国画的两次转型与庄子“潜在的山水精神”

从历史生成、发展来看，庄子思想对中国山水画起着导航与规约的作用。庄子之“道”“德”经魏晋玄学及其所影响的人伦品鉴之风移植、转化成人物画之“神”，进而落实到更具纯粹审美色彩的“气韵生动”这一艺术学范畴上，一经移入，中国绘画艺术再也无法摆脱庄学的影响，尤其是中国山水画家、画论家，其思想、情调，能不沾溉于庄子的，可以说是少之又少。

从人物画到山水画。从人物画到山水画的转变实际是由庄子艺术精神所潜在决定的。徐复观认为：“魏晋时代所开始的对自然—山水在艺术上的自觉，较之在人自身上所引起的艺术上的自觉，对庄子的艺术精神而言，实更为当行本色。”② 首先，山水画较之人物画更易涵融作者的精神意境、安放作者的灵魂，满足作者精神上求自由解放的要求。人物画受人物自身及其个性的局限，不容尽情扩展作者的心胸，没有人会

① 徐复观：《中国艺术杂谈》，见徐复观著，刘桂荣编：《游心太玄》，北京大学出版社 2009 年版，第 76 页。

② 徐复观：《中国艺术精神》，第 136 页。

在活生生的人的对象中，真能发现一个可以安放自己生命的世界。自然山水未受人间污染，深远嵯峨、趣灵媚道，最易于引发人并安放人的想象力，为人“神飞扬”“思浩荡”的精神遨游提供了栖居之地、依凭之所，是那些挣扎于社会的缰锁与尘世的污浊中的士子们的理想家园。其次，山水的隐士性格来自庄子“隐逸”精神。徐复观认为：“山水的基本性格，是由庄学而来的隐士性格。”① 庄子的“隐逸”主要体现超越尘浊、亲昵自然上。老子反人文、还纯返朴的要求，暗含了从人世归返自然的倾向。庄子的“以天下为尘浊，不可与庄语”（《天下》），寄情于“广漠之野”，瞻慕的“神人”住在“藐姑射之山”上，经常“钓于濮上”“游于濠梁之上”（《秋水》），“就薮泽，处闲旷，钓鱼闲处，无为而已矣”（《刻意》），逍遥于山林水泽，悠然自得。自然山水不仅是庄子生存的居所，也是他“物化”的对象，自然的人格化，人格的自然化，天人合一，此之谓也。山水诗人、画家、论者多具有“隐逸”的性格，徐复观特别留意指点出历代画家、画论家的隐逸性格，宗炳、王微、张彦远、张璪、荆浩、黄休复、郭熙、赵孟頫，在他看来都有浓厚的隐逸情结，即便不能真正放迹于山林，也拥有一颗时刻准备回乡的高洁的“隐逸之心”。这是庄学玄学所引发的人亲近自然所形成的必然性格，中国绘画由人物到山水的进路，本是由这种隐逸情怀所创造。再次，庄子艺术精神实际是一种“潜在的山水精神”，这一点是徐复观阐而未发的。刘绍瑾认为：“对中国美学产生了深远影响的老庄道家哲学，其本身就浸透了浓重的‘山水精神’。”② 一旦碰及“绘画”这种触媒，便会被激发出来，得到画家、文人的推崇。“老、庄道家精神浸入中国绘画领域，在理论上，宗炳发其宗，后人弘其迹”③。宗炳、王

① 徐复观：《中国艺术精神》，第 153 页。

② 李文初等：《中国山水文化》，广东人民出版社 1996 年版，第 114 页。

③ 陈传席：《中国山水画史》，第 11 页。

微等的山水画论直接把庄子之道与自然山水联系起来。从理论来讲，“含道应物”“澄怀观道”的“道”即庄子之道，实即艺术精神；“澄怀”即老子的“涤除玄览”，庄子的“斋以静心”；“山水质有而趣灵”的“灵”是“道”产生、滋衍的观念；“山水以形媚道”即艺术的从有限通向无限的性格，也即庄子的从形而下之道通向形而上之道的性格。所以徐复观认为宗炳的“《画山水序》里面的思想，全是庄学的思想”①。徐复观尤重视五代荆浩的《山水诀》的再发现，其原因在于荆浩所谓的“度物象而取其真”“搜妙创真”之“真”也即是“道”的落实。从玄言诗到山水田园诗、从人物画到山水画，庄子艺术精神一步步落实到以山水为表现对象的艺术上。但“文学中的山水田园，依然会带有浓厚的人文气息。这对庄学而言，还超越得不纯不净。庄学的纯净之姿，只能在以山水为主的自然画中呈现”②。山水画的出现，乃是庄学在人生中、在艺术上的落实，也是庄学之道的具象化，玄学的具象化。

山水画用色从青绿到水墨。水墨画真正兴起是在唐代，荆浩曾云：“随类赋彩，自古有能，如水晕墨章，兴吾唐代。”（《笔记法》）中国山水画在历经六朝后期至隋初的停滞期后，至吴道子“为之一变”，山水画呈现两种分流，也即北宗和南宗由此始分，北宗承古，重着色钩斫，南宗开新，创水墨渲染。北宗李思训、李昭道父子承魏晋“随类赋彩”而发展，加之笔法的精进，以金碧山水完成了山水画“形式上成熟”，可以说是“古典山水画的高峰”③。但徐复观认为这一派多由画院派传其衣钵，因其绘画之富贵气，不合庄学精神，未能成为中国山水画主流；而张璪的“破墨”、王维的“水墨渲染”、项容的“泼墨”

---

① 徐复观：《中国艺术精神》，第 141 页。

② 徐复观：《中国艺术精神》，第 137 页。

③ 陈传席：《中国山水画史》，第 34 页。

则开创了“水墨”这种新的表现形式，“这股水墨画风几乎影响着中唐以后的中国山水画发展的全部历史”①。为什么“水墨”这种绘画媒质足可以支撑中国山水画执画坛之牛耳几千年？徐复观认为“颜色上之革命，以水墨代替五彩，使玄的精神，在水墨的颜色上表现出来，这可以说是顺中国艺术精神的自然而然的演进”②。水墨的颜色是一种“自然”的颜色。徐氏认为水墨的颜色是由远处眺望山水所启发出来的，远处眺望山水，山水的各种颜色，皆浑同而成为玄色，这是一种肇自自然、不加修饰的颜色，王维深会此道，所以说“夫画道之中，水墨最为上；肇自然之性，成造化之功”（《画山水诀》）。“水墨”也体合于庄学所要求之“玄”的精神，合于庄子所要求的重素贵朴的思想。在徐氏的理解中，玄的精神可以说是庄子的精神。庄学、玄学在徐氏的用语中常可以互换使用。老子主张“素朴玄化”，曾有言“五色令人目盲”，庄子也谓“五色乱目”“朴素而天下莫能与之争美”。水墨的颜色即玄色，“玄之又玄、众妙之门”，所以徐氏认为墨的颜色乃五色得以成立的“母色”，超越于各种颜色之上，因此中国绘画中有“运墨而五色具”的说法。墨之色已含蕴现象界中的五色，如用法自然合度便会变化无迹，在水墨的自身即能表现出一种深不可测的跃动生机，具有新鲜活泼的生命感。水墨画大家，一下笔而深浅数重，好像是造化的自然，在那里自由地展开、自由地舒卷，此即荆浩所谓“真思卓然”，是“具得其元（徐复观按：玄）”，是“亦动真思”，是“独得玄门”。③

徐复观认为：“由庄子所呈现出的艺术精神，由对象之深入，超

① 陈传席：《中国山水画史》，第48页。

② 徐复观：《中国艺术精神》，第180页。

③ 徐复观：《中国艺术精神》，第180页。

绝，以至颜色的冥合，这才算达到了完成之域。”① “对象的深入，超绝”指的是人物画最终走向山水画，“颜色的冥合”即指山水画中青绿最终走向水墨。水墨山水画发展的高峰则是在北宋，由关同、董元、巨然、李成、范宽等远离政治的高人逸士完成。徐氏也注意到着色与水墨的区分是相对的，一个画家也会兼擅两种设色方式，但常以青碧山水投时所好，而以水墨、淡彩抒写胸襟。这里并不是说青绿色不美，不是说庄子艺术精神的呈现完全寄托于运墨，而只是强调水墨较之青绿更贴近庄学所要求于绘画的自然精神。

三、中国山水画审美范畴的流变与庄子艺术精神

“每门学问都有若干基本概念，必先将有关的基本概念把握到，再运用到资料中去加以解析、贯通、条理，然后有水到渠成之乐。”② 这是徐氏研究思想史的心得体会。通之以艺术史的研究，可以发现徐复观极擅长于抓住中国山水画论史中的关键性节点，并进一步精炼化为“范畴”或“问题”，以点通线（史）统面（论），庄子思想落实在中国山水画论中所呈现的最高审美形态呈现清晰的、可把握的流变轨迹。

顾恺之之“传神写照”与庄子之“道”“德”。顾恺之的“传神写照”蕴含了“以形写神”和“得神忘形”两层意味，开辟的是一个艺术形象超越的问题。这种“超越”思维，来源于庄子关于“道”与“德”的观念。庄子之“道”，既是形而上的“恍兮惚兮”“独立而不改”，又是形而下的“无所不在”“在蝼蚁”“在稊稗”“在瓦砾”“在屎溺”（《知北游》）。这种双重性，昭示也规约了得“道”“从形而下超入形而上”的可能，庄子推崇“独与天地精神往来”的超越精神，

---

① 徐复观：《中国艺术精神》，第 180 页。

② 徐复观：《中国文学精神》，第 4 页。

却“不敖睨于万物”、“以与世俗处”，徐复观认为这是一种“即自的超越”，是一种“不折不扣的艺术精神”。[①] 这种“即自的超越”，落实于艺术上则是“以形写神、形神统一”。同时，徐复观认为“传神写照”之“得神忘形”一面亦来自庄子，庄子“形与德的思想，而启发出传神的思想”。庄子在《德充符》篇虚构了大量形残而德全的得道之人，而“道”关乎德而不关乎形，从形超越上去，以把握德之真，形体之残则可忘掉，此所谓“德”有所长而形有所忘。庄子亦有“得意忘言”“得鱼忘筌”之论，可以说是一息相通的。中国艺术讲究得神忘形，甚至重神轻形，认为最高的艺术是把精神投入无限，振于“无”境，超越形器的拘限而得到精神的大自由、大解放。神是第二自然，而第二自然，才是艺术自身立脚之地。[②] 一个艺术家最基本的，也是最伟大的能力，便在于能在第一自然中看出第二自然。从“道（形而下→形而上）”、“形→德”启发出“形→神”，三组概念在“超越”思维上取得了统一。

谢赫的“气韵生动”之“韵”。“气韵生动”是中国美学的核心审美范畴。南朝齐梁间谢赫《古画品录·序》总结出人物画之“六法”：“一，气韵生动是也；二，骨法用笔是也；三，应物象形是也；四，随类赋彩是也；五，经营位置是也；六，传移模写是也。”唐五代荆浩《笔记法》则从山水画创作来总结“六要”，“一曰气，二曰韵，三曰思，四曰景，五曰笔，六曰墨”，不管是人物画之“六法”，还是山水画之“六要”，“气”“韵”都是首先提到的，居于重中之重、要中之要的地位。徐复观认为：“由气韵生动一语，也可以穷中国艺术精神的极谊。”[③] “气韵生动”是中国艺术的最高标准。

① 徐复观：《中国艺术精神》，第 62 页。

② 徐复观：《中国艺术精神》，第 115—116 页。

③ 徐复观：《中国艺术精神》，第 128 页。

徐复观把“气”“韵”看成传神的具体化和精密化。“气”“韵”是神的分解陈述，却比传神更易于把握和追求，从“传神”到“气韵”是画论上的一大进步。在徐氏看来，“气韵之气的本来意义乃骨气的气，常形成对象的一种力感的刚性之美。”① 而所谓“韵”，在人伦鉴识中指的是人的情调、个性，表现在作品中偏于阴柔之美。体现在艺术品中常常各有偏至。以山水画而论，李唐夏珪一派的北宗画以气胜，而所谓南宗画则以韵胜。而南宗山水画最能得庄子艺术精神之神髓，所以“庄学的清、虚、玄、远，实系‘韵’的性格、‘韵’的内容。”② 同时，自“墨”在唐代兴起以后，多以“墨”论韵，而以“水墨、淡彩”为主要表现媒介的中国文人水墨画正以“韵”为艺术追求的极致。此“韵”的基本点是“以淡为韵的后面，则是以清为韵，以远为韵，并且以虚、无为韵。这是庄子的艺术精神落实于绘画之上的必然到达点”③。虽然徐复观把握住“韵”来折射庄子艺术精神，但他认为气、韵不可偏废，两者根源上不可分离，互相补益，气韵兼举才是周衍的陈述。比如，韵应以超俗的纯洁性、以某一限度的骨气为基底，否则流于纤媚。同时，“道”“虚”“无”也是“韵”的精神源头。中国画历来讲究“虚实相生，无画处皆成妙境”（笪重光《画筌》），徐复观解释妙境即为气韵之境。他认为“以虚无见气韵，这是画的极谊，似为人物画所未曾达到”④。“以虚见韵”只有在山水画中更易得到表现。表现出山水的气韵，即“为山水传神”，“为山水传神的根源，不在技巧，而出于艺术家由自己生命超升以后所呈现出的艺术精神主体，即庄子所说的虚静之心，也即是作品中的气韵；追根到底，乃是出自艺术家净化

① 徐复观：《中国艺术精神》，第 109—110 页。
② 徐复观：《中国艺术精神》，第 108 页。
③ 徐复观：《中国艺术精神》，第 111 页。
④ 徐复观：《中国艺术精神》，第 112 页。

后的心”①。关键在于艺术家的人格涵养，即通过工夫的进路而达到虚静之心。徐复观认为宋代汪藻的“精神还仗精神觅”一语把这种意思表现得最为真切。气韵出自脱尽尘浊的作者的心源，所以，“要能表现出山水的气韵，首须能转化自己的生命，使自己的生命，从个人私欲的营营苟苟的尘浊中超升上去（脱去尘浊），显发出以虚静为体的艺术精神主体，这样便能在自己的艺术精神主体照射之下，实际即是在美的观照之下，将山水转化为美的对象，亦即是照射出山水之神。此山水之神，是由艺术家的美的精神所照射出来的，所以山水之神，便自然而然地进入于艺术主体的美的精神之中，融为一体”②。

张彦远之“自然”与黄休复之“逸格”。“逸格”在北宋中国山水画高峰期摁取时代之主流，成为文人山水画所归趋的最高艺术境界。徐复观认为张彦远的“自然”即是黄休复的“逸”。张彦远《历代名画记》中分绘画风格为“自然”“神”“妙”“精”“谨细”五等，“自然者为上品之上”；黄休复《益州名画录》中立绘画“逸”“神”“妙”“能”四格，“画之逸格，最难其侍。拙规矩于方圆，鄙精研于彩绘，笔简形具，得之自然，莫可楷模，出于意表，故目之曰逸格尔。”“拙规矩于方圆”即“不拘常法”；“鄙精研于彩绘”即颜色上超越一般彩绘，归于素朴的淡彩或水墨；“笔简形具，得之自然”，故“逸”即“自然”，“自然”是“逸”的核心内涵。“自然”，是老子尤其是庄子的观念，“道法自然”，即道创生万物，无创造之心，无创造之迹，一若万物都是自己创造自己，自然而然。徐复观指出：“绘画以庄子的道为其精神的最后根据，自必以自然、逸为其完成。”③

延续着由人而画的进路，徐复观从根源上论证了“逸格”来自士

① 徐复观：《中国艺术精神》，第 127 页。

② 徐复观：《中国艺术精神》，第 127 页。

③ 徐复观：《中国艺术精神》，第 164 页。

大夫“逸民”心态，认为画之逸来自人之逸。逸格“是绘画向其根本性格发展成熟的最高境界。”中国绘画的根本性格即庄子的性格，庄子的性格即“隐逸”性格。“中国古代画家，多为耽嗜老庄思想之高人逸士”①。从《逍遥游》《齐物论》可以看出庄子过着一种“逸民”生活，即一种超离世俗，隐逸的生活。“上与造物者游，而下与外死生、无始终者为友”（《天下》），由尘浊超升上去的超逸、高逸的精神境界。而自古以来隐逸总是与山水林泉联系到一起，受庄子隐逸哲学影响的文人、画家无不是隐逸之士，拥有隐逸之心，山水给予此心收纳止泊之所，心给予山水情感性灵，隐逸之心与山水林泉的交相激荡，相摩相偎，正是山水画之“逸”境。庄子的“逸”的人生哲学落实到魏晋的玄学，由玄而开出的清、远、旷、达、简，落实到人格上则是超逸、放逸、高逸、清逸。

徐复观看到了逸格和神格之同，认为逸格是神格的更进一层，但他未能更细致地区分二者的异，始终给人似是而非的感觉。受过徐复观影响的张法先生，通过“神逸之争”这一比较话题，顺着徐复观的思想做了更清晰、更有力的延伸和补充。“神和逸都是两种很高的境界，又是两种很不同的方式。从历史上看，神，相当于六朝的‘错彩镂金’，相当于唐代杜诗韩文颜书的由法度而超法度；逸呢，相当于六朝的‘芙蓉出水’，相当于唐代王维、张彦远、司空图的‘离形得似’，‘不知其所以神而自神’。在这一意义上，可以说，神与逸都是神，只是神是朝廷之神，都市之神，儒家之神，逸是山林之神，田园之神，道释之神。”“神与阳、刚、雄、壮相关，逸与阴、柔、平、淡相连”。② 因为逸格是文人山水画所追求的最高美学形态，逸格是一种写意，“逸笔草

① 宗白华：《徐悲鸿与中国绘画》，见《宗白华全集》第2卷，安徽教育出版社2008年版，第50页。

② 张法：《中国美学史》，上海人民出版社2000年版，第231、234页。

草，不求形似”，从胸中流出，所表现的是士人的自由心灵与隐逸情怀。

郭熙之“远”。《林泉高致》是北宋郭熙山水画创作的理论总结，尤以“三远”理论最为影响深远，而“三远”之中又尤以“平远”最受郭熙及其后文人山水画家所喜爱。何以如此？首先，“远”可是说是庄学的意境。徐复观疏通了远、玄、道、灵等概念之间的互文性。道在迩而求诸远，《老子》第二十五章“有物混成，先天地生……吾不知其名，强字之曰道，强为之名曰大，大曰逝，逝曰远，远曰反。”玄即远，二者互文见义，从《世说新语》《晋书》中看出“玄学”被称为玄远之学，魏晋名士们喜欢谈玄说远，玄远是人物品鉴的重要标准；远又是宗炳“山川质有而趣灵”之“灵”在绘画上的落实。其次，“远”是一种宇宙人生态度落实于山水画而呈现的审美观照方式。“远”不仅是山水画的构图，更重要的是顺着视线的远移，心灵在想象的驱动下随着山水的“远”飞升，导向无限，就是“淡”“无”“虚”的境地，也正是庄学、玄学的境地。“艺术中远的境界的极致是要遁入空、虚、无、玄、道之中，在无限之中展现和有限的根本距离”①。这种距离可以使人暂时性地冲破心灵的枷锁、摆脱尘世的负累、释放压抑的情性，在“远”境中逍遥一游。庄子于时空之外作“心灵的远游”来抵抗人世间风霜，“芒然彷徨乎尘垢之外，逍遥乎无为之业”《大宗师》，“以游六极之外，而游无何有之乡”、“以游无极之野”《在宥》，“游乎四海之外”（《逍遥游》），“游于六合之外”（《徐无鬼》），茫茫然远之极也。嵇康的“俯仰自得，游心太玄”、宗炳的“卧游”即“心游”、陶渊明的“心远”无不求之于“远”境，以在被污渎尘世之外，享受心灵的容与、生命的安顿、内心的自足、寄托的精神。再次，“高远之势

① 朱良志：《中国艺术的生命精神》，安徽教育出版社 2006 年版，第 305 页。

突兀，深远之意重叠，平远之意冲融而缥缥渺渺。”“高远者明了，深远者细碎，平远者冲澹。”（《林泉高致》）高远易给人一种压迫感，深远则让人不可捉摸，唯平远“冲和、淡雅，如春风淡宕，春色冶艳，娓娓动人，悠悠无限；它平灭了冲突，留下的是一个宁静的世界；它排除了喧嚣和夸饰，而以平淡显示自身的特色；它更在一片宁静冲融的境界中，给赏艺者一个安顿性灵的空间，使远的空间变成一个激荡生命的世界”①。平远之“冲融”“冲澹”正是庄学要求于绘画的境界，以庄子和陶潜为主色的《二十四诗品》所推崇的最高审美概念就是“空、幽、素、淡”，是“冲淡”“自然”。平远，极人目之旷望，平远的极致即“淡”，视线渐行渐远，画面渐远渐无、渐远渐淡，在一片淡墨所达成的玄色中冲融大自然的一派生机活意，正合于道之恍惚迷离之象。苏轼的“发纤秾于简古，寄至味于淡泊”（《书黄子思诗集后》），可以说是对宋代美学崇“淡”现象的浓缩表达。文的平易、诗的平淡、书的淡泊、画的平远在文人手中推至高峰。李成在两宋大受推崇，与他“烟林平远之妙，始自营丘”（《宣和画谱》）无不相关，元明清士大夫所做山水画，几乎都是一色的平远、淡远。

董其昌之“淡”。徐复观高度肯定董其昌所推崇的南宗之“淡”的意境，并以此作为南北宗的分水岭。但他质疑董其昌仅从笔墨技巧的一家一曲去领会“淡”，从而与淡的真正意味相去甚远。徐复观所认为的“淡”的真正意涵是什么呢？“淡的意境，是从庄学中直接透出的意境。”②“淡”渊源于庄玄，庄子推崇“澹然无极”之美，“朴素之美”，可以说都是“淡”的精神源头。“淡”之意境的达到虽然也需要笔墨技巧的工夫，但是更重要的是心性的工夫，来自创作主体虚静之心、淡泊

① 朱良志：《中国艺术的生命精神》，第 325 页。

② 徐复观：《中国艺术精神》，第 254 页。

之志，“淡不淡，只看作品的能否泯除人为刻饰之迹，以冥合于自然的统一生命，无限生命。”而董其昌“所标出的淡，在实际上，只是落脚于以二米为中心的‘墨戏’之上，无形中只以暗的形相为淡，而否定了明的形相在中国艺术中的重大意义。”所以徐复观认为董其昌能接触到淡的意境，但不能真正深入去把握，主要“是因为他在生活上的限制，及缺少庄学的自觉，而只是在禅的边缘去加以沾惹。”① 所谓“缺少庄学的自觉”，即不能真正把握住艺术之主体的虚静之心。

赵松雪之“清”。董其昌谓“幽淡两言，则赵吴兴（松雪）犹逊迂翁（倪云林），其胸次自别也”，实是考虑到赵松雪以王孙资格仕元，大节有亏，所以换掉赵松雪而代之以倪云林，“元四大家”重新排座次。徐复观遵循一贯的“人格至画格”思路，他认为赵松雪的艺术性格可谓“清远”二字。清则淡，此艺术品格之“清远”实来自其艺术心灵之“清逸”。从赵松雪的人生选择来看，应当“谅其心、哀其志”，赵松雪身在富贵而心在江湖，追慕庄周和陶渊明的“逸民”之风，人格真纯，以富贵为精神上的压迫，出淤泥而不染，“一生中所追求的，所把握到的，都是一个‘清’字”②。“清”来自庄学、来自魏晋玄学，而山水画的根源则是庄学、玄学，赵松雪的清的艺术，是艺术本性的复归，他在山水画之南宗系统中，应当有最重要的地位。董其昌抑赵，出自明代士人一般虚矫之气，这是徐复观不能不为之辩的。徐复观力图从逻辑上梳理“清”的道家源头，并以“清”是儒、道互补人生哲学投射到美学上的最高范畴。赵子昂最得徐复观之心之处在于，他能在清、淡的艺术、人生中开掘出刚性之美，发掘出新的存在。“赵松雪在艺术史上的重要地位，是表现在狂风暴雨之后，人们又渐渐浮上在客观世界

① 徐复观：《中国艺术精神》，第283页。

② 徐复观：《中国艺术精神》，第268页。

中生存的希望，因而人的主观重新展向自然，使主客之间，恢复了比较均衡的状态。他是以‘清远’代替了南宋末期的‘幽玄’，重辟艺术的新生命”①。朱良志如是说：“元代隐逸画家尚‘清’之风体现出对儒家刚健不阿的强韧品格的推重，因此‘清’又可用一个‘健’字来概括。”② 南宋末期的幽玄之风，极类似于徐复观极力反对的现代派艺术，表现的是一种衰朽的、萎靡的气息，偏离了徐复观心目中由庄子艺术精神为内核的艺术正途，赵松雪的“清”，能于现实生活中不埋没掉精神的向往，以“清远”之绘画重建一种刚健清新的新文化。

通过中国山水画论史阐发贯注其中的庄子艺术精神，徐复观有所发现。但他把中国绘画，尤其是山水画的精神源头归结为庄子一家，难免伤害了其论题的辩证性与客观性。刘纲纪先生批评：“徐复观在分析历代文艺与美学时，有一种忽视儒家美学的重要影响、儒家美学与道家美学的相互渗透，从而将中国历史上多样的美学思想归结为庄子美学的倾向。这种单线式的分析，不免脱离了中国美学发展的多样性与复杂性。”③ 这一批评不是毫无缘由的。徐复观无视儒家对于艺术的影响，仅从庄子树立精神源头。对于禅宗之于中国艺术的影响，徐复观的认识亦是片面的。综观徐复观全部著作可知他对禅宗的研究并未深入，但是他在论到中国山水画家，如论宗炳、黄山谷、董其昌等与禅宗的密切关系时，认为禅宗所谓“寂”“灭”是安放不下艺术的，轻巧地避过禅学对中国艺术的影响。徐复观也忽视玄学与庄学所体现的艺术精神之间的差别，正如有论者指出：“庄学思想的根深蒂固的思维模式过于强大，

---

① 徐复观：《中国艺术精神》，第 268 页。

② 朱良志：《扁舟一叶——理学与中国画学研究》，安徽教育出版社 2006 年版，第 174 页。

③ 刘纲纪：《略论徐复观美学思想》，见李维武编：《徐复观与中国文化》，第 511 页。

因而遮蔽了徐复观的思维视线，使他几乎无视佛学，尤其是禅宗的艺术影响力。”① 另外，徐复观多处讲庄子之道实即是最高的艺术精神，这一等号划得也是绝对的，庄子之道只能说“通于”而绝不是“同于”艺术精神，庄子之道对于艺术精神只能是一种敞开、一种启发、一种暗示。另，徐氏认为中国艺术是一种“道之文”，落实来说是“心之文”，准确把握住了艺术之主体——虚静之心对于艺术创作与鉴赏的重要意义，但是观其所论之理路，不免有“从心到艺”的单线倾向，而忽视了艺术形式之于艺术的重要作用。由此，徐复观所阐释的庄子艺术精神不能不说是一种“片面的深刻”。虽片面，毕竟是深刻的，而学术中，相较于“全面的平庸”，“片面的深刻”更有助于学术的推进，这也是为什么徐复观的中国艺术精神论述招致诸多怀疑，却仍不影响其学术上的价值的原因所在。

---

① 刘桂荣：《徐复观美学思想研究》，人民出版社 2007 年版，第 205 页。

第八章

同异全识：比较诗学视域下道家美学的新景观

海外华人学者在境外从事中国文学美学研究势必遭遇这样的问题——西方的研究视野和理论观点是否可以直接用来说明中国美学？对这个问题的回答，一个严谨的研究者自然会慎之又慎。又或者说，理论上会意识到中西文学在表现方式与精神价值上都存在显著差异，源生于西方文化传统的方法和理论用于中国这一“他者”只怕没那么“合榫”，叶嘉莹教授就指出：“理论乃是自现象归纳而得的结果。中西文学既有着迥然相异的传统，则自西方文学现象归纳而得的与中国文学现象并不全同的理论，其不能完全适应中国之文学批评，自不待言。”①但在具体的研究中，借用西方这块“他山之石”来解释中国文学美学现象以提供某种新观照的研究，比比皆是。因为用西方知识论传统中形成的方法和理论来“阐发”中国文学美学现象，

---

① 叶嘉莹：《漫谈中国旧诗的传统——为现代批评风气下旧诗传统所面临之危机进一言》，见李正治编：《政府迁台以来文学研究理论及方法之探讨》，（台湾）学生书局1988年版，第353页。

早已是近代学术的基本要求。叶嘉莹也并不否定并大量运用西方新批评等内部研究法来阐释中国古典诗词，以“赋古典以新貌”。一些中学根底和西学素养兼备的海外华人学者，在“以西释中”或“中西互阐”为中国文学美学提供某种求同存异的“再发现”式论见方面，拥有独特的优势。

叶维廉的比较诗学研究在20世纪后期以来的华人学界产生了重大影响。对于“比较诗学”的理想，叶维廉认为是达到“同异全识，历史与美学的全然汇通”，也就是说历史寻根与美学分析的结合需要“同异全识”这一更具操作性的比较策略的辅助。何谓“同异全识”？“我们不要只找同而消除异（所谓得淡如水的‘普遍’而消灭浓如蜜的‘特殊’），我们还要‘藉异而识同，藉无而得有’”①。中西文化“歧异之处的探讨和对比更能使我们透视二者的固有面貌，必须先明了二者操作上的基本差异，我们才可以进入‘基本相似形’的建立”②。在叶维廉看来，西方文化自柏拉图以来，一直以逻辑、理念抽象的思辨程序为主，而与此大相径庭的中国文化显然不是儒家，而是道家，道家影响中国美学、中国诗学甚巨，积淀了丰富的资源，足以抗衡西方自柏拉图以来稳固的思想传统，这正是叶维廉“偏爱”道家，几乎以道家美学来代替中国诗学、中国美学的原因。比较诗学视域下，道家美学因与西方自柏拉图以来的认识论美学面貌迥异，而被叶氏推为中国美学、中国诗学的“形象代表”，其价值不仅体现在学术上，且带上了文化战略的色彩，也就是说，在叶氏看来，道家美学不仅是“是什么”的学术理论问题，更重要的是“如何用”的战略实践问题。叶维廉不仅以西方最新的理论为参照，重新观照道家思想，阐发道家美学的理论内涵，更从

---

① 叶维廉：《〈比较文学丛书〉总序》，见《叶维廉文集》第1卷，第15页。

② 叶维廉：《东西比较文学中模子的应用》，见《叶维廉文集》第1卷，第39页。

影响研究的角度发掘道家美学对于西方现代诗、现代文化的影响，彰显了道家美学置身于世界语境中所蕴含的无限生机和能量。叶维廉对道家美学的研究为其比较诗学研究提供了精彩的实践案例。

第一节　饮之太和：道家生态美学精神的开掘与阐发

近年来，以生态的视野和理论方法来研究美学问题、特别是阐释中国古典美学精神，渐次成为学术界一大热点。以生态之眼来看，在比较文学领域享有盛誉的叶维廉先生的理论批评及其比较诗学建构，具有浓厚的生态美学色彩。可以说，在以生态精神来阐发中国古典美学思想的学术谱系中，叶维廉是华人学者中的第一人；把生态理论与美学、诗学批评结合的比较好的，叶维廉也堪称较为成功的一个。他在中西比较视野下发掘、阐释的老庄“饮之太和”“以物观物”的美学视境，既体现了浓厚的生态美学精神，又与现象学相对接。这种阐释在今天看来极富意义，不仅对中国诗学起到了“解蔽”作用，也为老庄艺术精神通于当代、通于世界提供了一份启示。

一、早期两本深染生态色彩的诗学美学著作

在叶维廉用来阐释中国传统并与之对接、互释的西方最新理论思潮中，最为明显、也为大家所称道的是现象学美学。然而笔者认为，另一思潮同样重要，但迄今未能引起注意，那就是其时在美国风行的绿色环保运动和生态理论。关于叶维廉与美国绿色环保运动及其生态理论的事实联系，由于笔者所掌握的资料有限，在此难以妄言。但叶氏在 20 世纪 70 年代出版的两本代表性论著，则凸显了十足的生态美学精神。再联系到此时生态环保思潮在欧美正在风行，叶维廉受到此方面的影响，

完全是有可能的。

这两本著作分别是初版于1971年的《秩序的生长》和1980年的《饮之太和》。由于这两本著作都是叶氏的相关论文集结，因此可以说集中体现了叶氏在那个时间段（20世纪60年代后期和整个70年代）的代表性成果。《秩序的生长》意在寻求人与自然原始的直接接触，重建人与物浑然合一、和谐共生的秩序和诗境。而这一秩序，在叶先生看来，在生态环境遭到破坏的现代语境下几成破碎的残梦。特别是其中的《饮之太和》一书，更是体现了十足的生态美学意蕴。书名就非常饶有趣味，它尽管取自《二十四诗品·冲淡》之“饮之太和，独鹤与飞”，但更为根本的则是对道家所说的太古之时人与自然的原始和谐的醉心向往。“太和”，《二十四诗品》的注解者一般理解为“阴阳会合冲和之气”①，而笔者则认为，它的意思就是“太古的和谐”，这一美学风格的文化原型就是道家的元古理想。《二十四诗品》中与“饮之太和，独鹤与飞”可相阐发的还有“黄唐在独”（《高古》）。“独”是道家语境中一个重要概念。“独”者，不偶也，故《庄子·齐物论》言：“彼是莫得其偶，谓之道枢。”而所谓的“道枢”，就是“一切差别与对立之诸相悉为扬弃而返归于物自身之本然之境地”②。徐复观先生说：“《庄子》一书，最重视‘独’的观念，本亦自《老子》而来。老子对道的形容是‘独立而不改’，‘独立’即是在一般因果系列之上，不与它物相对待，不受其他因素的影响的意思。”③ 从哲学上这一解释可谓正确，但如果我们换一种角度，从文化人类学的眼光来看，那种“不与它物相对待”“一切差别与对立之诸相悉为扬弃”的“独立”状态，却是远古时代人们的一种自然的“常态”，一种最基本的存在形式！而一旦人类进入社会大分化的文明

① （唐）司空图、袁枚著，郭绍虞集解辑注：《诗品集解 续诗品注》，第6页。

② ［日］福永光司：《庄子》，见陈鼓应注译：《庄子今注今译》，第57页。

③ 徐复观：《中国人性论史·先秦篇》，第348页。

时世，人们的意识深处开始出现是非、美丑、利害、善恶等“对待”的辨别，天人关系就出现了朝“遁天倍情”（《庄子·养生主》，意谓疏离自然）方向以滔滔不返之势的发展。所以《二十四诗品》的作者以黄帝、唐虞这两个上古帝王来启发读者的联想。《诗品》此处本于陶渊明《时运》之“黄唐莫逮，慨独在余。”而陶渊明的诗文，弥漫着一股对远古自然之世的深深追怀，如《劝农》之“悠悠上古，厥初生民。傲然自足，抱朴含真”，《命子》之“悠悠我祖，爰自陶唐。”他自谓“羲皇上人”（《与子俨等疏》），陶醉于“无怀氏之民欤？葛天氏之民欤”（《五柳先生传》）的远古时代那种纯朴简单、与自然同体的境界中。“黄唐在独，落落玄宗”，体味出的是一种太古的和谐，一种纯粹的“大美”！

如果说上述解读是否符合《二十四诗品》的语境还不一定得到所有人认同的话，这一解释却完全符合叶维廉《饮之太和》这一书名的用心与意旨，因为我们在叶氏的那本书中读到了太多的富有生态精神的美学表述。在《饮之太和》中，叶氏历数了西方文化对“荒野的自然界”的“抗拒的态度”，深深感叹“宇宙万物与我们交谈的境界已经完全消失了！”他称引近代诗人罗拔·邓肯（Robert Duncan）的抱怨，斥责西方人“破坏与掠夺自然而不视之为罪恶，却美其名为‘改造天机’，如此之妄自尊大！”感叹“西方人对他们的生物环境（自然界）——他们食物、气力、精神的源头作了何等的破坏！”“而称工业的煤烟为‘黑色的牡丹’！称之为‘一切文明之母’！”这样，正如叶氏引美国现代诗人史迺德（Gang Sngder）所说，导致“‘生态的平衡’被破坏了：许多鱼类被水污毒化，洛杉矶山上的松杉被浓浊的空气窒死，自然的律动完全被化学和马达的律动所取代”①。

① 叶维廉：《饮之太和》，（台湾）时报文化出版企业有限公司 1980 年版，第 197—206 页。

正如德国美学家席勒在《论朴素的诗和感伤的诗》里所启发的，古代诗人“就是自然”，而现代诗人则“追寻自然”。由于从自然、和谐的生态角度来看问题，对“生态平衡被破坏了”的现代情势的批评，在叶维廉那里，就与回归太和的复归意识紧紧联系起来。他说：“无怪乎过度工业化和机械化的西方不断有人呼吁回归太和，回到初民与自然环境之间所保有的一种仪式的和谐。”而回归太和，“不是去了解他们过去如何，而是了解我们为人之本质。”（引美国近代诗人罗拔·邓肯语）是去“掌握远古、原始的形态作为一切基本的维系于自然的文化模子”（引美国近代诗人史迺德语）①。也就是说，人类的原初时期，人与自然原本是一体的，人具有与自然万物直接接触和对话交往的灵性与特质。但随着文明的深进，随着人类征服自然的能力和作为的加强，人类开始逐渐与自然界相疏离，并成为破坏自然生态环境的杀手。因此叶维廉对破坏自然生态秩序的现代情势的批评，对回归太古的和谐、自然的美学理想的追求，都体现了鲜明的生态美学精神。叶维廉接着说：

> 对史迺德和他的同代诗人，把 primitive 这个字加上“落后”的含义正表示人把它之为人的神圣的人性作了可耻的歪曲。Primitive 就是“原”、“始”的意思。这一点必须要改正。
>
> 原始民族的世界观里含有一种我们应该经常参考和学习的智慧。如果我们已经濒临文化发展极致的后期，我们必需设法去了解原始人如何和自然的力量交谈、交往……

以此观点来看中国古典，叶维廉深深迷恋“对纯朴远古生活意态的观察者庄子”。众所周知，道家典籍中有丰富的复古思想资料。老子理想的“小国寡民”、庄子所主张回归的“至德之世”，从“历史的进

① 叶维廉：《饮之太和》，第 209—211 页。

步性”来看，可能是一幅生活原始、生产力落后的图景。但如果我们剔除这一思想的落后、消极因素，从人与自然万物、主体与客体关系的角度来看，从审美的观点来把握，则发现，那一回归远古时代的背后，包含着对自然万象的天然生机的肯定，包含着对人与自然和谐合一的程序的肯定，包含着在人与物浑的自然秩序中所获得的原初体验、自然生发的纯粹境界的肯定。叶维廉显然紧紧抓住了这一点，认为我们首先“要了悟人在万物运作的天放中原有的位置和关系”①，即人在这个世界中只是万物之一体，丝毫没有权力干涉别的事物的存在，万物都是世界中的平等成员，都自由地参与世界的演化与创生。叶先生的中西比较诗学研究尽管主旨在寻求西方现当代以海德格尔为代表的现象学美学同道家美学及其影响到的中国“以物观物”的美感视境的会通，但他似乎意识到中国诗学那种“以物观物”“即物即真”的美感视境只有在“古之人”那样的原发社会里才得到最充分、最纯粹的呈露。而老庄笔下的“古之人”，在他看来，在浑然不分，在对立与分化的意识尚未成立之前，可以直接地感应宇宙现象中的具体事物，不假思索，不依循抽象概念化的程序，而与自然自发的世界相应和。因此，叶先生对西方那些回归太和的反文化呼声以及道家的复元古思想极为称赞。因为原始人“全面感知的存在从未割切、区分、间隔而为个人孤立诡异的单元，他与自然环境的关系始终是浑然一体的。”“由于他这种浑然的意态，他能更具体地接近物象而不歪曲其原貌，物自可为物，完整纯朴，与他并存相认，以一种现代人无法洞识无法拥有的亲切感”。②

二、在比较视野中确认中国诗学“以物观物”的生态美学精神

叶维廉在学术界产生重大影响的是其中西比较诗学。但叶氏的比较

① 叶维廉：《饮之太和》，第 243 页。

② 叶维廉：《饮之太和》，第 230 页。

诗学研究，却不同于“纯客观”的学究式爬搜，而是诗人兼学者式的，具有强烈的倾向性和理论建构色彩。美国当代重要诗人罗登堡（Jerome Rothenberg）称叶维廉是“现代主义的旗手”，是“美国（庞德系列的）现代主义与中国诗艺传统的汇通者”①，而叶氏所属的美国现代主义诗歌流派，其理论纲领多关注人与自然的和谐亲善关系。除前已引述之罗拔·邓肯、史迺德外，再如叶氏所引美国现代诗人唐林荪（Charles Tomlinson）关于诗的见解：

> 你问我的诗的态度是怎样的：我想主要是要找出人与自然适切的关系，个人、自我不应该是一个掠夺者，自然应该能为自己说话，在某种适切的关系里说话——不只作背景或象征用。②

把这种诗歌主张和叶先生所阐释、所发掘的中国古典美学“饮之太和”“以物观物”“即物即真”的传统进行汇通，凸显出的思想和追求，就自然深契于生态的美学精神了。

具体地说，叶维廉的比较诗学是从比较中西山水诗、从中诗英译中所发现的中西语言对表达艺术意象之不同，推究它们对宇宙万物的感应方式的差异，并把以庄子为代表的道家美学与西方现象学进行汇通，阐述了道家美学及其影响所及的中国美学“以物观物”的美感生成特点。他在比较王维和华兹华斯的山水诗时发现，“王维的诗，景物自然兴发与演出，作者不以主观的情绪或知性的逻辑介入去扰乱眼前景物内在生命的生长与变化的姿态；景物直现读者目前，但华氏的诗中，景物的具体性渐因作者介入的调停和辩解而丧失其直接性”③。作者指出，这种不同不是隔夜生成，而是有其历史、文化渊源。因此，叶氏由此推究它

---

① 见叶维廉：《中国诗学》（增订版），“封四”。

② 叶维廉：《比较诗学》，第 183 页。

③ 叶维廉：《比较诗学》，第 144 页。

们所各自体现的“以物观物”和“以我观物”的感应宇宙万物的方式之不同，指出西方自亚里士多德、柏拉图以来的“以我观物”的方式支配了西方人的审美感悟，使西方人难以保持并呈现自然万物的生机和天趣。在谈到“以物观物”和“以我观物”的文化渊源时，叶氏特别指出庄子的宇宙观、人对宇宙万物的观感方式与柏拉图之不同，指出柏拉图把世界分为理念世界、物质现象世界、艺术模仿世界，是一种以人的概念、命题及人为秩序的结构形式和框架而对宇宙大全的类分和支解，由此而导致以自我为中心、以人的知性来对待世界。而庄子的宇宙观是浑一的，人、物质世界、道经过神秘直觉而达到浑全合一的境界。庄子的宇宙观，按他在《无言独化：道家美学论要》（收入《饮之太和》）一文中的说法，一开始便“否定了用人为的概念和结构形式来表现宇宙现象全部演化生成的过程”。因为庄子认为归纳与类分、系统和模式必然产生限制、减缩、歪曲；有了概念与类分（即庄子所说的“有封”），则随着起了是非之分，“天机的完整性便开始分化破碎为片断的单元”，所以庄子学术的重点在“设法保护宇宙现象的完整性”。叶维廉称这种宇宙观及对宇宙的观感方式为“以物观物”，并指出这种“以物观物”是中国艺术的主魂，因为中国文学及艺术的最高美学理想便是要“求自然得天趣”“即物即真”，要以“自然现象未受理念歪曲地涌发呈现的方式去接受、感应、呈现自然”。中国古典诗之能达到物我浑一超乎语言的自由抒发的境界，除了中文文言句法的自由特点外，主要是透过庄子所谓“心斋”“坐忘”“目击道存”及郭象发挥的“无言独化”（叶氏认为郭象是庄子最重要的注释者）等方式，把“抽象思维曾加诸我们身上的种种偏减缩限的形象离弃来重新拥抱原有的具体的世界”，以虚空但却晶莹剔透的心灵去完整感应自然万物的原性。对于中国诗学“以物观物”的诗歌美学精神，叶氏系统地总结道：

以物观物，不以身观物，消除主客而齐物，肯定物各自然、各当其所的自由兴发：不封、不隐、不荣华。语言文字，不应用以把自我的意义、结构、系统投射入万物，把万物作为自我意义的反映；语言文字只应用来点兴逗发素朴自由原本的万物自宇宙现象涌现时的气韵气象。所以复得素朴自然胸襟的诗人，在诗作里逐渐剔除演义性、解说性的程序，增高事物并生并发的自由兴现，向我们提供了一种独特的、不刻意调停、尽量减少干扰的表达方式来接近自然现象的活动。①

叶氏的这段引文中，“不封、不隐、不荣华”，均出自《庄子·齐物论》。“不隐”“不荣华”原自“道隐于小成，言隐于荣华”。而其“不封”，则更为叶氏激赏并给予多次列举。庄子原文是这样的：

古之人，其知有所至矣。恶乎至？有以为未始有物者，至矣，尽矣，不可以加矣。其次以为有物矣，而未始有封也。其次以为有封焉，而未始有是非也。是非之彰也，道之所以亏也。

在庄子看来，道是浑然的整体，人对宇宙的认知可分为几个等级。最高的知识（“至知”）是“未始有物”，郭象注为“忘天地，遗万物，外不察乎宇宙，内不觉其一身。”也就是不知道天地、万物、自我的区分，人与宇宙自然浑然一体，物我两忘，物我同一；其次是“以为有物”“未始有封”，感到有物与我之别，但不知用人的标准去对自然万物进行类分。庄子认为，这种状态仍能保持“道”的完整性。但一旦有了“封”，一旦有了是非判断，“道”的完整性就分离、破碎了。《齐物论》还云：“道未始有封”。“封”是道家哲学中一个具有负面意义上的重要概

① 叶维廉：《无言独化：道家美学论要》，见《饮之太和》，第259—260页。

念，意指以人为的标准对自然万物进行类分的行为和活动。《二十四诗品·高古》便有“脱然畦封”之语。“未始有封”即为“脱然畦封”之所本，意指没有差异、没有分别的浑全。叶氏所讲的“不封”，即是此意。

引文中的“以身观物”，叶氏更多时候则名为“以我观物”。“以我观物”与“以物观物”这对概念，最初由宋代理学家邵雍在《皇极经世绪言·观物外篇》中提出：“以物观物，性也；以我观物，情也。性公而明，情偏而暗。”后来王国维《人间词话》以此论诗词境界：“有有我之境，有无我之境……有我之境，以我观物，故物我皆著我之色彩；无我之境，以物观物，故不知何者为我，何者为物。”其实“以物观物”的思想渊源于道家，来源于庄子所称“丧我”“无己”“心斋”“坐忘”。以此文化精神为基石，王国维区分了上述两种艺术境界：“以我观物”主张艺术家从自我出发，把自我的情感外射到自然物象上，从而在人与物、情与景之间找到契合点，并实现它们的融合，达到一种以艺术家的主观情感为中心的情景交融。而“以物观物”以及所达到的“无我之境”，则是审美主体在超脱世俗尘想，在“心凝形释，与万化冥会”的状态下，把自我融会到自然对象中，体悟出宇宙自然的内在精神律动，最终形成物我两忘、物我合一、“不知何者为我，何者为物”的化境。这样的艺术，艺术审美主体不以知性、主观情好来对待自然、分解自然，而是充分保持宇宙自然的天然生机和完整意趣。其实，“无我之境”中也有“我”，有“情”，重要的区别在于，“以物观物”的“观者”，是超越了个人具体的现实情欲的“大我”，其情是超越了世俗是非好恶的“宇宙天地之情”。一句话，是破除了自我中心、人类中心的偏执，超越了社会、文明价值之后的“纯粹的、自然的主体”。正是在这里，体现了一种顺天自化、天人合一的宇宙生态和谐精神。

叶维廉紧紧抓住这对中国固有概念，并以中西比较的宏观视野，以富有生态精神的现代意识对原本就潜含生态意蕴的“以物观物”进行了重点阐释，从而使这一古典概念通向了现代，焕发了生机。在叶氏看来，由于“以物观物”消解了自我中心、人类中心的偏执，将自己的智识忘掉，让主体虚位，“虚以待物”，如此便可包容万物而不伤害万物，任由万物自由兴发。这种境界，庄子称之为“心斋”“坐忘”“虚静”，是摆脱了一切功利是非之心的审美的境界，达到这种境界而与外物相接便可“不将不迎，应而不藏”，便可“胜物而不伤”。叶维廉这样解说道：“物既客亦主，我既主亦客。彼此能自由换位”，诗人依着万物“各自内在的机枢、内在的生命明澈地显现；认同万物也可以说是怀抱万物，所以有一种独特的和谐与亲切，使它们保持本来的姿式、势态、形现、演化。”① “以物观物”的运思方式一直为中国诗人看重，故而能够物我自由兴发，接近“真实世界”。

对于“以物观物”的运思方式所导致的中国古典诗学具有生态精神的美感视境，叶维廉说：“由于诗人不坚持人为的秩序高于自然现象本身的秩序，所以能够任事物毫不沾知性的瑕疵的从自然现象里纯然倾出。”中国山水诗，“景物自然发生与演出，作者毫不介入，既未用主观情绪去渲染事物，亦无知性的逻辑去扰乱景物内在生命的生长与变化的姿态。在这种观物的感应形态之下的表现里，景物与读者之间的距离缩短了，因为作者不介入来对事物解说，是故不隔，而读者亦自然要参与美感经验直接的创造”②。

三、现象学与生态美学的汇通

毋庸讳言，叶维廉那种主张任由自然景象自动、自发、自然显现的诗观，既是生态精神的，更是现象学的。叶氏的那种具有生态美学精神

① 叶维廉：《比较诗学》，第 107 页。

② 叶维廉：《饮之太和》，第 14—15 页。

的诗歌美学理论，体现了现象学与生态美学的汇通。目前国内学术界往往把生态批评与现象学存在论联系起来，叶维廉似乎应该算是华人世界中最早的一个。

如果说庄子的“以物观物”的自然美学与西方古典美学存在着上述重大差异的话，那么在叶维廉看来，庄子所代表的中国古典审美感应方式却又与西方现象学美学获得了“汇通”。因为现象学美学的一个最大的努力，就是要回到现象本身。纵观西方思想，叶维廉认为：

> 现代西方对于宇宙观的调整，颇为繁复……但我们在此只欲指出：所有的现代思想及艺术，由现象哲学家到Jean Dubuffet的“反文化立场”，都极力要推翻古典哲人（尤指柏拉图及亚里士多德）的抽象思维系统而回到具体的存在现象。几乎所有的现象哲学家都曾提出此问题。①

叶氏指出，现象学美学家、存在主义者海德格尔所致力回到苏格拉底以前的原真状态，力求呈现“存在的具体性”，以及梅洛-庞帝所主张的回到“概念化之前的世界”，重建与世界的直接、原始的接触，这些与道家“以物观物”的感应方式极为相似。他说：“要消除玄学的累赘、概念的累赘也可以说是海德格尔哲学最用力的地方。像道家的返璞归真，海德格尔对原真事物的重认，使得美学有了一个新的开始。”② 按照叶先生的言下之意，以现象学美学为代表的西方现、当代美学的走向已与西方古典美学大为不同，而道家“以物观物”的自然美学与西方“以我观物”的感应方式所导致的古典美学视境迥异，倒是道家所代表的中国古典诗学“以物观物”的自然美学与西方现、当

① 叶维廉：《比较诗学》，第56页。

② 叶维廉：《道家美学·山水诗·海德格》，见郑树森编：《现象学与文学批评》，第169页。

代美学大潮有共通之处。正是从这一“世界性的眼光”来看，叶维廉深爱庄子，他经常“进出于西洋作品之间”，“始终不信服柏拉图以还所强调的‘永恒的轮廓’，……还是认为庄子的‘化’的意念才迹近实境”。①

如前所述，叶维廉针对“生态平衡被破坏了”的现代情势，提出了回归太和的主张。这一回归也是一种现象学意义上的复归。钱钟书曾谈到三种不同的处理天、人关系的学术思想：“人事之法天，人定之胜天，人心之通天者也。”② 这三种天、人关系影响到不同的美感视境。而且，“人心之通天”的境界更容易在人与自然尚未疏离分化、生态环境尚未遭受破坏的自然远古时世得到实现。有趣的是，叶维廉也引禅宗《传灯录》那段有名的公案来说明不同的感物方式所引发的不同的美感视境：

> 老僧三十年前未参禅时，见山是山，见水是水。及至后来，亲见知识，有个入处，见山不是山，见水不是水。而今得个休歇处，依前见山只是山，见水只是水。③

叶氏并以胡塞尔的现象学概念来解释这三种观物、感物方式。“依前见山只是山，见水只是水”，无疑是经过“解蔽”之后所达到的澄明、透彻之境。

依笔者理解，“见山是山，见水是水”与“依前见山只是山，见水只是水”这两种境界究竟是什么关系，它们的优劣何在，这可能是叶维廉具有生态美学精神的比较诗学中未能完全弄清楚的问题，也可能是现象学美学所存在的理论空当。尽管在理论上叶氏认为后者才是至境，但在更多的地方却在强调原始状况下的绝对和谐与自发自动。在《饮

① 叶维廉：《秩序的生长》，（台湾）志文出版社 1971 年版，“序”。

② 钱钟书：《谈艺录》，第 60 页。

③ （宋）普济：《五灯会元》，中华书局 1984 年版，第 1135 页。叶氏在引用时有些出入，据此本更正。

之太和》中，叶氏有感于“宇宙万物与我们交谈的境界已经完全消失了”的西方现代情势，特别提到兰亭诗人和庐山探幽者，称赏他们共同参与“自发自律的自然”的“颂赞”。但随后又说：“他们虽然‘共同’参与，但还是一组诗人墨客。可是在东格林兰的爱斯基摩族人里，我们发现了与自然更纯粹更完全的应和。”① 这实际上就凸显了这样一个问题：生态诉求与现象学回归，与原始文化形态、原始思维的关系。叶秀山在《思·史·诗——现象学和存在哲学研究》一书中曾指出：“对于原始的思维形式的研究，对人的原始状态的研究，是当代西方思潮中的一个重要方面，因为它直接与哲学的一个基本命题：思维与存在的同一性、主体与客体的同一性有关，所以这个问题对于哲学家就有特别的吸引力。同时又由于这种同一性与感性的形式不可分离，因而对艺术家也同样具有吸引力。”② 如果以这些观点来看，老庄之主张回复远古自然之世，实是对人类的原初本性、人与自然浑然一体的原始状态，以及人对外在自然世界直接而全面的感知方式的极力维护和称赞。这是一个思维与存在、主体与客体同一不分的时代，一个充满了“诗性智慧”的时代。而文明的历史发展，人的淳朴、自然的原初本性却在一步一步地丧失！人类与自然浑然一体的原始状态以及人对外在世界直接、全面的感知方式却在逐渐离析、解体！这一“古”与“今”的历史透视，深深影响到中国后世的文学观念，形成了一种具有极强势力、从某种意义上难以反驳的退化思想。在老庄看来，远古自然之时，人与自然浑然一体，人就是自然。而进入文明状态，则导致了人与自然的分离，人对世界浑整的感知也开始分崩离析，并为概念、名言等框架所分割。在这样一种存在状态下，“雕饰”“谨细”的艺术风气似乎是大势所趋的。文

① 叶维廉：《饮之太和》，第 202 页。

② 叶秀山：《思·史·诗——现象学和存在哲学研究》，人民出版社 1988 年版，第 47 页。

明愈发展，趣味愈精细，文学越自觉，文学雕饰、概念化的倾向愈来愈容易发生。“诗性智慧”在一步一步地被“文”化、礼义化所遮蔽。

不妨这样认为，西方现代兴起的对远古原始文化研究的兴趣，归根到底还是一种对现代人的思维、对文明人的存在状况日益陷入困境的危机感使然。影响更大的、以海德格尔为代表的存在论现象学哲学、美学，正是这一思潮的集大成式的表现。海德格尔主张抛弃统治西方2000多年的形而上学理性思维体系，返回苏格拉底以前的观念，其核心就是要恢复概念前、语言前的原真状态，以建立与自然世界原始的、直接的接触。海德格尔的这一终极性思路很容易使人们把他与老庄的复远古思想联系起来，因为“双方最基本的思想方式都是一种源于（或缘于）人生的原初体验视野的、纯境域构成的思维方式”①。这种思维方式从本质上是诗性的，是审美活动中最基本的、最重要的特征。

第二节　中学西渐：道家美学如何影响了英美现代诗？

在海外语境中研究道家美学，叶维廉的一个着力方向就是寻找道家美学与西方现代诗的对接点。1967年，他任教于加州大学期间，就同时教授比较诗学、道家美学课程，他自称1970年“开始探讨中国传统美学（尤其是道家思想体系）在诗中的呈现及西洋现代诗之间的一些融汇的问题”②。事实上，从《静止的中国花瓶——艾略特与中国诗的意象》（1960年）开始，叶维廉就开始探寻中国道家美学如何影响了英

① 张祥龙：《海德格尔思想与中国天道》，生活·读书·新知三联书店1996年版，第13—14页。

② 《叶维廉年表》，见叶维廉：《雨的味道》，（台湾）尔雅出版社2006年版，第267页。

美现代诗这一课题。1974 年春，他发表《东西比较文学中模子的应用》提出他的比较文学主张——模子寻根说。模子寻根说综合了法国学派的影响研究和美国学派的平行研究，兼及“历史的衍生态和美学结构行为两个方面”① 的考虑。理论的主张自然需要实践的配合，叶维廉尝试以诗歌这一文类为媒介，通过对中西诗歌语言语法、审美结构的文本分析找出中西诗歌表达策略的差异，同时以历史文化溯源的方式追问是何种观感物方式与思维方式导致了这种差异。他随即发现，相对于西方古典诗严谨、细分的逻辑性语言及定时定态定义定指的语法，中国文言诗多用形象直觉性语言和自由灵活的语法。追根溯源，如果说西方古典诗回响的是柏拉图和亚里士多德以来重抽象思维、以人为的秩序类分自然的认识论美学，中国文言诗呈示的则是道家重形象感悟、无言独化、任物自然的诗性美学精神。道家美学正是在这种模子寻根的比较诗学视域下被叶氏推到显要位置。20 世纪 80 年代后期以来，叶维廉最关心的学术议题仍是道家美学以何种方式影响西方文化，从其演讲活动与论文发表可以看出他在这方面做了大量的工作。② 通过中国山水诗这一中介，

---

① 叶维廉：《东西比较文学中模子的应用》，见《叶维廉文集》第 1 卷，第 44 页。

② 如 1994 年 10 至 11 月间，在日本各大学讲“庞德诗章与中国诗学”“东方诗学与美国现代诗”；1994 年 11 月在圣地亚哥州立大学讲“现代中国画”；1997 年 4 月 9 日至 12 日参加提里尔大学办的“中国与西方的对话”研讨会，提交论文“*The Daoist Project as a Possible Metanarrative*”；1997 年 7 月为淡江大学举办的“第六届文学与美学国际研讨会”提交论文《道家颠覆语言的策略与中国美学》；1998 年英文《道家美学》收入 Michael Kelley 编的《美学百科全书》；1998 年 4 月 15 日至 27 日应邀在大阪关西大学东西学术研究所以“道家美学与美国现代诗”为中心的一系列演讲；1998 年 5 月 22 日，应北大比较文学所之邀讲“道家美学与后现代”，随后转安徽师范大学讲“道家精神：后现代文化生态”；2000 年应台湾“国科会”之邀，在台湾岛内大学巡回演讲，先后在台湾大学、台湾“清华大学”、交通大学、中正大学、东华大学和中央大学讲“道家美学与现代/后现代思想”“道家美学、中国诗与美国现代诗”“庞德与潇湘八景”“美国诗中（道家式的）‘物自性’的寻索”；2003 年 10 月应汉城大学之邀讲道家美学；2005 年 8 月底应台湾“清华大学”之邀讲“我们今天为什么讲道家精神：现代与后现代的回顾”。

聚焦语言语法分析，叶维廉论证“道家美学”对英美现代诗起到了“触媒”作用。在影响研究的视域下，叶维廉有力证明了道家美学对于西方诗歌的影响和价值。

一、从美国诗歌界的两次“中国热”看“中国诗学的西方影响”

20世纪美国诗歌界兴起过两次“中国热”，都由中国诗翻译作为媒介兴起。第一次“中国热”爆发于1912—1922年的意象主义运动期间。庞德（Ezra Pound）1915年根据范诺罗莎（Fenollosa）所遗留的笔记翻译的《国泰集》出版，译诗中的创意语法和清新美学风格很快在英美学界引起轰动，庞德也一跃成为意象派的领袖，成功推动了美国诗民族化与现代化的转变，也推动了中国诗歌精神在美国的“再生”，在1922年达到高潮后渐趋消退。第二次“中国热”于1950年代后期由黑山派和垮掉派兴起，中国诗、道家及禅宗在美国非常流行。诗人史乃德（Gary Snyder）1956年翻译了24首“寒山诗”，书一出版，寒山与史乃德迅速成为年轻一代的精神偶像。60年代的“嬉皮士”运动，反越战运动，70年代的环境保护运动中，美国诸多诗人都自觉接受中国诗、中国文化的影响。赵毅衡认为，第二次“中国热”相对于第一次的迅速、短暂来说，影响延续的时间长得多，“至五十年代后期以来已经有四十多年，而且至今还在继续发展。”相对于第一次热潮中美国诗人对“中国文字、句法与情调”的关注，第二次热潮中的美国诗人“大都倾心于道与禅”，“都希望更深入到中国美学的核心中去”①。

由此可见，西方现代诗，尤其是美国现代诗深受中国诗与中国道家文化的影响是一个极大的事实。这种事实在西方学界引起强烈的学术反

① 赵毅衡：《诗神远游——中国如何改变了美国现代诗》，上海译文出版社2003年版，第279页。

响，1977年4月23日至27日，美国诗人学会在纽约市举办的“中国诗歌与美国想象力会议”（Chinese Poetry and American Imagination Conference），邀请当时美国著名诗人与翻译者、诗论家共13人讨论“中国诗如何丰富了美国的想象力”这一议题①。《叶维廉年表》中特意记载他参加了此次会议。

叶维廉是最早探讨中国诗对英美现代诗影响的一位华裔学者。早在1960年，叶维廉就读于台湾师范大学英语研究所时，他就撰写了《静止的中国花瓶——艾略特与中国诗的意象》一文，开始探讨艾略特诗所受中国诗的影响。1963年，叶维廉到美国求学，后留下任教，得以亲身体验美国的第二次“中国热”，置身并参与其中，还与当代美国诸多诗人保持着密切的往来。他利用自己的双重身份（诗人兼学者、美籍华人）、双语优势，积极开拓探讨“道家美学如何影响了美国现代诗”这一比较诗学的课题。从获得普林斯顿大学博士学位的毕业论文 *Ezra Pound's Cathay*（《庞德的〈国泰集〉》1967），到其英译 *Hiding the Universe*：*Poem of Wang Wei*（《藏天下于天下：王维诗选并论》1972）、*Chinese Poetry*：*Major Modes and Genres*（《中国古典诗举要》1976），再到《道家美学与西方文化》（2002），叶维廉一直孜孜不倦地在西方文化语境中推阐道家美学，揭示其美感视境对西方诗歌、诗学所产生的影响。正如徐复观发现了并从理论上说明了庄子艺术精神与中国山水画之

① 应邀参加此次会议的共有13人，其中包括7位在美国诗坛居一席地位的诗人，即雷克罗斯、史乃德、布莱、孔尼兹、詹姆斯·乌莱特、莫纹，另有学者与译者共6位，包括叶维廉、约那森·查维斯（Jonathan Chaves）、汉斯·弗朗可（Hans Frankel）、大卫·拉提莫（David Lattinore）、黄金铭（Wong Kam Min）与钟玲。在会议中这7位美国诗人全都异口同声说他们很喜爱中国诗歌，也都异口同声地说他们阅读过中国诗歌，当然大多数是读中国诗的英译本，而且有些说他们自己写的诗很受这些译文的影响。可见中国诗歌对于西方诗人的影响之大。参见钟玲：《美国诗与中国梦——美国现代诗里的中国文化模式》，（台湾）麦田出版股份有限公司1996年版，第34—35页。

间的亲缘关系，叶维廉发明并阐述了道家美学对中国文言诗，尤其是王维一派的山水诗的表达策略与美感形态的影响，并通过比较诗学的视域把这种表达策略与美感形态推扬到海外。并且，有意思的是，当 20 世纪的中国现代诗人们力图以逻辑性强的白话打倒散漫的文言以抢占现代诗的表达媒介而踌躇满志之时，西方现代诗人们却为反抗自己的古典诗的美感程式而取法中国文言诗、中国道家美学而意气风发！

目前华人学者中对这一课题探讨最为用力的还有赵毅衡和钟玲二位。具有海外经历和背景的赵毅衡以严谨的学风、丰富翔实的第一手材料、开阔的视野，从影响的结果、中介、深层根源等方面清晰地梳理中国古典诗对 1910 年前、新诗运动期间和当代诗坛三大阶段美国诗歌及诗学的影响，考察时间长达一个世纪，研究的中美重要诗人、学者有 60 多位，堪称中国比较文学史上"影响研究"的典范①。台湾学者钟玲从文化面切入，举证繁多，探讨了 20 世纪 50 年代至 90 年代间美国现当代诗中所呈现的中国文化模式。钟氏既细论了中国诗歌从韵律、格式、意象、主题到传承等方面给予美国诗人的多样启发，又探讨了中国诗学、中国思想、人物模式以及多元艺术观对现当代美国诗歌的影响。② 钟玲近年还推出《史耐德与中国文化》《中国禅与美国文学》,③以个案研究对于前期的整体研究进行补充与深化。相较于赵著和钟著爬梳原始材料之细密、论述之全面系统，叶氏对于英美现代诗所受中国影响的研究略逊一筹，然而叶氏却有着自己鲜明的特点。叶氏以论文来著述，不同于赵氏、钟氏的论著著述，后者可以纲举目张、面面俱到、以"史"见势，前者更精要凝练、要言不烦，以"论"见深。

① 见赵毅衡：《诗神远游——中国如何改变了美国现代诗》。

② 见钟玲：《美国诗与中国梦——美国现代诗里的中国文化模式》。

③ 钟玲：《史耐德与中国文化》，首都师范大学出版社 2006 年版；钟玲：《中国禅与美国文学》，首都师范大学出版社 2009 年版。

叶氏除了对这一比较诗学论题研究有开创之功外，他最大的特色在于聚焦美感经验的分析，紧扣中国道家美学对于中国古典诗之灵活语法及美感效果的影响，并进一步对于英美现代诗的影响这一线索进行细密地求证。

二、道家美学与中国山水诗的灵活语法、语言策略及意象安排

叶维廉既是学者，亦是诗人，既深受中国传统文化熏染，对道家美学、中国古典诗极其钟爱，亦饱受西方学术训练，在美国从事教学工作，对英美现代诗深有研究。天然的中西比较意识让他不止于探索同一文化源流的道家美学与中国山水诗、山水画之“姻缘”，跨文化的中国古典诗与英美现代诗是否可以汇通，如何汇通，亦是他思考的着力之处。面对 20 世纪西方诗界兴起的两次“中国热”，叶维廉作为一位华人学者，有着探索的浓厚兴趣与得天独厚的研究条件。

在叶氏看来，要说清楚道家美学对英美现代诗的影响，首先必须理清道家美学对于中国诗（包括中国画）的影响。在中国诗的分析中，叶维廉引证最多的是王维一派倾向于描写自然山水的诗，为了凸显中西山水诗之差别，他曾提出“纯山水诗”的说法。这一说法自然是值得商榷的，不过可以看出的是，叶维廉对于中国山水诗的独特理解及偏爱，这一偏爱与他对道家美学的偏爱紧密相关。叶维廉在中国山水诗语言、语法的自由灵活特性及其所产生的美感效果与道家观感物方式之间相互发现，不仅论析了道家对中国山水诗的影响，也从中国山水诗追溯了道家这一中国美学的“源头活水”。

与西方诗严谨细分的语法相比，叶氏发现中国诗的文言语法高度灵活。首先，中国诗很少用人称代词，甚至不需要连接词而自然成句。尽量让自然物象本样呈现、独立自主，呈现视觉性及空间的玩味性。因诗人“丧我”，读者可以与物象直接接触而不隔，并参与美感经验的完

成。同理，“空”在中国山水画中占有极重要的位置。这种无人称主词所导致的美感效果“实在是暗合中国传统美学中的虚以应物，忘我而万物归怀，融入万物万化而得道的观物态度”①。其次，印欧语系的英文具有的大量定向定义的分析性元素，如主词决定动词的变化、单数复数决定动词词尾的变化，如冠词、前置词、连接词等。中国诗则要尽量跳脱这些指义元素，消解视限与距离，任自然万象横展、物物无碍，托出“指义前”未经思侵、未经抽象逻辑概念化的原真世界；中国山水画散点透视，不断换位、突破“物眼”，让不同的感知同时交汇在观者的感受网中。语意不限指性、关系不决定性，究其根本原因，叶氏认为：“当然是由于道家所激发的观物感物的立场——力求不干预自然的衍化兴现——所必须带动的语法的调整。”② 再次，文言动词没有时态的变化，时间空间化，一切仿佛发生在读者的眼前，并时呈现、全面网取。现在、过去、将来的线性时间秩序易把经验限指在特定的时空里，是人加在浑然不分的现象世界上的概念，当我们说“现在”二字的时候，“现在”已经成为“过去”。庄子最能洞悉其奥，“有始也者，有未始有始也者，有未始有夫未始有始也者……”（《庄子·齐物论》）说是“始”，事实上“始”之前之“始”，还有“始”之前之“始”之前之“始”。可见，中国诗动词无时态背后的是道家的时间观。

不仅中国山水诗语法受道家观感物取向的影响，中国山水诗的语言、意象的安排也契合着道家的精神投向。叶维廉从老庄哲学中总结出一种“离合引生”的辩证法，就语言来说，道家表面上质疑语言、断弃语言，实际上是一种“正言若反”的反语超语策略，通过“去语

---

① 叶维廉：《语法与表现——中国古典诗与英美现代诗美学的汇通》，见《叶维廉文集》第1卷，第90页。

② 叶维廉：《重涉禅悟在宋代思域中的灵动神思》，见《中国诗学》（增订版），第114页。

障”，消除语言之演绎、分析、说明等概念功能，恢复语言形象性、具体性、原生性，语言的真正作用在于兴发自然、逗引天机、迹近真实，“语言文字仿佛是一种指标，一种符号，指向具体、无言独化的真世界”①。庄子谓“得意忘言”“得鱼忘筌”，正是中国古典诗所孜孜追求的境界。同时，道家的“任物自然”也为中国诗的“意象并置”“罗列的句法”提供了理论支持。叶氏认为“为求道家精神投向里的‘未割’，中国古典诗在并置的物象、事件和意义单元之间留出一个空隙，一种空，一个意义浮动的空间，或者也可以说是颠覆性的空间，使读者在其间来来回回，接受多层经验面与感受面的交参竞跃而触发语言框限之外，指义之外更大整体自然生命的活动。”② 中国山水诗人常把场景打开，引退，无人为的指限和导向，物物关系未定、浑然不分的自然现象如在目前地跃现，朝向道家之“任物自然”与“活泼泼的整体生命”。道家为中国美学打开了全面的美感视境，中国诗所受的道家美学的孳乳是一个非常大的课题，叶维廉无意于面面俱到地去证实，他借中国山水诗这一“引桥”把道家影响投射到英美现代诗中。

三、英美现代诗的语言、语法调整与对“物自性”的追求

诗歌是语言的艺术，文言高度灵活自由的语法为中国诗打开的是一种若即若离若虚若实活泼泼的契道想象空间，读者可以从不同的角度进出而获得不同层次的美感。这一点对西方现代诗人极具吸引力，他们希望通过对西方细分说明性主导的语法调整、创新来迹近中国诗的这种美感视境。最早的尝试来自马拉梅（Mallarme），为得到诗的“精髓”

① 叶维廉：《语言与真实世界——中西美感基础的生成》，见《叶维廉文集》第1卷，第143页。

② 叶维廉：《重涉禅悟在宋代思域中的灵动神思》，见《中国诗学》（增订版），第115页。

（纯粹的境界），马拉梅运用错乱语法甚至把连接元素抽离而使物象完全独立，自由地调动物象及文字以建造一个绝对的美的世界；魏尔伦（Verlaine）追求诗的“印象”、塞孟慈（Arthur Symons）所谓诗的“情绪”、佩特（Walter Pater）的“瞬间经验的美学”，都可以说是对事物凝视后闪亮起的瞬间的捕捉，切近道家对语言的重新发明；休默（T.E. Hulme）希望诗脱离死板符号的语言而成为“视觉的具体的语言”“直觉的语言”，这个方法正可以代替了解说的程序，可以避开限指的语法；对西方现代诗影响巨大的意象派领袖庞德（Ezra Pound）受到了中国诗和中国文字结构的激发，一生都在设法调整传统的英文，撤弃逻辑性、指引性的联结元素使其能迹近经验波动的弧线，空间切断及语法切断大量地在其《诗章》中出现；威廉斯（William Carlos Williams）的诗中可以看到中文语法和庞德语法所提供的美感活动，即“语法的切断”，直感物象，他又模拟艺术中“气”的活动，以姿势及活动来反映支持该瞬间的生命的气的运行过程；承着庞德及威廉斯的诗观，黑山诗人（Black Mountain Poets）、奥逊（Charles Olson）和克尔里（Robert Greeley）都设法消除语言中的“指义”元素，对于诗的物象活动更加注意。

语法与表现密不可分，与语言语法的调整创新相关的是西方现代诗人对于道家“物自性”的追寻。道家“物各自然”肯定物之为物的本然本样，肯定物的自性，一如王维的山水诗，景物几近自现，几乎没有作者主观知性的介入去侵扰景物内在的生长与变化。叶氏所拈出的“物自性”与郭象的“独化论”一脉相承，核心指向在于否定人对自然的裁制，这与西方传统思维以“理念”“理性”为“永恒的轮廓”的看法截然相反，“物自性”这块“他山之石”很自然地成为西方现代诗人反抗其传统文化及重建美学范式的“触媒”。叶维廉试图简要勾勒出美国诗人在哲学美学领域从“超越”到“物自性”转变的复杂轨迹。如果说庞德前的现代诗人们为抗拒柏拉图以来的西方思辨系统而寻索出来的思域与道家有着不自觉的回响，那么庞德对“物自性”追寻有着自觉但诡奇的一面。在美学上庞德通过范诺罗莎的遗稿和论文，由中国诗、中国会意文字推演出叠意叠象手法，并时性、蒙太奇和明澈的视觉性美学主张，都指向一种“物自性”诗学的可能，可以说已经触及道家视域，但在政治思想上庞德却坚信孔子的“正名”观，意象主义前后的诗却往往离开物之为物而走向超越的层次。英美现代诗人对“物自性”的认可，史提芬斯（Wallace Stevens）和威廉斯做了主要的催化。史提芬斯反复希望做到“不是关于事物的意念而是事物本身”，威廉斯说“没有意念，只在物中”，这些都让读者凝注“即物即真”的物本身，可以看作离弃超越论而走向物之为物的“物自性”的重要起步。受詹姆斯（William James）和怀海德（A. Whitehead）对真秩序的肯定和“经验直奉”的影响，威廉斯认为物之为物有其内在的律动来指证其真实的存在，他大部分的作品剔除思迹，拥抱“即物即真”的原真世界，就像道家影响下的山水诗人，见山是山，见水是水，山水是道，目击道存。威廉斯的主张对美国现代后期诗人影响深远，尤其是罗斯洛斯（Kenneth Rexroth）和史乃德（Gary Snyder）。罗斯洛斯可以说是庞德以后第一个全心全意拥抱中国文化的美国诗人，他尽其所能搜读有关中国文化文学的译本和关于中国事物的评论，与台湾诗人学者钟玲合作翻译大量的中国诗，坦然承认自己受中国文化，尤其是中国诗的巨大的影响，接受中国美感的视境作为创作导向，把杜甫的诗作为其诗艺追求的标杆之一，反复强调“诗该写具体的事物，它应具有强烈的特殊性——‘直接’接触、‘直接’传达的强烈的特殊性；它不应该知性地、演绎地写永久不变的原始类型，应该像怀海德所说的‘经验直奉’”①，他的许多诗几乎没有陈述，使读者处身自主自性的自然景物

① 转引自叶维廉：《道家美学与西方文化》，第70页。

中，实际的看到、感到、听到和仿佛嗅到和触摸到自然的活动与变化。当代美国领袖诗人史乃德与中国文化、中国诗渊源极深。他因译中国诗人寒山的诗而出名，成为美国 20 世纪六七十年代的民族英雄偶像。他曾在日本庙里习禅九年，也曾到柏克莱向中国学者陈世骧学习中国文化，70 年代发起环境保护运动，并身体力行。史乃德对于中国文化极为热爱，尤其是道家文化、禅宗及中国诗、中国山水画。他从寒山和王维的诗里得到不少启示，又继承了庞德和威廉斯的语言策略，他以语法切断和空间切断的方式来突破英文语法的制裁，表现中国山水诗不为物虑、不为思扰、任物自然兴现的意境。由于史乃德“服膺于无言独化的自然”①，其诗具有中国语法而不觉得“隔”与“陌生”。②

西方现代诗人在语言语法层面所做的策略性调整与对于“物自性”的追求互相补充，一体两面。叶维廉历史梳理其发展迹线时，也反思其困难与矛盾：“自马拉梅以还的现代诗人试图把柏拉图和亚里士多德的推理模式抛弃后，他们并没有把上述的病治好，他们仍旧以自我或自我意识为一切秩序的中心，而把原来的真世界改容放逐。由于不肯重新进入自由风发的事物本然，便使得他们无法真正能从语言的牢房中解放出来。”③ 西方现代诗人通过语法创新，突出了物象的独立性与鲜明性，在表达程序上接近了中国古典诗，但他们呈现的外物还是诗人私心世界的投射，无法真正做到中国诗的“无我”。叶维廉反复征引卡洛·威廉斯所言的“要一行‘新’的诗行出现，还得依赖一种‘新’的

---

① 叶维廉：《语法与表现——中国古典诗与英美现代诗美学的汇通》，《叶维廉文集》第 1 卷，第 121 页。

② 参见叶维廉、冯国荣：《中国诗、诗学的民族原创及其对于美国现代诗的影响》，《东方论坛》2005 年第 2 期；叶维廉：《道家美学与西方文化》，第 65—82 页。

③ 叶维廉：《语言与真实世界——中西美感基础的生成》，见《叶维廉文集》第 1 卷，第 156 页。

思想生成"①。"新"的诗行已经试验，"新"的思想显然指的是道家，但道家以"物我通明"为前理解的观感物方式并未被这些现代诗人所领悟。叶氏以为："在西方诗人调整物我通明关系之前，在他们重认及拥抱真世界之前，他们语言风格的改革将无法成为自然；他们的艺术手段将被视为疏离的狂暴行为。"② 叶维廉以实证分析阐明了道家美学对于西方现代诗的重要性，他从中国古典诗的道家源头为西方现代诗开出一剂良方，这样才不会本末倒置，避免只有语言手段的"新"而没有思想精神的"新"。

西方现代诗借镜中国诗及道家美学的旅程还在继续，"东学西渐"已日益成为学界的研究热点，道家美学如何影响了美国现代诗这一比较诗学课题也日益凸显其不可遮挡的价值。叶维廉作为这一领域的最早涉猎者，聚焦"道家美学—中国诗学—英美现代诗"这一课题，为道家美学如何影响西方这一"中学西渐"话题提供了实证研究的案例。叶维廉虽然未能达到其后研究者，如钟玲、赵毅衡等研究的全面系统，但他提纲挈领地疏通源流脉络、理清纲维线索，洞悉问题症结之所在，把美学的分析与历史寻根结合起来，不管是研究结论和研究方法都为后之研究者提供了一个较高的起点。

第三节　后现代语境下道家"触及根源性的一种前瞻精神"

乐黛云先生这样评价："叶维廉是著名诗人，又是杰出的理论家。

① 转引自叶维廉：《语言与真实世界——中西美感基础的生成》，见《叶维廉文集》第 1 卷，第 126 页。

② 叶维廉：《语言与真实世界——中西美感基础的生成》，见《叶维廉文集》第 1 卷，第 157—158 页。

他非常‘新’，始终置身于最新的文艺思潮和理论前沿；他又非常‘旧’，毕生徜徉于中国诗学、道家美学、中国古典诗歌的领域而卓有建树。”“他对中国道家美学、古典诗学、比较文学、中西比较诗学的贡献至今无人企及。”① 这一对叶维廉学术特点“新”“旧”之评价，甚为的当。作为一个少小深受中国传统文化浸染而成年绝大部分时间在美国执教并从事学术活动的华人学者，叶维廉之于中国古典诗学、中国传统美学，具有自我与他者兼而有之的特点。他始终不忘对中国道家美学之“根”的体认和再造，又“置身于”西方文化中心、最新文艺理论思潮的“现场”，吸收并参与这些理论思潮，不断阐发道家美学在世界范围内的价值。

受西方文化研究热潮影响，20 世纪 80 年代后期以来，叶维廉从早期侧重于单纯语言、美学的探讨过渡到把语言、美学与权力、政治结合起来讨论道家，特别是把道家美学与西方后现代文化对接探讨道家与权力问题，以获取道家美学在不断变化的时代语境中的新生长点。在《意义组构与权力架构》（1987）中，叶氏就发现“所有的权力架构都是执一而废全，或以一抑全的固定体……道家则是‘在野的’、不羁放逸的、却与我们自然体通着消息的抗衡力量。”“道家是从根排斥制度之为制度的一种不断激发人回归自然体全面记忆的活动，一种永远排拒圈定行为似现犹隐的力量，经常让我们因此而能不断地对体制化的行为破解。”② 他发现道家提供了一种抵消语言暴虐的行为，或者说抗衡权力架构的策略。《言无言：道家知识论》（1988）则集中论述了道家语言所提供的反抗权力“策略”，这种“策略”归结到精神层面来讲则是叶氏所标举的“去语障、解心囚，恢复活泼泼的整体

① 见叶维廉：《中国诗学》（增订版），“封四”。

② 叶维廉：《意义组构与权力架构》，《叶维廉文集》第 2 卷，安徽教育出版社 2006 年版，第 210 页。

的生命世界”①。与此同时及此后，叶维廉在一系列论现代与后现代的文章中，不仅在西方前卫艺术与道家语言策略和生命精神之间寻找可沟通之处，还致力于发掘道家对于西方后现代语境文化的“生态”智慧与“解困”价值。

一、“去语障、解心囚，恢复活泼泼的整体的生命世界”

叶维廉不同意詹明信（Fredric Jameson）等人把西方现代与后现代截然二分，把后现代看作风格衍异驳杂、带着精神分裂症那样缺乏中心与深度的文化现象。他认为现代和后现代分期作为学术讨论的一种无可避免的手段，不免带有专一排他性，西方“现代与后现代之间，是一种微妙的断与连，是一种持续的辩证关系”②。二者在某种程度上都要求爆裂西方柏拉图、亚里士多德以来的理性中心主义，突破思想的框条、艺术的规位，对抗形而上或超越的法则，唤醒我们早已失去的原始文化中音乐、诗、舞蹈、祭仪凝合不分的生活艺术。我们可以看出现代与后现代这一共同的价值指向几乎与道家的“去语障、解心囚，恢复活泼泼的整体的生命世界”表达着同样意思。叶维廉在接受林耀德访问时指出：“中国传统里最值得我们反省的还是道家的学说，道家的思想也是绝对能跟现代各种哲学观念连接起来并行不悖的，西方的解构主义和我们道家的某些想法也是不谋而合。”③ 在对西方以“解构”为显要特征的各类前卫艺术的跟踪求索中，叶维廉发现了中国道家精神的回响，或者说叶维廉疏证了道家及其所影响的中国文化对各类前卫艺术的

---

① 叶维廉：《重涉禅悟在宋代思域中的灵动神思》，见《中国诗学》（增订版），第111页。

② 叶维廉：《如生活的艺术活动对生活的批评——后现代对艺术与生活的另一些思索》，《叶维廉文集》第5卷，安徽教育出版社2004年版，第95页。

③ 林耀德访问：《诗在道中更醒——叶维廉专访》，《自由青年》1987年10月第78卷第4期。

影响“触媒”作用。进一步说，叶氏认为：“道家思想是触及根源性的一种前瞻精神，最能发挥英文字 radical 的双重意义，其一是激发根源问题的思索从而打开物物无碍的境界，其二是提供激进前卫的颠覆性的语言策略。”① 那么，道家激发了何种“根源性”“问题”的思索？提供何种“颠覆性的语言策略”？这些“思索”与“语言策略”又如何对接西方前卫艺术？这些问题的求证才是最重要的。

先看道家所提供的“颠覆性的语言策略”，叶维廉从老庄一直追踪到禅宗：老庄的“离合引生的辩证”“正言若反”的反语超语策略；庄子“以异击常”的语言颠覆策略，如攻人未防的惊人话语和故事、“以惑作解”，庄子还利用寓言故事、活泼泼的形象活动与戏剧情境演出，如“庄周梦蝶”“鱼乐”“道失落而问道”“道在屎溺”“逍遥游”，提倡“得鱼忘筌”“得意忘言”；《世说新语》以惊世骇俗的话语和行动来调侃现行的囚制生活而达“道”，如嵇康的自贬贬人、自嘲嘲人，刘伶脱衣裸形来反俗；禅宗公案以反语、特异的逻辑、惊世骇俗的话语出击，棒喝和断指等“行解”来破“界”念、破妄执，道断语言绳索，惊骇间使人跳脱语障跃入无碍的生命世界。可以看出，这些语言策略的共同征象是“去语障”，即以“异常”的手段去除加诸语言身上的“常识”“常理”，使人跳脱思想的框束，在惊而悟中一闪见“道”，重新思考。叶氏发现“这些策略早已预示、预演了西方达达主义以来前卫艺术常用的 Disturb（惊骇、扰乱）、Dislocate（错位、错序）和 Destroy（打破旧有因袭）的三个步骤。”② 达达式的前卫艺术家用了惊世骇俗的姿态和行动去攻击现行社会下的囚制生活，不过他们往往只停留在惊世骇俗的层面而未能在解框后提供万物圆融的精神投向，所以他们拆框

① 叶维廉：《道家美学与西方文化》，第 95 页。

② 叶维廉：《道家美学与西方文化》，第 95 页。

解囚的思想都不如中国道家彻底。原因是他们没有从根源上认识到西方自柏拉图以来语言宰制思维的专横与独断——不仅自我主体意识强烈，而且给语言以特权，甚至相信语言可以另造世界与原真的世界分庭抗礼，这与道家由提倡主体虚位，自我从宰制万物的位置退却，让素朴的天机恢复其活泼泼的兴现这一目的而使用语言颠覆策略的取向完全不同。至此，从西方达达式前卫艺术家对道家“颠覆语言的策略”的应用中，我们可以理解叶氏何以在“前瞻精神”前用了“触及根源性”这一定语。这些前卫艺术家没有理解到道家语言背后的“根源”，所以导致了他们未能真正探得道家神髓。

那么，为什么说道家“前瞻精神”是“触及根源性”？何谓“根源性”？显然在语言策略之外，还有更深的缘由。由叶氏文本，我们可以看到他所谓“根源性”的问题即“人性危机”的问题，也即“心囚”的问题。叶氏持认人为万物之一，人与物一往平等，物我通明，物物无碍，宇宙的“整体生命”由未被玷污的、原始的、本真的物性与人性共同构成。而在历史衍化变迁中，不仅“物性”容易“人”化，如西方传统哲学的以人宰物、以语框物；“人性”也容易“物”化，如后工业社会商品经济对于人性的物化。“人”化、“物”化的根源在于人过分张扬了其“主体性”，这种张扬不仅压制了“物性”，也囚住了“人性”。所谓道家“触及根源性的一种前瞻精神”，即指道家早于西方现代几千年就针对封建政制下的种种体制和名制下的语言建构，看出其对原始本真人性、物性的压抑、逐离与隔绝，所以要破解政制与名制，复归于“朴”，从而引向全面人性、整体生命的恢复。这里需要指出的是，有些学者谓叶维廉“蔽于物而不知人”①，显然是一种把物性与人

① 张万民：《试论叶维廉的比较诗学研究》下，《新亚论丛》2004 年第 6 期，第 227 页。

性简单对立起来的片面推理。叶维廉在对西方后现代时期的艺术活动、艺术作品进行解读时，不仅停留于阐发其“去语障”“解心囚”的“解构”的一面，他力图求证“后现代驳杂崩离的现象之外，还有一些艺术家，不断在努力收回人性的失地”①，“尤其是以‘演出’为主的艺术家，他们要重建人性的意识是极其强烈的”②。

以叶氏对“如生活的艺术活动”这一种西方当代流行的前卫艺术活动的解读为例：卡普罗（Allan Kaprow）的“流质”（Fluids）、“甜的墙”（Sweet Wall）、“盲视”（Blindsight）、“回声”（Echoes）、与树交通、“理想的床”（The Perfect Bed）、“农业废料”（Agricultural Waste）等系列“艺术”行为提供一种让人思想活动的空间，这些“生活的片断，如生活的活动，一旦加以突出，给予凝注，也就是一种‘文本’，引起思索，引起想象，而使人悟入人生持续延展的全面关系与意义”③。也即“跳出这层层框架到‘忘其所以迹’，融入生活，接近‘未割’的人性”④。奥莉菲萝丝（Pauline Oliveros）的“环”（Link）“真戏假做，假戏真做，而把常态化为异态，使人不得不对所谓‘常’（正典）怀疑和思索，不得不对生活作全新的凝注”⑤。佛兰雪尔（Jean-Charles Francois）的“原子咖啡厅”（Atomic Cafe）“突破固化、物化、体制化的音乐而重现记忆外其他（即被压制的）音的活动”⑥。黄忠良的“太极”、

① 叶维廉：《现代到后现代：传释的架构——后现代现象与后现代主义的说明》，《叶维廉文集》第5卷，第63页。

② 叶维廉：《如生活的艺术活动对生活的批评——后现代对艺术与生活的另一些思索》，《叶维廉文集》第5卷，第89页。

③ 叶维廉：《如生活的艺术活动对生活的批评——后现代对艺术与生活的另一些思索》，《叶维廉文集》第5卷，第109页。

④ 叶维廉：《道家美学与西方文化》，第144页。

⑤ 叶维廉：《如生活的艺术活动对生活的批评——后现代对艺术与生活的另一些思索》，《叶维廉文集》第5卷，第115页。

⑥ 叶维廉：《如生活的艺术活动对生活的批评——后现代对艺术与生活的另一些思索》，《叶维廉文集》第5卷，第117页。

罗登堡（Jerome Rothenberg）的“原始演出”，等等，针对着人工具化的自囚而发，以“艺术”的方式求得原真人性的苏醒与回归。同时，叶维廉还详细阐述了自己在加州大学为学生开设的一门课程——“文学散步”，叶氏这一门课程被卡普罗、奥莉菲萝丝认为与他们的“如生活的艺术活动”精神相通。“文学散步”课上，叶维廉把学生带到郊外、树林里、大海边，任学生自由历验、即兴参与，用身体全面感知诗和反思生活，比如在学生事先无法预见的情况下，引进吟唱试验、即兴成舞、公案式演出、哑剧表演、即兴写诗、变音颂唱、击石成曲、静思凝神、仪礼活动、因象成画等创意活动，目的是使学生“把被排斥的经验重新唤醒重新纳入，通过文字以外、规格以外的另一些感知方式去体验那被压抑不显的记忆”①。叶氏剖白自己的这一活动的灵感源自道家、禅宗公案、兰亭雅聚、《世说新语》及原始诗歌。可见，叶维廉不仅阐述了西方前卫艺术家所实践的艺术活动中的道家精神，还身体力行，以创意课程的方式带领学生一起实践道家所提供的这种“触及根源性的一种前瞻精神”。

二、道家的“生态”智慧与“解困”价值

道家“触及根源性的一种前瞻精神”还体现在道家的“生态”智慧与对西方的“解困”价值上。作为一位“人文风景的镌刻者”，叶维廉有着自觉的人文追求，他曾说：“是为了活泼泼的自然和活泼泼的整体生命，自动自发自足自然的生命，我写诗。是为了活泼泼的整体生命得以从方方正正的框限解放出来，我研究和写论文。”② 道家“去语

① 叶维廉：《如生活的艺术活动对生活的批评——后现代对艺术与生活的另一些思索》，《叶维廉文集》第5卷，第72—73页。

② 叶维廉：《为了活泼泼的整体生命》，《创世纪杂志》1999年夏季号，总第119期。

障”“解心囚”所依循的基准和指向正是“恢复活泼泼的整体的生命世界”。叶维廉对于道家的阐扬不遗余力，除了情感上对道家美学的偏爱外，还在于道家“对西方面临的问题，能起到解困的作用”①，这一对道家生态智慧的推举带有“文化战略”色彩。尤其在后工业社会，道家所内蕴的“生态”智慧，一时成为炙手可热的“中国标识”。关于道家的生态精神，哲学界、科学界早有人看到。初版于1930年代的胡哲敷之《老庄哲学》，就评价庄子“不是以人类为中心者，故没有‘人为万物之灵’的论调；他更不是以个己为中心者……他是天地并生，万物为一，他是民吾同胞，物吾与也。这种广大的胸怀，在佛学未入中土之前，简直是无与为匹”②。英国科学史家李约瑟（Joseph Needham）也认为：“道家否定人类中心主义，与那些把兴趣集中在人类社会的人截然不同，而对那些人来说，人是万物的尺度。”③ 美国物理学家卡普拉（Fritjof Copra）则更是直言：“深层生态学的哲学和精神框架并不完全是新的东西，在人类历史上曾被提出过多次。在这些伟大的精神传统中，道家提出了对生态智慧的最深刻、最精彩的一种表述。”④ 叶维廉则是最早从美学、诗学角度阐扬道家美学的生态意义的。叶维廉20世纪60年代以来就处身于美国社会，对美国社会的后工业气息深有体验，他不但为工业经济迅猛发展对于自然生态的破坏而忧心忡忡，更为人类灵性的放逐与文化的逐渐败落伤情不已：

我们可以默默容忍一个民族独有的生命情调、独有的文化空间

① 朱徽：《叶维廉访谈录》，《中国比较文学》1997年第4期。

② 胡哲敷：《老庄哲学》，（台湾）中华书局1979年版，第209页。

③ ［美］李约瑟：《中国科学技术史（第二卷）·科学思想史》，何兆武译，科学出版社、上海古籍出版社1990年版，第93页。

④ ［美］弗里乔夫·卡普拉：《转折点——科学、社会和正在兴起的文化》，卫飒英、李四南译，四川科学技术出版社1988年版，第406页。

消融化灭吗？我们可以默默容忍逐物者，借“发展”的美名把自然生态文化生态全然破坏吗？我们可以默默容忍全球化的商品拜物主义全盘侵占我们想象的领域，把传统的艺术和活泼泼的民间艺术每每以“销售性”为量度，将之片段化、统合化、商品化吗？①

显然，叶氏要高呼“不可以”！但人类已亦步亦趋地走上这样的道路。后工业社会、后现代社会否定艺术独立个性的同时与商品拜物主义妥协。经济的全球化带动了文化的全球化，也吞噬了各地文化的独特性与多元性，艺术日趋平面、单一、破碎、无深度。受商业利益的驱动，报纸的文学副刊和杂志充斥着煽情、抓痒式的轻文学，在文化意识民族意识的表面滑过，激不起一丝涟漪。人、物的价值以其“用”为量度，结果是人性精神的失陷，物质化，商品化、减缩化，人愈来愈远离原真的生命状态。工业社会的高度发展必然以征服自然为前提，美国20世纪70年代，信仰道家精神的诗人史乃德曾发起过环境保护运动。面对西方社会日益凸显的文化生态、自然生态“问题”，叶维廉把目光投向东方，投向了道家。道家“道法自然”“任物自然”的理念，呼吁自我从宰制的位置退出，正对应于西方人对自然的二分宰制。道家去语障、解心囚所唤起的物我之间互参互补、互认互显、活泼泼整体生命的印证；“如果我们的教育里，有创造性的提升，文化生态自然会活泼泼起来，而自然生态也会得到适切的维护”②。道家作为一抹“文化乡愁”深植在叶维廉心底，呼唤着他对于整体生命的珍视。

① 叶维廉：《道家美学与西方文化》，第158页。
② 叶维廉：《道家美学与西方文化》，第161页。

第九章

纯粹经验美学：叶维廉对道家思想的现代阐发

在20世纪的美学家中，叶维廉对道家有着最深挚的热爱。作为一位海外华人学者，他出入中西语境，积极活跃于台湾、香港、大陆、北美学界，教学、演讲、朗诵、参加学术会议，始终不遗余力地实践与传播道家美学。相对于西洋作品，他“从中国道家的思想中，更体认出一种含弘的气度”①。他投以全部的生命去追寻与实践道家美学，惨淡经营、孜孜不倦，以“为道家传言者”②自居。在这种学术追求下，叶维廉最具标识性和影响力的学术成就集结在：从比较诗学视野阐发道家美学的现代价值与世界意义，通过对道家美学的阐发研究与影响研究，丰富其比较诗学的理论建构。

① 金恒炜访问：《寻访叶维廉文学的根》，《书评书目》1978年10月第66期。

② 叶维廉：《致廖栋樑信（2000年9月14日）》，见《叶维廉教授手稿资料·书信底稿》，台湾大学图书馆特藏，2003年。

回溯叶维廉对于道家美学研究与阐释的历程，不难发现他早期经由中国诗学研究、翻译实践、诗歌创作、批评实践而提出的“纯粹经验美学”，同样承载了鲜明的道家美学精神，同样是中西比较视野下对传统道家思想的“再发现”。与“纯粹经验美学”相关联的诗学论述还有“具体经验美学”“无言独化”“真实世界”“纯山水诗”“物自性”等。不难发现，这些论述讨论的实际上是中国山水诗的美学表现与审美理想问题。其相关论述贡献与价值在于：以“无言独化”一方面接续了郭象的“独化”论、司空图等人的“实境”论及王国维的“以物观物”论，确定了中国美学的重“物”（与“情”相对的自然物像之“物”，而非当下所谓“物质”之“物”）传统的道家影响及其在当下所焕发的新的美学生命；另一方面从语言表现的角度，阐明了道家美学对中国山水诗的全方面影响，赋予道家美学所影响的境界论以现代形态。此外，以“纯粹经验美学”概括道家思想所影响的中国山水诗的审美特质，并以之作为理想引入中国现代诗论的讨论中，焕发了道家思想的现代诗学价值。

第一节　无言独化：道家重“物”传统的历史展开

人们在研究道家思想对中国美学、中国诗学影响时，特别重视道家重“虚”、重“无”一面对中国诗学虚境、静境的影响。如笪重光所谓“无画处皆成妙境”，宗白华论中国艺术意境之“静”“虚”“空白”“空灵”，追溯了道家思想之于意境论的深刻影响。事实上，道家思想对于中国美学中崇“实”、尚“有”、重“物”一面的影响亦是巨大的。钱钟书先生曾言老庄：“道既超越（transcendent），又遍在（immanent）。遍在，故曰：‘道在矢溺’。超越，故又曰：‘视之不见，听之不闻，搏之不得。'"[1] 道家的自然观开显出"自然全美"的审美理想，经由郭象"独化"论的深化与转进，促成了"山水自然"作为审美对象的出现，并深刻影响了中国山水诗画的创作。司空图等人的"实境"、王国维的"无我之境"进一步从境界论讨论中国山水诗。及至当代，叶维廉以"无言独化"概括道家美学，并提出"真实世界""纯山水诗""物自性""以物观物"等相关概念阐述中国山水诗中的道家美学。以历史主义的眼光看，叶维廉对于中国山水诗的讨论，渊源老庄的自然观，与郭象的"独化"论、司空图等人的"实境"论、王国维的"无我之境"一脉相承，并在现代语境和世界视野中予以了极大的发展。

一、郭象"独化"论

叶维廉曾言郭象是"庄子最重要的诠释人"[2]。郭象对庄子思想的阐发，一言以蔽之，"独化"是也。其独化论哲学崇"有"，重"物"，落实到美学上是对山水自然的审美发现，是对感性之物、感性之美的重视，这在中国美学史、庄学史上都具有重要意义。考察《庄子注》，论述"独化"问题的地方大约有 50 余处，明确表述其意思的有以下几段：

> 世或谓罔两待景，景待形，形待造物者。问：夫造物者有邪？无邪？无也，则胡能造物哉？有也，则不足以物众形。故明众形之自物而后始可与言造物耳。是以涉有物之域，虽复罔两，未有不独化于玄冥者也。故造物者无主而物自造，物各自造而无所待焉，此天地之正也……故彼我相因，形景俱生，虽复玄合，而非待也。

① 钱钟书：《谈艺录》，第 310 页。

② 叶维廉：《无言独化：道家美学论要》，见《叶维廉文集》第 2 卷，第 133 页。

(《齐物论注》)

无既无矣，则不能生有；有之未生，又不能为生，然则生生者谁哉？块然而自生耳。自生耳，非我生也。我既不能生物，物亦不能生我，则我自然矣。(《齐物论注》)

凡得之者，外不资于道，内不由于已，掘然自得而独化也。(《大宗师注》)

卓尔独化，至于玄冥之境。(《大宗师注》)

既明物物者无物，又明物之不能自物，则为之者谁乎哉？皆忽然而自尔也。(《知北游注》)

郭象独化论思考的是世间万物的存在本质问题，也是“独”和“化”的有机统一问题。“独”指现象世界的个体存在，“化”指个体的运动、发展、变化的状态。“独化”指世间万物并不创生于一个超绝本体的外在的“道”，而是创生于自本自根的内在的“化”（变化），所谓“物各自造而无所待”，“块然而自生耳”。正如汤一介先生所说：“所谓‘独化’，从事物存在方面说，是说任何事物都是独立自足的生生化化，而且独立自足的生生化化是绝对的，无条件的。”①

郭象的“独化论”不仅是本体论，也是认识论、审美论，有着自身圆融一体的逻辑架构。以“有无”之辨为思考起点，以“独化于玄冥之境”为追求终点，中间反复深入辨析物、我、物物、物我诸关系，郭象建构其哲学的范畴体系及理论架构，可图示如下：

有无
- 客体（物）：自性（自生、自显）
- 主体（我）：无心（无待、顺物）　独化于玄冥
- 物物、物我关系：相因、相成

① 汤一介：《郭象与魏晋玄学》，湖北人民出版社 1983 年版，第 310 页。

首先，郭象采取破而立之的姿态，对王弼“无本论”和裴頠的“有本论”进行了自觉反思与扬弃。在他看来，“无也，则胡能造物哉?”无不能生有，“有也，则不足以物众形”，有也不能充当本体。在老庄哲学及魏晋玄学中，“有”依赖于“无”，“无”的地位始终要高于“有”，并带有玄虚和超现实色彩。郭象否定了先秦道家之“道”或“无”对于万物的主宰作用，“故造物者无主，而物各自造”，把万物本源落实到具体存在物上，肯定天地万物（“群有”）的真实存在。天地万物“块然而自生耳”，各自独立，自在自足，“物”的第一性和永存性被凸显出来。其次，郭象把“无”导入具体事物中，以为“有无一体”是万物的内在结构和存在之道，“有”通过“无”敞开自己，“无”依赖“有”保持自己，“有”与“无”在动态平衡中相生相济，相反相成，以维系万物生生不息的存在和变化本质。康中乾先生用现象学解释道：“‘有’的性质使物得以保持自己的存在，维持自己的质，‘无’的性质使一物与他物相联系相作用，得以打开。敞开自己，显现自己，有无相生，它的所是、所然就是其所以是、所以然，现象亦即本体。”① 可谓透彻地揭示了郭象“独化”论的要旨。从有无之辨的角度说，郭象玄学既是对“无本论”的修正，也是对“有本论”的提升，从而实现了关于“物”的哲学认识的质的飞跃。

本质上说，郭象哲学是“崇有论”哲学，从有到无，有无相成，万物“块然自生”、既“独”且“化”。继而，郭象围绕物我关系进行了大量文墨阐述。首先是“物”的本质和存在方式。什么是物的本质属性，郭象以“性”“性命”“自性”来圆说其理。“自性”指事物区别于他物的质的规定性，“物各有性，性各有极”（《庄子·逍遥游

① 康中乾：《有无之辨——魏晋玄学本体思想再解读》，人民出版社 2003 年版，第 265 页。

注》），“天性所受，各有本分，不可逃，亦不可加”（《庄子·养生主注》）。在郭象看来，万物之“性”就是其存在本质，就是一个有而无之、无而有之、生生不息的“独化”过程。各物有其存在理由，物物有其差异面向。理想的物的存在方式应是顺“性”而为，依其“性”而自有、自在、自化、自存、自为，一旦逾越其“性”，就必然导致自役、自累、自绝、自灭、自困、自失，所以郭象强调万物应“自足其性”。天地本自有经纬，山山水水自乾坤，“自”的意思是亲自、自己、自主、自动，强调一种非涉他力的内在本能，指向说明物的存在与变化是自然而然、本然如此、无假外求。其次是物物关系、物我关系。郭象肯定了物的“自性”，提出“物各自造而无所待”，其实否定了物物之间存在所谓因果关系或逻辑关系。对于世间所普遍认为的“罔两待景，景待形，形待造物者”，郭象提出反对意见，以为“罔两”“景”“形”都并非造物主创造，而是自然而然的存在，其现象就是其本体，它们之间“相因”“俱生”，即既相互独立，又相互依靠，一切都是自然而然、无使之然。郭象用了一个更形象生动的比喻，牙齿和嘴唇，各自有各自的存在，嘴唇的存在并不是为了温暖牙齿，但唇亡而齿寒，无意中却起到了保护牙齿的作用，反之亦然。这就是物物之间的“相因”关系。如此，物的自性存在消解了造物主，物的地位提高了，物物关系、物我关系就被重新界定为平等独立又和谐相生的状态。再次，物物之间的平等关系容易维持，物我之间，由于主体的我常常携带个人意志，难免“物众形”而破坏物我之间的“彼我相因”的关系，这就提出了物我之间，我何以待物的问题。老庄的虚静说、庄子齐物论，早已彰明了物我平等、物我合一的思想，郭象进一步深化，从主体的角度提出“无心”这一认识。“无心于物，故不夺物宜。无物不宜，故莫知其极”（《庄子·大宗师注》），“是以至人无心而应物，唯变所适”（《庄子·外物注》），“无心玄应，唯感之从”（《庄子·逍遥游注》），“无心”并不是把“心”去掉，而是指以无心为心，摒弃知识之心、人为之心、驱使之心，让“心”如一面镜子，自然而然“唯变所适”，“唯感之从”。无心才能不夺物宜、应物无累、随物而化。这与现象学主张悬置人意识上的一切目的，让意识自己显现其意向性本质的认识极为类似。主体“无心”而“顺物”，人才能达到与物一体俱化、相生和谐的“玄冥之境”。

如果说“独化”是万物的存在本质，“自性”是万物的存在方式，“无心”是主体的待物之道，“玄冥”则是人的“独化”所要实现的境界。玄冥之境是人尊重物“自性”，“无心”而“顺物”所实现的是冥合万物、与物同化的境界。从有到无、有无相生，郭象不认同作为本体的“无”，但他重视精神境界中的“无”，也就是“玄冥”。“玄冥”并不是空，而是无物我之分、无自我宰制、无知识是非的无心之境界。这种境界本质上是一种审美的境界，无法用逻辑思辨抽象能力达到，只能用审美感兴的直觉思维达至。郭象的独化论哲学逻辑自洽，物因“自性”而“相因”，因“相因”而“独化”，“无心”是人之独化的方式，“玄冥”是人之独化的精神状态和境界，是一种以无心观己观物却与己与物一体同化的状态或境界。

这种独化论哲学既有对老庄道家哲学的继承，更有对老庄道家哲学的发展。其发展主要体现为将道家从超现实引入现实，从哲学导向审美，肯定了“有”，重视了“物”，更新了魏晋时期的自然审美意识，影响了中国山水诗、山水画的美学追求，从而影响了中国美学的发展。具体来说有以下几个方面。

（一）论物之“独化”，丰富深化了道家的自然观

钱穆曾论郭象《庄子注》云：“故亦必俟有郭象之说，而后道家之言自然，乃始到达一深邃圆密之境界。后之人不复能驾出其上而别有所增胜。故虽谓中国道家思想中之自然主义，实成立于郭象之手，亦无不

可也。虽谓道家之言自然，惟郭象所指，为最精卓，最透辟，为能登峰造极，而达于止境，亦无不可也。"① 此评语可见钱穆对郭象的高度推崇。郭象之于"中国道家思想中之自然主义"的最大贡献，在于继承并全面、深入、系统地阐发了老庄的自然观念，其独化论可以说是对"自然而然"的哲学演绎。

自然一词，在《老子》中出现了五次，如"人法地，地法天，天法道，道法自然。"（《老子》第二十五章）胡适解释为"自是自己，然是如此，'自然'只是自己如此"②。其意为与人为强作相对的"自然而然"，是形容词的用法。自然在《庄子》一文中出现七次，如"汝游心于淡，合气于漠，顺物自然而无容私焉，而天下治矣。"（《庄子·应帝王》）钱穆先生认为："似庄子心中，自然尚未成一特定之观念。庄子之所谓自然，不过曰顺物之自为变化，不复加以外力，不复施以作为而已。"③ 与老子所言"自然"之"自然而然"义基本上等同。徐复观亦指出："《庄子》和《老子》一样，以道为形上地造物者。而其所谓'自然'，乃指道虽造物，但既无意志，又无目的；造物过程中之作用，至微至弱，好像是'无为'；既造之后，又没有丝毫干涉；因此，各物虽由道所造，却好像自己造一样。所以'自然'一词，可以作'自己如此'解释。"④ 老庄的区别在于，如果说老子的本体论哲学以"道法自然"一语，将"自然"提升为宇宙最根本的客观法则，庄子的人生论哲学则以"常因自然""顺物自然""应之以自然"等语，将自然运用于人生审美理想的追寻。

及至郭象的《庄子注》，"自然"一词共出现了144次之多，可

① 钱穆：《庄老通辨》，第369页。

② 胡适：《中国哲学史大纲》，东方出版社1996年版，第46页。

③ 钱穆：《庄老通辨》，第361页。

④ 徐复观：《中国人性论史》，台湾商务印书馆1984年版，第390页。

以说是郭象《庄子注》中最重要的一个词语，郭象对“自然”的论述紧扣他对物之“独化”的论述。郭象在《庄子注》中用了一系列摹状词来描述万物存在之“独化”本质，“块然而自生”“条畅而自得”“畅然俱得”“泯然无迹”“旷然无累”“蜕然无系”“卓尔独化”“掘然自得”“自尔”“冥然”“忽然而自尔也”“皆然自尔”“有自生”“荡然放物于自得之场”“闷然若晦，玄同光尘”“冥然以所遇为命”“泯然与至当为一”“泊然不为而群才自用”“扩然无不适也”，等等，其中心就是为了说明万事万物的存在是自我呈露、自我敞开、自我显出，自然而然的天然以成。郭象的自然观体现在其独化论中，对“自然而然”的推崇，由此而来的是对“自然山水”作为审美对象的发现。

（二）发现了作为“物”的山水自然，并使之成为审美对象

“自然”是道家哲学的纲领性范畴，其美学义界包含两个层次：一是作为形容词，意谓自然而然，代表一种审美理想，二是作为名词，特指外在的自然世界，常作为一种审美对象。老庄对于“自然”这一范畴的使用，主要是在形而上的精神层面，并未触及其形而下的自然界这一层面。在语义上，自然经历了从形容词性的审美理想到名词性的审美对象的历史性衍变，这种衍变由人与自然山水关系的变化导致，由郭象完成。

老庄思想，以一个形而上的理念“道”为万物本源，以“无”为“道”之归趋，其超现实品格使得他们无法将目光真正聚焦于人世间的山水自然。“自然”一词在老庄书中意思是自然而然，不假人工雕琢，它不指大自然。然而，历史的发展，却使自然山水审美意识的兴起对老庄哲学研究产生深入影响。这里既有老庄思想本身的逻辑潜能，也有后来特别是晋宋审美文化的推动，在这两者之间，郭象通过《庄子注》成为最大的推手。本来，在《庄子》一书中，所谓的“山谷之士”“江

海之士”，因其“刻意尚行”（《刻意》）并不被庄子所看好。而《知北游》中的一段话，更是被大多数山水美学研究者所误解。其云：“山林与！皋壤与！使我欣欣然而乐与！”这里实际上并不是在正面地赞赏从隐遁、优游山水中获得精神愉悦，因为接下来庄子是这样说的：“乐未毕也，哀又继之。哀乐之来，吾不能御，其去不能止。悲夫，世人直为物逆旅耳！”实际上在批评那些“世人”被外物所左右、所主宰，以物喜，以己悲。郭象哲学则崇“有”、重“物”，这大大不同于老庄哲学的尚“无”、重“道”，郭象将哲学的目光转向现实，认为万物（包括自然山水）自身具有独立性、平等性、个体性，淡化了老庄之“道”的玄虚成分和形上意味。事实上，深化和转进老庄思想的郭象“独化”哲学体系，将山水自然的地位提升至空前的高度，某种程度上促成魏晋时期对于山水自然美的发现。徐复观先生从庄学史的角度指出：“庄子的逍遥游，只能寄托之于可望而不可即的‘藐姑射之山’；而宗炳则当下寄托于现世的名山胜水，并把他消纳于自己绘画之中，所以我再说一次，山水画的出现，乃庄学在人生中，在艺术上的落实。”① 山水自然成为独立审美对象，这种对山水自然的审美发现是对老庄的自然观的继承，更是对老庄自然观的发展。徐先生继而指出“《老》《庄》两书之所谓自然，乃是竭力形容创造万物之为而不有不宰的情形，等于是‘无为’因而万物便等于是‘自己如此’之自造。故‘自然’即‘自己如此’之意。魏晋时代，则对人文而言自然，即指非出于人为的自然界而言。后世即以此为自然之通义。这可以说是语意的发展。”② 后世常以为老庄发现了山水自然，不仅仅是“语意的发展”，更是将郭象注庄的思想混同于了老庄思想。

---

① 徐复观：《中国艺术精神》，第 145 页。

② 徐复观：《中国艺术精神》，第 148 页。

（三）肯定“物”的独立审美价值，开启艺术创作对具体感性物象的自觉追求

老子的形上宇宙观崇尚至高无上的“道”，对具体感性事物持排斥态度，庄子的超越人生观，否定了事物大小、贵贱、是非、生死的差别，也不可能将目光落实到对感性事物之美的发现上。物在两汉时期或作为道德的比附，或作为皇权的象征，基本没有独立存在的意义。而郭象“独化”论，完全否定了“造物主”观念，也否定了“有生于无”的观点，肯定万物之“有”的本体性地位，以一种现象实在论的面貌，充分肯定了“物”的独立价值。

事实上，审美活动的起点就是感性之物，中国文论中的感物吟志、寓目辄书、托物起兴等概念说明了“物”在审美活动中的起点作用。叶嘉莹先生说：“中国诗歌乃是‘由物及心’的‘赋体’和‘由物及心’的‘兴体’延伸而来，这区别于西方诗学止于‘由心及物’的层面，从而表现出中国诗歌特有的强调以精深直觉去点悟即目印象的传统。”① 主体观物的当下视知觉为直接经验，伴随着“物”的发现，逐渐被重视。正是晋宋山水观与山水艺术创作的有力推动，导致了中国艺术观念和美学理论的重大转向。徐复观先生称这一转化为“感”的艺术向“见”的艺术的转变②。“感”即感人，以情感人，通于此前“言志”“缘情”的观念；而“见”的艺术则走向意象、意境，走向诗、画融通。高小康说的由抒“情”转向物“感”③，亦是此意。山水审美这一艺术现象之所以能导致中国艺术观念的重大转型，关键在老庄之道走向自然山水。魏晋文人普遍具有玩赏山水、寓目成咏的风气，在他们看来，世间万事万物，青山自青山，白云自白云，都物各自然、自由兴现

① 叶嘉莹：《迦陵谈诗二集》，（台湾）东大图书股份有限公司 1985 年版，第 147 页。

② 徐复观：《中国画与诗的融合》，见《中国艺术精神》，第 289—295 页。

③ 高小康：《永嘉东渡与中国文艺传统的蜕变》，载《文学评论》1996 年第 4 期。

地显现自身、生成自身、成就自身。落实到艺术创作，宗炳《画山水序》提出山水描写“以形写形，以色貌色也”，即再现对象，描写当时当下即目所看到的自然景物。《画山水序》还重视“澄怀味象”，即指审美主体澄滤一切主观的知识、目的、逻辑，以一种超功利的审美心态去直观山水、玩味山水，再现山水之形，进而在主客合一的“玄冥”之境中去感受那蕴涵在感性之中而又超越感性之上的山水之神，这也是对“寓目理自陈”“目击道存”等美学观的最好诠释，也是郭象现象实在论哲学的美学体现。绘画中对具体可感山水形象的重视，延伸到文学中是对具体物象的感性之美的发现与回归。魏晋山水诗普遍注重再现物象的具体性、生动性、多重暗示性，齐梁时期钟嵘评价谢灵运的山水诗，称“寓目辄书”，并以“即目”“所见”“直寻”论诗，正是对这一审美风尚的理论总结。山水诗发展到东晋，充满着自然声色描写，究其深层原因，都与郭象哲学所开辟的美学新境地为同一文化脉络下桴鼓相应的产物。从老庄之道，到郭象哲学对自然万物的肯定，到自然山水成为独立审美对象，再到艺术创作中对“象”的重视、刻画，我们可以看到道家思想一步步从形上到形下，从哲学到美学的运行轨迹。

二、司空图等人的“实境”论

学界多注意到托名司空图所作《二十四诗品》的“平淡”之境，受到老庄道家重“虚”、“无”哲学影响，其实司空图所讨论的“实境”，亦受到道家影响，并接续了郭象《庄子注》中的道家自然观且有所发展，体现了道家美学影响中国诗学的另一面。

先看《二十四诗品》“实境”的表述：

> 取语甚直，计思匪深。忽逢幽人，如见道心。清涧之曲，碧松之荫。一客荷樵，一客听琴。性情所至，妙不自寻。遇之自天，泠然希音。

关于《二十四诗品》是否为司空图所作，学术界有过很大的争议。笔者无意介入此一争议，只想就“实境”这一诗学追求旁涉此一问题。司空图《与李生论诗书》标举“直致所得”，《与极浦书》亦肯定“目击可图”，这些都通于“实境”。清人许印芳对司空图的那些论诗杂著所作的跋语，有一个很重要的倾向，就是强调、突出司空图诗学的“实境”这一层面，如《与王驾评诗书》跋：“诗家题目，各有实境。诗人构思，必按切实境，始能扫除陈言，独抒妙义。”① 《与极浦谈诗书》跋亦云：“古人作诗，以真切为贵。初学之士，宜先讲明此理，从真切处用功。”② “真切处”即亦“实境”。特别是其《与李生论诗书》跋，其言：“韵外之致，可得而言。而其妙处皆自现前实境得来，表圣所云‘直致所得，以格自奇’也。其自举所得，亦多警句，如‘松凉夏健人’‘树密鸟冲人’……皆现前实境。”③ 也就是说，按照许印芳的看法，“实境”就是司空图论诗杂著（这些为司空图所作无异议）的自然体现，是其“直致所得”说的另一种说法。在《与李生论诗书》中，司空图强调自己的诗“得于早春”“得于山中”“得于江南”“得于塞下”“得于丧乱”，这些与钟嵘所称道的“即目”“所见”的“直寻”相通，也几乎成为司空图本人所标举的“直致所得”的注脚。由此可以认为，许印芳以“实境”解释司空图的诗学主张，是符合司空图诗学思想的实际的，“实境”说代表了、概括了司空图诗歌美学思想的一个重要方面。

对于道家思想，如果说郭象的“独化”论要解决的是人的终极存

---

① 许印芳：《与王驾评诗书跋》，见（唐）司空图、袁枚著，郭绍虞集解辑注：《诗品集解 续诗品注》，第51页。

② 许印芳：《与极浦谈诗书跋》，见（唐）司空图、袁枚著，郭绍虞集解辑注：《诗品集解 续诗品注》，第52页。

③ 许印芳：《与李生论诗书跋》，见（唐）司空图、袁枚著，郭绍虞集解辑注：《诗品集解 续诗品注》，第49页。

在方式问题，司空图则用以解决人如何在山水自然中实现精神自由的问题。司空图的“实境”说从山水诗论领域阐发了道家美学，其“实境”论讨论的核心问题是：山水诗创作中，审美体验如何发生及其美感境界如何生成。其内在逻辑可图示如下：

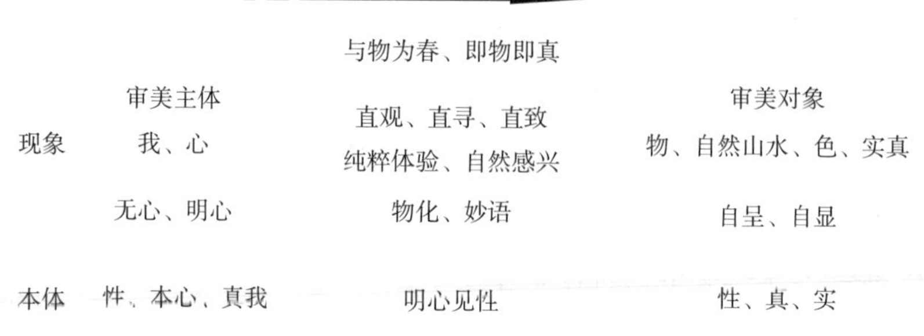

首先，何谓“实境”？司空图所描述的“实境”，又意为“真实境界”，即郭象所说的“玄冥之境”，与庄子所说的“物化”一脉相通。这种境界的最大特征是：真、实，主客体冥化无迹。“真”可以说是《二十四诗品》的核心概念，是物之为物的本质，“大用外排，真体内充”（《雄浑》）、“饮真茹强，蓄素守中”（《劲健》）、“体素储洁，乘月返真”（《洗练》）、“真与不夺，强得易贫”（《自然》）、“是有真宰，与之沉浮”（《含蓄》）。司空图所说的“真”，可以在郭象的“物自性”理论框架下来理解。“真”也就是“性”，“惟性所宅，真取弗羁”（《疏野》），大自然的每一山水物体，都有成为自身本质的“性”——本性、原性。“真”或“性”自本自根，从现象学的角度来说，显现即存在，即物即真。在司空图的诗论中，与“真”“性”相通的还有“自然”，“妙造自然，伊谁与裁”（《精神》），还有“天”，“遇之于天，泠然希音”（《实境》）。所谓山水诗之“实境”，即所写山水依其“性”、如其“真”而本然呈现。这也是庄子“真者，所以受于天也，自然不可易也。故圣人法天贵真”思想的体现。

真，既有真性义，又有真实义。物有其性，物有其形，形与性一体俱在。山水之真需自山水之实中求，其理论要点为：山水存在的意义（真、性）不待给予，更不来自“虚”或“无”，山水存在的意义也绝不是道家哲学遍在于物的形而上之“道”、更不是言志诗论或缘情诗论所谓的外在于山水的人之志之情，山水存在的意义就是山水本身，存在即真实，没有离开实存的真、性，也没有离开真、性的实存，一草一天国，一花一世界，自在圆满。就山水诗创作来说，司空图所谓“离形得似，庶几斯人”并不是指不要形，而是强调创作中不即不离于形，不黏滞、不放空，既要写出外在山水的形，更要写出诗人本心所照见的山水之性，这个“性”才是山水的“本来面目”，才是山水的真实存在。描绘春天的诸般样态显现盎然春意，描绘风云形貌显现风云变幻的精神。且，山水存在的意义（真、性）无须索求，不待计思，当下即成，诗人纯粹体验中显现山水世界的真实，也敞开生命世界的真实。事实上，道家的超现实哲学某种程度上是强调对“形”“实”的超越的，然经过郭象“崇有”“重物”哲学改造之后，山水诗人能普遍重视实体自然对于诗歌创作的重要意义。山水诗人，对待山水，并不是希望通过山水之形去体验一个形而上的“道”，而是希望在山水之“形”中去妙悟山水之“性”，返归生命真宅，进而在物我相契中，获得心灵的自由。山水既是其自然本然存在的实体自然，更是一个人“性”所照亮的生命世界。司空图的“实境”正是对这一郭象所影响的山水诗创作的美学总结。

如何创造出“实境”，司空图接承道家的“虚静”说和郭象的“无心”论，提出一条“主体无心—直观—客体再现”的路径。在诸多中国诗中，境由心生，万法心造，无心则无境，中国诗论中的“感物说”“言志说”都明白地说明了此道理。然道家所指的心，是本心、原心，是一种无为之心，此“心”以虚灵为本。禅宗有以“镜”来喻此心，镜子的功能只是照见，只是还原，强调的是接物时对外物的原真呈现。摒弃主观之“我”、主观之“心”，以本“心”、原“性”去与外物相接，才能最大程度地呈现物象之本真面貌、本真状态。因为，以主观之心观物，物我对举，物是我意念中的物，物是一种非本体、非原性、非真实的存在，只有以人之本心观物，才不会撕裂万物本原的真实，万物才能如其本性本真本然呈现。司空图所说的“取语甚直，计思匪深”，指的就是主体摒弃计量思考，直面鲜活世界，直书即目所见所闻，把直接感触的形象、画面予以不加雕饰地再现，物之原性才能不受主体干扰，自然而然地呈现。此种审美体验就如“忽逢幽人，如见道心”，“幽人”指当下直观所见之景、境、物，“道心”指“幽人”之性、真，“忽逢”“如见”，指审美直观。宋诗的“眼边处处皆新句”“开门拾得一篇诗”，就是这种艺术追求的经验之谈。主体摒弃计思，就是真我，主体之心就是本心，就可以最大限度地以物观物，在审美直观中臻万物于一体，达到万物同致的境界，此境界就是“情性所至，妙不自寻，遇之自天，泠然希音”，主客体自适其性，亲和参融，自成妙境。

至于何以能达到“实境”，或者说诗人与山水自然何以能“俱似大道，妙契同尘”，司空图的逻辑是道家的天人哲学。在道家看来，物不是与人相抗对峙的异己对象，而是与人息息相通的生命本体，“天地与我并生，万物与我齐一”，人是万物之一，物我异质同构，人性与物性相通。郭象说：“物各自然，不知所以然而然，其形虽弥异，其（性）然弥同。”钱钟书先生说：“即物见我，如我寓物，体异性通。物我之相未泯，而物我之情已契。相未泯，故物仍在我身外，可对而赏观；情已契，故物如同我衷怀，可与之融会。”① 物我之间异质同构的特质，

① 钱钟书：《谈艺录》，第 53 页。

为艺术境界中主客冥合、物我俱化提供了文化心理的解释缘由。审美体验的过程，既是一个主体“与物有宜”“与物为春”的过程，也是一个以物之原性发明来照见人之真性的过程，主客体在相互照见中冥化无迹，获得自由。现代诗人梁宗岱曾描绘过这种境界，艺术的极境是主客合一，使“物我之间同跳着一个脉博，同击着一个节奏”，这时，“在茫茫的大海间，诗人心凝形释，与宇宙息息相通，那种沉静的深邃的起伏潆洄。”① 这正是司空图所倡导的中国山水诗所呈现之“实境”。

朱良志认为“实境”理论“重视人的真实生命感受，强调回归人的‘真性’，推重直接面对鲜活世界的创造方式，由色起情，情性一体，于色不离不染，在纯粹体验中，发现一个真实生命世界”②。这需要从三个方面来理解：一是诗人以超功利超世俗的审美之心予自然山水以当下的、直接的、真实的、纯粹的感受，山水不作为我之意念对象而存在，就能如其真、如其性、如其实、如其本然而存在。二是，由于主客体、物我、人与自然山水之间体异“性”通，主体之诗人才得以荡涤一切心灵的遮蔽，“直寻”“妙悟”“纯粹经验”客体之自然山水，自然山水之“性”与主体生命之“性”在融融相凝、泯然相契中本真自显。三是，实境所呈现真实世界，是主体纯粹经验发现的世界，是自然山水如其真性而显现的世界，又是人之真性澄明地呈现的世界。此一世界无是非之求索、无物我之相对、无终极价值之追求、无本体现象之分别。

从哲学概念上来讲，“实”通常与“空”“虚”“无”相对应。老庄虽然强调“虚”和“无”的重要性，但也强调“虚”与“实”、

① 梁宗岱：《诗与真·诗与真二集》，外国文学出版社1984年版，第23页。

② 朱良志：《论〈诗家一指〉的“实境”说》，《北京大学学报》（哲学社会科学版）2016年第4期。

“有”和“无”互相生成转化的辩证关系。老庄思想经过郭象独化论的转进，“实”“有”的地位被提高，从而影响到晋宋及以后山水自然审美意识，一是山水自然作为独立审美对象的发现，二是山水画山水诗的兴盛。《二十四诗品》作为中国山水诗论的总结，吸收道家思想，综合老庄及郭象的哲学，同时吸取了佛教禅宗的诸多相通的思想，论诗不仅重视“虚”“无”“空”一面，也重视“实”“有”一面，认为虚境与实境“体势自别，不可废也”，可以说客观地全面地展现了道家思想对中国美学的影响。

王国维作为中国境界诗论的集大成者，延续司空图将实境、虚境分而论之的取向，提出“有我之境”与“无我之境”的对举之说，影响非常大。事实上，二人诗论对象不同，司空图重点探讨中国山水诗，王国维则更多着眼于整个中国诗歌，将山水诗与抒情诗一并讨论。司空图主要在主客体、我与物、主体之心与山水之性的审美关系中谈论山水诗的创作过程及其美学风格问题，王国维则重点从情与景、我与物及语言表达角度综合谈论中国诗歌的审美境界生成问题。虽然二人谈论的对象及角度不同，概念之间并不能一一对应，但客观上看，王国维的“无我之境”与司空图的“实境”有异曲同工之妙。由于我们前面对王国维的“真景物”“无我之境”有过专门讨论，此处不再赘言。

如果说由“以物观物”所达致的“无我之境”是“实境”论的“接着说”，叶维廉则进一步明确将“以物观物”观念推源自道家，“不把‘我’放在主位——物不因‘我’始得存在，物各自有其内在的生命活动和旋律来肯定它们为‘物’之真”①，这一表现程序“一直是中

① 叶维廉：《语言与真实世界——中西美感基础的生成》，《叶维廉文集》第1卷，第142页。

国传统生活、思想、艺术追求的理想”①。“以物观物”理论经由王国维的推阐，对中国现代美学所产生的影响是非常深远的。王国维对叶维廉的影响是不言自明的，尤其是“以物观物”此一叶维廉定义为中国诗的审美理想和美感视境的概念，直接来自王国维。

三、叶维廉“无言独化”论

郭象的独化论哲学以一种现象实在论的方式，系统阐述了老庄“自然而然”的美学理想，并凸显了实体“自然”，建立了人与自然物象之间的审美关联，使得中国山水画、山水诗在道家自然主义思想的延展中成为中国艺术的一道独特景观。自魏晋以来，道家的“自然”在两个层面上被普遍接受：一是形容词性的“自然而然”，二是名词性的“山水自然”。中国历代文艺理论与此相关联的本质论、创作论、风格论、鉴赏论异常丰富，完全可以由此建构一部道家自然主义美学史。司空图的“实境”与王国维的“无我之境”可以说是道家自然主义思想在中国诗论领域的两个最有影响力的范畴，这两个范畴有力凸显了道家思想对于中国美学的影响。及至20世纪后期，海外华人学者叶维廉，更是在道家美学思想框架下讨论中国诗学问题。他所讨论的中国古典诗实际上是中国山水诗，其中国诗学建构实际上是中国山水诗论。他熔铸庄子、郭象、司空图及王国维的相关理论思想和术语，结合山水诗歌的创作实践，全面阐述了以“无言独化”为“论要”的道家美学的现代价值和世界意义。

（一）“无言独化”

叶维廉拈出“无言独化”来提炼道家美学之“论要”。“独化”概

① 朱荣智：《中西诗学的汇通——叶维廉教授访问记》，《幼狮文艺》1977年10月第46卷第4期。

念来自郭象。叶维廉在论著中多次表达对郭象的推崇，认为郭象对道家思想有“中兴”的贡献：“注庄子最重要的学者郭象”①，“为老子庄子某些一度被人疑误的名词重新解释，为六朝以后打开一个美学的新局面”,②“不仅使庄子的现象哲理成为中世纪的思维的经纬，而且经过其通透的诠释，给创作者提供了新的起点”③。可见，在叶维廉心目中，郭象对于理解道家美学至为重要。

对于郭象之独化论，叶维廉全盘接纳。他从郭象的独化论中看到了中国式的“物我关系”：既任物自化又物我冥一。“凫胫虽短，续之则忧；鹤胫虽长，断之则悲”（《庄子·骈拇》），叶维廉强调万物自生自化，不受制于人为的智性干预，“各具其性，各得其所，要得其自然便要任其自然而得天放，使其互为创造，互为交往，各自其全。我们应以对人同样的敬与爱而对物”④。只有这样，人类才可以回归人与自然和谐的“太和”之境，也即郭象所谓的“玄冥之境”。唐君毅谓“独化于玄冥之境”为“人物之自然，呈现于吾人之心灵，则二者相冥为一，而忘物我之别，或我与彼之别，以玄同彼我、或物我之相对，以成一‘通物我或彼我’之‘绝对’，或独一无二之‘独’。此‘独’之恒自化，即不成一所执之绝对，亦非一可执之实有……此则必赖人之心灵生命之运，其前后不想挂累，内外不相对待，上不依于天神或形上之实

---

① 叶维廉：《空故纳万境：云山烟水与冥无的美学》，见《中国诗学》（增订版），第168页。

② 叶维廉：《语言与真实世界——中西美感基础的生成》，见《叶维廉文集》第1卷，第162页。

③ 叶维廉：《中国古典诗和英美诗中山水美感意识的演变》，见《叶维廉文集》第1卷，第176页。

④ 叶维廉：《饮之太和——诗与自然环境札记》，《叶维廉文集》第3卷，安徽教育出版社2002年版，第158页。

体，下不依于人物之形质，而上下皆无着处，然后能见此独。”① 这种“玄冥之境”的实现的一个前提便是承认万物都是“自生”“自造”“各有其性”，每一个具体的事物都按照自己的“性分”而“独化”，万物只要“任其性”“称其能”“当其分”，便能获得“逍遥”的自由之境，也就是“玄冥之境”。这正是郭象的认识。

但叶维廉在接受郭象“独化”论的同时有所发展。如果说郭象从哲学家的立场说明了“独化”达至“玄冥之境”的条件和状态，叶维廉则以诗人的敏感，从“语言”表物达物来思考“独化”问题。进一步说，“无言独化”是叶维廉精心思构的一个提法，综合了老庄的语言观与郭象的独化论。叶维廉把道家美学定义为“从《老子》《庄子》激发出来的观物感物的独特方式和表达策略”②。“无言独化”一语高度凝结了叶氏对道家“语言”（表达策略）及“物我关系”（主要表现为观物感物方式）的认识。老庄对于语言的限制、语言表象能力之不足有着充分的体认，“道可道，非常道。名可名，非常名。”（《老子》第一章）“知者不言，言者不知。”（《老子》第五十六章）“可以言论者，物之粗也；可以致意者，物之精也。言之所不能论，意之所不能察致者，不期精粗焉。”（《庄子·秋水》）所以老庄提倡无言。语言是一种历史生成的文化产物，企图以语言对千变万化的万物万象以命名、概括、赋予秩序只不过是一种人类以“我”宰制“物”的行为的投射。叶维廉以“人只不过是万千存在物之一而已”③ 来解释“天地与我并生，而万物与我为一”（《庄子·齐物论》），万物一往平等，人没有权力凌驾于自然万物之上，语言也没有办法捕捉到万物不断流动的秩序而为直现的

① 唐君毅：《中国哲学原论·原道篇》，中国社会科学出版社 2006 年版，第 568 页。

② 叶维廉：《道家美学与西方文化》，第 1 页。

③ 叶维廉：《无言独化：道家美学论要》，《叶维廉文集》第 2 卷，第 131 页。

世界存真。然而叶维廉并没有从这里得出放弃语言的结论，而是对于语言的重新发明，“语言文字，不应用以把自我的意义、结构、系统投射入万物，把万物作为自我意义的反映；语言文字只应用来点兴逗发素朴自由原本的万物自宇宙现象涌现时的气韵气象”①。语言“像一指，指向具体万物无言独化的自然世界，像‘道’字一样，说出来便应忘记，得意忘言，得鱼忘筌。语言化作一支水银灯，把某一瞬的物象突然照得通明透亮。”② 老庄的“正言若反”，庄子的寓言，禅宗所用的“异语出击”“以惑作解”都是对语言的重新发明。

（二）“真实世界”

《二十四诗品》是中国山水诗论的典范之作，历来被认为受道家美学深刻影响。叶维廉曾自述郭绍虞注解的《诗品集解　续诗品注》是其大学时期的随身读物，③ 影响了他对中国诗学的认识。叶维廉曾经以“饮之太和”作为书名，“饮之太和”即来自《二十四诗品》。如果说郭象的“独化”论为叶维廉的道家美学论述奠定了理论基础，《二十四诗品》的“实境”论更直接地启发了叶维廉关于中国山水诗的审美表现与审美理想的阐述。“不着一字，尽得风流”语言论，其“忽逢幽人，如见道心”的“实境”论亦被叶维廉吸收，化入对中国山水诗的论述中。

叶维廉曾感慨：“近年来虽然无间的进出于西洋作品之间，我始终不信服柏拉图以还所强调的‘永恒的轮廓’要把一切现象视作一个（只一个!）（由人为决定的!）元形的变化；我还是认为庄子的‘化’

① 叶维廉：《无言独化：道家美学论要》，《叶维廉文集》第2卷，第144页。

② 叶维廉：《重涉禅悟在宋代思域中的灵动神思》，见《中国诗学》（增订版），第119页。

③ 石了英：《道家美学精神与现代诗艺的融合——叶维廉教授访谈录》，《文艺研究》2011年第8期。

的意念才迹近实境。"[1] 此段话中，"实境"一词颇值得玩味。不难发现，叶维廉论中国古典诗，喜用"实境"二字。如"中国人重实境"[2]，"中国诗中的意象往往就是以具体的物象（即所谓实境）捕捉这一瞬的元形"[3]。"中国古典诗，尤其是道家影响下的古典诗中所提供的'物各自然''依存实有''即物即真'的美感意识，帮我剔除了'因语造境'的若干毛病而复归'因境（而且是实境）造语'的路线上"[4]。"我们用语言写诗，能不能一成不变把'指义前直现的实境'完全呈示？……是什么哲学或美学的立场使然？"[5] 叶维廉所谓的"实境"显然与《二十四诗品》的"实境"渊源深厚，是道家思想在诗学、美学上的展开。叶维廉就曾把老庄之"道"定义为"万物未受抽象思维分封自然生发的实况"[6]。在更多地方，叶维廉又以"真实世界""具体世界""原真世界""真世界"来指称"实境"。"真实世界"是叶维廉中国诗学的一个重要概念，他认为中国诗学相对于西方诗学的独特之处便是始终以"真实世界"为最高的审美理想。

不同于《二十四诗品》作者纯粹从风格论，以譬喻的方式谈论"实境"，叶维廉则更多从创作论，尤其是从境界的语言表现问题来谈论"真实世界"。他有一系列词来形容真实世界："万物万变万化即物

---

① 叶维廉：《秩序的生长》，第 19—20 页。

② 叶维廉：《人生意境的思索——序古添洪的〈晚霞的超越〉》，《书评书目》1977 年 3 月第 47 期。

③ 叶维廉：《语法与表现——中国古典诗与英美现代诗美学的汇通》，《叶维廉文集》第 1 卷，第 88 页。

④ 叶维廉：《三十年诗》，（台湾）东大图书股份有限公司 1987 年版，第 5 页。

⑤ 叶维廉：《语言与真实世界——中西美感基础的生成》，《叶维廉文集》第 1 卷，第 126 页。

⑥ 叶维廉：《比较诗学》，第 100 页。

即真自生自然自足”[①]，“任物我自由换位互存互应互照互明”，“无需人的自我去管理和解释，是完全活生生自动自发自然自化自真的，即所谓‘无言独化’。”[②] 由此可以看出，“真实世界”作为一种自足的审美理想，叶维廉是在“物我”关系的角度来谈论的。他认为保持了物物、物我之间的自由关系，就能接近“真实世界”的美学理想。此外，叶维廉以“无言独化”描述真实世界，接起了从老庄到郭象到司空图所发展的中国山水诗论。

如何在以语言为载体的诗中呈现真实世界，是叶维廉最为关心和反复阐述的问题。首要问题是要冲破各种人为的限制，包括语言的限制和感受的限制。首先，在叶维廉看来：“欲求实际无碍地进入事物的整体性，第一步便是要无言，即所谓无语界。”[③] 叶维廉抓住了《庄子·齐物论》中描述的由“未始有物”到“有物”到“有封”到“有是非”的“道”的逐渐减损的过程。“封”“是非”即是名制之用、语言之用，即是对“未始有物”的浑然的破坏。欲保持天机的浑然，维护宇宙现象的完整，就要祛除人为的分封。所以庄子痛恨“贵言传书”，而主张“知者不言，言者不知”。冲破感受的限制，获得“原性”，才可以历验“真实世界”。人还要获得的“原性”，《庄子》称为“天放”“素朴”。“天放”“素朴”就是指太初之民无知无欲的意识状态，即是我们所渴望获得的“原性”。拥有这种“原性”，我们自然可以舍却抽象概念的限制，直接地感应“真实世界”中的具体事物。由于太初之世早已无存，人已受到太多智识的束缚，必须复得“原性”，才能与自

① 叶维廉：《语言与真实世界——中西美感基础的生成》，《叶维廉文集》第1卷，第150页。

② 叶维廉：《语言与真实世界——中西美感基础的生成》，《叶维廉文集》第1卷，第157页。

③ 叶维廉：《比较诗学》，第95页。

然世界相应和。叶氏指出，要复得“原性”，我们首先“要了悟人在万物运作的天放中原有的位置和关系”①，即人在这个世界中只是万物之一体，丝毫没有权力干涉别的事物的存在，万物都是世界中的平等成员，都自由地参与世界的演化与创生。

由此，叶维廉推出了“纯山水诗”的说法：“道家由重天机而推出忘我及对自我能驾驭自然这种知性行为的批判，在中国诗人中开出了一种可谓‘不调停’的观物感应形态，其结果，则演绎性、分析性及说明性的语态的不断递减而达致一种极少知性干扰的纯山水诗，接近了自然天然的美学理想。”② 叶维廉认为王维《鸟鸣涧》《辛夷坞》等诗“景物自然兴发与演出，作者不以主观的情绪或知性的逻辑介入去扰乱眼前景物内在生命的生长与变化的姿态”③，是一种纯山水诗。在纯山水诗中，语言只是起逗引、兴发、牵引、触媒的作用，“不是要把质样俱真的事物改观异态，而是使它们能够即席原样地显现。”④ 然，语言作为人为之物，是否能“即席原样地显现”“质样俱真的事物”？显然，这是一个悖论。老庄道家主张“无言”“忘言”，从体道、观物的角度来说，自然没有问题，然而一旦面临诗歌创作，首要问题是诗不能脱离语言的表现而存在，诗人必须面对作为话语媒介的语言。所以叶维廉的“纯山水诗”论遭到学界批评。王文生先生曾发表长篇论文，认为叶维廉否定了作者的“理性”与“情感”在诗中的作用，也就是对创作主

---

① 叶维廉：《饮之太和》，第 243 页。

② 叶维廉：《中国古典诗和英美诗中山水美感意识的演变》，《叶维廉文集》第 1 卷，第 185 页。

③ 叶维廉：《中国古典诗和英美诗中山水美感意识的演变》，《叶维廉文集》第 1 卷，第 174 页。

④ 叶维廉：《语言与真实世界——中西美感基础的生成》，《叶维廉文集》第 1 卷，第 129 页。

体之“我”的否定，“把人变成物”①。

实际上，叶维廉是从“性”的角度理解物。受郭象影响，他特别重视物之原性，提出过“物自性”的说法。“物自性”，物之为物，原真、本然本样、新鲜、活泼泼，“见山是山、见水是水”，物自生自长、自演自化、自凋自零，完全尊重万物的生长秩序而不作任何人为的侵扰。叶维廉指出“以我观物”也就是“以情扰物”，对于“物自性”来说都是一种侵犯、宰制，只有“以物观物”才是中国诗学的美感经验。叶维廉还有意区分“人之情”与“物之情（性）”，他把前者称之为个人之情，是狭义的情，把后者称为宇宙之大情，是一种广义的“情”，从“物我关系”来看，两者相对，前者在“我”，后者在“物”，对“物”的肯定的前提是“我”隐退，也就是人之情隐退，物之情（性）才得以凸显。《德充符》中庄子曾与惠施论辩，揭示了“人之情”与“物之情”的区别，“是非吾所谓情也。吾所谓无情者，言人之不以好恶内伤其身，常因自然而不益生也。”如果说惠子理解的“情”是一种“好恶内伤其身”的人的喜怒哀乐之情，庄子所谓的“情”是“常因自然”的无“情”之情，即庄子所说的情，不是对某一事物某一个人的感情，而是对自然界的大情、对天地间的至情，因为超乎个人的感情，反而像是无情的样子。受此影响，叶维廉推崇以王维为代表中国山水诗，诗中自然景物不受人的情感、知性、理性侵扰而无言独化、原真呈现。

可见，从老庄自然观到郭象独化论，道家思想促成了中国山水诗的兴盛，全面影响了中国山水诗的美感表现和境界形态。司空图等人的

① 王文生：《论叶维廉的“纯山水诗”论及其以物观物的创作方法（下）》，《文艺理论研究》2008 年第 1 期。

"实境"和王国维的"无我之境"在海外华人学者叶维廉的学术视域中产生了当代回响。叶维廉深化郭象的"独化"论提出"无言独化"说，将道家所开创的艺术精神落实到语言运用这个根本层面来探讨。叶维廉还提出一系列相关的论题，如"真实世界""纯粹经验""以物观物""物自性""无语界""即物即真""指义前的视境""原性""去语障、解心囚，恢复活泼泼的整体的生命世界"等，都可看作对"无言独化"论的丰富与发展，这些话题浸润了浓厚的道家艺术精神，亦是他美学创见的主体，奠定了他在20世纪道家美学阐释、中国诗学研究中不可取代的地位。

第二节　纯粹经验：道家美学现代价值的阐释实践

20世纪70年代初期，叶维廉深受当时台湾盛行的"新批评""现象学"影响，以"纯粹经验"来概括王维诗的特质，并追溯到道家源头："无疑的王维的诗和道家（尤其是庄子）的重视纯粹经验有密切的关系——在这种经验中没有知性的介入……纯粹经验指接受事物的直接表达；知性的介入必然会歪曲现象中的具体资料。一个纯粹经验的诗人认为现象中每一个存在的形式都适得其所——没有一样是比其他的优越——它的如此就是如此，不需要人为的认可（例如命名、赋予意义和秩序等）。他们认为这是当然的。"① "纯粹经验"说甫一提出，便立即在台湾学界产生了强烈反响，"'纯粹经验'四字一出，立即被规为洪水猛兽，遭受非议：有视为世纪末唯美主义余孽者；有视为西洋纯诗剽窃者；有视为超现实主义遗毒者……释为唯感觉主义，乃至

① 叶维廉：《王维与纯粹经验美学》，《纯文学》1971年9月第10卷第3期。

个人滥情主义”[1]。陈芳明鉴于叶维廉的诗观“无疑是当今西化派诗人的重要理论根据”，痛心斥责“在叶维廉的观念里，唯‘纯粹经验’才是诗，这种狭窄的诗观正是西化派作品的流弊，到了末流，诗人以为表现现象的混沌状态即是不受知性污染，颠倒语言的特性即是不用演绎逻辑，主题脱离现实即是不受时空的限制”。[2] 张汉良立即为叶氏辩护，认为陈芳明的推论是“逻辑栽赃”“倒果为因”，并高度肯定了叶氏的“纯粹经验”美学“不仅肯定了王维的价值，使我们重新体认这位诗人；更重要的是，他清晰地揭示了，并肯定了从传统宇宙观出发的中国艺术（如诗、画）的视境与精神。”“对盲目西化的诗人，更有如暮鼓晨钟，振聋发聩的作用”[3]。批评者和肯定者各执一词，各有因由，但都同时肯定叶维廉“纯粹经验”一说对于台湾学术界的重大影响。检视这样一个极有影响、极富争议性的论题，追溯纯粹经验概念的生成过程、理论内涵与现代价值，不仅可以再思叶维廉在“纵的继承”与“横的移植”之间为传统道家思想现代美学阐发的经验和教训，更可透视道家美学在不同历史语境下被焕发的新的美学景观。

一、纯粹经验与中国诗的美感视境

“纯粹经验”并不是道家哲学中固有的概念，亦非中国传统美学的范畴，而是一个以西释中的阐发研究的成果。冯友兰在《中国哲学史》中借用美国心理学家、哲学家威廉·詹姆士（William James）的“纯粹

---

① 张汉良：《语言与美学的汇通——简介叶维廉的比较诗学方法》，见廖栋樑、周志煌编：《人文风景的镌刻者——叶维廉作品评论集》，（台湾）文史哲出版社 1997 年版，第 373 页。

② 陈芳明：《秩序如何生长？——评叶维廉〈秩序的生长〉》，见廖栋樑、周志煌编：《人文风景的镌刻者——叶维廉作品评论集》，第 335、346 页。

③ 张汉良：《语言与美学的汇通——简介叶维廉的比较诗学方法》，见廖栋樑、周志煌编：《人文风景的镌刻者——叶维廉作品评论集》，第 372—374 页。

经验”一语来解释《庄子》中的“心斋”“坐忘”之境界。“所谓纯粹经验（pure experience）即无知识之经验。在有纯粹经验之际，经验者，对于所经验，只觉其是‘如此’（詹姆士所谓‘that’）而不知其是‘什么’（詹姆士所谓‘what’）。”“所谓‘心斋’‘坐忘’，皆主除去思虑知识，使心虚而‘同于大通’，在此情形中，所有之经验，即纯粹经验也。”“纯粹经验”本是一个心理哲学概念，在冯友兰看来极类似佛家所谓的“现量”，表现为“无成与毁”“不作一切之分别”“不杂以名言分别”“个体即可与宇宙合一”“所经验之物，是具体的”。[①] 冯友兰把“纯粹经验”这一概念引进庄子哲学的阐发中，并不太注重詹姆士之所谓“pure experience”的原义，也并不重在二者之间求其比较与汇通，更多是借用“纯粹经验”这一命名来为庄子文本中蕴含的哲学思想以现代面貌。叶维廉对于冯氏“纯粹经验”的说法心有戚戚焉。他袭用这一概念指称庄子哲学的同时，最大的贡献在于把“纯粹经验”应用到中国诗歌、诗论阐发中去，从哲学到美学，提出“纯粹经验美学”一说。在1970年出版的《严羽与宋人诗论》一文中，叶维廉确切指出他使用的“纯粹经验”一语，又可以称之“具体经验”，来自冯友兰的说法，但叶氏显然无意于哲学层面的探讨，而是进一步把“纯粹经验”这一心理哲学术语引入到文学批评中，认为中国文学创作对于虚静的强调，即是“源出于庄子所要求的去知得真或返璞归真的主张”，也就是冯友兰所谓通于“心斋”“坐忘”的“纯粹经验”。[②] 冯友兰以“纯粹经验”释庄子对于叶维廉来说，只能算是一个“引子”，一个契机，真正打开的是他关于诗歌与“纯粹性”经验表达的一贯思考。

---

① 冯友兰：《中国哲学史》上册，中华书局1947年版，第298—302页。

② 叶维廉：《严羽与宋人诗论》，见《叶维廉文集》第3卷，第131页。

1970 年叶维廉在接受萧水顺（萧萧）访问时曾专门谈及“中国诗是要：呈露纯粹经验的”①。叶维廉又常常以“具体经验”来指代“纯粹经验”，1971 年叶氏在《从比较的方法论中国诗的视境》中再次提到“中国诗要呈露的是具体的经验”②，并以“具体经验的美学”来概括中国诗的美感视境。同年 9 月，叶氏在《纯文学》上发表的《王维与纯粹经验美学》一文中，明确标举“纯粹经验美学”，再次深化此一论题的讨论。在同期发表的系列文章中，诸如“经验的纯然倾出”③，“经验（或构成这经验的事件或行动）纯然地‘活现’在意识里”④，“抒情的纯粹境界”⑤ 等与“纯粹经验”相关的说法在叶氏文章中随处可圈可点。不仅如此，“纯粹经验”亦是叶氏的论画、评小说的核心词汇及批评准据。“纯粹经验”美学可以说是叶氏早期美学思想的核心。那么，究竟何谓叶氏所称指的“纯粹经验”？“纯粹经验”美学具体呈现何种美学形态？叶维廉给出的答案是：

> 所谓纯粹经验即是要由事物的未经智性沾污的本样出发，任其自然呈露，诗人溶入事物，使得现象与读者之间毫无阻塞，事物由宇宙之流里涌出，读者与事物交感：诗人不插身其间，不应用演绎的逻辑试图做人为的秩序，不把事物限指于特定的时间与空间，所以在文字上几乎完全没有分析性的元素。⑥
>
> “具体经验”就是未受知性的干扰的经验。所谓知性，如上面

① 萧水顺访问：《纯粹经验与诗》，《幼狮文艺》1970 年 10 月第 32 卷第 10 期。

② 叶维廉：《从比较的方法论中国诗的视境》，见《叶维廉文集》第 1 卷，第 72 页。

③ 叶维廉：《庄喆的画像札记》，见《叶维廉文集》第 4 卷，安徽教育出版社 2002 年版，第 236 页。

④ 叶维廉：《现象 · 经验 · 表现》，见《叶维廉文集》第 1 卷，第 334 页。

⑤ 叶维廉：《维廉诗话》，见《中国诗学》（增订版），第 374 页。

⑥ 萧水顺访问：《纯粹经验与诗》，《幼狮文艺》1970 年 10 月第 32 卷第 10 期。

先后指出的，就是语言中理性化的元素，使具体的事物变为抽象的概念的思维程序。要全然地触及具体事物的本身，要回到“具体经验”，首要的，必须排除一切知性干扰的痕迹。①

从这两段表述，我们可以看出“纯粹经验”的首要前提是排除“知性的干扰”，也即庄子所说的“去知”。诗歌要表达这种原始的、未经思虑的、具体直接的、生动自然的“经验”。这种经验的呈露，对于西方逻辑性、指义性、强调因果程序的语言来说几乎是不可想象的，而中国文言语法却为达至这种“纯粹经验”提供了可能。相对来说，中国诗没有人称代词，物象不沾染主体知性的干扰，个人的经验也成为共有的经验；中文动词没有语尾变化“正是要回到经验本身与情境本身去”，没有时态变化“倾向于回到‘现象’本身”，现象本身正是没有时间性的；中国诗意象独立，中间不加插分解性的元素，物象得以最纯粹的形态出现，就中文的句法语法特性来说，文言是“最能捕捉经验的直接性的媒介”。②

从中西语言语法的比较来看中国诗的美感视境，叶维廉认为中国诗不像西洋诗那样强调思维的秩序，而是一种不受人为“智性玷污”的事物事象的本然呈现，一种“纯粹经验”的呈露，中国诗提供了更开放的空间任读者进出做多种发现，在叶氏看来，这是最理想的诗。叶维廉以“具体经验的美学”概括中国诗的美感视境，其美学形态为：

超脱分析性、演绎性→事物直接、具体的演出

超脱时间性→空间的玩味，绘画性，雕塑性

① 叶维廉：《从比较的方法论中国诗的视境》，见《叶维廉文集》第 1 卷，第 72 页。

② 叶维廉：《语法与表现——中国古典诗与英美现代诗美学的汇通》，见《叶维廉文集》第 1 卷，第 88 页。

语意不限指性或关系不决定性→多重暗示性

连接媒介的减少→还物自由

不作单线（因果式）的追寻→多线发展，全面网取

作者融入事物（忘我）→不隔→读者参与创造

以物观物→物象本样呈现→物象本身自足性→物物共存性→齐物性（即否认此物高于彼物）→是故保存了“多重角度”看事物

连接媒介的减少→水银灯活动的视觉性加强

蒙太奇（意象并发性）→叠象美→含蕴性在意象之“间”①

叶维廉从语法与表现的角度来批评中国诗，既具操作性、说服力，又紧扣诗的艺术经验、美感效果，视野是非常独特的。中国诗向来重视“感悟”式批评，批评者只提供态度与观点，“点到即止”，需要读者“一击而悟”“参与创造”，这种批评的优点是不破坏诗的机枢、诗的美感，但极易流于随意或任意，让读者知其然不知其所以然，末者，更是拾人牙慧，说一些不负责任的话，让读者索解起来非常困难。叶维廉受过正规的西学训练又非常熟悉中国诗话、词话，所以他对中国诗的批评与鉴赏，能既落到实处又不偏离诗的美感分析。同时，从叶氏所归纳的中国诗的诸条美学形态中，我们非常容易看到叶氏对于庄子哲学思想的汲取，“忘我”“以物观物”“齐物”甚至“不隔”都是道家和道家思想影响的语汇。我们注意到的是，叶维廉此时（1971 年）对于道家美学的了解还不是很深入，② 但他已经开始注意到道家对于中国诗美学的

① 叶维廉：《从比较的方法论中国诗的视境》，见《叶维廉文集》第 1 卷，第 72 页。

② 据《叶维廉年表》记载，叶维廉 1970 年“开始探讨中国传统美学（尤其是道家思想体系）在诗中的呈现及西洋现代诗之间的一些融会的问题”。且叶维廉此前所发表的文章，主要在比较文学与中国现代诗两大领域。1971 年的《从比较的方法论中国诗的视境》，他首次探讨了道家美学与中国诗的关系。而他最早专门论述道家思想体系的文章，是 1979 年的《无言独化：道家美学论要》一文。

重要影响，在呈列了诸条中国诗的美学特色之后，叶维廉把这种美学的根源追索至老、庄的语言观，庄子之“齐物”“未始有封”“吹万不同”“心斋”“坐忘”“虚而待物”“藏天下于天下”及郭象阐发庄子而来的“独化论”上。

若从诗呈露“纯粹经验”这一标准来看，中国诗中最有代表性的莫过于王维那些脍炙人口的山水诗。叶维廉对王维诗非常推崇，1972年他英译的王维诗集 *Hiding the Universe*: *Poems of Wang Wei* 出版，此诗集的主标题“*Hiding the Universe*”，取自《庄子·大宗师》的“藏天下于天下”，可见在叶氏的理解中，道家与王维诗之渊源之深。“无疑的王维的诗和道家（尤其是庄子）的重视纯粹经验有密切的关系”①，一语道明此中关系。首先，王诗直取具体世界或自然本身，反名言、反抽象的知性语言，因为知性涉及理性，是一种抽象，必然对事物的直接表达有所歪曲，道家强调“离形去知”，虚怀纳物，始可见道，即是此意；其次，从物我关系上来说，王维诗泯除自我，与现象合一，事物近乎自动展演，正是道家“心斋坐忘”“以物观物”“无言独化”境界的美学落实；再次，王维诗在视觉直接和真实上最为突出，意象并置完成了类似电影镜头呈现，取法中国山水画的全面视点，用庄子的话来说就是不要“藏舟于壑”而是要“藏天下于天下”，也就是时空不可分，意象在整体经验间进进出出，彼此互释。在《王维与纯粹经验美学》一文中，叶维廉以诗性的笔触比较了王维诗与史提芬斯（Wallace Stevens）、史乃德（Gary Snyder）、庞德（Ezra Pound）和早期的威廉斯（William Carlos Williams）等西方现代诗人的诗，通过比较可以看出王维诗是“未经任何改造的自然或现象”，不仅没有一点概念化的痕迹，且不依赖隐喻的或象征的功能，而这两点在西方现代诗中特别明显。叶

---

① 叶维廉：《王维与纯粹经验美学》，《纯文学》1971年9月第10卷第3期。

维廉甚至大胆改写了史提芬斯的名篇“of Mere Being”，叶氏删去史氏原诗中的分析性部分，使改后的诗更接近纯粹动作和存在的状态，符合史提芬斯“不关于事物的概念而是事物本身”的理想①。在叶维廉看来，这些西方现代诗人在抛弃柏拉图以来的概念化的抽象过程时，都不自觉向着王维诗的“纯粹经验”美学迈进。

叶维廉所指的纯粹经验既是对庄子思想的浓缩体悟，亦是对中国诗美感特质的把握。就“经验”二字来说，诗是一种“经验”的展演，即诗人对于万物存在的形态、万物生长的肌理，不做任何人为的意志的强加、思虑的干扰、判断的裁制，使其原始本样地呈现出来。王维诗最具典型性。就“纯粹”二字来说，“诗”的本质在于呈现美感，美感关乎“诗艺”，关于表达，中国有着非常丰厚的关注诗之“美感经验”的“纯粹性”的诗学传统。合而言之，“诗”要回到“经验”、回到“现象”，回到“诗本身”，以“语言”艺术表达“美感”。

二、“纯粹经验美学”与台湾现代诗论

“纯粹经验”是叶维廉前期最有创举的理论，其价值不仅在于以之阐发了庄子及其所影响的中国诗的美感视境，呼应了中国“纯粹性”诗学传统，还在于明晰了叶氏中国现代诗论的主要精神指向。作为“创造社”的一员大将，一个以“诗歌”作为自己人生第一坐标的诗人，叶维廉不仅写诗亦论诗，“在当代有成就的诗人中，是有意且有能

---

① 叶维廉说他这一改写引起西方汉学家强烈不满，汉学家们一致认为叶维廉并没有资格去改写一位名诗人的诗。叶维廉却坚持自己的做法，认为自己的改写更能实现史提芬斯想在诗中达到但受制于分析性、指义性、逻辑性的英文语法而未能实现的美感。参见石了英：《道家美学精神与现代诗艺的融合——叶维廉教授访谈录》，《文艺研究》2011 年第 8 期。

力建立其一己的诗观的。”[①] 其《诗的再认》一文曾被作为《七十年代诗选》的序，其“纯粹经验”一说对台湾“超现实主义”产生直接影响，可见叶氏在当时的台湾诗坛的代表性与影响力。一方面是古典诗学、美学的重新阐释；另一方面是现代诗论的建设，二者并非二分，而是相辅相成，互为要点，“纯粹经验”则是叶维廉锻接传统诗学与现代诗论的“关键”。

叶维廉第一本论文集《秩序的生长》收录其1971年前写的文章，从文章内容我们可以看出，叶维廉对中国现代诗的发展及现代诗论的建设投注了非常多的思考。20世纪五六十年代，台湾最有影响的“现代派”“蓝星”和“创世纪”三大诗社曾就台湾现代诗的发展方向发生过两次论争。第一次在1956年至1957年间，围绕台湾现代诗坛盟主纪弦的“新诗乃是横的移植，而非纵的继承”[②] 这一主张而展开；第二次在1959年至1960年间，关注的焦点问题仍是诗如何对待传统。叶维廉1955年到台湾大学上学，若说第一次论争他还处于旁观的姿态，那么第二次论争他显然有着自己的独立思考，他写于1959年的《论现阶段的中国现代诗》可以看作是对第二次论争的回应。关于台湾现代诗对于欧美现代主义的“横的移植”，叶氏一方面肯定“现代主义的莅临中国是一种新的希望，因为它可能帮助我们冲开几乎是牢不可破的制度，而对世界加以重新认识，加以重新建立”，另一方面，中国诗人“在接受新的思想、在新的技巧的表现两方面，目前都隐藏着无数大的危机”。[③] 叶维廉一方面怀抱着希望，另一方面为现代诗面临的危机忧心忡忡。现代诗危机主要表现在以下两个方面：一是对自我的追求过分热

---

① 李丰楙：《山水·逍遥·梦——叶维廉后期诗及其诗学》，见廖栋樑、周志煌编：《人文风景的镌刻者——叶维廉作品评论集》，第214页。

② 纪弦：《现代派信条》，《现代诗》1956年2月第13期。

③ 叶维廉：《论现阶段中国现代诗》，见《叶维廉文集》第3卷，第193页。

烈，以内在世界取代外在现实，情感过剩，放纵感觉，普遍歌调是“孤独”“遁世”；二是文字上具有“实验性”与“破坏性”，“因语造境”。叶维廉认为目前的中国现代诗，“未有什么特别的成就”“欧美诗的痕迹实在不少”“自己的个性尚未完全建立——至少中国许多方面的特性未曾表现”。面对这些危机与不足，叶维廉给出的针砭救弊的方案是“一面极力推进，一面又步入新的潮流中，而同时又必须把它配合中国的传统美感意识”①。也就是用现代的方法去发掘和表现中国诗、中国诗学丰富的美感特质，为中国现代诗论建设提供支持。

显然，“纯粹经验”是叶维廉在致力于建构一套既续接传统血脉又融合时代新质的中国现代诗论的视域下所提出。首先，“纯粹经验”几乎是针对现代诗危机而给出的解答。现代诗的危机之一，过分追求自我及情感，纯粹经验美学则要求“主体隐退”，景物自发展演；现代诗的危机之二，因语造境，纯粹经验美学则要求诗歌从“经验出发”，依循经验的程序而曲为表达，随物赋形，不见语言的痕迹。其次，“纯粹经验”既从对道家、王维诗等中国诗学的阐发而来，又烙印着西方“新批评”“现象学”的印记。“新批评”是50年代末兴盛于台湾的一股强大的文学思潮，夏济安、陈世骧、王梦鸥、夏志清、姚一苇、颜元叔、侯健、杨牧、高友工等对台湾学界影响甚大的学者都无不汲取新批评的营养来谈诗论艺。叶维廉置身这一思潮中，既受到影响，亦予以推助，其硕士毕业论文研究的就是英美新批评的早期代表人物艾略特。新批评强调文本的独立性，认为诗在本质上是一种特殊的语言形式，美感在于诗的结构。“纯粹经验美学”一个重要的维度就是对诗之“语言”“美感”，诗之为诗的“艺术性”的强调。“现象学”是对西方柏拉图以来以“理念”为中心的思维的颠覆，在台湾学界的影响较新批评晚，徐

① 叶维廉：《论现阶段中国现代诗》，见《叶维廉文集》第3卷，第203页。

复观最早将老庄的“心斋之心”比之为胡塞尔现象学的“纯意识”，指出“现象学的归入括弧、中止判断，实近于庄子的忘知”，[①] 海外华人学者刘若愚认为现象学与道家之间存在着“根本哲学的相似性”[②]，余宝琳借用现象学派文学理论对王维的诗进行了相当细致的剖析。叶维廉亦深受现象学影响，其“纯粹经验”美学把诗看作一种迹近“现象”本身、依循“经验”程序的语言艺术与现象学“回到现象”“回到经验”的看法非常一致。

再次，叶维廉的现代诗论对庄子之“纯粹经验”美学继承中有发展。就“经验”来说，不仅有客体的经验，即物自性，也有主体的经验，如人之情。王维诗所表现的只能说是一种偏于“静”境的“物”之“经验”，和谐、均衡、宁静，文言非逻辑性、非指义性的灵活语法对于这种经验的表达最为有力。然而，就现代诗来说，文言已被白话取代，白话的叙述性、演绎性较之文言大为加强，现代诗人的“经验”也更趋复杂多样，常陷入形而上的焦虑，如激变、忧虑、孤绝、乡愁、希望、放逐感、梦幻、恐惧、怀疑、非理性甚至混乱。那么，“表现上达到超然的纯粹的倾出，经验的幅度兼及转化自现代梦魇生活的‘形而上的焦虑’”[③]，成为现代诗首先需要面对的难题。叶维廉从语言表达提出了诸多策略。如提炼白话，减少白话连接媒介的使用，反对直线追寻的结构；从现象中抓住那些可以承载整个情境力量的自身具足的意象；“我”成为宇宙现象波动形成的一部分，把生命和节奏敲进经验、

---

① 徐复观：《中国艺术精神》，第 47 页。

② ［美］刘若愚：《中西文学理论综合初探》，见《中国文学理论》，杜国清译，江苏教育出版社 2006 年版，第 213 页。

③ 叶维廉：《视境与表达——〈中国现代诗的语言问题〉补述之一》，见《叶维廉文集》第 3 卷，第 228 页。

行动、情境的每一片段里，让这些片段演出自己的秩序。[①] 叶氏在《漏网之鱼：维廉诗话》中还提到“外在气象与内在气象的交融”的策略，在这一点上杜甫诗较之王维诗更具典范意义，因为“王维的诗中，内心的挣扎几乎是零，所以人世间的痛苦，搅心的悬虑，王维的诗里是缺乏的，这种‘超然’的态度无疑是自现象中择其‘纯’者而出之，但许多切身的经验便被摒于门外，这不能不说是一种损失。杜甫的诗，好处是，其表现以外象的弧线出发，在呈露上仍能如王维一样地直接倾出，而外象的弧线的呈露同时又与内象的弧线应合，因而未将切身的经验、内心的挣扎摒弃。”[②] 可见，叶维廉的现代诗论虽然推尊王维的“纯粹经验”美学，但不执守，而是根据现代诗的实际做相应的调整。

三、纯粹经验美学阐释效度与限度的反思

从庄子、中国诗的阐发到现代诗论的建设，叶维廉始终以“纯粹经验”美学作为理论“导向”。虽然他后期美学研究的重心有所转移，从语言、美学的研究转向语言、美学、历史、文化及权力的“科际整合”的研究，视域逐渐扩大，但他“纯粹经验”美学理想的追求未曾改变，其后提出的“无言独化”“物自性”“真实世界”“指义前的视境”等道家美学论题无不与“纯粹经验”通着内在消息。然而，不能回避的是，叶维廉的“纯粹经验”美学这一说法，甚至包括他的中国诗学、现代诗论的诸多观点，从一提出就不无争议。显然，叶氏的理论不以辩证周全取胜，而以深刻片面见长，所以常常洞见与不见一体，效度与限度共存。反思这位现代美学的“前行者”在古今对接、中西融通上的经验与不足就非常必要。就叶氏的“纯粹经验美学”看，笔者

① 叶维廉：《中国现代诗的语言问题》，见《叶维廉文集》第 3 卷，第 214—224 页。

② 叶维廉：《漏网之鱼：维廉诗话》，见《叶维廉文集》第 3 卷，第 303 页。

以为以下两点值得我们反思。

（一）“纯粹”与“经验”。叶维廉提出“纯粹经验”一说，在当时的台湾学界可以说是既新鲜又特殊，毁誉亦极对立。如柯庆明称叶维廉为“纯粹经验美学的主张者”，并认为叶氏“由新批评的‘语言的结构’的内在应合的关注，而走向老庄的宇宙观、王维、孟浩然等人的诗作，加上司空图、严羽、王士祯等人的诗论所形成的‘神韵’诗学的传统，成为这传统的继王国维、朱光潜、钱钟书之后的当代的诠释者与发扬者”。① 张默、李丰楙等都给予叶维廉极高评价。而余光中则发难认为“纯粹经验”是“诉诸感官的经验，没有思虑过”，② 应该反对。陈芳明、唐文标等亦予以质疑。那么，“纯粹经验”究竟如何理解？笔者认为，“经验”与“秩序”相对，“经验”有可能是一堆混乱、杂多现象，或原始的混沌的感觉，那么“诗”是不是可以表现这种未加提炼的原始经验？西方诗学，不管是模仿说还是表现说；中国诗学，不管是言志说还是缘情说，诗都不可能是直呈经验。如果说诗只是展现经验，诗会不会太肤浅？会不会太单薄？如果剥离了诗的“意义”指向，诗与“材料”有何分别？詹姆士的“纯粹经验”来自对西方形而上学理念传统的反抗，这种哲学的论述是否可以有效移植到诗的领域？问题当然还有很多，我想这也就是为什么叶维廉“纯粹经验”一经提出，就遭致“围剿”的原因。但是，如果我们不纠结于“诗”就是展现“纯粹经验”的事实逻辑，而把叶氏的论述看成一种“意向”、一种“趋向”、一种“情怀”，叶氏的说法有着一定的导向与警醒作用。也就是说，中西传统诗论把诗或看成“理念”的模仿、或看成“哲理”的阐述、或看成“道”的承载、或看成“情感”的表现等，都忽视了

① 柯庆明：《现代中国文学批评述论》，（台湾）大安出版社 2005 年版，第 129 页。

② 叶维廉、萧萧：《诗是活泼泼的生命》，《创世纪杂志》1999 年秋季号，总第 120 期。

构成“诗”本身的“艺术性”这一重要事实，叶氏指出：“一般人只会用脑去读诗，而不用眼睛，用耳朵，更不会用触觉，而偏偏，好的诗（包括中国旧诗和现代诗）是用视觉、听觉、触觉写成的，不落言筌是也。”① 叶维廉作为一个亲身创作的诗人，深受西方新批评、现象学的影响，他要在台湾学界呼吁对于“诗”艺术本身的关注，去感觉、触摸、经验诗之语言秩序流动的美感，而不是去分析、索解、探究诗所承载的意义，关注诗的“身体”，正是真诗、纯诗的标志。从中国“纯粹性”诗学传统到20世纪三四十年代的现代派，以及西方现代主义诗论都力图使诗从各种功能中解放出来，探讨诗之“身体”美感，叶维廉也从这些“传统”中获得精神指引并继续探讨。“诗”当然并非“经验”的“复制”，但“诗”以“纯粹经验”的呈现为旨趣。诗之“纯粹性”“艺术性”自然需要捍卫，但如果过分强调诗只能是“纯粹经验”的展演，又陷入了叶氏自己所极其反对的“垄断原则”。

（二）原始的纯粹经验与再得的纯粹经验。叶维廉在引述冯友兰对“纯粹经验”的说法时曾原文引述：“庄学所说之无知，乃经过知之阶级，实即知与原始的无知之合是也。此无知经过知之阶级，与原始的无知不同，对于纯粹经验，亦应作此分别，如小儿初生，有经验而无知识，其经验为纯粹经验，此乃原始的纯粹经验也，经过有知识的经验，再得纯粹经验，此再得者，已比原始的纯粹经验高一级。”② 然而，叶维廉似乎对冯友兰《中国哲学史》原文中上述这段话后紧跟着的一句“不过庄学于此点，似未十分清楚”③，未曾给予充分的重视。其实冯友兰的这句话，用来批评叶维廉，亦非常恰当。诗是人为的艺术，中国文言再怎么“纯粹”“原真”也无法脱离历史衍变中习得的多重意义指

① 萧水顺访问：《纯粹经验与诗》，《幼狮文艺》1970年10月第32卷第10期。

② 叶维廉：《严羽与宋人诗论》，见《叶维廉文集》第3卷，第131页。

③ 冯友兰：《中国哲学史》上册，中华书局1947年版，第302页。

涉，诗所呈露的纯粹经验只可能是“再得纯粹经验”，其状态只能迹近而不是原样呈现“原始的纯粹经验”。叶维廉把“纯粹经验”美学推至极致，提出“无语界”及“纯山水诗”等说法，从逻辑上来说根本是不可能的。叶维廉常引用的《五灯会元》中青原惟信禅师的一段公案来说明诗人感物的三个阶段或诗的三重境界：“老僧三十年前未参禅时，见山是山，见水是水。及至后来亲见知识，有个入处，见山不是山，见水不是水。而今得个休歇处，依前见山只是山，见水只是水。”① 如果说第一重境界“见山是山，见水是水”类似于“原始的纯粹经验”，第三重境界“见山只是山，见水只是水”就类似于“再得纯粹经验”了。“这两种境界究竟是什么关系，它们的优劣何在，这可能是叶维廉具有生态美学精神的比较诗学中未能完全弄清楚的问题，也可能是现象学美学所存在的理论空当。尽管在理论上叶氏认为后者才是至境，但在更多的地方却在强调原始状况下的绝对和谐与自发自动”。② 如叶氏在论中国诗时就常要求诗中“景物自然兴发与演出”“即席原样地显现”，相应地，叶氏亦过分突出了语言对直现事物的“否定”“分封”“减缩”“改变”“限制”“变异”“规矩”的一面。“原始的纯粹经验”与“再得的纯粹经验”之区分其实涉及道家美学中“自然”与“艺术”的矛盾，道家所影响的中国艺术以“自然”为理想，然而“艺术”本身从绝对意义上却又是反“自然”的。这确是一种悖论。叶氏的“纯粹经验”美学及至他后来正式提出的“道家美学”亦陷入了这个悖论之中，为他带来了不少批评之声。

作为海外华人学者，叶维廉在地理空间上游走在中外之间，其学术根底浸润着深厚的古典文学修养，又深受西方学术的训练，兼其海外华

① （宋）普济：《五灯会元》，第 1135 页。

② 刘绍瑾：《饮之太和——叶维廉对中国诗学生态美学精神的开掘与阐发》，《陕西师范大学学报》（哲学社会科学版）2008 年第 2 期。

人的双重身份，他对于庄子美学的阐释处于多重话语力量交织构成的场域中，造就了他学术研究的复杂性、典型性。他以“纯粹经验美学”等系列话题为媒介，阐发道家美学，并思考道家美学之于中国现代诗的问题，彰显道家美学的现代价值，非常值得学界重视。

最后，叶维廉在台港地区及海外华人学界具有很大的影响，这在我们前面的论述中即可见到。1980 年代以来，其学术影响也渐及大陆，至新世纪达到了鼎盛。这里有个学术史的问题值得在此啰唆一下。据笔者搜罗所及，叶氏的论著最早与大陆读者谋面，是在《古代文学理论研究》丛刊第 8 辑所刊《语言与真实世界》一文。《古代文学理论研究》第 8 辑于 1983 年 11 月由上海古籍出版社出版。据可能出自徐中玉先生之手的《古代文学理论研究》第 19 辑“编后记”言，第 1 辑出版时，“当时尚未建立编会制，署名‘古代文学理论学会编’，实际是由王文生主要负责的，他是学会的秘书长。从第 1 辑到第 9 辑，情况都是这样”。叶维廉对中国古代文论研究的开山者、时为古代文学理论学会会长的郭绍虞先生极为推崇。据王文生先生向笔者讲，当时（具体时间记不清了）叶维廉曾专程去上海拜访了郭先生，王文生先生在座作陪，当时叶维廉还赠送了他的《比较诗学》《饮之太和》两书给郭、王二先生。《比较诗学》初版于 1983 年 2 月（《饮之太和》则已于 1980 年出版），据此推断，叶维廉拜访郭绍虞先生的时间点可能就是 1983 年暑期，当时叶氏给了郭、王二先生一篇稿子，或者王先生读到了叶氏所赠《比较诗学》，就决定在将于是年 11 月出版的《古代文学理论研究》丛刊第 8 辑编入其中的《语言与真实世界》一文。

叶维廉真正引起大陆学界很大关注的是温儒敏、李细尧编《寻求跨中西文化的共同文学规律——叶维廉比较文学论文选》（北京大学出版社 1987 年）一书的出版。当时比较文学、比较诗学很热，叶氏该著正是顺应了这一学术大潮，满足了学界需要。而影响更大的是于 1992

年在三联书店出版的《中国诗学》（该书 2006 年又由人民文学出版社出版了“增订版”）。以世界视野、比较方法来着力阐释中国诗的理论问题，叶氏的影响力渐渐由比较诗学扩大到中国诗学、道家美学，2002 年由北京大学出版社出版的《道家美学与西方文化》即是标示。新世纪初《叶维廉文集》（1—9 卷，安徽教育出版社 2002—2006 年版）的出版，既是顺应了读者需求，也标志着叶氏在大陆学术界影响力达到高点，随后大量的以叶维廉为研究对象的论著、博硕士论文开始产生。

下　编

道家影响下的中国文艺创作实践例析

第十章

“中国现代文学与道家文化”研究历史反思

第一节　回视传统联结，开出老庄精神

中国现代文学与道家文化渊源关系之研究，在今天并不是一个陌生的学术话题，反倒是当下学界非常关注的学术领域。但是，把中国现代文学与道家文化进行对接研究，从哲学、文化、文学、美学等多种视角发掘现代文学所受道家文化的影响，这种学术视野和研究意识的产生与建立，却不是一蹴而就的，而是经历了一个较长的学术发展历程。

按照学界的习用，这里的“中国现代文学”采用“文学史”的时段划分，以钱理群等著的《中国现代文学三十年》中所界定的概念，即时间上以 1917 年 1 月《新青年》发表胡适的《文学改良刍议》为开端，到 1949 年 7 月第一次全国文学艺术工作者代表大会在北京召开为止；内容上则是“用现代文学语言与文学形式，表达现

代中国人的思想、感情、心理的文学”①。在“中国现代文学”正在建立与形成的这32年里，已有学者研究它（当时称“新文学”）与传统文学的联系。如1924年胡适的《五十年来中国之文学》一书，就叙述了从1872年到1922年这50年里，从古文文学发展到新文学的历史，并从古文的衰微和白话文的勃兴这两条线索中揭示出文学的历史进化的必然性，为新文学的发生梳理出历史的根据。再如1932年周作人的《中国新文学的源流》一书，则认为五四以来的新文学是对传统“言志”派文学的继承和发展，其源头可以追溯到晚明时期的公安派和竟陵派。

新中国成立后，对于中国现代文学的研究开始了一个新的阶段。1951年，《〈中国新文学史〉教学大纲》（初稿）刊出于《新建设》杂志，要求运用新观点、新方法来讲述新文学史。我们可以看看“目录”中的部分内容：

第三章　新文学发展的特点

第一节　无产阶级思想领导的发展

第二节　新文学运动的统一战线的发展

第三节　大众化（为工农兵）方向的发展

第四节　新现实主义精神的发展②

从上述内容可以看出，新中国成立后，主流学界要求对现代文学的叙述加强文艺思想斗争的部分，这使得“政治第一”成为1949—1956年的中国现代文学史著作的主要特点（随着1957年的反右运动，对新文学史的叙述，就逐渐沦为两条阶级路线斗争的历史了）。不管是1951

---

① 钱理群、温儒敏、吴福辉：《中国现代文学三十年》，北京大学出版社1998年版，第1页。

② 老舍、蔡仪、王瑶、李何林草拟：《〈中国新文学史〉教学大纲》（初稿），《新建设》1951年第4卷第4期。

年 9 月王瑶的《中国新文学史稿》（上）（开明书店），还是 1953 年王瑶的《中国新文学史稿》（下）（新文艺出版社），还是 1955 年 7 月丁易的《中国现代文学史略》（作家出版社），还是 1955 年 10 月张毕来的《新文学史纲》（第 1 卷）（作家出版社），以及 1956 年 4 月刘绶松的《中国新文学史初稿》（作家出版社），在这个“政治第一”的新标准下，他们对现代文学史上的作家和作品的论述，都在某种程度上偏离了艺术本体论而导致有失公正。关于这点，黄修己有一个非常公允的论断：

> 从开国到 1956 年，产生了《史稿》、《史略》、《史纲》、《初稿》，人称“三部半”，因为张毕来的《史纲》只出了第一卷。这“三部半”便代表了学科初建时期的状况，它的变化鲜明地反映那时的时代气氛和学术发展取向。它的主要功绩在于这些草创期的成果，为新学科打下了一个基础。它的主要教训则在于启示人们正确处理政治与学术的关系，包括政治如何指导学术，学术如何为政治服务等重要问题。①

在“政治第一”的叙述尺规下，新中国初期所出现的对现代文学的研究不可能把“文学溯源”和“学术研究”放在最重要的位置上。在这样一种大势态的政治环境和社会环境下，中国现代文学与传统文学的关系这一研究脉络与研究传承事实上也随之处于中断状态。可以这样说，自从 1949 年中国文学进入当代文学史后，真正的从学理上对现代文学的研究，应该是 1978 年十一届三中全会以后，代表性的事件则是 1979 年《中国现代文学研究丛刊》的成立。只有当对中国现代文学的学术研究重新走入理性的严谨的学理层面后，学界对于现代文学史上曾

① 黄修己：《中国新文学史编纂史》，北京大学出版社 1995 年版，第 175—176 页。

经关注过的问题——“新文学与传统文学”的渊源关系，才重新进入学者们的研究视野，并将“新文学与传统文学”之间的深层关联进一步转化为一个更具有开拓性与生发性的学术命题——“现代文学与传统文化的关系”。1982年，王瑶先生就刊出《中国现代文学和民族传统的关系》一文，郑重指出：“从整体说，现代文学受传统影响还是很深的。”① 王瑶先生自己也身体力行，先后推出《论鲁迅作品与中国古典文学的历史联系》《五四时期对中国传统文学的价值重估》《论现代文学与中国古典文学的历史联系》等论文，全面探讨了中国现代文学与有着两千多年历史的传统文学之间的千丝万缕的联系。在王瑶先生的召唤和影响下，学界在关注与承认中国现代文学的生成与发展受到西方文学影响的同时，也关注与研究它与本土传统文化之间的内在联系。1987年钱理群等的《中国现代文学三十年》完成后，王瑶先生就称赞该书“注意从文学发展的历史过程与历史联系中去分析各种重要的文学现象”②。在此，王瑶先生实际上就道出了该书深入探讨了现代文学与传统文化的关系。1992年，杨义的《二十世纪中国小说与文化》则是专门考察现代小说与传统文化关系的专著，正如他自己所说：“从小说文本去考察文化心理，或从文化的角度考察审美的历史。”③

从上面简短的文学史回顾可以看出，当下学界对于现代文学与传统文化之间关系的研究，并不是一个轻而易举、顺理成章的学术话题，而是与当代的学术环境密切相关的。1990年代以后，这方面的研究成果逐渐增多，研究视角也更丰富，既有从“百年文学”这种整体视角来

---

① 王瑶：《中国现代文学和民族传统的关系》，《上海师范大学学报》（哲学社会科学版）1982年第1期。

② 钱理群、温儒敏、吴福辉：《中国现代文学三十年》，第1页。

③ 杨义：《二十世纪中国小说与文化》，见《杨义文存》第4卷，人民出版社1998年版，第5页。

论述其与传统文化的关联的，如罗成琰的专著《百年文学与传统文化》（湖南教育出版社 2002 年版）；也有从“作家解读”这种个案视角来追溯其与传统文化的关联的，如林非的专著《鲁迅和中国文化》（南开大学出版社 2007 年版）。

一提到中国传统文化，人们会自然聚焦到中国古代的主干思想——儒、道、佛。在学界对“现代文学与传统文化”这样一个具有生发性和延展性的学术命题研究与探索多年后，学界对“现代文学与道家文化”关系之研究，也开始逐渐浮出水面，这就是杨义在 1997 年首先发声的《道家文化与中国现代文学》（《中国社会科学》1997 年第 2 期）。这篇文章是当代学界第一次从宏观角度对中国现代文学与道家文化的渊源联系进行探析和追溯。在文章中，杨义认为，鲁迅、胡适、郭沫若、梁实秋、林语堂、周作人和沈从文等现代作家都与道家文化具有不解之缘，在面对道家文化时，他们或者贬抑，或者批判，或者重新诠释，或者默默吸收，表现出丰富多样的历史和文学形态。杨义指出，道家文化确实存在着消极的一面，但是，从总体上来看，道家文化又确实给中国现代文学、文化带来了智慧和魅力，丰富了剧烈变动中的中国现代文学、文化的精神素养和艺术表现形式，并以其自身文化品格的柔韧性和弹性使中国现代文学、文化熠熠生辉。

在“现代文学与道家文化”关系之研究上，杨义的这篇《道家文化与中国现代文学》具有“前无古人”的滥觞之功，引起了“后有来者”的学术延续，这就是 2003 年刘保昌的博士论文《中国现代文学与道家文化》（武汉大学博士论文）。它从现代文学观、现代文学精神、现代文学审美取向等方面展开论述，整体性、综合性地勾勒出道家文化与中国现代文学的复杂关系。再后来，值得一提的是 2015 年雷文学的《老庄与中国现代文学》（人民出版社）。该书是 2013 年国家社科基金的结题成果，也堪称学界正式出版的第一部对老庄与中国现代文学的关系进行全面梳理和探讨的专著，从哲学、文化、政治、社会、文学等多种视角全方位展现出现代作家对老庄丰富复杂的接受态度。

第二节　现代文学界重视与道家传统关系研究的动因

可以看出，当代文学研究界放弃对现代文学的简单化概括化研究而走入历史分析性和学理前瞻性层面的研究后，现代文学与传统文学（传统文化）的深层次的逻辑性和传承性的关联，就开始进入研究者的学术视野。而在具体操作层面上，又走了这样一条细化的专门的学术之路：首先是从总体上研究现代文学与传统文化的关系，然后，转入研究现代文学与道家文化的关系上。

但是，在此，随之而来的两个并不能自言而明的问题则是：

第一，中国现代文学以反传统而成立自己，为什么却还具有与传统文化的密切关联？

第二，为什么对中国现代文学与传统文化关系之研究，必然会转入到对中国现代文学与道家文化关系之研究上？

让我们先回到历史原场。新文学产生之初，是以反传统文化接受西方文化为开端的，正如鲁迅言简意赅地所指出的，五四是一个“收纳新潮，脱离旧套”的时代①。五四所收纳的“新潮”，是指接受外来思想，在当时主要是接受西方文化思想；而五四所脱离的“旧套”，是指脱离传统文化思想，在当时主要是脱离孔孟思想，即儒家文化。也就是说，五四先贤们所反对的传统文化，不是传统文化的整体，而只是传统文化的正统代表——儒家文化。在陈独秀、李大钊等人看来，儒家文化

① 鲁迅：《未有天才之前》，《鲁迅全集》第1卷，第177页。

与专制主义紧密相连，束缚了思想自由与个性发展，这与五四所提倡的“民主”“自由”的时代精神是相违背的。而儒家功利的政教的文学观念又是“文以载道”观所得以形成的罪恶渊薮，所以钱玄同激烈地喊出了“选学妖孽”“桐城谬种”。这样，无论是对儒家所影响的传统文化体制还是传统文学观念，五四时期的思想家和文学家都予以强烈反对。

五四先贤们虽然反对传统文化的主干思想——儒家文化，对于传统文化的其他组成部分，却是或明或暗接受的。关于这点，王元化先生就深刻地指出过：“‘五四’是反传统的，但不是全盘反传统。‘五四’时对庄子、墨子、韩非子以及小传统中的民间文学是肯定的。”① 这个结论是符合历史事实的。由于上文我们已经简述了杨义、刘保昌、雷文学等学者用论文和专著探讨了“现代文学和道家文化”的关系，故此，我们只探讨五四对墨学的接受，以管窥豹，以说明现代文学在创始期虽然是反传统的，但是它只反儒家这个传统。

五四时期，提倡“尚同”、主张“立天志”的墨学不仅被五四思想家和作家所接受，而且成为他们反对儒学的重要思想工具。如新文化运动中反对尊孔读经的第一人易白沙和“只手打倒孔家店的老英雄”吴虞都极力赞扬墨子学说。胡适的《中国哲学史大纲》中，以四章论墨子，六章论“别墨”，表现出对墨学的赞颂。陈独秀、钱玄同、郭沫若、鲁迅在五四时期都赞同与宣扬过墨子学说。五四思想家们接受墨学，主要是在当时的时代精神——“民主”与“人道”的影响下所接受的，因为墨子有“赖其力者生，不赖其力者不生”的观点。而五四作家在接受墨子时，更多的则是与墨子所提倡的“兼爱”中所具有的“人道主义”精神与“任侠”中所深藏的“反抗”意志获得了共鸣。

① 王元化：《对“五四”的思考》，见《九十年代反思录》，第127页。

如郭沫若就在诗歌《匪徒颂》中歌颂墨家的“兼爱”意志：“……兼爱无父、禽兽一样的墨家巨子呀！……万岁！万岁！万岁！”而鲁迅则在小说《非攻》中，颂扬墨子的实干精神，把墨子描写成中国的脊梁。

为什么五四先贤们在反对儒家文化时又在时代精神的需要下肯定传统文化中的“庄子、墨子、韩非子以及小传统中的民间文学”，而并不是完全拿蜂拥而进的西方文化思想来反对儒家文化呢？对此，余英时先生有很好的解读：“当时在思想界有影响力的人物，在他们反传统、反礼教之际首先便有意或无意地回到传统中非正统或反正统的源头上去寻找根据，因为这些正是他们比较最熟悉的东西，至于外来的新思想，由于他们接触不久，了解不深，只有附会于传统中的某些已有的观念上，才能发生真实的意义。”① 正是在这样的思想史和文学史背景之下，《庄子》《墨子》等作为传统中“非正统或反传统”的思想才受到五四的重视与接受。

不过，王元化先生所谈到的“‘五四’时对庄子……是肯定的”这一看法，需要一分为二来看待。不错，五四时期对庄子确实是肯定的，但是这个“肯定”，主要是肯定庄子的艺术观念、文学才华和人格表现，而对《庄子》中所表现出的思想态度则又从政治和社会的层面上予以批判。这可以鲁迅对庄子的复杂态度为例。鲁迅写于1907年的《摩罗诗力说》一文就已经开始了对庄子的批判，认为庄子的思想是保守无为，逃避现实。写于1926年的《汉文学史纲要》里，鲁迅指出，庄子“则欲并有无修短白黑而一之，以大归于‘混沌’，其‘不遣是非’，‘外死生’，‘无终始’，胥此意也”，批评庄子是“自无为而入于虚无”。但是，鲁迅又欣赏庄子“著书十余万言，大抵寓言，人物土

① 余英时：《五四运动与中国传统》，见《中国思想传统的现代诠释》，第346—347页。

地，皆空言无事实，而其文则汪洋辟阖，仪态万方，晚周诸子之作，莫能先也”，对庄子超凡的想象力、汪洋恣肆的文风大加赞赏。

可以说，整个五四时期对庄子的态度都是这种双重的表现：肯定庄子，主要是肯定《庄子》中表现出的符合文学艺术发展规律的审美性层面，以及《庄子》中所呈现出的天人合一的“自然”对现代人的精神之抚慰；而结合“启蒙救亡”改造民族命运的时代主潮，又批判《庄子》中所呈现出的消极无为是非不分。

而“对中国现代文学与传统文化关系之研究，为什么必然会转入到对中国现代文学与道家文化关系之研究”呢？这与“两热”有关。

一是与由20世纪80年代以来学界出现的“美学热”所引发出的“庄子美学热”有关。大陆地区在五六十年代也出现过全国范围的“美学热”，但那时的美学研究主要集中在美学的本质主义等话题的探讨，总体而言对中国传统思想则是漠视的、忽略的。但是，80年代以来所出现的“美学热”与之相较，最大不同之处就是出现了“中国美学史”的研究热潮，而研究“中国美学史”，必然会把研究中心聚焦于庄子美学，因为无论是在研究方法上还是在民族审美品格的确认上，“庄子美学”都占据了重要地位。这样，学界在20世纪最后20年出现了“庄子美学热”，在论文、专著、美学史三个方面都取得了丰硕的成果，这里我们仅仅看看专著出版情况。漆绪邦的《道家思想与中国古代文学理论》（1988年）、刘绍瑾的《庄子与中国美学》（1989年）、张利群的《庄子美学》（1992年）、杨安仑的《中国古代精神现象学——庄子思想与中国艺术》（1993年）、阮忠的《庄子创作论》（1993年）、宋效永的《庄子与中国文学》（1995年）、陶东风的《超迈与随俗——庄子与中国美学》（1995年）等，都产生于80年代后期到90年代中期，它们一定程度上代表了这个时期庄子美学研究的水平和走向，体现出一个共同的特点：既回到中国古典美学的历史场域，又把庄子美学置于中西融会的现代学术语境里，在古典与现代的双向贯通中阐释庄子美学理论。

毫无疑问，“庄子美学热”意味着把道家美学推到了学术前沿，也就意味着把整个道家也推到了学术前沿。而同时，文学界也正在推进声势浩大的“中国文学研究现代化进程”（见王瑶先生发起与主编的《中国文学研究现代化进程》），将整个中国现代文学史纳入“现代化进程”这一中西碰撞的现代语境里进行探微发凡，格局宏大。当研究传统文化与现代文学的复杂关系在取得层层深入的硕果时，美学界所引发的道家美学研究热，必然会使得文学界关注本来就在艺术审美性层面与现代文学有着最大关联的道家美学，这样，由于学科间的互相影响，文学界对“道家文化与中国现代文学”的关系之研究也就逐渐涌现出来。

二是与20世纪80年代末以来学界出现的“重写文学史”热所确立的“审美”/“纯文学”写作标准有关。

1988年，《上海文论》第4期开辟了“重写文学史”专栏，其倡导者陈思和、王晓明认为，“真实”的“文学史”应该是摒除政治因素（不是不谈政治因素）的影响，重新回到“文学自身的历史”，指出：“那从文学角度进行的现代文学史研究的方法也就必然要和那种政治学的方法不同，它的出发点不再仅是特定的政治理论，而更是文学史家对作家作品的艺术感受，它的分析方法也自然不再仅是那种单纯的政治和阶级分析的方法，而是要深入运用各种不同的方法，尤其是审美的分析方法。”①可以看出，20世纪80年代末，文学界所提出的“重写文学史”的实质，实际上是希望中国现代文学史的写作摒弃以往的政治学标准，而代之以“审美”/“纯文学”的标准。在此，我们不探讨学界后来对“重

① 陈思和、王晓明：《关于“重写文学史”专栏的对话》，《上海文论》1989年第6期。

写文学史”所确立的这个写作标准产生的诸多问题的反思，而是考察这一写作标准的建立所必然带来的对道家美学的关注。当文学史界弃置长久以来所习用的对现代作家和文学作品的政治学评价标准，而用“审美”/“纯文学”的标准来解读时，必然会追溯到以审美为特性的道家美学对中国现代作家和作品的影响。鲁迅、周作人、郭沫若、徐志摩、闻一多、林语堂、宗白华、沈从文、废名、梁实秋……这些作家，有谁没有受到道家文化与道家文学观的影响呢？

道家是中国传统哲学、美学的重要基础和主干，是中国艺术精神的重要源泉和主要表征，对中国古典时期的文艺批评和创作产生了重大影响。在中国现代文学的产生和发展过程中，道家也一直对其影响深刻。譬如，1932 年，周作人在《中国新文学的源流》中就认为五四以来的新文学是“言志”的文学，并指出其源头可以追溯到晚明时期的公安派和竟陵派。其实，如果我们再进一步追溯公安派和竟陵派诗歌观的源头，就会发现它们与道家思想有不解之缘。20 世纪 80 年代以来，在恢复对现代文学与传统文化的关系之研究下，在“庄子美学研究热”和“重写文学史热”这两个热点的合力推动下，学界也产生了对现代文学与道家文化关系之研究的有分量的论文和论著，这就是我们在上文所提到的杨义等人的研究成果。

第三节　京派作家的道缘

其实，在整个现代文学史上，有这样一个小说流派，无论是在流派发展史上，还是在具体作品的审美表现上，还是在每个流派成员的文化资源接受上，都深受道家文化的影响。这就是由周作人所滥觞，其主要成员有废名、沈从文、凌叔华、卢焚、汪曾祺等著名作家，其重要作品有《桥》《边城》《小哥儿俩》《果园城记》《受戒》等的京派小说。可以说，在整个现代文学史上，京派是最全方位、最丰富、最具有艺术审美性地传承了道家美学的小说流派。京派小说中的牧歌情调、田园情结无不是道家“小国寡民”“至德之世”的现代投影；京派小说中的人物旷达超脱与淡泊持定，继承的是老庄的“愚人”与“真人”内质；京派小说热衷的童心叙事与老庄“复归于婴”的美学理想有着精神上的暗合；京派的文学观也显然是以老庄艺术精神为底蕴。道家思想深刻地影响了京派小说审美品格的形成，传统的道家美学精神也在京派那里获得了创造性的拓展。

道家在京派小说中如此丰富、完全地呈现，当然与京派小说家对老庄的接受和服膺密切相关。

废名非常喜欢《老子》与《庄子》，烂熟于心，他有篇散文就题为《代大匠斫者必伤其手》，这直接来自《老子》第七十四章的结尾：“夫代大匠斫者，希有不伤其手矣”。在其自传体小说《莫须有先生传》与《莫须有先生坐飞机以后》中，废名更是大量直接引用或化用《老子》与《庄子》中的话语，随处可见。废名不仅熟读老庄，又最喜陶渊明，并在庄学的基础上接受陶公，不管是为人还是为文，都有意追求一种隐逸淡泊之情怀。另外，废名甚好六朝文章，亦慕魏晋名流潇洒倜傥的诗意人生。六朝审美文化深受老庄之熏染，无疑这又加深了废名的“道缘”。

同废名一样，沈从文也非常热爱老庄，在《一个人的自白》这篇长文中，他回忆说自己离开湘西来到北京前，就已经熟读《老子》和《庄子》，“并消化了它，完全反复消化了它”①，对道家甚是服膺。沈从文不但熟读老庄，而且非常喜欢庄子本人，以致在《沉默》一文中

① 沈从文：《一个人的自白》，见《沈从文全集》第 27 卷，北岳文艺出版社 2002 年版，第 12 页。

以庄子自诩，说自己跟庄子一样，走的是寂寞和冷落之路；又在《长庚》中对庄子拒绝政治、“宁曳尾泥涂以乐天年”的思想表示认同。这些既可以看出庄子对沈从文文化心理潜在的影响，也可以看出庄子正是沈从文一生坚决反对文学“近政治”的文化资源。

汪曾祺说自己对庄子有极大的兴趣，“在中学教书时案头常放的就是《庄子集解》”①，一有空就翻阅。汪曾祺曾有散文名篇为《“无事此静坐”》，“无事此静坐”出自苏轼的一首诗，而苏轼此诗所体现的也正是道家意蕴。道家重“虚静”，老子说：“致虚极，守静笃，万物并作，吾以观复。”（《老子》第十六章）汪曾祺所认同的“静”，正是道家艺术精神的重要表现。汪曾祺一生爱好书法和绘画，其艺术根柢正是道家所提倡的“虚静”说。

卢焚在谈及自己所受古典文学传统和资源的影响时，曾说：“我热爱过《庄子》”，“诗歌方面我热爱过李白的诗”②。李白无论是在诗歌美学表现上还是在人格的豪放不羁上，都深受庄子影响，所以，卢焚喜欢李白与喜欢庄子其实是喜欢同类的哲学与美学思想资源。事实上，卢焚的《果园城记》就具有浓烈的牧歌风味，所呈现的正是庄子笔下的“至德之世”。

凌叔华在英文自传体小说《古韵》一书中讲述了她在青少年时代对《庄子》所达到的迷狂状态。她说，由《庄子》，她学会了“静坐”；由《庄子》，她学会了“静思冥想”；由《庄子》，她能“看清无形无色的美的事物”。凌叔华不仅是作家，还是画家。在中国古代所有的大画家中，凌叔华最喜欢倪云林；在中国古代所有的大诗人中，凌叔华最喜欢陶渊明。宗白华在《美学散步》里曾把倪云林的画解读为老

① 汪曾祺：《自报家门》，见《蒲桥集》，作家出版社 1991 年版，第 365 页。

② 师陀（卢焚）：《我的创作道路》，《河南大学学报》1985 年第 5 期。

庄艺术精神的直接传承，而陶渊明也是深具道家精神道家情怀的诗人。可以说，通过陶渊明的诗和倪云林的画，凌叔华从诗学角度间接地获得的，依然还是道家的美学底蕴。

在中国现代文学史上，废名、沈从文、汪曾祺、卢焚、凌叔华在小说创作中，追求“纯正的文学趣味”，成为“纯文学精神”的象征。由于他们具有很深的道缘，也就很自然地，在他们的作品中深深烙下了道家艺术精神的印痕。

第十一章

“有根的学说”：京派文学观与道家艺术精神

京派是一个由自由知识分子组成的文学流派，这个结论已为学界所公认。在 20 世纪二三十年代，京派作为知识分子，既不“干政”“议政”，也不近商，而是希冀对中国现代文化建设尽自己作为文人的全部责任，坚持真正意义上的“言志”派的“纯文学”创作。京派文人的这种选择，并非是对现实的逃避，因为就他们个人的地位与学识而言，介入政治，也是有许多机会的；为读者、为市场写作，更是举重若轻。可是，由于京派文人抱有这样的信念：“大家的责任就是大家要负责任”，各司其职，方为尽责，要求“武人不谈文，文人不谈武”①，认为作为一个作家，首要的任务是写出“好文章”，其次才是通过创作来表现对现实政治和社会的态度，而不是把文学当作

① 周作人：《责任》，刊于 1935 年 8 月 25 日《实现》“星期偶感”专栏。

工具，或为政治目的摇旗助威成为“官的帮闲”[①]，或为商业目的把“名士才情”进行“商业竞卖”。[②] 所以，在那个“风沙扑面、狼虎成群”[③] 的年代，京派自觉选择走上艰辛的“纯文学”之路。

20 世纪 30 年代，是京派在文学理论与文学创作领域都已然成熟的年代。可是，由于它公开反对文学近商和文学近政治，坚持文学的自由和独立，故此，20 世纪 30 年代，也是京派受到其他流派排挤的年代。鉴于此，1937 年 5 月，朱光潜在京派重要的文学期刊——《文学杂志》创刊号上发表《我对本刊的希望》一文，其中有着这样自信的宣断：“我们用不着喊‘铲除’或是‘打倒’，没有根的学说不打终会自倒；有根的学说，你就唤‘打倒’也是徒然。”[④]

朱光潜是京派代表性的文学理论家，他如此自信地宣断，当然是因为他相信京派是“有根的流派”，京派所坚持的“严肃的纯正的文学态度”是“有根的学说”。侯敏曾以“有根的诗学”为题探讨了现代新儒家文艺思想。而朱光潜这里说的“根”，就不像儒家传统，更近道家精神。因为朱先生极力倡导超功利的艺术观，提倡“纯正的审美趣味”。而阻碍这一纯粹的艺术理想落实的，在京派评论家看来，主要是政治的干预和商业的侵蚀（即我们后面要谈的“两近”）。在中国传统思想中，儒家美学强化的是文艺与政治、道德的联系，只有主张超越功名利禄、疏离政治、忘我无己的道家艺术精神，才契合朱先生心目中的传统之“根”。

---

① 鲁迅：《“京派”和“海派”》，见《鲁迅全集》第 6 卷，第 312 页。

② 沈从文：《论“海派”》，刊于 1934 年 1 月 10 日《大公报·文艺副刊》。

③ 鲁迅：《小品文的危机》，见《鲁迅全集》第 4 卷，人民文学出版社 2005 年版，第 591 页。

④ 朱光潜：《我对本刊的希望》，刊于 1937 年 5 月《文学杂志》创刊号。

第一节 “言志”的一贯追求：“自己的园地”

无论是从文学理论建树上来看，还是从文学创作上来看（周作人有大量的散文小品，且 1923 年就有散文集《自己的园地》），周作人都是京派的始祖。从他之后，走出了一支长长的优秀的京派队伍。在文学理论领域取得了重要成就的，有朱光潜、李健吾、萧乾、沈从文、常风等；在小说创作领域取得了重大成就的，有废名、沈从文、林徽因、凌叔华、萧乾、师陀、汪曾祺等；在诗歌创作领域取得了重大成就的，有废名、林徽因、卞之琳、李广田、何其芳等。

周作人写文章向来平和，很少使用斩钉截铁的语气。可是，在谈到他们这派的文学观和文学态度时，他一反留给文坛的谦谦君子风度，掷地有声地宣称：“我们是诗言志派的……都浸在自己的性情里……”①

确实，一如周作人所言，京派的文学观是“言志”的，京派的文学创作态度是“都浸在自己的性情里”。下面，我们从周作人自身的文学理论转向与京派文学刊物（从 1924 年的《语丝》一直到 1946 年的《文学杂志》）的发刊词所传达出的主要文学观点，来探讨京派“言志”文学观的一贯追求，探讨京派如何将文学创作视为“自己的园地”。

1918 年 12 月，周作人在《新青年》上发表《人的文学》，要求新文学必须以人道主义为本，观察、研究、分析社会与人生中的诸多问题。紧接着，1919 年初，周作人又在《每周评论》上发表《平民的文学》，该篇实质上是对他 1918 年所提出的“人的文学”这一要求的具体化。这两篇立意新颖的论文，为风靡于五四时期的“为人生的艺术”

---

① 周作人：《冰雪小品选序》，见《看云集》，河北教育出版社 2002 年版，第 105 页。

观提供了理论依据。1921 年 1 月，文学研究会成立，周作人为之起草文学宣言，宣称："将文艺当作高兴时的游戏或失意时的消遣的时候，现在已经过去了。我们相信文学是一种工作，而且又是于人生很切要的一种工作。"① 从这个宣言里，我们可以读出，对于文学，此时的周作人所注重的依然是文学的社会功利性，把文学当成"于人生很切要的一种工作"，要求文学能解决切实的人生问题的诸多方面。其时，鲁迅已发表《狂人日记》、《药》、《孔乙己》、《风波》等，主旨也是"揭出病苦，引起疗救的注意。"② 五四时期的一个事实是：周氏兄弟在创作和理论方面都对当时的文学界起着风向标的示范作用。于是，当时引领文坛的"问题小说"以及随后兴起的"乡土小说"都与周氏兄弟对"为人生的艺术"这一文学观的倡导密切相关。

但是，很快，周作人就意识到了"为人生的艺术"这一文艺主张所包含的功利性，成为五四后期文学界对这一主张进行反省和批评的第一人。1922 年 1 月 22 日，周作人发表文章《自己的园地》，对自己的文学观进行了总结式的公布：

> "为人生"——与人生有实利，当然也是艺术本有的一种作用，但并非唯一的职务。总之艺术是独立的，却又原来是人性的，所以不必使他隔离人生，又不必使他服侍人生，只任他成为浑然的人生的艺术便好了。③

在这里，周作人反对文艺成为伦理和人生的工具，既是对文学研究会自 1921 年 1 月成立以来所一直主张的"为人生而艺术"这一文学观

---

① 周作人：《文学研究会宣言》，《小说月报》1921 年第 12 卷第 1 号。

② 鲁迅：《我怎么做起小说来》，《鲁迅全集》第 4 卷，人民文学出版社 1981 年版，第 512 页。

③ 周作人：《自己的园地》，刊于 1922 年 1 月 22 日《晨报·副卷》，署名"仲密"。

的校正，也是对自己为文学研究会起草的“为人生的艺术”这一主张的自我修正。同时，周作人于《自己的园地》中第一次提出“艺术是独立的”主张，认为既不必使艺术隔离人生，又不必使艺术服侍人生，反对“为人生的艺术”观和“为艺术而艺术”观。清代袁枚曾在《随园诗话》中说：“最爱周栎园之论诗曰：‘诗，以言我之情也，故我欲为则为之，我不欲为则不为。原未尝有人勉强之，督责之，而使之必为诗也。是以《三百篇》称心而言，不著姓名，无意于诗之传，并无意于后人传我之诗。嘻！此其所以为至与！今之人，欲借此以见博学，竞声名，则误矣！’”① 周作人将自己的文章命名为《自己的园地》，“自己的园地”这五个字，正可视为“诗，以言我之情也，故我欲为则为之，我不欲为则不为”的白话文注解。此后，周作人从五四的狂飙突进激流中渐渐沉静下来，只写“我欲为则为之”的文章，在文章中坚持自己的创作个性，彰显文学的独立性，真正实现了文学创作是“自己的园地”的主张。

1930 年，周作人在为沈启无所编选的明清时代的小品文《冰雪小品选》作序时，提出如此观点：“我们是诗言志派的……都浸在自己的性情里……”在此，周作人首次提出“言志”观，并将“言志”解释为“浸在自己的性情里”②。这个观点，分明是 1922 年对他所提出的文学是“自己的园地”的进一步说明。

1932 年，周作人受邀去辅仁大学演讲，后集结为《中国新文学的源流》一书。在该书中，周作人把晚明公安派、竟陵派的文学运动和五四新文学运动进行类比，认为两者在文学观上是表现出了一致性的，即都认为文学是抒情的，是真实的个性的表现。周作人将之统称

---

① （清）袁枚：《随园诗话》卷三，人民文学出版社 1982 年版，第 73 页。

② 周作人：《冰雪小品选·序》，见《看云集》，第 105 页。

为“言志”的文学。至此，周作人的“言志”文学观得以系统、完全地形成。在这个形成过程中，由于周作人在文学界的强大声望以及他在京派的始祖地位，也影响了京派整体的“言志”文学观的形成。

在此，我们以京派各种文学刊物的发刊词为例，追溯京派从起始一直到终结都追求文学独立自主的历史脉络，梳理京派是如何将文学创作视为“自己的园地”，从而坚持“言志”的文学观的历程。

（一）语丝社（1924 年）的发刊词

学界公认，若对京派的文学刊物进行溯源，应该推到《语丝》，因为周作人是《语丝》的创办者之一和主要供稿人。这种学术溯源当然与周作人在京派中的始祖地位密切相关。

1924 年 11 月，鲁迅、周作人在北京成立语丝社，并创办《语丝》周刊。周作人撰写《语丝》发刊词，强调：“我们并没有什么主义要宣传，对于政治经济问题也没有什么兴趣，我们所想做的只是想冲破一点中国的生活和思想界的昏浊停滞的空气”。

在此，我们可以看出，1924 年，周作人就已经树立了不宣传主义、不关心政治、不关心商业利益的立场。顺理成章，周作人宣布了自己的文学立场：“我们这个周刊的主张是提倡自由思想，独立判断和美的生活。”①

周作人在《语丝》发刊词里所宣称的这些主张，当然与他在 1922 年的文章——《自己的园地》里的观点一致。而如果我们熟悉京派发展的历史和京派的文学理论观，就可明白，周作人在 1924 年提出的这三点主张——“自由思想，独立判断和美的生活”，实为整个京派在 20 世纪 20、30、40 年代一直坚守着。

① 周作人：《语丝》发刊词，刊于 1924 年 11 月 27 日创刊号。

（二）《骆驼草》（1930 年）的发刊词

1930 年春，《语丝》解体。在周作人的支持下，同年 5 月 12 日，周作人的大弟子废名创办了《骆驼草》。《骆驼草》对文学的信念与《语丝》一致，发刊词由废名撰写，提出“不谈国事”、“不为无益之事”的文学主张，明确地说：“笑骂由你笑骂，好文章我自为之。”① 追求“好文章”，视文学为作家自己性情的真实表现，这正是周作人“言志”文学思想的具体体现，与当时正轰轰烈烈进行着的“革命文学”的主张完全不同。

鲁迅在读了《骆驼草》创刊号后曾说：“以全体而论，也没有《语丝》开始时候那么活泼。”② 鲁迅把《骆驼草》和《语丝》进行比较，是因为《骆驼草》的主要作者大都曾是《语丝》的撰稿人，且周作人就是《语丝》的主编。从鲁迅的观点也可以看出，《骆驼草》是对《语丝》的文学主张的继承。

（三）《大公报·文艺副刊》（1933 年）的发刊词

1933 年 9 月，沈从文主持天津《大公报·文艺副刊》，之前《骆驼草》的写作班底全部加入，周作人成为长期的重要撰稿人。同时，林徽因、朱光潜、李健吾、萧乾等相继加入。

沈从文在第一期上发表的《文学者的态度》，实质上相当于该刊的发刊词。在《文学者的态度》里，沈从文要求作家要“极其诚实”，也就是要求作家的创作态度要严肃认真，明白“文学不是赌博，不适宜随便下注投机取巧，也明白文学不是补药，不适宜单靠宣传从事渔利”③，反对把文学变成商业的工具，也反对把文学变成宣传的工具，

---

① 废名：《骆驼草》发刊词，刊于 1930 年 5 月 12 日《骆驼草》创刊号。

② 《鲁迅致章廷谦信（1930 年 5 月 24 日）》，见《鲁迅全集》第 12 卷，人民文学出版社 2005 年版，第 235 页。

③ 沈从文：《文学者的态度》，刊于 1933 年 9 月《大公报·文艺副刊》。

要求作家在文学创作中不欺骗读者，不做骑墙派，真诚朴实，表现自己的个性，追求自由的思想和独立的表达。

文学的诚实、文学的个性、文学的自由与独立，一直是京派所孜孜追求的。而京派这种文学观的建立和形成，显然与周作人在1922年所提出的文学是作家“自己的园地”的观点，密不可分。事实正是如此，沈从文在《文学者的态度》中就从谈到他家厨子的诚实可靠而谈到作家也应该诚实可靠，言外之意就是要求每位作家都应该诚实地对待“自己的园地”。

（四）《文学杂志》（1937年）的发刊词

1937年5月，《文学杂志》创刊，朱光潜任主编，周作人、废名、沈从文、林徽因等任编委。发刊词是由朱光潜主笔、经过编委集体讨论通过的《我对本刊的期望》，其中有观点如此：《文学杂志》这份刊物“它应该是新风气的传播者，在读者群众中养成爱好纯正文艺的趣味与热诚”。而什么是“纯正文艺”呢？朱光潜没有做详尽的阐释，但是，根据京派一贯的文学主张，我们可以推测出，“纯正文艺”与政治、商业无关，要求展现个性的、独立的、本体的文艺。事实正是如此，因为朱光潜接着提出：“我们对于文化思想运动的基本态度，用八个字概括起来，就是‘自由生发，自由讨论’”，认为“健全的人生观和文化观都应容许多方面的调和的自由发展”，① 坚持京派自20世纪20年代以来就一直守护的自由独立的文学批评观。

由于抗战爆发，《文学杂志》出版四期后，1937年8月即停刊。1947年6月，《文学杂志》复刊，在朱光潜所写的《复刊卷头语》中，仍旧强调：“文学上只有好坏之别，没有什么新旧之别”②，其所蕴含的

① 朱光潜：《我对本刊的期望》，刊于1937年5月《文学杂志》。

② 朱光潜：《复刊卷头语》，刊于1946年6月《文学杂志》复刊第1期。

文学思想与1937年的文学思想并无改变，也是京派文学观的一贯表达：文学无新旧之分，只有好坏之分，“好文章”① 才永远是我们所追求的。

从1924年的《语丝》到1947年复刊的《文学杂志》，这20多年的光阴，是京派走向成熟的阶段，主要表现出两个特点：一是所有这些杂志都有周作人的身影和强大的影响，周作人或者是主编（《语丝》），或者是直接支持者（《骆驼草》），或者是编委（《文学杂志》），并且都是主要撰稿人；一是所有这些发刊词都表现出同样的文学旨趣：强调文学的个性与独立，吁求文学的自由精神。

用鲁迅的话来说，周作人是京派作家群中的“老京派”②，而废名、沈从文、朱光潜他们呢，可以说是京派梯队中的第二代。在上面我们列举出的京派在其文学刊物发刊词里所呈现出的文学观，主要是由“老京派”周作人和京派的第二代废名他们所完成。我们再看看在20世纪30年代成熟起来的第三代京派对文学的看法。这里以萧乾为代表：

> 人生和艺术，正如内容与形式，根本是不必分也不能离的。文艺是具象的叙写，它必须把轮廓勾描适得其当。要那样，就得附着活文字必有的暗示力和情感。③

萧乾要求文学创作不是说教，也不仅仅是关注主题和题材，更重要的，是要注重艺术的表达，因为“文艺是具象的叙写”，这才是真正的具有情感的文学创作。在沈从文的培养和推荐下，萧乾从1936年秋天开始主编《大公报》文艺副刊，他正是以这种文学观来衡量文学作品和主编文艺副刊的。

---

① 废名在1930年《骆驼草》的发刊词中提出：“笑骂由你笑骂，好文章我自为之。”

② 鲁迅：《“京派”和“海派”》，见《鲁迅全集》第6卷，第313页。

③ 萧乾：《给漂在帆船上的》，刊于1935年8月9日《大公报·文艺副刊》。

至此，我们可以作出这个结论：京派老中青三代的文学观，都可以用周作人的这句话来概括：“我们是诗言志派的……都浸在自己的性情里”。

第二节　反对文学的“两近”

京派作家所追求的“言志”文学观，注定要对政治写作和商业写作取不合作的态度。事实正是如此，京派以一个流派的姿态，一直反对文学的“两近”——近政治和近商业。

上文说过，1922年，周作人就已察觉出他的“人的文学”“平民的文学”，以及他为文学研究会起草的宣言中所提出的“为人生的艺术”等观点，都包含着功利化道德化的内容，偏离了文学的正道，后就果断地对自己的文学思想的了清理，提出文学是“自己的园地”，倡导自由、独立、个性化的写作态度。所以，当1928年“革命文学”兴起以至热火朝天时，周作人明确地反对这一为政治写作的文学态势，指出：“文学即是不革命，能革命就不必需要文学及其他种种艺术或宗教，因为它已有了它的世界了。”① 并举出拿破仑的士兵在军营中带着歌德的《少年维特之烦恼》这个历史事实，来说明革命就是革命，文学就是文学，决不可互相替代。在另一处，对于文学与政治的关系，周作人表达得更加鲜明更加彻底：写作不是“跟着呐喊”，“以权威的吩咐去做赋得的什么文学”。②

周作人认为“自我表现”“独立”“自由”是写作的至关重要的前提条件，唯有它们，才能直接通向文学的本质，抵达文学的“内核”。

---

① 周作人：《〈燕知草〉跋》，见《知堂序跋》，岳麓书社1987年版，第318页。

② 周作人：《弃文就武》，《苦茶随笔》，河北教育出版社2005年版，第119页。

在这种文学观下，他将那些把文学当作是宣传某种思想和理论工具的文学，称为是“载道”的文学。1932 年，周作人在提出“言他人之志即是载道，载自己的道亦是言志”[①] 后，就借批判历史上的“载道”的文学来含沙射影地批评当时的左翼文学运动，认为它们只能产生“载道”文学，背离了五四新文学的“言志”文学传统：“在《北斗》杂志上载有鲁迅一句话：‘由革命文学到遵命文学’，意思是：以前是谈革命文学，以后怕要成为遵命文学了。这句话说得颇对，我认为凡是载道的文学，都得算做遵命文学”，[②] 明确表示反对文学为政治而写作。

像周作人一样，沈从文、朱光潜也坚决反对为政治而写作的文学。沈从文说：“政治使人失去意义。”[③] 在 1936 年那场由沈从文引发的掀起文坛大波的“差不多”现象的论争，实质上就是沈从文对左翼文学因为政治化写作而导致文章的公式化概念化现象所提出的批评。沈从文说：

> 我认为一个政治组织不妨利用文学作它争夺“政权”的工具，但是一个作家却不必需跟着一个政策奔跑。……他若跟着“政策”跑，他似乎太忙一点，来不及制作什么有永久性的作品。[④]

在此，沈从文明确提出作家不能以政治为指挥棒而进行创作，否则，只能创作出没有作家自我的“差不多”的文学作品来。任何时候，京派都不忘记一个作家的终极使命和通向精神彼岸的追求：写出“好文章”、创造出“永久性的作品”。

---

① 周作人：《中国新文学大系·散文一集·导言》，见《知堂序跋》，第 99 页。

② 周作人讲校，邓恭三记录：《中国新文学的源流》，北平人文书店 1932 年版，第 89—90 页。

③ 沈从文：《自传》，见《沈从文全集》第 27 卷，第 60 页。

④ 沈从文：《一封信》，刊于 1937 年 2 月 21 日《大公报·文艺副刊》。

留学英法8年后，朱光潜于1933年回国。1933年，正是京派文学与左翼文学都处于蓬勃发展的时期。朱光潜一直坚持“对文艺持严肃纯正的态度”①，所以，对于政治写作也是断然拒绝。朱光潜与周作人私交很好，也许是受周作人的影响，他也不点名地批评一些左翼作家的写作是“载道”的写作：“中国所旧有的‘文以载道’这个传统观念很奇怪地在一般自命为‘前进’作家的手里，换些新奇的花样而安然复活着。文艺据说是‘为大众’‘为革命’‘为阶级意识’。”② 在朱光潜看来，左翼文学所宣扬的文艺“为大众”“为革命”“为阶级意识”等是一种新的“道”，而这显然颠倒了文艺的思想性与文艺的艺术性的主次关系，使得文学在经历了五四新文化运动后又重新沦为“载道”的工具。所以，朱光潜大声疾呼：作家们“须感觉到自己的尊严，艺术的尊严以至于读者的尊严，否则一味作应声虫，假文艺的美名，做呐喊的差役，无论从道德观点看或从艺术观点看，都是低级趣味的表现”。③

而沈从文、朱光潜不仅断然反对政治化写作，也断然反对商业化写作。

早在1934年，沈从文就在《论“海派”》一文中，认为产生于上海的一部分作品是“‘名士才情’与‘商业竞卖’相结合”的产物④，指出了“海派”不严肃的文学创作态度。京派一直关注“文学者的态度”，认为“伟大作品的产生，不在作家如何聪明，如何骄傲，如何自以为伟大，与如何善于标榜成名，只有一个方法，就是作家诚实的去做”，⑤ 呼吁诚实，要求创作态度要严肃，反对把文学当成获得商业利

---

① 朱光潜：《文学上的低级趣味》，见《谈文学》，北京大学出版社2013年版，第66页。

② 朱光潜：《我对本刊的期望》，刊于1937年5月《文学杂志》创刊号。

③ 朱光潜：《文学上的低级趣味》，见《谈文学》，第57页。

④ 沈从文：《论“海派”》，刊于1934年1月10日《大公报·文艺副刊》。

⑤ 沈从文：《文学者的态度》，刊于1933年9月《大公报·文艺副刊》。

益的工具。在这种“诚实的创作态度”和创作“伟大作品”的文学追求下，沈从文和朱光潜都对曾经的好友林语堂的商业化写作提出了严厉的批评。

林语堂曾主编《论语》《人间世》，并且在上面大发文章，内容都是凭借良好的文笔推销自己的生活经验和趣味，本意在于和大众读者说几句文人式样的俏皮话，如《我的戒烟》《我怎样买牙刷》等，都可归入此类。这类无关痛痒、嬉笑生活的文章明显迎合了大众市侩读者的阅读趣味，所以销量甚好。林语堂本人也曾得意扬扬地公开自己刊物的巨大销量，从侧面暴露出《论语》和《人间世》迎合大众读者的“恶趣”。对此，沈从文不客气地批评道：“至于《论语》，编者的努力，似乎只在给读者以幽默，作者随事打趣，读者却用游戏心情去看它。它的目的在给人幽默，相去一间就是恶趣。”① 在此，沈从文指出，林语堂本意提倡“幽默”，但是由于《论语》定位为小市民消遣读物的性质，注重商业利益性质，所以，由“幽默”变为了“恶趣”。

朱光潜也从沈从文的这个角度来批评林语堂，认为这是林语堂“为着要逢迎这种低级趣味，不惜自居小丑，以谑浪笑傲为能事”②。朱光潜严肃地反问：“滥调的小品文和低级的幽默合在一起，你想世间有比这更坏的东西么?”③ 朱光潜一直坚持“严肃的口味和纯正的文学态度”的文学观，所以，他坚决反对林语堂的“论语”派这种不严肃的文学观和低俗的文学趣味，认为“极上品的幽默和最‘高度的严肃’往往携手并行”④，而绝不是为了迎合读者进行商业利益化的写作。

---

① 沈从文：《谈谈上海的刊物》，见《沈从文文集》第 12 卷，花城出版社 1984 年版，第 175 页。

② 朱光潜：《文学上的低级趣味》，见《谈文学》，第 66 页。

③ 朱光潜：《论小品文》，见《朱光潜全集》第 3 卷，第 429 页。

④ 朱光潜：《论小品文》，见《朱光潜全集》第 3 卷，第 429 页。

京派认为，“文艺的生命是自由的、独立的、多向性的，一切主张倘若与这相悖，无论凭了什么神圣的名字，其结果便是破坏文艺的生命，造成呆板虚假的作品，即为主张颓废的基始”。① 商业写作，使得作家屈服于大众读者的趣味选择，而大众读者受限于学识水平，必定是以游戏消遣的态度来看待文学，从而由于作者的依附读者，一方面使得文学失去了庄严的目的，一方面又使得作者在趣味方面迅速堕落，自甘为小丑。而政治写作，由于各种主义宣传的强大力量和操作方式，使得读者被动归顺于写作，读者成为意识宣传的“听众”，无法形成独立思考的个体；而作者又重归于“载道”文学的轮回中，失去自我的尊严与独立的创作个性。所以，无论是商业写作还是政治写作，在京派看来，结果都是“破坏文艺的生命”。

为了文艺真正的自由和独立，为了文艺具有活泼泼的生命，京派作家集体性否定商业化写作和政治化写作，追求自由的、独立的、个性的写作。而这种写作，在京派批评家看来，才能通向文学的本质。

第三节　京派“言志”观对传统“言志”说的误读及其道家色调

一般来说，20 世纪 20 年代中期是京派文学的起点，因为这个时候废名已经出版了他的成名作《竹林的故事》，沈从文的小说创作也正引起文坛的关注。以此为界，京派小说与鲁迅小说、问题小说、乡土小说、人生派小说构成历时性对话关系，而与革命文学、左翼文学、新感觉派小说、社会剖析派小说则先后构成共时性关系。在如许的文学流派中，只有京派旗帜鲜明地反对文学为政治写作和商业写作，坚持文学的

① 周作人：《文艺的统一》，《自己的园地》，北京晨报社 1923 年版。

独立、自由、个性，强调文学要“载自己的道”，“言自己之志”。那么，京派这一“言志”文学观，渊源何自？

也许除了沈从文，京派作家都完整地接受过学院派的西方文学理论教育。废名虽然没有出国留学，但是他毕业于北京大学西语系。朱光潜在评论废名的小说《桥》时就说：“《桥》几乎没有故事”，“它丢开一切浮面的事态与粗浅的逻辑而直没入心灵深处，颇似普鲁斯特和伍尔芙夫人。”① 这句评判，说明了作为作家的废名对西方文学的熟稔。废名就说自己喜欢现代的波特莱尔、契诃夫、梭罗古勃和阿左林，喜欢英国的莎士比亚、哈代和艾略特。朱光潜留学英、法数年，博士毕业论文《悲剧心理学》在国外获得了巨大的影响，另一专著《文艺心理学》所涉及的西方文学、心理学理论范围更是宽广。事实上，无论是京派的文学创作，还是京派的理论批评，均具有广阔的中外文学理论背景。例如，林徽因的《九十九度中》有大量的心理活动描写，“新感觉派”的一些小说也有大量的心理活动描写，但《九十九度中》对人物心理层面的刻画更深刻、更自然，更具有文学表达的技巧性和艺术美感。这是因为林徽因转益多师，既多方借鉴英美文学中的现代主义表现手法，又回到本土，与北京市民的柴米油盐酱醋茶相结合，具有丰厚的现实土壤。故此，我们可以这样结论：京派与中国现代文学史上其他文学流派不同的文学观的形成，是建立在对中外文学史和中外各种文学理念的透彻了解和接受的基础上的。

然而，如果深入考察，又或可说，京派所说的“有根的学说”，京派“言志”文学观的最终形成，还是与我们自己的道家传统关系最为紧密。

首先，我们来看京派作家“不仕”的文化渊源。京派文人大都学

① 朱光潜：《〈桥〉》，载《文学杂志》1937 年第 3 期。

贯中西，属于典型的“学而优”，然则为何没有走上儒家所理想的人生道路——“学而优则仕”，却皆不仕？

京派不仕的思想文化渊源，来自庄子。史载：

> 楚威王闻庄周贤，使使厚币迎之，许以为相。庄周笑谓楚使者曰：“千金，重利；卿相，尊位也。子独不见郊祭之牺牛乎？养食之数岁，衣以文绣，以入大庙。当是之时，虽欲为孤豚，岂可得乎？子亟去，无污我。我宁游戏污渎之中自快，无为有国者所羁。终身不仕，以快吾志焉。”（《史记·老庄申韩列传》）

庄子应该是中国历史上第一个“不仕”的知识分子吧？庄子为何“不仕”？因为庄子需要摆脱世事的羁累，以铸造自己精神王国的自由自在的“逍遥游”。庄子云：“今子有大树，患其无用，何不树之于无何有之乡，广莫之野，彷徨乎无为其侧，逍遥乎寝卧其下，不夭斤斧”。（《庄子·逍遥游》）庄子主张人应去知去俗，化为大而无用之树，立之于无限虚空之中，让那无有牵挂的心“乘天地之正，而御六气之辨，以游无穷”（《庄子·逍遥游》），体验到一种绝对自由的心境。而一旦入仕，迎来送往，委曲求全，岂能“以快吾志”而“逍遥游”焉！庄子“不仕”这一行为，意义深远焉！刘绍瑾就认为：“庄子的‘不仕’、清贫的艺术人生，为中国文人奠定了艺术的原质”。①

京派之不仕，亦与庄子一样，非不能也，乃不为也。如果说，庄子选择“不仕”是为了保持自己精神王国的自由自在的“逍遥游”；那么，京派选择“不仕”，则既是为了保持个体精神王国的自由自在的“逍遥游”，更是为了坚守纯正的文学趣味，坚守独立、自由、言志的文学观。在本质上，他们的坚守是一致的，都是为了实现一种真正的艺

① 刘绍瑾：《庄子与中国美学》，岳麓书社2006年版，第6页。

术人生，都是为了“艺术的原质”在浮嚣现世里如白莲般地舒缓绽放。

建立在此人格特质基础上，我们来看看“言志”观念的现代误读和意义生发。周作人的“言志”观，是以京派抒写自己性情的文学观对古代“诗言志”的美丽曲解，而朱自清的经典文论名著《诗言志辨》则意在对周作人的误读作正本清源的意义还原。二者构成了中国现代文学批评史上的一段佳话。

“言志”二字，首先从《尚书·尧典》和《诗大序》中提出，这本是一种近于“原始主义”① 的文学观，解释权却长期被儒家文论所掌握。据朱自清在其 1947 年出版的《诗言志辨》所考察的，先秦的“志”主要指思想、志向、怀抱，还有记忆，同时也不完全排斥情感。而到了《毛诗序》，则已“情”、“志”并提，并且第一次提出了“吟咏性情”的说法。从这种意义上看，言志论本身就包含了诗缘情的观念。但是，事实上，《毛诗序》更强调“发乎情，止乎礼义”，以意志性、道德目的性的志向，也就是“志”，作为诗说的中心概念。由于汉代“罢黜百家，独尊儒术”，在思想领域形成了儒家思想统治人心的大一统局面，《毛诗序》中所代表的“诗言志”观也就成为绝对权威，且在中国古代社会一直传承下来。这种“诗言志”观，导致儒家论诗强调诗的社会功利价值，以诗“用”为诗“体”，历代的“教化说”“美刺说”“兴寄说”等，都是其重要观点。这样，经过儒家文论不断提倡和解释的“诗言志”观，实质上就与“文以载道”相通。

而周作人于 1932 年间曾在辅仁大学做过关于“中国新文学的源流”的几次讲演，不同意胡适“以为白话文学是文学唯一的目的地，以前的文学也是朝着这个方向走，只因为障碍物太多，直到现在才得走

---

① 刘若愚认为，“古代中国的原始主义诗观结晶于‘诗言志’这句话中”。见《中国文学理论》，杜国清译，江苏教育出版社 2006 年版，第 101 页。

入正轨……”而是认为：“中国文学始终是两种互相反对的力量起伏着。过去如此，将来也总如此。”周作人认为，这两种“互相反对的力量”便是“言志”和“载道”，正是“这两种潮流的起伏，便造成了中国的文学史。”而对于两者的解释，周作人把“言志”理解为“人人都得自由讲自己愿意讲的话”，而“载道”则是“以文学为工具”，“再借这工具将另外的更重要的东西——‘道’，表现出来”①。他的另一说法是：“言志派的文学，可以换一名称，叫作‘即兴的文学’，载道派的文学，也可以换一名称叫作‘赋得的文学’。”② 基于这种理解，周作人说：“我们是诗言志派的”，“都浸在自己的性情里”。显然，京派所说的“言志”是与“自己的性情”密切联系的，京派所言之“志”，乃是自己的“志”，是“自己的性情”。

显然，周作人抬出古老的“诗言志”，且把“言志”置于与中国古代另一重要概念“载道”相对立的地位。这一解读就与古典文论中的“言志”有了明显的意义偏差。周作人这一对古代文论关键概念的现代误读直接催生了朱自清《诗言志辨》的写作。

朱自清先生在《诗言志辨》的“序”中说：“现在有人用‘言志’和‘载道’标明中国文学的主流，说这两个主流的起伏造成了中国文学史。‘言志’的本义原跟‘载道’差不多，两者并不冲突；现在却变得和‘载道’对立起来。”③ 在该书“诗言志·作诗言志”中，朱自清先生也提道：“到了现在，更有人以‘言志’和‘载道’两派论中国文学史的发展，说这两种潮流是互为起伏的。”④ 此外，《诗言志辨》（1947 年 8 月由开明书店印行，收入“开明文史丛刊”，1949 年 1 月再

① 周作人讲校，邓恭三记录：《中国新文学的源流》，第 34—36 页。
② 周作人讲校，邓恭三记录：《中国新文学的源流》，第 70 页。
③ 朱自清：《诗言志辨》，华东师范大学出版社 1996 年版，第 5 页。
④ 朱自清：《诗言志辨》，第 5 页。

版）一书初版时封面背后的“内容简介”这样写道：

> 本书收论文四篇：一、诗言志，二、比兴，三、诗教，四、诗正变。这是中国诗论的传统，也是诗的批评的传统的标准。这四个意念以“言志”为中心。据作者精密的分析研究，“诗言志”相当于后来的“文以载道”，“言志”与“载道”是二而一的。有人将这二个意念对立，代表中国文学史的两种主潮；那所谓“言志”，其实跟传统的意义不合。读了本书，就可以知道中国文学史、文学批评史、诗史的最大主潮还是为政教而文学，换句话说，也就是为人生而文学。

显然，朱自清先生在这里所指的“有人”，就是周作人。朱自清先生的主要目的在于揭示周作人把“为政教而文学”的“言志”说现代化的偏差。对此，同为京派批评家的朱光潜在《谈文学》（写于抗战后期，1946 年开明书店初版）中也谈到这一问题：“从前中国文人有‘文以载道’的说法，后来有人嫌这看法的道学气太重，把‘诗言志’一句老话抬出来，以为文学的功用只在言志；释志为‘心之所之’，因此言志包涵表现一切心灵活动在内。文学理论家于是分文学为‘载道’‘言志’两派，仿佛以为这两派是两极端，绝不相容——‘载道’是‘为道德教训而文艺’，‘言志’是‘为文艺而文艺’。”对此，朱光潜反驳道，志为心之所之，也就要合乎“道”，情感思想的真实本身就是“道”，所以“言志”即“载道”，根本不是两回事。“文艺的‘道’与作者的‘志’融为一体。”①

当然，“诗言志”是否就像朱自清先生所说是“为政教而文学”、与“载道”说“差不多”甚至“二而一”，也如朱光潜所说“言志”

① 《朱光潜美学文集》第 2 卷，第 243—244 页。

即“载道”呢？那也是一个有争议可值探讨的问题。但不管怎样，周作人所说的“我们是诗言志派的”之“言志”，强调抒写自己的性情，应该是更接近被当时学界当作“言志”说反面的“缘情”说。朱自清先生在《诗文评的发展》一文中就这样说过：“我们对现代中国文学所用的评价标准，起初虽然是普遍的——其实是借用西方的——后来就渐渐参用本国的传统的，如所谓‘言志派’和‘载道派’——其实不如说是‘载道派’和‘缘情派’。”①

这点我们也可从周作人在《中国新文学的源流》里的某些观点得到证实：他认为新文学的本质可以与晚明公安派和竟陵派的文学观相类比，而晚明公安派和竟陵派所提出的“性灵”说的源头，就是六朝的“缘情”说。所以，如果把京派所说的“言志”观放回到中国古典文学理论的发展脉络里，其实，就是产生于六朝的“缘情”说。而六朝的“缘情”说的源头，是庄子美学。刘绍瑾就曾说：“对魏晋文人（‘缘情’说产生在魏晋，由陆机首先提出）影响深远的《庄子》，它本身就是‘缘情’说的滥觞，‘缘情’的文学理论与庄子有着深刻的渊源关系。”②

六朝时期出现的“缘情”说的内在本质，是要打破儒家“言志”说里的政治、道德功利标准，抒发个体的人的真情实感，以自然和自由作为其内核。显然，“缘情”说是一种主情主义艺术至上的文学思潮，与《庄子》关系密切。与当时诸子著书立说的政治功用、道德说教等目的不同，《庄子》一书则是“有不得已于中”（王先谦《庄子集释序》）的产物，亦如庄子自己所说，“彼其充实不可以已”（《庄子·天下》），是情之所至，率尔成文，而无矫饰之弊。韩非从“用”之角度

① 《朱自清序跋书评集》，生活·读书·新知三联书店 1983 年版，第 241 页。

② 刘绍瑾：《庄子与中国美学》，第 201 页。

出发批庄子是“论有迂阔宏大，非用也”（《韩非子·外储说左上》），正指出了《庄子》一书具有摆脱功利目的、注重自我表现的纯审美意义：以“谬悠之说”“荒唐之言”“无端崖之辞”（《庄子·天下》）来“自娱”和“自恣”。这使得庄子的创作观具有“自我表现”的理论色彩。正是在这里，庄子的创作观与“缘情”理论获得了汇通。而周作人认为“言志”就是“人人都得自由讲自己愿意讲的话”，与庄子的创作观更为接近，而与传统的“言志”观有很大的不同。

周作人 1921 年发表《个性的文学》，1922 年发表《自己的园地》，旨意都是要求文学的个性、自由、自然和独立。在中国现代文学史即将结束的 1949 年 2 月 15 日，《新民报》上刊登了一篇本报记者访问沈从文的访谈录，题目就是《莫辜负了思想自由》。从 1921 年到 1949 年，28 年的时间里，京派所拟定的这些文章标题，历时性地呈现出京派文学观的一贯性。京派对文学的个性、自由、自然和独立的追求，也就是京派所说的“我们是诗言志派的……都浸在自己的性情里”的文学观，与儒家美学视文学为载道的工具无关，而与渊源于道家美学的“缘情”理论、“文以适情”等观点，具有深刻的因缘关系。

温儒敏说：“从梁实秋、新月派，到‘京派’，文学观和批评理论有前后连贯的流脉，就是倾向自由主义，主张文学的相对独立性，与现实拉开距离，推崇古典式的审美标准。”① 我们可以看到，温儒敏列出的“自由主义”“文学的相对独立性”“与现实拉开距离”“推崇古典式的审美标准”这四点，都与在古代处于正统地位的儒家美学不相干甚至相对立，而与老庄思想及其影响所及的中国古典美学精神的精髓和内核合拍。所以，朱光潜的这一宣称——“没有根的学说不打终会自倒；有根的学说，你就唤‘打倒’也是徒然”，可以这样理解：京派作

① 温儒敏：《中国现代文学批评史》，北京大学出版社 1993 年版，第 270 页。

家所说的“有根”即中国传统道家艺术精神之根，而其所标榜的“言志”，也不是古代儒家文论所倡导所解读的那种文艺思想，而与道家思想及其人物（特别是庄子）风范所体现出来的创作精神相通。

第十二章

主题："复归于朴"与"复归于婴"

京派作家大都出生于农村，他们通过努力在文学上取得了重大成就，在都市扎根下来后，却都喜欢自称为"乡下人"，具有浓厚的"乡下人"情结。在京派看来，"乡下人"的自称，绝不仅仅是对自己出身的认同，更主要的，是一种价值判断与审美态度，是对人之所以为人、人如何为人的重大问题的探讨。

京派不仅具有浓厚的"乡下人"情结，还具有浓厚的"童心"情结。废名、沈从文、凌叔华、汪曾祺都对"童心"不遗余力地进行过礼赞。在京派看来，"童心"是初始之完美的永恒象征，是还未被人类之文明所异化的净土；人类若拥有"童心"，人世的"罪孽"都可以因之得到净化。可以看出，京派所探讨的"童心"与其"乡下人"的自称一样，都是价值观与审美态度的表现。对于京派来说，"童心"也是对人之所以为人、人如何为人的重大问题的探讨。

显然，京派的这种"乡下人"情结与"童心"情结的美学表现，在20世纪那个动荡不安、西方现代文明冲击古老传统文化的二三十年代，是如此的不合时宜！然则京派缘何要以流派的姿态集体表现出“乡下人”情结与“童心”情结？

也许解答这个问题的关键就是从“不合时宜”入手。任何涉及人生目的与内心世界的审美，都没有办法与世俗的趋向和社会的发展“与时俱进”，正如道家美学所表现出的特质一样。道家美学是非功利的、审美的，而无论是世俗的主潮还是社会的主潮，总是功利的。通过考察京派这种“不合时宜”的“乡下人”情结与“童心”情结的哲学与美学渊源，我们发现，它们的文化渊源正是道家。京派自称“乡下人”的美学本质，源于道家“复归于朴”的哲学思想；而京派“童心”情结的美学本质，则源于道家“复归于婴”的美学精神。

另一方面，若从“世界性的知识与眼光”（歌德语）来看，京派的“乡下人”情结和“童心”情结，又汇入了自20世纪初期以来就在文化人类学、文化哲学影响下文学方面的世界范围的原始主义文学思潮之内。京派在“乡下人”情结所体现的“乡村抒情体”小说，以及在“童心”情结的支撑下所创作的“童心小说”，都可以纳入这一世界范围内在20世纪初期就已掀起的原始主义文学热潮。

第一节　中西哲学的“复归”意识

具体到社会的发展来说，道家的始祖老子认为“我无为而民自化”（《老子》第五十七章），自然无为所造就的是一个其乐融融的“小国寡民”社会。然而，老子发现，人类的机心却要破坏这一自然之道。在老子看来，儒家所提倡的仁义礼智等道德行为，对社会的发展来说，在本质上都是越救越乱、治末不治本的表现。从对“道”的拥有与失去这个原点出发，老子站在历史的源头，痛心疾首地指出：

失道而后德，失德而后仁，失仁而后义，失义而后礼。夫礼者，忠信之薄，而乱之首。（《老子》第三十八章）

老子把人类历史发展的进程描述为一部每况愈下、不断退化、人类的美好原性不断“失去”的历史。也就是说人类历史是由混沌同一分化而成奇态百生、奇技百出，由原始的简单发展为越来越复杂的过程。儒家所倡导的仁义礼德等概念，就是这种越来越复杂的社会状态的反映。“大道废，有仁义；智慧出，有大伪；六亲不和，有孝慈；国家昏乱，有忠臣。”（《老子》第十八章）儒家学派所强调、所树立的那些道德框架和价值体系是社会已经出现分化、纷乱以后所采用的一种等而次之、治末不治本的补救性的措施和举动。文明的发展历史，就是一部人性的真朴自然越来越丧失的“失乐园”史。① 老子的这种退化历史哲学观在《老子》中是一以贯之的。在第十七章里，老子言：“太上，不知有之；其次，亲而誉之；其次，畏之；其下，侮之。”在老子看来，最好的统治是如那首相传产生于帝尧时期的《击壤歌》所述：“日出而作，日入而息，帝力于我何有哉？”人们根本没有感受到统治阶级的存在！随着社会向前发展，社会治理的手段愈用愈多，人类离原始的美好愈来愈远，整个人类社会进入了万劫不复的道德境遇与生存处境。

庄子是老子学说的最主要继承者，他也继承并发展了老子对人类社会发展历史所持的退化态度，在《庄子》全书里，明显贯穿着“一代不如一代”的历史观。在《庄子·应帝王》里，庄子说：“有虞氏不及泰氏。有虞氏，其犹藏仁以要人；亦得人矣，而未始出于非人。泰氏，其卧徐徐，其觉于于，一以己为马，一以己为牛；其知情信，其德甚真，而未始入于非人”。此处的“有虞氏”指舜帝，“泰氏”指“上

① 参见刘绍瑾：《复古与复元古》，第17—18页。

古帝王”或曰“无名之君”。很明显，庄子的“有虞氏不及泰氏”的历史观直承老子的“太上，不知有之……其下，侮之”而来，都倾心于仁义产生以前的远古自然之世，而对“有虞氏招仁义以扰天下也，天下莫不奔命于仁义”（《庄子·骈拇》）的人为的道德之治表示失望与拒绝，将之放置于社会退化之列。自此以后，天下更是滔滔不返了！

那么，老庄理想的时代是哪个时代呢？答曰：得“道”的时代。那时，人类处于“混芒”与“鸿蒙”之中，浑朴未分，天真未凿，“端正而不知以为义，相爱而不知以为仁，实而不知以为忠，当而不知以为信”（《庄子·天地》），一切是“常德乃足，复归于朴”（《老子》第二十八章）！在道家看来，人类历史的“初始之完美”就是人类的“莫之为而常自然”！

不管是老子还是庄子，都反对一切文明的附加，视疏离人类自然本性的发展而被仁义道德所充斥的社会历史为退化的历史，“失”去的历史，从而希望“复归于朴”，回到人类纯朴浑全的本原。西方在其文化发展的历史生成中，也有着浓厚的“复归”的文化历史情结。不过，西方这种类似于“复归于朴”的历史意识到18世纪才产生，在法国大哲学家卢梭那里形成具有重大影响的思想：回到自然说。卢梭在严厉批判当时的社会主潮以“原则”（即理性）的名义对人类自己的天性进行强迫压制以后，把目光投向那太古时代：“我们想到风化时，就不能不高兴地追怀着太古时代的淳朴景象。那是一幅全然出于自然之手的美丽景色！”① 卢梭认为，在太古时代，由于整个人类全然处于自然之手，既不存在造作的艺术，也不存在造作的语言，所以，人们的一切表现皆是自然而然的——“我们的风尚是粗犷的，然而却是自然的”。卢梭在

① ［法］卢梭：《论科学与艺术》，何兆武译，商务印书馆1963年版，第22页。

此追怀的“出于自然之手”的“太古时代”，就是人类的原始自然时代。正是在解除文明的层层束缚重回人类的本真本原这个意义上，卢梭号召人们“返归自然”，“回到原始生活”。

卢梭的“返归自然”思想是西方原始主义思潮的滥觞，并已基本确立原始/现代、自然/文明的冲突这一母题。卢梭之后，原始主义思想逐渐在西方思想界中成为一种潮流。克罗齐、柏格森、弗洛伊德、荣格、苏珊·朗格等思想家，都曾对非理性和原始主义给予关注和偏爱，而对理性加以批判。文化人类学方面也呈现同样的情形，维柯的《新科学》，泰勒的《原始文化》，列维-斯特劳斯的《野性的思维》，弗雷泽的《金枝》等巨著，都或显或隐地流露出反思文明返归原始的情绪倾向。哲学界思想界与文化人类学界对原始主义与原始社会的共同关注，加之人类文明的日愈发展，现代人在科技面前成为它的异化对象，变成了马尔库塞所说的“单面人”，使得现代人日益怀有摆脱异化状态回到“人之本真”状态的强烈意识。这诸多因素的汇合，反映到文学创作领域，遂使“原始主义”成为20世纪西方现代主义文学中的一个重要思潮。对具有“原始主义”特质的文学，我们可以称之为“原始主义文学”，基本母题是原始与现代、自然与文明的差异与冲突，主要美学特征是以“原始之真”批判“文明之伪”。它是在弥漫着整个西方文化的非理性主义思潮中产生的，并构成其中的一环，表示着一种文化寻根与人类自身寻根的倾向。

这种原始主义倾向在20世纪成为一种广泛的世界性文学现象，即使走向现代化进程的20世纪中国现代文学也不例外。京派是最重要的表现者。不过，京派小说中所表现出的原始主义特质，主要来源于本土道家“复归于朴”的自然主义历史观，并参与融会到世界范围内的原始主义文学大潮。

第二节 “乡下人”的“复归于朴”

京派主要活动于20世纪二三十年代。中国的20世纪二三十年代，社会主潮是进化、科学、政治和革命。1898年，严复编译《天演论》，把达尔文生物进化的规律有意“误译”为宇宙万物进化的普遍法则，经过多方面的传播，使得进化论成为当时求新求变的中国人强有力的思想变革武器。影响所及，至于文学。梁启超、刘师培等都曾运用进化论来论述中国文学史的发展轨道。陈独秀亦于1915年发表《现代欧洲文艺史谭》，采用进化论的观点来考察欧洲文学史，认为欧洲文学已历经古典主义、理想主义、写实主义和自然主义阶段。以此为参照，他指出国内文学现状及日后发展方向：“吾国文艺犹在古典主义、理想主义时代，今后当趋向写实主义。”① 陈独秀认为文学完全可以以线性方向朝着所预期的目标发展，这种文学观就是标准的进化论式文学观。到了五四时期，为了适应当时狂飙突进的时代气氛，胡适有意地把进化论引入文学领域，提出“历史进化的文学观念”②，把它作为清算整理旧文学、弘扬文学革命的理论基础。进化论无论是在文学思潮层面还是社会思潮层面都产生了巨大影响，极大地影响了五四以后的中国知识分子，使得他们形成了“破旧立新”“弃旧图新”的思维模式，否定传统，希冀未来，“在过去、现在与未来的时间链条上，注入新与旧、光明与黑暗的价值期待，过去与‘旧’‘黑暗’之间互相指涉，而‘未来’的时间则往往是‘新’与‘光明’的表达”。③

---

① 陈独秀：《答张永言》，《青年杂志》1915年12月第1卷4号。

② 陈平原：《胡适的文学史研究》，见王瑶主编：《中国文学研究现代化进程》，第235页。

③ 刘进才：《京派小说诗学研究》，河南大学出版社2005年版，第41—42页。

但是，事有例外，京派不仅拒绝加入这一全社会性的进化观的大合唱，还旗帜鲜明地批评进化论："什么叫作进化呢？……进化论是现代战争之源，而世人不知。"① 京派竟然把进化论视为"现代战争之源"，这个观点，完全与当时的知识分子把进化论视作变革图强的精神法宝的风气大异！是何种文化价值观或曰文学理想导致京派竟会逆社会主潮而行？京派反进化论的美学目的焉在？京派反进化论的思想资源渊源何自？

京派非常坦率又自豪地自称为"乡下人"，有着浓厚的"乡下人"情结。写出了美轮美奂的《边城》的沈从文说："我实在是一个乡下人。"② 从法国留学归来的评论家李健吾说："我先得承认我是个乡下孩子。"③ 京派的新生代作家李广田在其名诗《地之子》中也说自己"是生自土中，来自田间的""地之子"。废名虽然没有明言自己是"乡下人"，可是他说自己身在北平，实际上的内心感受却是"在沙漠上梦见江南草"④，表达的还是"乡下人"的离愁。应该说，京派这种自称"乡下人"的情结是非常有悖于中国等级观念与文化观念之常情的。首先，"乡下人"这三个字具有等级歧视的含义，它的反义词是"都市人"，习见的观点是"都市人"比"乡下人"要更文明从而也更"高级"。这样，就随之产生了文化观念方面的隐义："乡下人"意谓无知无识，粗鲁鄙陋。而事实上，京派乃是学贯中西的学者，实在不是中国传统文化层面上所指代的"乡下人"。其实，如果我们仔细分析京派所使用的"乡下人"这一概念，就可发现，它至少包含了这样三层意思：

① 废名：《莫须有先生坐飞机以后》，广西师范大学出版社 2004 年版，第 45 页。

② 沈从文：《从文小说习作选·代序》，《沈从文全集》第 9 卷，第 5 页。

③ 李健吾：《画廊集》，见《李健吾创作评论选集》，人民文学出版社 1984 年版，第 474 页。

④ 废名：《北平通信》，刊于 1936 年 6 月 16 日《宇宙风》第 19 期。

一是乡村天然拥有的纯净新鲜的大自然；

一是人的自然而然的生活形式；

一是真诚、朴原的人性之表现。

也就是说，京派认为，一个标准的“乡下人”，应该按照大自然的律动行事，一切从天性出发，融原朴的自我生命于自然物象之中。从京派“乡下人”的自称里所包含的文化深义，我们可以听到道家人生态度的回响：生而为人，应该“法天贵真”，“自然天放”，这样，人才能“常德乃足，复归于朴”（《老子》第二十八章）。

正是由于京派获得了现代文明的熏陶站到时代的文学造诣的巅峰之后，却又怀着源自道家美学的“乡下人”的审美态度，所以，他们对中国20、30年代的历史进程的看法，与当时占社会主潮的进化论者的乐观主义完全不同——对当时中国社会的发展持悲观的解读：

> 时代的演变，国内混战的继续，维持在旧有生产关系下而存在的使人憧憬的世界，皆在为新的日子所消灭。农村所保持的和平静穆，在天灾人祸贫穷变乱中，慢慢的也全毁去了。①

京派之所以具有对与社会主潮完全相悖的“新”与“旧”的看法，是因为他们认为，“旧”的这一“使人憧憬的世界”为“新的日子所消灭”了，而这种“新的日子”是“时代的演变”所带来的。京派这种随着“时代的演变”却导致了“新不如旧”的观点，是重重地打了进化论一记耳光的。“旧”的“使人憧憬的世界”，在京派看来，就是“农村所保持的和平静穆”。这里，我们再一次看到了京派是从“乡下人”的审美视角对进化论提出质疑的，所以，他们断定：“历史还正在

---

① 沈从文：《论冯文炳》，见《沈从文全集》第16卷，第151页。

倒退，使人对于中国明日的一切，有点茫然了。”① 与老庄一样，京派对人类历史的发展，也持退化史观。

其实，如果我们再深入考察，就可发现，无论是道家还是京派，他们的退化史观，都不是从社会物质发展的视角，而是从人性改变的视角得出来的。也就是说，道家和京派的“历史退化观”，并不是指人类物质文明的发展在时间的流逝中愈来愈退化愈来愈孱弱，而是指人心不古、世道浇离。庄子说：

> 逮德下衰，及燧人、伏羲始为天下，是故顺而不一。德又下衰，及神农、黄帝始为天下，是故安而不顺。德又下衰，及唐、虞始为天下，兴治化之流，浇淳散朴，离道以善，险德以行，然后去性而从于心。心与心识知，而不足以定天下，然后附之以文、益之以博。文灭质，博溺心，然后民始惑乱，无以反其性情而复其初。（《庄子·缮性》）

这里连续出现的“逮德下衰”与“德又下衰”，正是庄子对“古之人”浑整、至一的天地境界日渐分崩离析而导致“无以反其性情而复其初”的历史哀叹！所以，庄子痛心疾首地质问：“自三代以下者，天下何其嚣嚣也？”（《庄子·骈拇》）

而京派作家也痛心疾首地发现，当一条条宽阔的公路、一辆辆冒烟的汽车从都市通向四面八方时，当宁静的村庄从恬梦中被这些“现代化”惊醒时，也就是人性堕落噩梦到来的时候。京派认为，现代文明用观念上的进步理想和技术上的现代手段对人类社会进行着花样翻新的改造，这一看似令人目眩神迷的“进化”与“进步”，本质上，却是令人心碎地破坏了人与大自然原有的完整性的自然形态，像庄子沉痛地发

---

① 沈从文：《尽责》，见《沈从文文集》第12卷，第345页。

问“天下何其嚣嚣也”一样，京派对于这“新的日子”所带来的一切也沉痛不已：“终不能不使人为眼前这个愚昧与贪得虚伪与卑陋交织所形成的‘人生’而痛苦!”①

京派这种“乡下人”式的“反进化”或曰“逆进化”审美价值观，使得京派作家都握有两幅笔墨。在“进化”“科学”“革命”是时代所憧憬的愿景的20世纪二三十年代，他们却调转身姿，用蘸满了温情和爱意的笔，用诗化、散文化的小说文体，描摹着朴素宁静的乡村：小河、清溪、垂柳、青山、吊脚桥……环境是一片天籁，人物也是一片天籁，生活其间的这些“乡下人”，大都只是大自然中的一个剪影，具有老子所说“常德不离，复归于婴”的纯洁赤诚的本真人性。“乡下人”按照大自然的律动行事，融自我生命于自然景象之中，欣然恬淡地生活着：“日光下或黑夜，这些灵魂，仍然不会骚动，一切与自然谐和，非常宁静”，② 卖菜的卖菜，洗衣的洗衣，挑水的挑水，赏花的赏花，各自在简单淳朴的人事关系中酝酿成健康优美的人性，表现出未被文明污染的真情实性。而当京派转笔写到都市时，则是尔虞我诈的、鄙俗喧嚣的文明世界，连星星都是黑的，都市人呢，更是堕落虚伪：所谓的绅士呢，冠冕堂皇勾心斗角；所谓的教授呢，人格分裂虚荣堕落；所谓的官僚呢，贪污腐败虚张声势；所谓的市民呢，庸俗市侩鼠目寸光。京派笔下所呈现出的这种“乡村抒情体”与“都市讽喻体”的强烈对比之美学风格，在废名的《桥》与《大阮小阮》里，沈从文的《边城》与《绅士的太太》里，卢焚的《牧歌》与《结婚》里，林徽因的《窗子以外》与《九十九度中》里，汪曾祺的《受戒》与《天鹅之死》里……都一一呈现出来。

---

① 沈从文：《看虹摘星录·后记》，见《沈从文文集》第11卷，第53页。

② 沈从文：《论冯文炳》，见《沈从文全集》第16卷，第150页。

这些非常诚恳地自称为“乡下人”的京派作家，声称他们的写作是“为人类‘爱’字作一度恰如其分的说明”①，事实上，他们所高声赞颂的显示了人类之“爱”的，实在只是指在清新的大自然里恬淡地生活着的“乡下人”——他们毫无机心、浑全淳厚、表里如一、可亲可爱。而无论是对于现代文明的象征——都市的建筑，还是对现代文明的享受者——“都市人”，京派作家都是用了“憎”字去一一描述：建筑是死气沉沉又丑陋不堪的，人呢，是利欲熏心又夜郎自大的。在为“都市”做全景式描述时，京派对现代文明带给人类的人性扭曲进行了鞭挞，呼应了庄子站在历史的源头所指出的：“天下何其嚣嚣也”！

我们具体解读京派的几篇代表作品，看它们如何表现了京派作家自身的“乡下人”式的情感，以及它们如何表现了京派作家对“乡下人”的健康人格与人生形式的“爱”。

《竹林的故事》的主旨，是演绎一种冲淡平静的生活方式与人生理想境界，所以，开篇就写道：“出城一条河，过河西走，坝脚下有一簇竹林，竹林里露出一重茅屋，茅屋两边都是菜园……”在此，“出城”，是废名一个有意的设置，一般来说，“城”就是“文明”的代词。在京派看来，只有在远离文明的地方，才有自然而然的环境之美与自然而然的人性之美。竹林的翠绿与菜园的碧绿都是为了营造一个与文明无关的秀美的自然环境，好为故事的主人——纯洁单纯的三姑娘的登场做好铺垫。

《菱荡》中的陶家村亦是一个“离城”的地方：“一条线排着，十来重瓦屋，泥墙，石灰画得砖块分明……屋后竹林，绿叶堆成了台阶的样子，倾斜至河岸，河水沿竹子打一个弯，潺潺流过。”修竹绿水里呈现出的黑瓦泥墙，分明是一种“小桥流水人家”的古典生活场景。

---

① 沈从文：《从文小说习作选·代序》，见《沈从文全集》第9卷，第150页。

《桥》里的史家庄更是一个远离尘嚣的山清水秀之地："史家庄是一个'青'庄。三面都是坝，坝脚下竹林这里一簇，那里一簇。树则沿坝有，屋背后又格外的可以算是茂林。草更不用说，除了踏出来的路只见它在那里绿。站在史家庄的坝上，史家庄被水包住了。"

在废名所创造的"乡下"小说里，沙滩，垂杨，高大的绿树，小桥，河水……是最常出现的自然景象，它们聚集起来共同阐释着一个主题：这是一个远离现代文明的幽雅安宁的自然环境。

在现代文学史上，提起沈从文，印象最深刻的，莫过于他所创作的湘西小说。沈从文说："由皈于自然而重返自然，既是边民宗教信仰的本旨，因此我这个故事给人的印象，也将不免近于一种风景画集成。"① 沈从文可谓夫子自道他的湘西小说的最主要特点：皈于自然。当然这个"皈于自然"包含有双重意义：一是环境的清幽自然，一是人性的真实自然。

且看他的《渔》中的描写：

> 月亮的光照到滩上，大石的一面为月光所不及，如躲有鬼魔。水虫在月光下各处飞动，振翅发微声，从头上飞过时，俨然如虫背上皆骑有小仙女。鼻中常常嗅着无端而来的一种香气，远处滩水声音则正像母亲闭目唱安慰儿子睡眠的歌。大地是正在睡眠，人在此时也全如梦中。

月光、河水、巨石、水虫，都是亘古长存的自然产物。湘西人就生活在盘古开天辟地般古老原始的大自然里，不知有汉，无论魏晋，更遑论文明与现代化。

还有《三三》的开头：

---

① 沈从文：《〈断虹〉引录》，见《沈从文文集》第 11 卷，第 61 页。

杨家碾坊在堡子外一里路的山嘴路旁。堡子位置在山弯里，溪水沿了山脚流过去，平平的流，到山嘴折弯处忽然转急……

一幅清清的溪水长流图营造了一个清净幽僻的自然环境，把历史的发展与人世的纷争俱隔绝于外。

可以看出，自称为“乡下人”的京派作家所写的关于“乡下”的小说，自然环境总是僻远优美的，一片天籁之表现。在这个具有天籁之幽之远的自然环境里，京派作家让他们的“乡下人”出场了。这些“乡下人”并不是上天的宠儿，而是各有各的生活隐痛，可是，他们在这具有天籁之幽之远的自然环境里，皆过着一种恬淡自足、安神逸乐的自然生活——“古之人，在混茫之中，与一世而得淡漠焉”（《庄子·缮性》），自然浑全，俱得恬淡寂寞无为之道也。

这里，我们将同是写乡村妇女的小说——鲁迅的《祝福》与废名的《浣衣母》相对照来加以解读，就会凸显京派小说所创造的“乡下人”的美学内涵。

《祝福》里，祥林嫂丧夫后，被婆家强卖到另一家，被逼成婚，且育有一子。看来，祥林嫂的命运似乎好转了。可是，不久，她的第二任丈夫又死了；紧接着，春日里，她唯一的儿子阿毛又被狼叼了去。祥林嫂的世界彻底崩溃了。祥林嫂直着眼睛，哭着，逢人就讲她自己日夜不能忘的惨事：

“我真傻，真的，”她说，“我单知道雪天是野兽在深山里没有食吃，会到村里来；我不知道春天也会有。我一大早起来就开了门，拿小篮盛了一篮豆，叫我们的阿毛坐在门槛上剥豆去。他是很听话的孩子，我的话句句听；他就出去了。我就在屋后劈柴，淘米，米下了锅，打算蒸豆。我叫，‘阿毛！’没有应。出去一看，只见豆撒得满地，没有我们的阿毛了。各处去一向，都没有。我急

> 了，央人去寻去。直到下半天，几个人寻到山坳里，看见刺柴上挂着一只他的小鞋。大家都说，完了，怕是遭了狼了；再进去；果然，他躺在草窠里，肚里的五脏已经都给吃空了，可怜他手里还紧紧的捏着那只小篮呢。……”她于是淌下眼泪来，声音也呜咽了。

正如“窦娥冤”成了中国古代文化中“冤屈”的代名词一样，祥林嫂已经成了中国现代文化中“悲惨”的代名词。的确，鲁迅先生用一支入木三分的笔，写尽了祥林嫂的悲惨遭遇，也写尽了祥林嫂的内心之痛。

废名的《浣衣母》呢，主人公是李妈。李妈的丈夫是酒鬼，早就死掉了；李妈靠帮人洗衣服，独自将两个儿子一个女儿养大。可是，后来，一个儿子死了，一个儿子当兵去了，再也不见人影，不知是死是活；陪在身边的，是一个永远嫁不出去的驼背女儿。李妈就和驼背女儿住在一间破茅屋里，相依为命。李妈的这种命运，似乎并不比祥林嫂好。可是，在废名的笔下，李妈的心始终是平静安定的，既不悲伤，也不怨天尤人，也从无“这是为什么”的自问，平静地接受生活赐予的一切，平静地把日子过下去。李妈天天在河边帮人洗衣服，以糊口；她家的茅草屋前，是小孩子玩耍的天堂；她始终是微笑着，她是来河边玩耍的少女们的“公共的母亲”：

> 王妈的小宝贝，白天里总在李妈门口匍匐着；大人们的初意也许是借此偷一点闲散，而且李妈只有母女两人，吃饭时顺便喂一喂，不是几大的麻烦事；孩子却渐渐养成习惯了，除掉夜晚睡觉，几乎不知道有家；
>
> 李妈这时刚从街上回来，坐在门口，很慈悲的张视他们；他们有了这公共的母亲，越发显得活泼而且近于神圣了。姑娘们回家去便是晚了一点，说声李妈也就抵得许多责备了；

卖柴的乡人歇下担子在桥头一棵杨柳树下乘凉，时常意外的得到李妈的一大杯凉茶；

有水有树，夏天自然是最适宜的地方了；冬天又有太阳，老头子晒背，叫化子捉虱，无一不在李妈的门口。

不管日子怎样难捱，李妈一颗淳朴混芒的心不改。伴随着李妈这种浑全人性表现的，是一种乐天知命的生活方式。

废名曾说："鲁迅君的文章，在零碎发表的时候，我都看过一两遍。"① 废名对乡村生活的关注，未尝不是受了鲁迅的农村题材小说的影响。可是，由于审美旨趣和文学价值观的不同，废名终究又偏离了鲁迅。鲁迅对文学的期望是："揭出病苦，引起疗救的注意。"② 而废名呢，则这样概括自己作品的审美旨趣："小桥城外走沙滩，至今尤当画桥看。最喜高低河过堰，一里半路岳家湾。"③ 废名关注的重点是故乡之美，故乡如"画桥"；故乡中的人物呢，自然也是与"画桥"融为一体的浑朴之人。

一般来说，京派作品中的主人公，即使困苦贫病，也是恬淡平静地对待生命，绝不大喊大叫——种菜的种菜，卖菜的卖菜，洗衣的洗衣，当长工的当长工，摆渡的摆渡，都在亘古如新的大自然里平静地生活着。浣衣母李妈从容接受破败的命运，每天在水流清澈的河边微笑着洗衣服，绝不似祥林嫂屡次反抗；三姑娘（《竹林的故事》）八岁时父亲就死了，她伴着母亲长大，在风日里种菜、卖菜；翠翠还未出生，父亲就死了，母亲在她刚来到人世时也死了，她与爷爷每天摆渡唱歌（《边城》）。京派所塑造的这些命运不幸，然而又无视不幸命运的"乡下人"

---

① 冯文炳：《呐喊》，刊于 1924 年 4 月 13 日《晨报·副刊》。

② 鲁迅：《我怎么做起小说来》，见《鲁迅全集》第 4 卷，第 526 页。

③ 废名：《黄梅初级中学同学录序三篇》，原载 1946 年 11 月 17 日天津《大公报·星期文艺》。

的人生态度，正是道家的“全真保性”“自然天放”的人生理念在现世的回响。

如果我们把整个京派与现代文学史上其他诸多流派进行对照阅读，最具有可比性的，应该是乡土小说，因为它们共同描写的是同一个乡土——中国乡村。乡土小说家笔下的乡村，时间段主要是“辛亥革命后到北伐战争时期”，小说内容呢，可以用严家炎先生在《中国现代小说流派史》一书中的观点来概括：“在长期封建统治下形成的惊人的闭塞、落后、野蛮、破败”，“农民在土豪压迫、军阀混战、帝国主义势力逐步渗入下”，处境“极其悲惨”。①

而京派笔下的乡村，一如前文所析，是“日出而作，日入而息”的，是一种“优美、健康、自然而又不悖乎人性的人生形式”② 所保留的乡村，既有老子的“小国寡民”的朴实简单，又有陶渊明的“狗吠深巷中，鸡鸣桑树巅”的悠然安宁。可以说，京派笔下的这种乡村，与其说是现实的，不如说是历史的、文化的、审美投射的。中国的20世纪二三十年代，进化论的思想是其社会思想主潮，从农村到城市，皆以变革图强为第一要务。在这种进化论的社会大语境里，京派作家却把乡村塑造成了理想的世外桃源，以怡然自适的心态认同与欣赏原始、朴讷、静谧、封闭的乡村文明。这显然是与时代大潮逆向而行的。沈从文曾如此评价废名的小说：“正当‘乡村文学’或‘农民文学’成为一个动人口号时，废名作品，却俨然在另外一个情形下产生存在，与读者不相通。虽然所写的还正是另一时另一处真正的乡村与农民。”③ 沈从文的这种评价，其实也指出了整个京派的乡村小说与当时社会盛行的“乡村文学”或“农民文学”相较后的独特性：京派所描写的，是向中

① 严家炎：《中国现代小说流派史》，人民文学出版社1989年版，第68页。

② 沈从文：《从文小说习作选·代序》，见《沈从文全集》第9卷，第150页。

③ 沈从文：《从冰心到废名》，见《沈从文文集》第11卷，第231页。

华民族的历史和文化纵深处延伸的乡村情怀。其实，若从世界性的文学视野与眼光来看，京派这种“向后转”的写作意向，应该属于20世纪世界性的原始主义文学的范畴。因为，原始主义文学最重要的美学表现就是以“原始之真”批判“文明之伪”。

第三节 道家的“复归于婴”

老子向来提倡“常使民无知无欲”。王弼注曰：“守其真也。”① 也就是说，老子要求“使民无知无欲”，其实就是要使人保持心灵的纯真朴质。这与道家一直强调的“常德乃足，复归于朴”，在美学意义上是同一的。

在人类历史的发展长河里，对生命本真的关心，“全真保性”“莫之为而常自然”永远是道家最关心的。所以，老庄在强调“复归于朴”的同时，又强调“复归于婴”。综观《老子》五千言，“婴儿”以及类似“婴儿”之义的表达共有五处：

> 载营魄抱一，能无离乎？专气致柔，能如婴儿乎？（第十章）
>
> 众人熙熙，如享太牢，如春登台。我独泊兮，其未兆；沌沌兮，如婴儿之未孩。（第二十章）
>
> 知其雄，守其雌，为天下蹊。为天下蹊，常德不离，复归于婴儿。（第二十八章）
>
> 圣人在天下，歙歙焉，为天下浑其心，百姓皆注其耳目，圣人皆孩之。（第四十九章）
>
> 含德之厚，比如赤子。毒虫不螫，猛兽不据，攫鸟不搏。骨弱筋柔而握固。未知牝牡之合而朘作，精之至也。终日号而不嘎，和

① 见陈鼓应：《老子今注今译》，商务印书馆2003年版，第87页。

之至也。（第五十五章）

从上述内容可以看出，老子所建构的婴儿意象是具有多种指称内涵的，但总的来说，可以归纳为三点："专气致柔，无知无欲，天真纯朴，而其要在'无知'，也就是无分辨之心，浑朴自然。"① 也就是说，由于婴儿处于"人之初"，是一切的新鲜与原始，还未接受知识、文明、礼乐等人为的熏陶，所以能尽显本真、天真、纯真之气，本身就是"纯任自然"。老子之所以要"复归于婴"，就是在他看来，"婴儿"即"自然"，"婴儿"即"朴"。

由此可以看出，"复归于婴"与"复归于朴"同趣，它们都是老子回归初始的哲学思考与美学理想。在老子看来，由于当时天下嚣嚣，人类不得不"返"。然则返归何处？从社会层面来看，老子的愿望是要返到"小国寡民"——"虽有舟舆，无所乘之；虽有甲兵，无所陈之"；从人的层面来看，老子的愿望则是要"复归于婴"——因为儿童没有知识，没有成见，天然保有一颗淳朴天真之心；还因为儿童是人的幼年时期，还没有接受文明世界的桎梏，没有名辨、概念之分，天然地就与外在自然世界浑然一体。老子所眷恋的这种未凿未分的孩婴状态，与道家所追怀的"古之人"的特征是完全一致的，所以，我们可以推而论之：在老子思想中，"复归于婴"，相通于"复归于朴"。

庄子强调个性与身心的自由，提倡自然之美，认为保持人本真的天性与自由的生命价值才是正道。"常因自然而不益生"（《庄子·德充符》），正是在强调人必须保持本真的生命这个层面上，庄子不仅认同老子的"复归于朴"，也非常认同老子的"复归于婴"这一哲学理想，因为，"复归于婴"就是"复归于朴"，恢复到人的本真与原朴，抛弃后天文明的一切附加品。庄子全盘接过来老子所开创的"孩婴"意象，

① 刘绍瑾：《复古与复元古》，第197页。

《庄子》全书中直接说到“婴儿”一词的就有五次，分别见于《人间世》（“彼且为婴儿，亦与之为婴儿”）、《天地》（“怊乎若婴儿之失其母也”）、《达生》（“行年七十而犹有婴儿之色”）和《外物》（“婴儿生无硕师而能言，与能言者处也”）。最是承接了老子“婴儿”意象内涵的，当属《庚桑楚》篇中的“儿子”之谓：

> “能儿子乎？儿子终日嗥而不嗄，和之至也；终日握而手不挽，共其德也；终日视而目不瞚偏不在外也。行不知所之，居不知所为，与物委蛇，而同其波，是卫生之经也。”

紧接着，又曰：

> “能儿子乎？儿子动而不知所为，行不知所之，身若槁木之枝而心若死灰。”

此处的“能儿子乎？”即来自《老子》第十章的“专气致柔，能婴儿乎？”庄子的“儿子”这一概念所承载的哲学与美学内涵，与老子的“复归于婴”一致，这里不再细加解读。

庄子不仅在“婴儿”“赤子”（见《庄子·山木》：“子独不闻假人之亡与？林回弃千金之璧，负赤子而趋。”）这些词语上直接继承了老子的说法，而且，他还在老子“婴儿”这一意象的使用上向前延伸，或曰涵盖面更加宽泛了。在《天道》篇中，庄子提出了“嘉孺子而哀妇人”的观点。可见，孺子或赤子总是道家喜爱、崇拜的对象。在《徐无鬼》里，庄子则把老子的无知无识纯任自然的“婴儿”意象发展成为一个具有独立人格的主人公了。他讲道：“黄帝将见大隗乎具茨之山”，有六圣陪同。结果却是“至于襄城之野，七圣皆迷，无所问涂”。这时他们碰到一个“牧马童子”，他不仅“知具茨之山，又知大隗之所存”。黄帝非常惊讶，发出了“异哉小童”的惊讶与赞叹，以致虚心地向这个“牧马童子”请教“为天下”之道。虽然对方贵为黄帝，“牧马童子”却并不像成人那样因为接受了等级观念而对其俯首帖耳，而是按照自己本真的天性，推辞不应。经不住黄帝的再三恳求，他才轻松自如地说：“夫为天下者，亦奚以异乎牧马者哉！亦去其害马者而已矣！”这个“牧马童子”从自己的牧马经验所推断出的“为天下”的简单而深刻之道理，使得黄帝心悦诚服，“再拜稽首，称天师而退”。以今天的阅读视野来看，显然，这个“牧马童子”已具备了后世儿童小说里的主人公雏形，我们完全可以把他看作现代儿童小说里一个生性勤劳（牧马）、天资聪颖（由自己的牧马一事推知何以“为天下”）且又颇具个性（拒不回答黄帝的问题）的少年。庄子赋予“牧马童子”连“七圣”都不具备的才能，其哲学本意在于“婴儿”这一意象所含蕴的“无思无虑始知道，无处无服始安道，无从无道始得道”（《庄子·知北游》）。在老子和庄子看来，孩童的自然、原初、“无思无虑”的天性胜过一切成人的人为，也就是黄帝和其他六圣们的“机巧智利”。而这正是老庄要“复归于婴”的真正哲学原因。

道家的“复归于婴”这个观点在后世的中国文学史、诗学史上都得到了回应。影响最大的当数明代李贽的“童心说”。

受道家“复归于婴”的思想影响，李贽著文《童心说》，竭力称赞童心，企图在未受礼义教化、未遭文明污染的天真未凿的儿童世界中去追寻人类的初始理想。“夫童心者，真心也”；“夫童心者，绝假纯真，最初一念之本心也。若夫失却童心，便失却真心；失却真心，便失却真人。人而非真，全不复有初矣。”在李贽看来，童心就是真心，失却了真心，人就“全不复有初”矣。于此，我们可以见出老庄所心仪的“初”与“始”之身影。在李贽看来，童心为自然所赋予而不是来自后天的文明教化，如同童子乃人之初是自然规律一样。左东岭认为李贽的童心说的“核心是自然真诚。在其右边，通向纯真洁白之初心与本心；

在其左边，则通向无欺无蔽之自然人性”①。诚乃的评也！

恢复人的“纯真洁白之初心与本心”与“无欺无蔽之自然人性”，正是道家提出“复归于婴”的深层的美学目的。这个美学理想得到了后世诸多文学家、美学家的真诚回应。除了李贽提出的“童心”，还有袁宏道提出的“童子之趣”和“稚子之韵”，王国维提出的“赤子之心”……当然，也还有自称为“乡下人”的京派所提出的“童心”观和所创造的“童心”小说。

第四节　京派的“用童心重现童心”

在五四时期，中国曾掀起了一场轰轰烈烈的“儿童崇拜”运动。五四新文化运动具有狂飙突进色彩，与它具有同质性的西方浪漫主义文学被其引为知音，一时成为“显学”。浪漫主义文学的一个主要特点就是对童心情有独钟，英国浪漫主义诗人代表华兹华斯就如此盛赞儿童：“儿童是成人之父，我希望以赤子之心，贯穿颗颗生命之珠。”② 华兹华斯一生歌唱童心，歌唱大自然，这种独特的文学行径也让五四作家经历了一次精神洗礼。五四期间，对外国儿童文学的翻译也形成了热潮。在走进国门的诸多外国儿童文学作品里，最集中的主题是讴歌完美之童心。安徒生、王尔德、格林、小川未明、爱罗先珂、泰戈尔等的经典童话和经典儿童诗都已经在这个时期得到广泛传播。显然，文学界所发生的这一切都对正迫切从异域文化吮吸营养的五四作家产生了深远影响，对其儿童观、儿童文学观的形成具有本源性的决定作用。但是，京派是在 20 世纪 20 年代末 30 年代初成熟起来的，一方面，由于五四所确立

---

① 左东岭：《李贽与晚明文学思想》，天津人民出版社 1997 年版，第 166 页。

② ［英］华兹华斯：《每当看见天上的彩虹》，见《华兹华斯抒情诗选》，谢耀文译，译林出版社 1991 年版，第 135 页。

的“收纳新潮”这个社会文化语境的巨大影响，京派也以开放的心态、开阔的视野，从多方面深刻地接受了西方文化；但是，另一方面，京派毕竟在时间上离五四有点距离，远离了这场以西方为本源的“儿童崇拜”运动，这样，在更深层次的文化基因上，不像五四作家对传统是全盘拒绝，京派的文学观点、创作理念与审美意趣并未“脱离旧套”，依然表现出对道家思想的传承。同理，京派在理论上对“童心”的界定及其小说文本里所凸显的童心、童真与童趣，也是接受了道家“复归于婴”这一本土文化资源的结果。京派的“童心”美学思想，是道家“复归于婴”的传统思想与西方“童心崇拜”思潮的汇归与融合。

京派同仁几乎都对“童心”情有独钟，对于何为“童心”有过独到见解又精准明确的阐述，并且创作了大量的“童心”小说。

沈从文作为京派的代表作家，对“童心”有过多次论述，“童心”已经内化为他的审美心理。他总是以童心为标准来衡量社会人事与自然万物：

> 所有故事都以同一土壤中培育成长，这土壤别名“童心”。一个民族缺少童心时，即无宗教信仰，无文学艺术，无科学思想，无燃烧情感实证真理的勇气和诚心。童心在人类生命中消失时，一切意义即全部失去其意义……

显然，沈从文在美学意义上所追求的童心不是个体性的，而是属于全人类性的。在他看来，童心是人类生命的完整形式的表现，是本真的生命所显示出来的神性、灵性与诗性。这是可以见出老庄“复归于婴”的原型意义在内的：孩童天然的“和之至”“精之至”的“抱一”状态是人类存在的意义所在，是一种“初始之完美”的永恒象征。由于沈从文是从终极意义上来解读“童心”，所以，他说，若失去了童心，人类就不存在任何意义了。

沈从文一生追求的是美在文学作品中的表现和永存，因为“美不能在风光中静止”[①]，唯有在文字里获得永恒。为了定格美，沈从文极力推崇用美的极致——真与诚的童心来结撰故事和人生，以此来反观现实。沈从文感慨良多：“人间缺少的，是一种广博伟大悲悯真诚的爱，用童心重现童心，而当前个人过多的，却是企图用抽象重铸抽象，那种无结果的冒险。社会过多的，却是企图由事实继续事实，那种无情感的世故。”[②] 沈从文孜孜追求的是以“童心”为内核的“广博伟大悲悯真诚的爱”，这才是健康朴真的人生形式，竭力反对“无情感的世故”。而“无情感的世故”，正如恩格斯所说的是文明人们很容易出现的“习惯性的伪善”[③]。

如果说沈从文是从人类的终极性和彼岸性来阐释“童心”的话，那么，沈从文最得意的弟子汪曾祺，则是从对具体艺术作品的解读来阐释“童心”的。汪曾祺非常欣赏齐白石的画，认为这些生机盎然又古朴天真的画作非有童心不能出之，宣称“第一流的画家所以高出平庸（尽管技法很熟练）的画家，分别正在一个有童心，一个‘纯’，一切文学达到极致，都是儿童文学”。[④] 在此，汪曾祺表达了两个重要观点：一，童心最重要的质素就是“纯”，这与老庄的看法完全一致；二，“一切文学达到极致，都是儿童文学”，显然是指回返生命的原初，用孩子专一、纯真、新鲜的眼光看待万事万物，回到现象学意义上的人的存在之根，因而饱含童心之“纯”的文学作品。这与李贽的“天下之至文，未有不出于童心者也”（《童心说》），意思一致。

---

① 沈从文：《水云》，见《沈从文全集》第 12 卷，第 132 页。

② 沈从文：《青色魇·黑》，见《沈从文全集》第 12 卷，第 190 页。

③ ［德］恩格斯：《家庭、私有制和国家的起源》，见《马克思恩格斯选集》第 4 卷，人民出版社 1972 年版，第 174 页。

④ 汪曾祺：《齐白石的童心》，见《汪曾祺全集》第 6 卷，北京师范大学 1998 年版，第 287—288 页。

谈及“童心”，谈及孩子，京派总是处于一片至情至性中。废名动情地说：“小孩子的世界……却最是一个美的世界，是诗之国度……”①汪曾祺也动情地说：孩子们总是“那样纯净，与世界无欲求，无竞争，他们对此世界是那样充满欢喜，他们最充分地体会到人的善良，人的高贵，他们最能把握周围环境的颜色、形体、光和影、声音和寂静，最完美地捕捉住诗”②；凌叔华也动情地说：“由于爱慕儿童的天真，因而相信‘性本善’的说法，在中国已经有三千年之久了。甚至成人们常想人是愈长大，愈要学坏。于是儿童在一些人心目中成了小天使。”③ 在京派看来，“童心”的核心体现者——孩子，就是一首原朴之诗，是净化成人的贪婪与欲望的“诗之国度”。

京派从内心深处认为“童心”代表着世界初始的美好，是目前我们这个物欲横流、喧嚣浮躁的世界里保留的唯一一首纯真的诗，所以，他们“情动于中而形于文”，创作出诸多描写了孩子的天真淳朴的小说。他们给中国现当代文学史贡献的名篇就有：废名的《竹林的故事》《桃园》《小五放牛》以及《桥》的第一卷上编；沈从文的《边城》《三三》《我读一本小书同时又读一本大书》；凌叔华的《搬家》《小哥儿俩》；林徽因的《秀秀》《文珍》；汪曾祺的《受戒》《职业》……

《竹林的故事》里，小时候的三姑娘惹人怜爱得很，一看见爸爸用摇网兜着了鱼，“三姑娘的小小的手掌，这时跟着她的欢跃的叫声热闹起来，一直等到蹦跳蹦跳好容易给捉住了，才又坐在草地望着爸爸”。然而，三姑娘即刻就玩自己的去了，“只是不住的抠土，嘴里还低声的歌唱；头毛低到眼边，才把脑壳一扬”。在废名的笔下，三姑娘具有独

① 废名：《莫须有先生传》，广西师范大学出版社 2003 年版，第 275 页。

② 汪曾祺：《万寿宫丁丁响——代序》，见《汪曾祺全集》第 6 卷，第 313 页。

③ 凌叔华：《在文学里的儿童》，见《中国儿女——凌叔华佚作年谱》，上海书店出版社 2008 年版，第 91 页。

特的意趣，是令读者过目不忘的小人儿。

《边城》里，翠翠天真活泼，“从不想到残忍事情，从不发愁，从不动气”，正是沈从文认可的童心的内核。有时，等过渡的人走了，翠翠就独自低低地学小羊叫着，学母牛叫着，或采一把野花在头上戴着，翠翠就是这样一个“自然人”。高兴起来，翠翠站在山头锐声喊着拉渡的爷爷：“爷爷，爷爷，你听我吹，你唱!”如山泉一般清冽纯净的童音飘荡在溪水上空，让人感觉伸手可触。

《三三》里，10岁的三三看到一只鸡欺负了另一只鸡，她就打抱不平去赶逐它，非得妈妈代为讨情才止住。看到不相熟的人来她家坝前钓鱼，总说：“不行，这鱼是我家潭里养的”。她的意思是碾坊既是她家的，游到这里来的鱼当然也是她家的，央求妈妈去折断那人的钓竿。“有时因为鱼太大了一点，上了钓，拉得不合适，撇断了钓竿，三三可乐极了，仿佛娘不同自己一伙，鱼反而同自己是一伙了的神气。”在自由自在的童心面前，一切事物都有生命有感情。

《搬家》里，枝儿要离开她朝夕相处的邻居四婆了，非常不舍；四婆也喜欢这个乖觉的孩子，于是惆怅地说：

> “枝儿，你去了北京，没有人给我穿针了!”
>
> “你喊我，我就来了。”枝儿坦然答道。
>
> “去了北京就不容易来了!”
>
> “你喊我一定来。青姐姐说北京就在圣堂山后面，坐上船就到了。你站在山顶上大声叫我，我会听见的。”

枝儿对地域的看法极富天真之童趣，凌叔华写童心时时见神来之笔。

京派这类小说，主人公虽然是儿童，却不能纳入“儿童小说”，因为它们实际上的读者是成年人，是成年人通过观照童心进而观照人生的哲学态度的具体表现，所以，它们是“童心小说”。我们可以就此做进一步分析。

汪曾祺的小说《职业》里，孩子虽然只有十一二岁，可是，他却过早肩负了人生的重担，没有书读，从早到晚走街串巷卖“椒盐饼子西洋糕”。他是多么渴望像其他孩子一样，有玩耍的权利啊！于是，这个爱看马的孩子每天都要去看一群去郊外饮水的马，一群马里他独爱那匹白色的：“有一匹白马，真是一条龙，高腿狭面，长腰秀颈，雪白雪白。”他是爱看它的漂亮吗？非也。因为“它总不好好走路。马夫拽着它的嚼子，它总是要要袅袅的。钉了蹄钉的马蹄踏在石板上，郭答郭答。”这个孩子其实是在看他自己啊！白马本该自由自在地驰骋草原，可是，它却被缰绳束缚住了；孩子自己呢，本该上学读书，可是，他却要从早到晚走街串巷卖东西，他也像白马一样被人世所控而无能为力啊！一边看马他一边吆喝给马听：“椒盐饼子西洋糕！”这看似闲笔的“对马弹琴”的一声吆喝，实是写出了双重含义：孩子的身份与不合理的谋生年龄。在此，我们当然不能说《职业》是儿童文学意义上的“儿童小说”，因为它写出了人世间的心酸与对生活的坚守和向往，给成人提供了一面反思的镜子，只能属于“童心小说”。

老人与小孩向来是京派小说常出现的人物，用以表达人性的单纯美好。那么，凌叔华的《搬家》的主旨是什么呢？枝儿与四婆亲密无间，四婆视枝儿如自己的亲孙女。可是在枝儿的亲戚们看来，四婆总是在占枝儿的便宜。枝儿要去北京，把最心爱的大母鸡托付给四婆照顾，四婆满口答应。四婆给临行的枝儿一家送菜，有鱼有鸡。大人断定：这菜碗里的鸡就是枝儿早上送给四婆的大母鸡。此时四婆已离开，无法自我澄清；枝儿不肯相信大人的话，幼小的心大受伤害，大哭不止，不肯下筷吃鸡，大人们则吃得甚欢。《搬家》显然不是儿童小说，因为，凌叔华用《搬家》为题其实是大有深意的。枝儿简单天真，对人信任；四婆知情重义，倾其所有为枝儿一家饯行。这一老一小在人性的表现上具有同质性：真诚，只不过枝儿更多了一份童稚。可是，他们得到的却是势利的成人们的嘲弄（成人正是社会的代表与主宰，老人与孩子则是社会的边缘）。凌叔华在此借孩子的天真无凿表达的是：人越长大，真诚的人性就越加流失殆尽，取而代之的是势利与世故，冷漠与嘲讽。这种丑陋的人性显然是真诚的人性的"搬家"。所以，当儿童幼稚中显诚挚的言语行为像汩汩清流自凌叔华笔下流出时，我们是没有理由只把它们当作儿童文学读本的。它们是成人世界的一面镜子，照出了这个世界的庸俗与功利的面孔。

中国现代文学史上涌现出了众多的文学流派与文学团体，如雷贯耳的就有文学研究会、创造社、语丝社、新月派等。即就小说流派来说，获得众多文学史家一致认可的，也有十多家，如乡土小说、七月派、海派、新感觉派等。但是，综观如许的文学团体与小说流派，集中对"童心"进行阐述且创作了大量"童心"小说的，仅京派一家。为什么京派会对"童心"给予如此的关注并付诸身体力行的创作？

老子说"复归于婴"，其实就是希望人们在浊乱的人世里能够"绝圣弃智"，"绝仁弃义"，"绝巧弃利"（《老子》第十九章），抛弃一切文明的附加，回归自然，回归本真，复现婴儿那种淳朴无邪、天真未凿的本性之美。京派认为，童心就是经历了社会文明教化后再来呼唤与渴求那已失落的人类初始的精神家园。京派对童心的回忆与书写，实质上是其代表人类所做的重返自由自在、本真素朴的生命形式的精神之巡礼。在京派以童心为主题的小说的文化建构中，天真无邪的童心具有人类原初时代的赤诚性与原朴性，是一种未受文明和成人世界熏染的人的自然本性与自然情感。京派对"童心"的这种美学诉求，与道家的"复归于婴"的哲学理想是一致的。

废名说他非常喜欢黄昏，曾想用他非常喜欢的希腊女诗人的诗来作为其小说集的卷首语："黄昏啊，你召回一切，光明的早晨所驱散的一切，你召回绵羊，召回山羊，召回孩子回到母亲身边。"① 人的文明追求使人离开了朴素与真实的自然，但是，通往自然的道路是永远向人敞开的。京派作家以"乡下人"的审美态度所创作的"日出而作，日入而息"的乡村小说，用"童心"视野所创作的带给心灵已然被文明教化所浊化的成年人震撼的"童心"小说，在美学本质上，都是对人类美好人性失落的"召回"——让人类重回自然，回到"天地与我并生，而万物与我为一"（《庄子·齐物论》）的天人合一的人类理想生存境界中。

京派的"乡下人"情结与"童心"情结，其深层的美学理想，则正是让人重回自然，"复归于朴"。"朴散则为器！"（《老子》第二十八章）"自三代以下者，天下何其嚣嚣也！"（《庄子·骈拇》）京派与道家在相隔了两千多年的时空里，为了能让在文明、进化、发展的不归路上失落了天然之性的人们重新"复归于朴"而共同唱出了一首悲凉之歌。这都是在喧嚣浮华的现世里，人类对自在、自由、自然的人性的追忆与渴望！

① 废名：《说梦》，《语丝》1927 年 5 月 28 日第 133 期。

第十三章

人物："愚人""真人"及"庖丁"式群像谱系

京派成长和成熟起来的20世纪二三十年代，正是中国呼唤政治英雄和商业精英的年代，所以，巴金的《灭亡》中，为了政治理想而奋斗的杜大心不知激励了多少年轻人的心；而茅盾的《子夜》中，为了中国经济而奋斗的民族资产阶级代表吴荪甫又不知让多少读者为之击掌而鸣。

可是，在京派小说家的笔下，既没有叱咤风云的英雄人物，也没有长袖善舞的商业精英。京派小说中的人物，不是按照现实主义的经典创作方法所形成的"典型环境中的典型人物"，而只是些安时处顺、潇散淡泊、在平凡的日常生活里"保性全真"、心灵飞扬的人物。

显然，京派小说中所塑造的这些"安时处顺"的人物与时代处于脱节状态，是不合时宜的。如果我们去追溯这些人物形象的美学来源，就会发现，老子所塑造的"愚人"形象、庄子再三描摹的"真人"形象以及那些"技进乎道"的"庖丁"们，正是他们的文化原型。

第一节 老子的“愚人”、庄子的“真人”及“庖丁”们

在人类历史发展的长河里，是不是生性淡泊而灵魂高举的人，都与时人在人格追求与生活形式的选择上具有不一样的地方？京派同仁作为学贯中西之人，却都真诚坦率地称自己为“乡下人”；而在中国哲学史上第一次提出了“道”“大”“有无”“虚实”等哲学概念的大哲学家老子呢，则真诚坦率地称自己为“愚人”。越过两千多年的时空，我们隐隐觉得“愚人”与“乡下人”之间，具有某种内在的美学联系。

在《老子》第二十章里，老子就拿自己与当时世俗所欣赏的人生形式与人格表现，作出了一个强烈的对比：

> 荒兮，其未央哉！众人熙熙，如享太牢，如春登台。
>
> 我独泊兮，其未兆；沌沌兮如婴儿之未孩；儡儡兮，若无所归。
>
> 众人皆有余，而我独若遗。我愚人之心也哉！
>
> 俗人昭昭，我独昏昏。俗人察察，我独闷闷。
>
> 澹兮其若海，飂兮若无止。众人皆有以，而我独顽且鄙。
>
> 我独异于人，而贵食母。

对比时人追逐世俗享乐，同时又具有机心巧智、趋利避害的本性，老子说自己是“愚人”。当然，此处的“愚”，不是今天汉语言文学意义上的“笨”或“蠢”之义，而是与《老子》一书中的“敦兮其若朴”（《老子》第十五章）、“见素抱朴”（《老子》第十九章）、“复归于朴”（《老子》第二十八章）、“无名之朴”（《老子》第三十七章）之“敦”“朴”“素”意义相近，是指一种淳朴、自然、混茫之状态。

老子以“我愚人之心也哉!”反复与“俗人”之“昭昭”和“察察”进行对比，意在表现“我独异于人”的精神品格。这种精神品格，就是忘怀尘世、敦朴淡泊。所以，我们可以说，老子所提出的“愚人”，是精神宁静超拔、体道贵独之人。

庄子是老子学说的继承人，对于老子所塑造的内蕴了“淡泊超脱”“返璞归真”的审美品格的这一“愚人”形象，庄子在内心上是非常认同的，因为庄子的诸多行举也是与时人具有相悖的地方。譬如，在那个汲汲于功名的时代，庄子竟然拒绝楚威王聘他为相，选择不仕，寄身自然，成就一种“逍遥游”的精神生活。另外，从庄子放弃仕途纵情山水也可以看出，在本质上，庄子比老子更追求精神自由的空间从而也更具有浪漫性，所以，庄子被称为中国第一个“浪漫主义者”。由于庄子这种奇特的浪漫主义个性，庄子将老子所塑造的“众人皆有以，而我独顽且鄙”的“愚人”形象，转化成为天马行空的“真人”形象。

庄子是非常喜爱他所设计的这一承载了他的自由理想与浪漫情怀的“真人”形象的，因为，《庄子》全书中多有对“真人”的描述，内、外、杂篇中都有用例，一共出现了17次！这显示了庄子对“真人”的呼唤与欣赏。其中，《大宗师》篇集中谈论了“真人”：

> 何谓真人？古之真人，不逆寡，不雄成，不谟士。若然者，过而弗悔，当而不自得也。若然者，登高不慄，入水不濡，入火不热，是知之能登假于道者也若此；
>
> 古之真人，不知说生，不知恶死；其出不䜣（欣），其入不距；翛然而往，翛然而来而已矣。不忘其所始，不求其所终；受而喜之，忘而复之。是之谓不以心损道，不以人助天，是之谓真人。

庄子所描摹的“真人”们所具有的这些特点，用我们今天的话来说，真是具有“神”性了！确实，表面上看，庄子对“真人”们的描述似乎具有神仙的功能，譬如说他“登高不慄，入水不濡，入火不热”，似乎让凡人感到不可思议。其实，宋人罗大经在《鹤林玉露》中对此早有解读：乃“言其心耳，非言其血肉之身也”①。庄子的旨意是强调“真人”精神上的超然自在，不受任何尘世之物的束缚。

庄子还多次描写了“至人”“神人”的形象，如：“藐姑射之山，有神人居焉。肌肤若冰雪，绰约若处子；不食五谷，吸风饮露；乘云气，御飞龙，而游乎四海之外”（《庄子·逍遥游》）；“至人神矣！大泽焚而不能热，河汉沍而不能寒，疾雷破山飘风振海而不能惊。若然者，乘云气，骑日月，而游乎四海之外，死生无变乎己，而况利害之端乎！”（《庄子·齐物论》）可以看出，在庄子的笔下，不管是“神人”还是“至人”，都具有与“真人”相同的特点，都是既能自由飞翔又能外死生的人。

实在来说，在庄子的本意中，不管是“至人”“神人”，还是“真人”，都是“乘天地之正，御六气之辩，以游无穷”、精神上能够“逍遥游”的人。为了论述的方便，我们把他们统一到“真人”这一概念中，认为他们都是道家所理想的生存形式的承载者：“游心于淡，合气于漠”（《庄子·应帝王》），超越“人间世”，与天为徒。

从人物形象发展的脉络来看，庄子的“真人”形象源自老子的“愚人”形象，二者之间具有内在的一致性。但是，若细加比较，则可发现，老子的“愚人”更侧重于敦朴、厚重，庄子的“真人”则在此基础上走向了灵动飘逸与风神潇散。也正因为如此，老子的“愚人”形象在当时“天下无道，戎马生于郊”（《老子》第四十六章）的残酷之世，还是可以通过个体之力量加以自我实现的，因为只要注重行动上清静无为而达到精神上的无不为——“我独异于人，而贵食母”就可

① （宋）罗大经：《鹤林玉露》乙编卷之三，据中华书局1983年王瑞来点校本。

以了。可是，庄子的“真人”形象所代表的是一种绝对自由的思想——“乘云气，骑日月，而游乎四海之外”（《庄子·齐物论》），这在现实生活中是难以实现的。按照卢梭的观点，“乘云气，骑日月，而游乎四海之外”是一种“天然的自由”，而在复杂变乱的“人间世”里，作为具体社会场域中的人，必定要接受某种社会契约，以获得“约定的自由”①。

具体到庄子本人来说，虽然他对功名利禄极其鄙弃，讥讽惠施的相位为“腐鼠”（《庄子·秋水》），嘲笑曹商对秦王的邀宠为舐痔（《庄子·列御寇》），拒绝楚王给予的“愿以境内累”的显赫地位，自觉做一个精神上“逍遥游”的人，可是，为了延伸在尘世中的性命，他还是不得不“织履为生”，在肉体上皈依尘世。

也许是从自己的切身生活经验出发，庄子显然是已意识到他所描摹的“与天为徒”的“真人”在凡俗纷杂的尘世难以实现，所以，他又在《庄子》中大量塑造了庖丁、轮扁、承蜩者、捶钩者等这些拥有一技之长的人物，用他们来实现自己的“真人”理想。这些“庖丁”们（包括庖丁、轮扁、承蜩者、捶钩者，以“庖丁”们来概称）不是平常的匠人，而是庄子所欣赏和赞叹的“大匠”（《庄子·天道》），因为他们皆秉持着“臣之所好者道也，进乎技也”（《庄子·养生主》）这一为“道”目的，而绝不仅是满足于拥有一技之长在人世间求个活路而已。那无拘无束、无影无形、自由自在、适性逍遥的“道”，才是这些“庖丁”们所孜孜以求的。这正如庄子自己，虽然“织履为生”，但还是食不果腹，穷得要找监河侯借米，但是，庄子依然在精神上“逍遥乎寝卧”于“无何有之乡”（《庄子·逍遥游》），精神上四达并流！庄子所设置的这些“所好者道也，进乎技也”的“庖丁”们的精神自由，

---

① ［法］卢梭：《社会契约论》，何兆武译，商务印书馆1980年版，第23页。

其实就是一种既不脱离尘世生活而又具有高度净化的审美趣味的人生形式。可以说，庄子正是通过这些“由技显道”的“庖丁”们，把那些“得至美而游乎至乐”（《庄子·田子方》）的高蹈尘世的“真人”形象，具体落实为现世人生的审美态度与人生境界。

被宗白华先生喻为中国意境之产生的“这一个”庖丁的故事，正是庄子让他的“庖丁”们在职业里成就逍遥游式的艺术化人生的故事：

> 庖丁为文惠君解牛，手之所触，肩之所倚，足之所履，膝之所踦，砉然响然，奏刀騞然，莫不中音；合于桑林之舞，乃中经首之会。文惠君曰：嘻，善哉，技盖至此乎？庖丁释刀对曰：臣之所好者道也，进乎技矣。始臣之解牛之时，所见无非牛者。三年之后，未尝见全牛也。方今之时，臣以神遇而不以目视。官知止而神欲行。依乎天理……动刀甚微，謋然已解，如土委地。提刀而立，为之四顾，为之踌躇满志。善刀而藏之。（《庄子·养生主》）

这是中国古代文学史上第一段具体描写手工技术的文字——作为世俗社会里的个体，“这一个”庖丁需要有某种技能以谋生，他选择了“解牛”；这也是中国古典文学史上第一次从诗意的、艺术的眼光来解读手工技术的文字——就谋生的技能及纯技术的角度来看，解牛的动作只要合乎程序规范就已足够，而“这一个”庖丁竟然做到了“莫不中音，合于桑林之舞，乃中经首之会”！解牛的动作竟然与高雅音乐的节奏一一合拍，显然，这已不是技术自身所需要的效用，而是由技术所成就的艺术性的效用，恰如叶朗先生所说：“已经达到审美的境界。”①“这一个”庖丁在技术施展中体验到了艺术创造般的快乐，故此，解牛之后，他“提刀而立，为之四顾，为之踌躇满志”——这是一种超越

① 叶朗：《中国美学史大纲》，第120页。

实用功利的精神享受，实为艺术性的享受，是精神上的逍遥游。“这一个”庖丁何以能如此？因为“臣之所好者道也，进乎技也”。正是从这层意思上，徐复观先生认为：“庄子实是把由技巧而进于艺术的情形，称之为‘道’。”①

庄子这一把“真人”置换成“庖丁”、从“技”中见“道”、把庸常的日常生活审美化的策略，在《庄子》全书中有多处体现。我们再来看《知北游》中的“大马之捶钩者”：

> 大马之捶钩者，年八十矣，而不失豪芒。大马曰：“子巧与！有道与？”曰：“臣有守也。臣之年二十而好捶钩，于物无视也，非钩无察也。是用之者，假不用者也，以长得其用，而况乎无不用者乎？物孰不资焉！”

一个人，60年，只做一件事，非得有“道”，不能坚守。正是如此，“大马之捶钩者”之所以能60年如一日，全身心沉浸在自己喜爱的技能里，尘世的其他一切皆不足以动其心，乃是因为“臣有守也”——捶钩成了他自我满足的“神游”（“官知止而神欲行”）方式，“于物无视也，非钩无察也”，达到了一种心无旁骛、孤立绝缘的直觉境界。

另一个“由技显道”的故事，是《达生》篇中关于“痀偻者承蜩”的：

> 仲尼适楚，出于林中，见痀偻者承蜩，犹掇之也。仲尼曰：“子巧乎！有道邪？”曰：“我有道也。五六月累丸二而不坠，则失者锱铢；累三而不坠，则失者十一；累五而不坠，犹掇之也。吾处

① 徐复观：《中国艺术精神》，第73页。

身也，若橛株拘；吾执臂也，若槁木之枝。虽天地之大，万物之多，而唯蜩翼之知。吾不反不侧，不以万物易蜩之翼，何为而不得？”孔子顾谓弟子曰：“用志不分，乃凝于神，其佝偻丈人之谓乎！”

庄子真是时时处处用一双诗意的眼睛去发现日常的平凡生活中所蕴藏着的诗意！一个简单的佝偻者承蜩的动作，被庄子描写得如此富有艺术精神！在此，捕蝉的功能性目的全然被佝偻丈人所遗忘，佝偻丈人所做的一切，乃是“我有道也”，此“道”，乃是一种艺术性的创造：“蜩翼以外之一切，皆已将其忘掉，而蜩翼即无异于天地万物。这正是美的观照的具体实现”,① 佝偻丈人为蜩乎？蜩为佝偻丈人乎？二者化而为一，所以，佝偻丈人所获得的就是艺术创造的快乐，是精神上的“四达并流，无所不及”的“游”之享受。

细观《庄子》全书，在日常生活中类似的“由技显道”的故事，还有斫轮者、操舟津人、游水丈人等。这群“庖丁”们都好像后来的欧阳修所提出的“醉翁之意不在酒，在乎山水之间也”一样，他们所在乎的不是“技”，而是“道”。他们一个个由“技”发展到“道”，摒弃了社会世俗价值，表现出艺术家的风范，到达了精神高扬的彼岸，成就的是艺术化的人生。李泽厚、刘纲纪认为：“庄子哲学所提倡的人生态度，就其本质来看，正是一种审美的态度。”② 审美的态度就是艺术的态度，精神无拘无束的态度。由此可知，庄子把人的精神解放置于首位，强调个性与身心的自由，喜欢用艺术化的眼光来看待人生及其一切活动。故此，世俗人眼里毫无乐趣且充满艰辛的宰牛、捕蝉、捶钩等

① 徐复观：《中国艺术精神》，第 74 页。

② 李泽厚、刘纲纪主编：《中国美学史》第 1 卷，中国社会科学出版社 1984 年版，第 241 页。

活动，在庄子审美的眼睛看来，却是如此充满了生机，都是“庖丁”们赖以忘怀世俗的精神上的“逍遥游”。正是从这个角度上，庄子把他的那些“得至美而游乎至乐”（《庄子·田子方》）而高蹈尘世的“真人”“至人”“神人”们，落实为形而下的“庖丁”们，由技见道，把被限制的不自由的世俗人生转化为内心自由超脱的艺术化人生！

第二节　京派小说的“愚人”们

对于老子所塑造的以“淡泊超脱”、“返璞归真”为内在本质，而表面上则“昏昏”“沌沌”“闷闷”的“愚人”形象，中国古典小说中似不多见，中国现代小说则多有继承性的描述，如萧红的《呼兰河传》中的“祖父”形象。而以一个流派的审美情怀来创作“愚人”形象的，当推京派小说，也只有京派小说。

如果细加分类，我们可以把京派创作的“愚人”形象分为两大类：壮年“愚人”形象与老年“愚人”形象。一般来说，在现实生活中，人到老年，所历时日甚多，见惯了人世间的繁华消长，走向淡泊超脱，似可理解；但是，人在壮年，却不是其他小说流派所塑造的是一种向前冲、争成功的进取劲头，却像孩童一样对周围的一切怀了好奇和温暖，则让当时那个“进化论”占主潮的中国社会难以理解了。而这正可以见出京派对道家艺术精神的深刻传承。

京派小说中所显示的壮年“愚人”形象，具有代表性的，是废名笔下的“三哑叔”、沈从文笔下的“会明”与“老兵”。

《桥》中的三哑叔，出场时是 37 岁左右，史奶奶家的长工，每天快乐地放牛；到小说结束时，已经 47 岁了，依然是史奶奶家的长工，依然每天快乐地放牛。三哑叔并不是哑巴，只是因为多干活少说话，才有了这个称号。三哑叔 12 岁时讨饭到史家，史家奶奶给了他饭吃，他就留下来当长工了，即使长到身强力壮，也从没有想到过离开。我们在小说里或是在现实中见惯了忘恩负义或是得志便猖狂的人，可是，三哑叔用他的忠诚与勤劳报答主人的一瓢饮一箪食。三哑叔是真正无欲无求之人，每日在绿草如茵的田间放牛，与牛说话，顺便捞上一条活蹦乱跳的鲫鱼给史奶奶炖汤。这样一位与大自然融为一体的壮年男人，他的心智既是健全的，又是原朴的。

会明是《会明》中的主人公，人长得威猛，一副将军样，却在军队一直当着伙夫。十年过去了，成千成百的马弁、流氓都做了大官，只有会明还是烟熏火燎的伙夫。他一直高高兴兴地尽职尽责地当伙夫，尽着那些“如享太牢，如春登台”的“众人”侮辱他，嘲笑他，不但毫不在意，反而嘿嘿一笑。会明身上紧紧地缠着一面旗帜，这面旗帜是从蔡锷那里传下来的，会明一直相信有一天他会把这面旗帜插到敌人的堡垒上去。对于理想，他一直坚守着，同时又对人事外的一切保持着孩童般的好奇与天真。军队开到前线，由于军阀利益原因一直没有开战，于是，做好饭了的会明在也许立刻就会变成刀光剑影乌烟瘴气的战场上养了一群小鸡：“小鸡从薄薄的蛋壳里出到日光下，一身嫩黄乳白的茸毛，啁啾的叫喊，把会明欢喜得快成疯子。”无论在什么环境，会明还是那个自然之子会明，一颗心永远简单淳朴。淡泊天真的会明啊，是一块璞玉浑金！

老兵是《灯》中的主人公。老兵其实年纪并不老，先前在军队做过司务长，后来到住在大上海的“我”这儿当厨子——“我的厨子是个非常忠诚的中年人”。像会明一样，老兵有一个“巍然峨然的身体”和“一颗单纯优良的心”。人在大上海，心还是淳朴如乡下人，没有任何狡黠之处。得了钱，做套新衣服，依旧是朴素的军装。菜，一样一样地炒好；账，一笔一笔地记清；煤油灯，一下一下地擦亮。老兵虽然与会明不一样，不是在军队里，而是被突然抛进了都市里，但是，在性情上他们的表现是一样的。这个经历了庚子事变、辛亥革命和北伐战争，用一双脚走遍了大半个中国的老兵，与会明一样，没有沾染上半点江湖习气，依然单纯质朴。别人都升官发财了，只有他，全部家当就是一个拎在手里的暖水瓶和一双插在口袋里的筷子。可是，他对生活的热爱与认真，半点不改。沈从文这样写道："这人应当永远这样活到世界上。"是的，这个老兵就像他留在"我"案头上的那盏古旧的煤油灯，在现代喧嚣势利的都市里，永远清幽地发出淡黄温暖的灯光，带我们走进那个东方古老民族曾经拥有的单纯质朴之美——"我愚人之心也哉！"

至于京派小说中的老年"愚人"形象，则有一个长长的系列，如废名《河上柳》中的陈老爹；沈从文《边城》中的老船夫，《长河》中的老水手，《更夫阿韩》中的阿韩；汪曾祺《收字纸的老人》中的老白；李广田《老人》中的职业不同而淡泊如一的三位老人；李健吾《看坟人》中的老人……在年纪上，他们共同的特点是"老"；在性格上，他们共同的特点是"淡泊"。他们在时间之流里渐渐老去，可是，他们的欲望却没有随着时间的增厚而增厚，依然是年轻时所形成的单纯，在时间之流里安静地度过自己的每一天，与大自然融为一体：

> 老人"……和万物一样，或者和波浪一样，不知不觉，融于自然之流——平静而伟大的自然之流！他不存在：自然是他的存在。活着，象征着自然的奇迹；老了，他完成自然的美丽。"（李健吾《看坟人》）

下文我们以废名、沈从文、汪曾祺的作品为例，来集中探讨京派小说中的老年"愚人"形象。

废名《河上柳》中的陈老爹虽住在茅屋里，柴扉两边却是一副古风朴朴的对联："东方朔日暖"、"柳下惠风和"。比起今人过年时所贴的"财源滚滚"之类，它不知要文采风流多少。茅屋旁边有一棵大柳树，春天来时，满眼的翠绿。城里人白天来攀枝折柳，陈老爹笑眯眯地看着，同时叮嘱“小点力气”，他担心柳树疼呢！陈老爹是唱木头戏的，平素常常出口成章地哼唱生活情景诗。唱唱木头戏，喝喝淡白酒，看看绿柳树，就是陈老爹在太平岁月的全部生活。这样一位陈老爹，与他喜爱的对联“东方朔日暖”、“柳下惠风和”融为一体了。

对于沈从文《边城》中的老船夫，我们是再熟悉不过的了。老船夫出场时70岁了，每日管理渡船，渡人、渡牛、渡货。夏天，烧一缸子凉茶给过渡人解渴；平日，买些烟叶随时送给过渡人抽抽。白天，摆渡；晚上，看星。其实，老船夫从20岁起就守着这条船了，从20岁起老船夫就过着这样简单又富有爱心和诗心的日子了——“活了70年，从20岁起便守在这小溪边，50年来不知把船来去渡了若干人。”一个人，一辈子，一条船，这是怎样心静如水的通透灵魂！一个人，一辈子，一条船，这是怎样与世无争的淡泊情怀！一个人，一辈子，一条船，这是怎样单纯原朴的生命形式！如果是那些“昭昭”又“察察”之人，绝对早就弃船而走，去追求那“如享太牢”“如春登台”的现世享受了！这让我们想起了庄子所描写的那个“于物无视也，非钩不察也”的“大马之捶钩者”，从20岁即开始捶钩，一直到80岁。在淡泊自守这个优秀的人类品质上，老船夫与“大马之捶钩者”是血脉相承的。

汪曾祺《收字纸的老人》中的老白一直专门收字纸，然后背到文昌阁去，烧掉。老白孤身一人住在文昌阁，化纸之后，关门独坐，心境恬淡。出场时，他是“老白”，但是，从文中的描述我们可以得知，当“老白”还是“小白”时，就开始背着背篓收字纸了，因为文中从科举考试一直描写到了孩子们所学的英语和几何。不管是“小白”还是“老白”，都收字纸，达观安命，粗茶淡饭，怡然自得，其生命已经超越时空，与天地万物同一，进入了无欲无念的化境。结果必然是——“老白活到97岁，无疾而终。”

从上面的分析，我们可以看出，京派所塑造的两大“愚人”群体——壮年“愚人”群体与老年“愚人”群体，在美学本质上都是同一的：“不乐寿，不哀夭，不荣通，不丑穷”（《庄子·天地》）。虽然他们都生活在现代文明已经到来的时代，但是，他们却依然拥有质朴、恬淡的灵魂，依然保存着诗意的古典的人生形式，是在现代文明横扫一切的飓风下古风犹存的现代“愚人”们。

其实，如果我们再进一步分析，就会发现，塑造在现代功利性极强的文明下依然健康无欲的灵魂，一直是京派孜孜以求的文学之梦。所以，我们可以看到，京派小说家帮我们把“愚人”的继承者都准备好了——《边城》里那个健壮而又淡泊的二佬，不就是要拒绝能带来巨大收益的染坊，打算迎娶翠翠，接管老船夫的那条古旧的渡船，在清清溪水边度过安宁无欲的一生吗？

与当时文学界的其他小说流派相较，京派所塑造的人物都是古典人生意趣的传承者。这群人物形象在中国现代小说史里，若从进化论者的眼光来看，他们一个个都是不思进取的，是落后愚昧的象征。可是，京派却向文学史贡献出了青、中、老三个阶段的“愚人”形象：青年的“二佬”，壮年的“三哑叔”“会明”与“老兵”，老年的“老船夫”“陈老爹”“老白”等。这无疑显示出京派小说家独特的人物创造追求：在现代文明所造就的物质社会里，唯有无欲无求的“愚人”们，才是具有神性色彩的人。

第三节　京派小说中的“真人”形象

对于庄子所塑造的那些“游乎无何有之乡”（《庄子·逍遥游》）、超越“人间世”一切束缚、精神上“澹然无极”的“真人”，在中国古代文学史上，产生了“众美从之”（《庄子·刻意》）的效应。如

“行己寡欲，以庄周为模”（《三国志·王粲传》）的阮籍，他在《大人先生传》里所塑造的那位“超世而绝群，遗俗而独往”的“大人先生”，就是直承庄子的“真人”形象而来。而陶渊明的《五柳先生传》则塑造了在“人间世”里踏实生存的“真人”——五柳先生。五柳先生虽然家境贫穷，生活简陋，但其心灵早已超脱所有世事羁绊，在精神的自由王国里任意逍遥——“衔觞赋诗，以乐其志”。旧题唐司空图所作《二十四诗品》以道家哲学作为其美学理论上的支撑，综观全书，有这样一些非同凡俗的人物形象：深谷美人（《纤秾》）、脱巾独步之人（《沉着》）、乘真畸人（《高古》）、修竹佳士（《典雅》）、道心幽人（《实境》）等，共13种，各有独特的审美境界。这些人物从其命名上即可见出在气质与类型上是基本统一的：都可视为体“道”悟“道”寻“道”者。这些人物有着“典雅”“飘逸”的绰约风姿，“高古”“疏野”的自在神态，“豪放”“旷达”的脱俗性情，“冲淡”“自然”的恬静心境。本质上，他们都是庄子笔下的“真人”类型。

时光穿梭到中国现代文学史。鲁迅是中国现代文学史上最早进行知识分子题材描写的作家，不管是旧式的知识分子“狂人”（《狂人日记》），还是新式的知识分子涓生（《伤逝》），或者是处于新旧交替之间的知识分子吕纬甫（《在酒楼上》）和魏连殳（《孤独者》），他们都没有庄子的“真人”气息。也就是说，鲁迅笔下的知识分子，精神上不管是颓丧的还是积极的，在总体上都是“入世”的形象，内心有根弦，绷得很紧。这当然与鲁迅对文学的希望有关：“揭出病苦，引起疗救的注意。”① 而京派的文学观，我们前面已经探讨过，是“言志”的，即抒情的，都是“浸在自己的性情里”——京派看重的是作家自己的性情在文中的表现。京派小说家废名和汪曾祺，都有一种道家式的

① 鲁迅：《我怎么做起小说来》，见《鲁迅全集》第4卷，第526页。

超脱与名士气的通达，这使得他们总是像庄子一样，即使在日常生活中，也总能发现人生形式的意趣与诗性。这种卓尔不群的人生态度，使得他们所塑造的人物形象也卓尔不群，对庄子所描摹的“真人”有着全面的继承——既有阮籍的“大人先生”式的“真人”形象，亦有陶渊明的“五柳先生”式的“真人”形象，还有司空图的“修竹佳士”式的“真人”形象。

废名写有自传体小说《莫须有先生传》。该书的纪实成分来自废名的亲身经历，而虚构想象的成分，是废名以叙述者的身份对自我充满诗性的解读。在中国现代小说史上，“莫须有先生”是一个非常独特的形象，虽然生活在20世纪20年代乱哄哄的北京，却总以狂放恣意又富于审美的胸襟来看待世间诸事。也就是说，“莫须有先生”的身体因无法飞翔，不得已而“入世”；“莫须有先生”的灵魂呢，则时时刻刻是“出世”的，处于飞翔状态。我们且看一段：

> 莫须有先生不进，贪着风景，笑得是人世最有意思的一个笑，很可以绘一幅画了。
>
> “我站在这里我丰富极了。”

这就是废名所塑造的“莫须有先生”，一个在平淡的人世里看出一切最有深意又最有诗意的读书人。“我站在这里我丰富极了”，将“莫须有先生”此刻的精神“四达并流，无所不及”的“游”之情怀，描述得历历在目。卞之琳在论及《莫须有先生传》时说：“废名喜欢魏晋文人风度，人却不会像他们中一些人的狂放，所以就在笔下放肆。废名说塞万提斯胸中无书而写书——《唐·吉诃德》，他自己实真是这样写《莫须有先生传》。他也可以说写他自己的《狂人日记》。”① 的确如此，

---

① 卞之琳：《冯文炳选集·序》，《冯文炳选集》，人民文学出版社1985年版。

现实中性情朴纳拘谨的废名，塑造出情趣丰富和诗意盎然的“莫须有先生”，旨在让其承载对狂放不羁之魏晋文人风度的想象和摹写。这位“莫须有先生”堪比阮籍的“大人先生”，是后者在1920年代的翻版，风神潇散，清狂飘逸。

而获得了中国现代文学史一致赞叹的诗化体小说《桥》，若单从人物形象上来分析，则可以说是坐禅修道的废名对其所向往的庄子式的“真人”人生的集中表述。《桥》中塑造了三个年轻的主人公：小林、琴子与细竹。文中除了明确交代小林成年后去了外地求学，属于知识分子外，对于琴子与细竹，废名则没有交代其求学经历。可是，废名笔下的这两个乡村女孩子，不仅清秀如花，而且竟然都舌吐莲花，中国古典诗词烂熟于心，吟诗作画，手到擒来。深得废名作品三昧的周作人特意指出：“《无题》（即《桥》）中的小儿女，似乎尤其是著者所心爱，那样慈爱地写出来，仍然充满人情，却几乎有点神光了。”① 是的，一如庄子没有任何前提和解释，就赋予他的“真人”具有“神光”一样，废名也是没有任何前提和解释，就赋予了乡村女孩琴子与细竹非凡的“神光”——精通诗文和绘画。这应该也属于中国现代文学史上破天荒的写法，因为按照现实主义的表现习惯，总是要追究人物性格、故事情节等之间的逻辑联系，废名可不管这一套。也许，深层的原因，在于废名对庄子塑造“真人”的非凡想象的全盘接受？小林、琴子与细竹生活在碧绿幽美的史家庄，充满他们日常生活的，也是一个接一个的清幽诗化之境：黄昏漫步，沙滩浣衣，春扎柳球，蘸水题诗，晨光梳妆，举灯照花，雨中静立，登山赏花，果园尝鲜……完全是一幅纵情自然、吟诗作画的人生。总之，《桥》中的人物塑造，废名既直承庄子，又直承

---

① 周作人：《桃园跋》，见《苦雨斋序跋文》，河北教育出版社2002年版，第104页。

《二十四诗品》——小林、琴子与细竹就是那些“赏雨茅屋”“杖藜行歌”“步履寻幽”的“真人”们啊，与天地一体，和大化同流，澄怀以观道。

我们可以看到，废名所塑造的这些意趣丰富、非同凡俗的“真人”们，都有一个共同特点：本质上都是诗人。一如“莫须有先生”自己如是说：

> 诗人自己好比是春天，或者秋天，于是世界便是题材，好比是各样花木，一碰到春天便开花了。所谓万紫千红总是春，或者一叶落知天下秋。

诗人这种感及万物的情怀，不就是“真人”之“凄然似秋，煖然似春，喜怒通四时，与物有宜而莫知其极”（《庄子·大宗师》）吗？

而汪曾祺所塑造的“真人”则与废名不一样，要更复杂一些，具有人世间的多重身份。

对于小说《徙》，汪曾祺开头这样写道：

> 北溟有鱼，其名为鲲。鲲之大，不知其几千里也；化而为鸟，其名为鹏，鹏之背，不知其几千里也。怒而飞，其翼若垂天之云。是鸟也，海运则将徙于南溟。（《庄子·逍遥游》）

如此开篇，用意鲜明：《徙》的主旨是“逍遥游”，《徙》中人物的风采也是“逍遥游”。事实正是如此，《徙》的主人公——邑中名士谈甓渔，就是这样一位“真人”。“这谈甓渔是个诗人，也是个怪人。”这个“怪”就“怪”在他与芸芸众生的追求喜好和道德规范之不同。一开始，谈甓渔也热衷功名，可是，中举之后，却累考不进。这时，谈甓渔内心对自由的渴望就显示出来了，不再在意仕途了，每日只以教书赋诗吃螃蟹自娱，过的是一种适性洒脱的人生。谈甓渔书读得多，学问很大，许多学生慕名而来，有不少还中了进士，名气更是大了。可是，谈甓渔自己却“不识数，不会数钱”，远离世俗之累。虽是大诗人，又桃李满天下，有的学生都是进士了，可是“他没有架子，没大没小，无分贵贱，三教九流，贩夫走卒，都谈得来”。套用李梦阳的“真诗在民间”的说法，大诗人谈甓渔的这种率性行为，则是“‘真人’在民间”了。很明显，谈甓渔是个“宇泰定者，发乎天光”（《庄子·庚桑楚》）式的“真人”，不闻时世，放浪形骸，无碍无挂，随性而动。

谈甓渔在人世间拥有“真人”般超脱的灵魂，主要表现在他学问大而无意于仕途。而在《钓鱼的医生》中，汪曾祺这样描写一位医生的钓鱼：

> 你大概没有见过这样的钓鱼的。
>
> 他搬了一把小竹椅，坐着。随身带着一个白泥小灰炉子，一口小锅，提盒里葱姜作料俱全，还有一瓶酒。他钓鱼很有经验。钓竿很短，鱼线也不长，而且不用漂子，就这样把钓线甩在水里，看到线头动了，提起来就是一条。都是三四寸长的鲫鱼。——这条河里的鱼以白条子和鲫鱼为多。白条子他是不钓的，他这种钓法，是钓鲫鱼的。钓上来一条，刮刮鳞洗净了，就手就放到锅里。不大一会，鱼就熟了。他就一边吃鱼，一边喝酒，一边甩钩再钓。这种出水就烹制的鱼味美无比，叫做“起水鲜”。到听见女儿在门口喊：“爸——！”知道是有人来看病了，就把火盖上，把鱼竿插在岸边湿泥里，起身往家里走。不一会，就有一只钢蓝色的蜻蜓落在他的鱼竿上了。

事实确如汪曾祺所说：很少有人见过“这样的”钓鱼的——从这里，我们似乎听到了庖丁解牛时的节奏和谐之音，看到了轮扁斫轮时的心手合一之舞。“他”哪里是在钓鱼，“他”是在展现一种人生形式，一种原汁原味的、与自然融为一体的“不隔”的人生形式。“他”的名字是“王淡人”，真是人如其名啊。很明显，汪曾祺设计这个名字就直上直下地起用了道家做精神底蕴：王，即“忘”也；淡人，来自《二十四诗品·典雅》里的“人淡如菊”。王淡人正是这样一位“无不忘也，无不有也”（《庄子·刻意》）的道家式的“真人”。王淡人医术高明，却不在乎名分，“男妇内外大小方脉”都看，给不给钱以及给多给少，从不在意，照看不误。涨了大水，无视性命危险蹚水去帮人治病。真是“死生无变乎己，而况利害之端乎”（《庄子·齐物论》）！

大诗人谈甓渔闲时喜欢吃螃蟹，作为医生的王淡人呢，则喜欢钓鱼和种菜。而不管是吃螃蟹、钓鱼还是种菜，这些人所看重的，实乃其中所显露出来的人生之意趣。王淡人因为喜欢郑板桥的对子：“一庭春雨瓢儿菜，满架秋风扁豆花”，就特意从外地找来瓢菜种子种上，以与菜园子里已有的扁豆相匹配。春雨秋风，花开叶落，碧绿的瓢儿菜，淡紫的扁豆花，自然界之真实，王淡人之真趣，就在汪曾祺的笔下一一呈现。正是如此，王淡人在摆脱了世俗名利后的轻松自由、淡泊超脱里过着道家的“法天贵真”、适性自然的诗意人生。

而《岁寒三友》里的画师靳彝甫呢，也是汪曾祺精心塑造的“真人”。靳彝甫靠卖画吃饭，虽然家境贫寒，一家子常是半饥半饱，可是，这丝毫不影响他对生活的雅趣：

> 他的画室里挂着一块小匾，上书“四时佳兴”。画室前有一个很小的天井。靠墙种了几竿玉屏箫竹。石条上摆着茶花、月季。一个很大的钧窑平盘里养着一块玲珑剔透的上水石，蒙了半寸厚的绿苔，长着虎耳草和铁线草。冬天，他总要养几头单瓣的水仙。不到三寸长的碧绿的叶子，开着白玉一样的繁花。春天，放风筝……夏天，用莲子种出荷花。不大的荷叶，直径三寸的花，下面养了一二

分长的小鱼。秋天，养蟋蟀。

“贫贱不能移”，这是儒家对“志”的具体阐述。但是，我们总觉得，在汪曾祺的作品里，汪曾祺是从“贫贱”不能“移”人之“雅趣”这个角度来阐述的。对于汪曾祺自己以及他作品中的人物，“雅趣”，而不是“志”，更是生活的核心。庄子就是这样一位“贫贱不能移”“雅趣”的人，虽然在穷巷织履为生，却不能阻止他梦见阳光下翩然飞舞的蝴蝶；陶渊明所创造的五柳先生亦是如此，虽然“短褐穿结，箪瓢屡空”，却不能阻止他“衔觞赋诗”，精神气度“晏如也”。汪曾祺笔下的画师靳彝甫亦是如此。画师不是画家，他的画作不是供不应求，而是等人上门，所以，生活拮据。画师靳彝甫虽成不了画家，但是，他成得了一般人成不了的具有“四时佳兴”的生活鉴赏家，每日与花草虫鱼相伴，怡情养性。这使得靳彝甫具有了一种“万物静观皆自得，四时佳兴与人同”的道家胸襟的旷达与超脱。事实上，靳彝甫正是这样一位忘怀得失，超然物外的“古之真人”。当他的两个好友突然家道中落，全家饿得奄奄一息时，他立刻卖掉他的视为性命的三块田黄，换来两百大洋，给他们一人一百，自己分文不留！这让我们想到了杨绛所译蓝德之诗：“我与谁都不争，与谁争我都不屑。我爱大自然，其次就是艺术。我双手烤着生命之火取暖，火萎了，我也准备走了。”① 人类历史上，大凡真有一颗通脱之心的人，谁屑于去争呢？“惟其不争，故天下莫能与之争”（《老子》第二十二章），是以成其为“真人”也。

第四节　京派小说的“庖丁”式人物形象

庄子笔下的“庖丁”们所好者非“技”也，乃“道”也，这使得

① 罗俞君选编：《杨绛散文》，浙江文艺出版社 1994 年版，“扉页”。

他们由“技”达“道”，超越了社会世俗价值，成就了艺术化的人生。中国古典文学史上也不乏对技巧的精彩描写，如欧阳修的短文《卖油翁》中写卖油翁酌油：“乃取一葫芦置于地，以钱覆其口，徐以杓酌油沥之，自钱孔入，而钱不湿”，技巧甚是高超。但是，《卖油翁》主旨在于讲述凡事熟能生巧之理，并无意要从这技巧里见出卖油翁的意气风采。真正继承了“庖丁”们的内在美质的，还是京派小说。废名、汪曾祺就塑造了诸多拥有一技之长的平头百姓，他们中有的甚至没有进过学堂门，大字不识，可是，他们都从各自的手艺里获得了生命的尊严，在自己平凡的生活里实践着庄子的“庖丁”们于“技”中见“道”、在世俗日常中显美的超越之境。

废名的小说《菱荡》，主人公是陈聋子。陈聋子是二老爹家的种菜长工，种菜十几年了。并不聋，只是轻易不说话而已，遇事就笑笑过去，与世无争。陈聋子种菜又卖菜，所得之钱一文一文都上交给二老爹，主仆互相信任。看陈聋子种菜等于看一首陶渊明的田园诗——

> 太阳已下西山，青天罩着菱荡圩照样地绿，不同的颜色，坝上庙的白墙，坝下聋子人一个，他刚刚从家里上园来，挑了水桶，夹了锄头。他要挑水浇一浇园里的青椒。风吹得很凉快。水桶歇下畦径，荷锄沿畦走，眼睛看一个一个的茄子。青椒已经有了红的，不到跟前看不见。

陶渊明是在家门口“采菊东篱下，悠然见南山”，陈聋子呢，则是“荷锄菱荡边，悠然见茄子”！陈聋子在绿意盈盈的菱荡旁，种了十几年的青椒、紫茄、白萝卜！而且，在有生的岁月里，陈聋子还会一直继续这种色彩斑斓又生机勃勃的人生形式。

废名不仅塑造了中年种菜者陈聋子，而且也塑造了韶华之中的种菜少女——《竹林的故事》里的三姑娘。三姑娘八岁即丧父，与母亲相依为命。三姑娘在风日中健康地长大了，种菜为生。她种的白菜又大又甜，两棵就有一斤多。三姑娘挑着一担碧绿的菜走来了，身穿竹布单衣，神情沉静如水。三姑娘和她的菜在一群买菜的学子眼里，成了圣洁的一首诗：

> 三姑娘是这样淑静，愈走近我们，我们的热闹便愈是消灭下去，等到我们从她的篮里拣起菜来，又从自己的荷包里掏出了铜子，简直是犯了罪孽似的觉得这太对不起三姑娘了。

面朝黄土背朝天的种菜、具有商业行为的卖菜，一经废名写来，却有了“平畴交远风，良苗亦怀新”的清馨和诗性。因为，陈聋子与三姑娘的生活实已与从种子到蔬菜这一生命的成长过程融为一体，欣欣然，全无他念，就像那位“不以万物易蜩翼”的佝偻老人，不以万物易其种菜，“日出而作，日落而息，逍遥于天地之间，而心意自得”（《庄子·让王》）。人的生命与蔬菜的生命相融相汇，日日自由自在地生长，日日流溢出“神性”，造就的是一种忘怀岁月的个体生命的自我圆满。

从不说话的陈聋子和神情沉静的三姑娘可以看出，废名的“庖丁”们是沉静的，闲逸的，这与废名所塑造的“真人”形象——“莫须有先生”和“小林”们，具有同一的性情表现，都带有闲云野鹤般的“仙气”。

汪曾祺笔下的“庖丁”们则不同，一个个都是热闹的兴奋的，一如他所塑造的“真人”谈甓渔，在性情表现上也是具有相同性的，带着现世生活的“人气”。先看他的《鸡鸭名家》。《鸡鸭名家》中写了两个民间技人：炕鸡名家余老五和赶鸭名家陆长庚。在此，我们单看余老五。

余老五的绝技是炕鸡。他是炕鸡这一行的状元，他炕的鸡绒毛都出足了，又大又可爱，深得养鸡人家的青睐。到了炕鸡的关键时刻，余老五就完全成为庄子所描写的那个“以神遇而不以目视，官知止而神欲行”的“庖丁”了：

> 余老五这两天可显得重要极了，尊贵极了，也谨慎极了，还温柔极了。他话很少，说话声音也是轻轻的。他的神情很奇怪，总像在谛听什么似的，怕自己轻轻咳嗽也会惊散这点声音似的。他聚精会神，身体各部全在一种沉湎，一种兴奋，一种极度的敏感之中。……吃饭睡觉都不能马虎一刻，前前后后半个多月！他也很少真正睡觉。总是躺在屋角一张小床上抽烟，或者闭目假寐，不时就着壶嘴喝一口茶，哑哑地说一句话。一样借以量度的器械都没有，就凭他这个人，一个精细准确而又复杂多方的“表”，不以形求，全以神遇，用他的感觉判断一切。炕房里暗暗的，暖洋洋的，潮濡濡的，笼罩着一种暧昧、缠绵的含情怀春似的异样感觉。余老五身上也有着一种“母性”（母性！），他体验着一个一个生命正在完成。

《庄子》中的庖丁是“解牛”，此处的余老五是“炕鸡”。两段文字，虽隔了两千多年，可是，在描写庖丁与余老五“由技进道”时所显示出的风采与神韵时，却惊人地一致，字里行间既散发出文学的魅力，又流淌着人物精神的逍遥自由。“炕鸡”时，余老五“不以形求，全以神遇，用他的感觉判断一切”，他所体验到的精神上的享受——“一个一个生命正在完成”，正是艺术创造般的审美自由。所以，“炕鸡”后，余老五提着他那把细润发光的紫砂茶壶在街上游游荡荡，接受乡人钦佩的目光，“为之四顾，为之踌躇满志”！余老五不折不扣地就是两千多年前那个宰牛的庖丁，艺术家的庖丁啊！

汪曾祺塑造了很多在自己的手艺里怡然自得、潇洒度日的人物。这些手艺人都像余老五一样，把一技之长变成了自己生命的一部分，把平凡的技术变成了富有诗意的艺术。如《戴车匠》里的戴车匠，实在说来，他平凡得很，普普通通一个车匠而已。可是，看他车东西，就如同在看一幅北宋的淡墨山水画：

> 戴车匠踩动踏板，执刀就料，旋刀轻轻地吟叫着，吐出细细的木花。木花如书带草，如韭菜叶，如番瓜瓤，有白的、浅黄的、粉红的、淡紫的，落在地面上，落在戴车匠的脚上，很好看。

有轻盈的动作，有清婉的声音，有多变的形状，有斑斓的色彩。这戴车匠哪里是在执刀车木料啊，这戴车匠分明是在挥毫作画一气呵成啊！

再看《陈四》里的陈四，一个没有任何特色的名字，却拥有绝活——糊纸灯。他糊的蛤蟆灯：

> 绿背白腹，背上用白粉点出花点，四只爪子是活的，提在手里，来回划动，极其灵巧。

陈四糊的蛤蟆灯，不仅形似：绿背白腹，背上用白粉点出花点；而且神似：四只爪子是活的，提在手里，来回划动——已然富有生命力了。显然，这里的陈四已经不是一个普通的“工匠”，而是庄子笔下的“大匠”（《庄子·天道》）了，具有艺术家的气质，能赋予对象以神采活力，而不仅仅是工匠所追求的形似而已。

是的，车木料的戴车匠，糊纸灯的陈四，对于自己的手艺，他们都是解牛的庖丁，绝不是仅仅将其视为糊口的手段，而是要求“合于《桑林》之舞，乃中《经首》之会”，做出的每一件手工品，都是活生生的，有灵魂有意趣的。正是这样一种把技术变成艺术的审美意识，使得他们在从事手艺的任何细节上都匠心独运，精益求精。且看《三姊妹出嫁》里的秦老吉。秦老吉是个卖馄饨的。秦老吉卖的馄饨品种繁多，各种馅都有，最讲究的是荠菜冬笋肉末馅的——它用刀背剁成！秦老吉拌馅用的深口大盘，竟是雍正青花！秦老吉用以走街串巷的馄饨担子，楠木的，还雕着花，细巧玲珑，好像是《东京梦华录》时期的东西！这秦老吉哪里是在卖馄饨，他分明是在仅仅追求饱腹的快餐时代，复活那早已远逝的精致讲究的古典生活与古典艺术！

废名和汪曾祺所塑造的这些种菜、炕鸡、车木料、糊纸灯、卖馄饨的"庖丁"们，他们手中所握的"技"，在物质上，使他们获得了丰衣足食的生活世相，得以在世俗界的层面上"全身养生尽年"；在精神上，又使他们获得了艺术性的"逍遥游"：他们在炉火纯青的技术里放置了个性化的心思和创造，明显含有"所好者道也，进乎技也"的艺术意味，从中获得的是生趣盎然、身心合一的艺术享受。于是乎，个体生命由其"技"通达到一种游刃有余、从容自在的艺术化的人生形式。

老子称其理想的人物形象——"愚人"，是"独异于人"。这种"异"，是在与"众人"的表现相较中体现出来的。在老子看来，"众人熙熙，如享太牢，如春登台"，在物质上追求世俗的享受；"众人"还"昭昭"且"察察"，在为人处事上机巧满怀。而"愚人"呢，则是"沌沌""闷闷"与"昏昏"，原朴沉静，全无机心。庄子似乎是直接塑造"真人"与"庖丁"们的，未将"真人"和"庖丁"们与时人进行对比。其实不然，在《天下》篇里，庄子在一一追踪当时各种学说之后，如此评断自己的思想："独与天地精神往来，而不敖倪于万物，不谴是非，以与世俗处。"这句话，放在庄子自己塑造的"真人"与"庖丁"们身上，也是恰切妥帖的。与当时趋利的人们相比，"真人"与"庖丁"们的这种"独与天地精神往来"的人格表现，正是庄子在《德充符》里所说的"异乎人者也"。

从老庄的历史观来看，自从进入礼乐文明后，社会就变得人心不古、物欲横流、滔滔不返了。除了老子所描写的“小国寡民”和庄子所描写的“至德之世”，任何时代，趋功、趋名、趋利、趋禄的人们总是绝大多数。老庄所面对的是这样的时代，京派小说家所面对的也是这样的时代。但是，正如老子、庄子本身就是独拔流俗之人一样，京派小说家在一个功利的时代里也是坚持守住纯文学的风采。所以，老庄和京派小说家都既是诗意人生的践行者，也是诗意人生的推动者。老庄的“愚人”“真人”和“庖丁”们，带给一部中国美学史和一部中国文学史多少超凡脱俗的想象与杰作！而京派笔下的“会明”“老兵”“老船夫”“莫须有先生”“小林”“细竹”“琴子”“钓鱼的医生”“谈甓渔”“靳彝甫”“余老五”“三姑娘”“陈聋子”“秦老吉”们，他们在喧嚣功利的时代里，舍弃世俗观念里的闻达显贵，单纯地守护着自己的精神空间，“洒形去欲”“乘物以游心”，又让在滚滚红尘里打滚的芸芸众生获得了多少洗涤灵魂的契机！废名曾说，人生的理想境界是追求一种“形式虽孤单，其精神则最热闹”① 的天地境界。京派笔下的这些“愚人”“真人”和“庖丁”式的人物群像，在熙熙攘攘的功利社会里都处于边缘地位，恬淡寂寞又天然天真自然自如地躬行着“精神最热闹”的天地境界。

① 《废名散文选集》，百花文艺出版社 2004 年版，第 91 页。

第十四章

走向诗情画意的意境

京派在诸多文类上都取得了重要成就。在小说、散文、诗歌的创作上，与同时期的乃至之前与之后的创作流派相比，京派都是佼佼者。具体到京派自身的小说创作史上，其早期代表人物是废名。废名 1925 年所发表的《竹林的故事》和《浣衣母》，写的都是“乡村的故事”，可是，它们却自有特色，不能归入由鲁迅的《故乡》、《祝福》等小说引发出来的、在 1924 年成熟且享誉文坛的“乡土小说”流派。为什么都是写乡村，废名的《竹林的故事》和《浣衣母》却不能归入“乡土小说”这一流派里？因为，“乡土小说”主要是作家以现代文明为圭臬对自己故乡的落后和愚昧进行揭示，主旨源自鲁迅的“哀其不幸，怒其不争”式的关怀和愤怒。可是，废名的这些作品，却对故乡充满了难以言说的温情和眷恋，自然环境是一片天籁，乡土人物亦是一片天籁。显示在废名小说中的这种天籁般的乡土人物和天籁般的自然环境，实质上也是整个京派小说所呈现出来的美学特色：淳朴本真的人在纯净清新的大自然里生活着，人与自然合一，融合无间。沈从文、凌叔华、汪曾祺的小说，都可作如是观。

人在大自然中生活，人与大自然融合无间，这种小说所表现出的审美特质，自然是文本处处呈现出“诗情”和“画意”的结合。

为什么在一个对乡村进行控诉和怜悯的时代，京派却又“不合时宜”地写出一篇篇充满了“诗情”和“画意”的小说？京派小说的“诗情”为何？京派小说的“画意”源何？追溯起来，京派的这种独特的美学表现，体现的是渊源于道家艺术精神的“意境”美学。

第一节　诗情：“小说是写梦”

京派小说的内容可用邵雍这首简洁的诗来概括：“一去二三里，烟村四五家。亭台六七座，八九十枝花”（《山村咏怀》），安宁、简单、生机勃勃、天人合一，是理想的道家生活环境。

为什么京派与中国现代文学史上的其他小说流派不同，总是集体描摹环境之美与人物之真，以致小说的集体美学表现可用一个“美”字来概括呢？细究起来，主要有两个原因：一是京派小说家具有独特的文学观，一是京派小说家以画家或诗人的身份来创作小说。

京派整体的文学观，我们在前面有关章节已经从总体与根源上进行了详尽探讨，概括起来，就是周作人所说的：“我们是诗言志派的，都浸在自己的性情里”，主张文学是“言自己之志”，强调文学的独立和个性，反对为政治而写作和为商业而写作。京派“言志”文学观体现的是道家艺术精神的底色。这里，我们再具体探讨京派小说家的文学观：“文学乃是一个梦”。

先来看看京派小说家对“文学乃是一个梦”这一独特文学观的阐释。

还是要先从京派文学的始祖周作人说起。1925 年，周作人在评价废名的小说集《竹林的故事》时，说："文学不是实录，乃是一个梦：梦不是醒生活的复写。"[①] 周作人的"文学乃是一个梦"的看法，显然是从《竹林的故事》本身具有的"梦"的特色所引申而来。确实，《竹林的故事》静谧、安宁，虽有生活中的晴天霹雳（爸爸在三姑娘八岁时就死了），但是，日子还是在太阳下悠悠地度过。废名是周作人的大弟子，曾诚恳地说："我自己的园地，是由周先生的走来。"[②] 废名所有的作品都是由周作人写序或跋，两人的关系是亦师亦友，故此，周作人从《竹林的故事》所总结出来的"文学乃是一个梦"的观点对废名的影响甚是深刻。两年之后，即 1927 年，废名写有《说梦》一文，明确宣称："创作的时候应该是'反刍'。这样才能成为一个梦。是梦，所以与当初的实生活隔了模糊的界。艺术的成功也就在这里。"[③] 很显然，废名的这种"梦"文学观既是对周作人的观点——"文学乃是一个梦"的一脉相承，同时，也是废名对自己在小说中所创作的与凡俗的实生活隔了距离的、梦幻般的世界的一个总结。废名曾说自己激赏李商隐的这句诗："微生尽恋人间乐，只有襄王忆梦中"。废名所激赏的，不是芸芸众生在具体实际生活里所拥有的切实快乐，乃是在梦境中所形成的诗意的人生形式。这也可以视为是废名的"梦"文学观的隐喻表达。

凌叔华呢，写有《爱山庐梦影》一文，从标题可以看出，她也是对"梦"具有独特感悟的一位作家。在此文里，凌叔华借用大画家石涛的诗来表明自己的"梦"文学观："'不识年来梦，如何只近山。'一次无意中读到石涛这两句诗，久久未能去怀，大约也因为这正是我心中

① 周作人：《〈竹林的故事〉序》，原载《语丝》1925 年 10 月第 48 期。

② 废名：《竹林的故事》，广西师范大学出版社 2003 年版，"序"。

③ 废名：《说梦》，《语丝》1927 年 5 月 28 日第 133 期。

常想到的诗句，又似乎是大自然给我的一个启示。”① 难怪京派小说里多青青翠翠的山、郁郁葱葱的山、温婉可人的山、挺拔峻峭的山。文学是一个“梦”，而这个“梦”的形成源出于大自然的启示。这正道出了京派小说的主要特点：大自然与生活在这亘古常新的大自然中的人，才永远是作家审美的心胸所倾力描摹的对象，而绝不是粗糙的实形的可怖的社会人生。

沈从文如此定义小说：小说是“‘用文字很恰当记录下来的人事’”。同时，他认为“人事”包含了两个部分：“一是社会现象，是说人与人之间的种种关系；一是梦的现象，便是说人的心或意识的单独种种活动。单是第一部分容易成为日常报纸记事，单是第二部分又容易成为诗歌。必须把人事和梦两种成分相混合，用语言文字来好好装饰剪裁，处理得极其恰当，才可望成为一个小说。”② 虽然沈从文在此强调要“把人事和梦两种成分相混合”，实质上，在“社会现象”和“梦的现象”之间，作家更偏爱梦的现象。在《水云》里，沈从文就明确宣称：“有人用文字写人类行为的历史。我要写我自己的心和梦的历史”，因为，“人生至少还容许用将来重新安排一次。”③ 这里的“将来”所具有的美学内容，其实就是“心和梦的历史”。这显然已是美学领域中诗化了的生命与生活，而非现实实存形态中的粗糙枯燥的生命与生活。如此看来，沈从文也是认同“小说是写梦”这个观点的。

汪曾祺被当代文学界视为京派在20世纪80年代的直接复活，是20世纪40年代末的京派在当代文坛的“活化石”。汪曾祺虽然没有明确提出相关的“梦”文学观，但是，他的1980年的小说《受戒》，文尾有特意注明：“写四十三年前的一个梦”。也就是说，他的讲述了乡

---

① 凌叔华：《爱山庐梦影》，见《酒后》，东方出版社2004年版，第3页。
② 沈从文：《短篇小说》，见《沈从文全集》第16卷，第493页。
③ 沈从文：《水云》，见《沈从文文集》第10卷，第273页。

村的岁月静好故事的《受戒》，实际上是1937的一个梦。我们可以把这个声明看作是汪曾祺的“梦”文学观的一种隐喻表达。而且，他在一首自题诗里说：“近事模糊远事真”，认为紧贴的、真实的“现在”反而是“模糊”的，而遥远的、逝去了的“过去”，才是“真”。这“真”，其实就是除去了岁月的烟火气后披沙拣金所得到的审美上的“真”。这也可以理解为汪曾祺式的“梦”文学观。

《竹林的故事》《浣衣母》《边城》《受戒》……这些小说都有着人世的心酸：《竹林的故事》里，三姑娘八岁时父亲就死了；《浣衣母》里，李妈的丈夫和儿子都死了；《边城》里，翠翠的父母都死了，最后，连爷爷也死了；《受戒》里，明海家穷得没有饭吃，只好出来当和尚……可是，京派作家并没有像其他小说流派一样，大力描写这人世的心酸，而只是将其作为一个淡淡的背景推到幕后，着重讲述的，是天籁般的自然环境和浑全朴真的人物形象。为什么京派作家会如此处理呢？因为，京派认为：“艺术本来是弥补人生和自然缺陷的。如果艺术的最高目的仅在妙肖人生和自然，我们既有人生和自然了，又何取乎艺术呢？”① 既然京派认为艺术的最高目的不是“妙肖人生和自然”，而是“弥补人生和自然缺陷”，所以，京派提出“文学是一个梦”，写作乃是写“心和梦的历史”，是重新创造一个全新的梦幻般的世界，就是顺理成章之事了。

海德格尔曾说：“诗人之本性乃是漠视现实，是造梦而非劳作。其所创造者仅属梦幻，幻想玄思为诗人能唯一奉献者。”② 海德格尔所称谓的“造梦的”“漠视现实”的“诗人”，当然包括作家在内。而不管是京派的“艺术弥补观”还是京派的“梦”文学观，在本体论上，都

---

① 朱光潜：《谈美·谈文学》，人民文学出版社1988年版，第27页。

② ［德］海德格尔：《人诗意地栖居》，见刘小枫主编：《人类困境中的审美精神》，知识出版社1994年版，第561页。

与海德格尔的“诗人造梦观”具有高度的同质性。综此，可以见出京派小说家的“梦”文学观的美学内涵：文学创作必得超越庸常粗鄙的现实，铸造人类理想的生存图景，使人类诗意地栖居成为可以触摸的幻梦。沈从文就说过，在“眼前这个愚昧与贪得虚伪卑陋交织所形成的人生”世界里，需要“‘人’来重新写作‘神话’。这神话不仅是综合过去人类的抒情幻想与梦，加以现世成分重新处理，还应当综合过去人类求生的经验，以及人类对于人的认识，为未来有所安排，有个明天威胁他，引诱他。”① 承担起在鄙陋的现实里重新写作“神话”的作家，是这群持“艺术弥补观”的京派作家。

京派作家都是造梦的诗人，而且都认为“文学乃是一个梦”，所以，他们的作品，都可以视为是“梦”之作。这个梦的主要内容，用废名的《梦》来概括就是：“我在男子的梦里写一个美字，我在女子的梦里写一个善字，厌世诗人我画一幅美丽的山水，小孩子我替他画一个世界。”② 京派小说家认为小说是写梦的，而这个梦的内容是由“美”“善”“美丽的山水”组成起来的如画的“一个世界”。

这样的京派小说，怎能不是具有丰富的“诗情”的小说呢？

第二节　画意：“我是梦中传彩笔”

京派作家的小说观是“文学乃是一个梦”，那么，他们用一支怎样的笔来描摹这个“弥补人生和自然缺陷”的“梦”呢？李商隐曾有诗为“我是梦中传彩笔，欲书花叶寄朝云”。京派作家写“梦”的“笔”，也是一支能画花叶的“彩笔”，因为，京派作家要么是以画家的

---

① 沈从文：《北平的印象和感想》，《沈从文文集》第10卷，第130—131页。

② 废名：《黄梅初级中学二四区毕业同学所办怀友录序》，刊于《平明日报·星期艺文》1947年7月27日第14期。

身份来创作小说，要么是以诗人的身份来创作小说。

凌叔华、沈从文、汪曾祺这三位京派小说家，他们在文学艺术造诣上，都经历了这样一个过程：先学绘画（包括书法），然后是小说创作。

凌叔华出身于书画世家。其父凌福彭工于词章书画，且在北京谋事近40年，结交了陈师曾、姚茫父、王梦白、齐白石、陈半丁等名冠一时的画家。凌叔华的曾外祖父谢兰生是粤中书画大家。家学渊源加上禀赋异常，凌叔华在绘画方面早慧，6岁时，就拜宫廷女画师——慈禧太后的老师缪素筠为师，后又拜赫漱玉为师，还曾得齐白石的亲传。就这样，凌叔华走上了绘画之路，一时以画名。据凌叔华自言，她只上午去上学，下午乃在家中学画画。这种状况持续了很久，直到1921年入读燕京大学外文系时，每天还把大半时间花在绘画上。毕业后又任职于故宫博物院，遍览中国历代名画，用心临摹，孜孜不倦。可以说，在她1924年于《晨报副刊》发表小说处女作《女儿身世太凄凉》之前，一直是以绘画作为生活与学习中心的。即使1925年的小说《酒后》的发表使她一举成名，跻身于现代著名作家之列，她还是亦文亦画，如影随形。朱光潜1945年在《论自然画与人物画》一文中这样评价凌叔华的画："在这里面我所认识的是一个继元明诸大家的文人画师，在向往古典的规模法度中，流露她所特有的清逸风怀和细致的敏感。她的取材大半是数千年来诗人心灵中荡漾涵泳的自然……这都自成一个世外的世界，令人悠然意远。"① 由朱先生的描述，我们可以如在目前地想象凌叔华的画境。她秉承了中国传统文人山水画的神韵，以心接物，借物写心，萧然淡简而蕴藉浑厚，自然天成。

凌叔华的画作《伊人秋水》，画面上就是一石、一花、一蜻蜓而

① 见《朱光潜全集》第9卷，第212页。

已，秀逸简洁，却仿佛能听见满幅的水响，闻到满幅的馨香，听到蜻蜓振翅的声音。还有《春深》，整个画面就是一朵怒放的花，配上几片浓墨的叶子，把“红杏枝头春意闹”的生趣最简练传神地显示出来了。还有《秋水秋花入画图》：白水、衰柳、芦苇、古船之间，一位老翁，静坐抛丝，悠然独钓，天地静一。画的左侧是字迹娟秀的一句诗：“闲来静坐学垂钓，秋水秋色入画图，”诗中有画，画中有诗，动静结合，诗画合一。

故此，当凌叔华以画家的身份来写小说时，小说中具有“画意”，应该是浑然天成的。

世人只知沈从文的小说写得极好，却不知他还是个对绘画与书法极感兴趣也有极高造诣的人。沈从文在1922年离开湘西以前，就已对沈石由、仇十洲、王麓台等明清山水画家的绘画艺术做过潜心研究。1924年，沈从文开始写小说时，还对文字的驾驭感到非常陌生，甚至连新式标点符号也不会用，但已写得一手好字，并且对中国传统画非常熟悉。沈从文是个一流的书法家，其章草功力堪称独步。与沈从文甚是相知的朱光潜就曾说：“从文不只是个小说家，而且是个书法家和画家。”① 沈从文确实具有绘画天赋，散文集《湘行书简》原是沈从文1934年在回湘西途中写给在京的张兆和的一丛信札，其中就有诸多栩栩如生的速写图。沈从文最钟情的是山水画，《读展子虔〈游春图〉》这篇一万多字的论画长文，就主要是谈论中国山水画的发展历史及其神韵表现。至于小说《虹桥》，通篇实为沈从文自己化身为三个毕业于国立美术学校的年轻人，在大自然中突然奇遇“那近于自然游戏，唯有诗人或精灵可用来作桥梁的垂虹”时所写出的“画论”。

---

① 朱光潜：《从沈从文先生的人格看他的文艺风格》，见朱光潜、张兆和等著，荒芜编：《我所认识的沈从文》，岳麓书社1986年版，第2页。

沈从文所创作的《山水》（扇面书画，设色纸本），近处树木葱茏，湖水澄澈，远方群山雅秀，轻雾杳霭，看后令人“逸心”顿生。《墨兰》亦为扇面书画，全幅不着色，墨迹浓淡分明。展扇一览，兰枝苍劲，清风扑面，空灵满纸。在扇面的左上方，是沈从文堪称一绝的章草题款：“我有灵均一支笔，年年无事续离骚。”大画家黄永玉曾说沈从文的绘画“是一种极有韵致的妙物”①，可谓的评。

毫无疑问，当沈从文用这支“画笔”来写小说时，小说中自然充溢了“画意”。

虽不像凌叔华来自高门巨族、书画世家，汪曾祺的绘画与书法也可谓家学渊源。汪曾祺出生在苏北高邮湖畔的一个书香门第，祖父是清朝末年的“拔贡”，收藏有不少珍贵的古董字画。父亲是画家，会刻图章，画写意画。祖父在他 12 岁时教他写字，大字写《圭峰碑》，小字写《闲邪公家传》，后练《张猛龙碑》。汪曾祺从小就跟着父亲学画画，他的审美意识的形成，跟从小看父亲作画有很深刻的关系。日后汪曾祺回忆说：“我从小学到中学，都‘以画名’。我父亲有一些石印的和珂罗版印的画谱，我都看得很熟了。放学回家，路过裱画店。我都要进去看看。高中毕业，我本来是想考美专的。”② 后来，汪曾祺为在西南联大授课的沈从文所吸引，报考了西南联大，成为沈从文的大弟子。即使颇有“文名”后，汪曾祺还对绘画念念不忘：“我到四十来岁还想彻底改行，从头学画。我始终认为用笔、墨、颜色来抒写胸怀，更为直接，也更快乐。”③ 汪曾祺喜欢临帖泼墨，描绘丹青，也对中国绘画史与书法史了然于心，这我们可以从他写的《徐文长论书画》看出。

---

① 黄永玉：《太阳下的风景——沈从文与我》，见朱光潜、张兆和等著，荒芜编：《我所认识的沈从文》，岳麓书社 1986 年版，第 40 页。

② 《汪曾祺：文与画》，第 189 页。

③ 《汪曾祺：文与画》，第 189 页。

在《自得其乐》这篇散文里，汪曾祺自评过自己的画：

> 我也是画花卉的。我很喜欢徐青藤、陈白阳，喜欢李复堂，但受他们的影响不大。我的画不中不西，不今不古，真正是“写意”，带有很大的随意性。曾画了一幅紫藤，满纸淋漓，水气很足，几乎不辨花形。这幅画现在挂在我的家里。我的一个同乡来，问：“这画画的是什么？”我说：“是骤雨初晴。”他端详了一会，说：“哎，经你一说，是有点那个意思！”他还能看出彩墨之间的一些小块空白，是阳光。我常把后期印象派方法融入国画。我觉得中国画本来都是印象派，只是我这样做，更是有意识的而已。(《自得其乐》)

汪曾祺说自己画的紫藤是“几乎不辨花形”，却“满纸淋漓，水气很足”，真正传达出了一幅画所该具有的元气，也就是我们在论画时所注重的“气韵”。当代评论家孙郁等这样评价汪曾祺的文学创作：“他的随笔和小说，在气韵上和他的花鸟草虫类的绘画小品类似，构图简约，淡墨传神，有时意袭徐渭，偶尔也类似印象派的神色。”① 这难道不是承认汪曾祺是用“画笔”写小说吗？

从凌叔华、沈从文、汪曾祺留下的画来看，应属于“文人画”。何谓“文人画”？明画家兼画论家董其昌在《画旨》中说：“文人之画，自王右丞始。”在董其昌看来，王维是文人画之祖。但是文人画的特征何在？董其昌没有讲明。同郡陈继儒则在《偃曝余谈》中如是说：“山水画至唐始变，盖有两宗：李思训、王维是也……李派板细无士气，王派虚和萧散。”陈继儒非常精要地指出了文人画与非文人画的区别：李派板细无士气，王派虚和萧散。但是，陈继儒所言仍非常笼统。稍后的

① 孙郁、姬学友：《汪曾祺片影》，《当代作家评论》2007 年第 4 期。

沈颢则非常具体地说明："王摩诘裁构淳秀，出韵幽淡"（《画麈》），指出王维的画在结构布局上淳净挺秀，而所传达的韵味则幽静淡远。至此，我们可以理解文人画的最重要特质："虚和萧散"与"出韵幽淡"。这都是强调文人画家在泼墨挥毫时超拔通脱、不同流俗的情感在笔墨中的一一流露。也就是说，文人画刻意表现的不仅是山川花草林木等"自然之体"本身，更主要的，是画面要含藏有深厚的内容，以表现画家本人的情趣神韵和思想意境。陈师曾先生就指出："何为文人画？即画中带有文人之性质，含有文人之趣味，不在画中考究艺术上之功夫，必须于画外看出许多文人之感想。此之所谓文人画。"①

从上面的例证我们可以看到，京派小说家的绘画，如凌叔华的《伊人秋水》和《秋水秋花入画图》，沈从文的《山水》和《墨兰》，汪曾祺的《紫藤》，都属于文人画。也就是说，京派小说家在他们是画家时，就已深知绘画必得由第一自然见出第二自然，情在笔墨之外，传抒胸中意趣。这使得他们在挥毫作画时，亦是随物赋形，借景抒情，画作自成一个世外的世界，令人悠然意远。故此，当他们放下作画之笔拿起为文（小说）之笔时，由于"画养"的滋润与熏陶，荡漾在文字背后的，必定也是"画意"：既"虚和萧散"，又"出韵幽淡"。

我们再看看废名。废名不像上述三位作家，他不是画家，但是，他又具有凌叔华等三位作家所不具有的身份：他是诗人。废名不仅写诗，而且论诗。事实上，废名就是用诗的笔触与情感来写小说的，曾自称："我写小说同唐人写绝句一样"②，"我最后躲起来写小说乃很像古代陶潜、李商隐写诗"③。早在20年代，废名就在小说中表现出了李商隐等晚唐诗人的艺术技巧，长篇小说《桥》更是唐人绝句之表现技巧的集

① 陈师曾：《文人画之价值》，《绘学杂志》1921年1月第2期。

② 《废名小说选》，人民文学出版社1957年版，第2页。

③ 《废名小说选》，第1页。

大成者。在北大课堂上听过废名的课的诗人卞之琳曾说：

> 他的前期短篇小说和《桥》的一些篇章，真像他们所说，学唐人写绝句。随便举例说，他在《桃园》这个短篇小说里有一句"王老大一门闩把月光都闩出去了"，这就像受过中国古典诗影响的西方现代诗的一行。废名却从未置理人家那一套，纯粹继承中国传统诗的笔法。①

不管是从废名的自述还是从卞之琳的"他述"中，都可以看出诗人废名是把小说当成唐诗来写的。中国古代文论中关于诗和画之间的关系，最早对其进行论述的，当推苏轼。苏轼在《书摩诘蓝田烟雨图》中说："味摩诘之诗，诗中有画；观摩诘之画，画中有诗。"苏轼所提出的"诗中有画"很好理解，意谓"见诗如见画"（欧阳修：《盘车图诗》），诗中对景物的描写细腻而清新，宛如看一幅自然风景画一样。作为诗人的废名既然把他的小说当作唐诗来写，小说当然也就具有"诗中有画"的美学特性，即如"王老大一门闩把月光都闩出去了"这句，"画意"简直就浓烈得化不开。

梦的文学观，画家的身份，诗人的身份……

"文学乃是一个梦"的小说观牵引着京派小说家，画家的身份和诗人的身份又界定着他们。"我是梦中传彩笔"，在这支如诗如梦的彩笔下所出现的小说，只能是一个个对鄙陋的现实进行修正和补充的梦，只能是一行行带有画境的文字。梦与梦之间，是"诗情"的摇曳生姿；字与字之间，是"画意"的浑然天成。

① 卞之琳：《冯文炳选集·序》，《冯文炳选集》，人民文学出版社 1985 年版，第 8—9 页。

第三节　京派小说的“诗情”和“画意”

需要加以说明的是，在中国传统文论和传统作品里，“诗情”和“画意”其实是一个复合词——“诗情画意”，它最早出现于宋代周密的《清平乐·横玉亭秋倚》中：“诗情画意，只在阑杆外，雨露天低生爽气，一片吴山越水。”而“诗情画意”的意思，在苏轼评价王维的诗画中也已显示出来，即“诗中有画”和“画中有诗”，都是强调诗和画给人以美感的视境。在现代小说流派史上，与其他小说流派相较，由于京派小说家具有独特的小说观——“文学乃是一个梦”，又以流派的姿态呈现出特殊的创作身份——画家或是诗人，故此，在前文中，为了挖掘京派小说中独特的艺术审美表现——“诗情画意”的形成原因，将之拆开进行论述，认为京派小说“诗情”的形成原因，是由于其“造梦”的文学观；“画意”的形成原因，是由于其画家或诗人的创作身份。这既是一种论述的策略，同时，也是符合文学史实情的一种思考问题的方式。

表现在京派小说里的“诗情”和“画意”，用中国传统美学的术语来解读，其实就是“意境”的显现。因为“意境”的生成，断然少不了二种元素：景和情。对此，宗白华在发表其意境理论最重要最有代表性论文后十多年曾回首说：

> 诗和画的圆满结合（诗不压倒画，画也不压倒诗，而是相互交流交浸），就是情和景的圆满结合，也就是所谓“艺术意境”。我在十几年前曾写了一篇《中国艺术意境之诞生》，对中国诗和画的意境做了初步的探讨，可以供散步的朋友们参考。①

① 见宗白华：《美学散步》。该文发表于《新建设》1959年第7期，收入《美学散步》一书且放在第一篇的位置。

从这段宗先生非常看重的回首文字中，我们可以看出在宗先生的意境创构中，诗情画意、情景交融、诗画交浸互补，成为艺术意境最为内核的要素。

对于京派小说来说，文中之“景”，乃因画家身份或诗人身份取材人世间的角度而生；文中之“情”，乃因改写实生活铸造美梦的文学观而生。

对于“景”和“情”之相生相长之关系，宋范希文在《对床夜话》中提出“景无情不发，情无景不生”；明谢榛在《四溟诗话》中提出“景乃诗之媒，情乃诗之胚，合而为诗”，都是指出情与景相互生发，融合无间，将读者引领到一个奇妙的艺术境界。

凌叔华、沈从文、汪曾祺在写小说之前是文人画家，惯画山水草木，又有着“以玄对山水”的“画论”熏陶，一切自然界的景物经他们的妙手一挥，皆熠熠生辉，文人意趣，自蕴其中。另外，他们的山水画家身份，使他们意识到大自然不仅清新秀美，而且博大深沉，正可以寄托人生天地之间的那份悠悠情怀。如沈从文就认为，人“由皈于自然而重返自然”①，这不能不说是由于浸润于自然而产生的“天地与我并生”之念。至于废名，他以写唐诗绝句的眼光来写小说，而唐诗中最重要的“景中蕴情”之美学要求，对于他来说已经内化为自觉的意识。

学界对废名的《桥》曾有如此解读：“《桥》的世界是一个镜花水月的世界。它的田园牧歌般的幻美情调，正是通过对女儿国、儿童乐园、乡土的日常生活与民俗世界等几个层面的诗性观照具体体现的。从总体上说，它们由此都具有了一种乌托邦属性，最终使《桥》生成为

---

① 沈从文：《〈断虹〉引言》，《沈从文文集》第11卷，第61页。

一个东方理想国的象征图式。”① 扩而言之，京派小说的世界都是一个镜花水月的世界，它们把具体的人生世相加以诗境化，创造性地将之转换为一种生命艺术化的诗意时空。这当然与京派小说家认为“文学乃是一个梦”的“造梦”观息息相关。

“小说是写梦”，而这个充满了诗意的“梦”，是由“我是梦中传彩笔”之“彩笔”横涂竖抹予以完成的。中国绘画都是“以追光蹑影之笔，写通天尽人之怀”（王夫之），所求只在表现情景交融的艺术之境，如李成的寒林、米芾的云山、倪瓒的竹子，都是非同凡响，灵气四溢。京派小说家文本中的景物描写，也与他们受的“画养”一样，并不是孤立存在的，而是“一切景语皆情语也”，景物自身就是有情有义的，一塔一桥，一河一树，皆性灵摇荡，蕴藉深厚，小说人物就生活在这缠绵的自然生命里，实现了京派孜孜的美学追求：“人与自然契合”②。所以，京派小说中的人物是“登山则情满于山，观海则意溢于海”（刘勰）；景物是“我见青山多妩媚，料青山见我应如是”（辛弃疾），人与自然互相依存，两厢愉悦，物人契合，和谐统一。这种人物和风景的水乳交融，使得京派小说文中有画，如诗如画。这样，京派小说中的“诗情画意”，一如宋元山水画所呈现出的满幅烟水迷离一样，也是由一篇小说从头到尾表现出来的，读者读去，只觉得满纸的情与景、人与自然的氤氲和荡。

且以作家各自的代表作为证。

凌叔华的《疯了的诗人》里，从文章开头的乡村野景：“初春的一个早晨，银丝似的细雨，乘着料峭的斜风，飞快的抛着梭，织出一层银灰的薄绡，罩着天泰山的纡曲小路”；到文尾的带着泥土味的后花园：

---

① 吴晓东：《镜花水月的世界》，广西教育出版社 2003 年版，第 238 页。

② 沈从文：《泸溪·浦市·箱子岩》，《沈从文文集》第 9 卷，第 379 页。

“亭子是稻草做的顶，树枝做的柱子半歪半斜的支在一个小土山上，四面插满了盛开的杏花枝子，山下是一个水池子，有一条硬纸剪成曲曲弯弯的小桥，桥过去的地方插了几棵粗的松柏枝子”，皆渲染出一派宁静和谐的田园风光和一种朴野原始的生活情趣，主旨在于表达双成和觉生“性本爱丘山”，希望逃离“误落尘网中”的都市生活，皈依“山万重兮一云，混天地兮不分”的大自然的迫切情怀。

废名的《桥》里，小林、琴子与细竹都是处于梦幻中的诗人，所以，废名这样设计他们的生活环境：“站在史家庄的田坂当中望史家庄，史家庄是一个‘青’庄。三面都是坝，坝脚下竹林这里一簇，那里一簇”，到处都是青青翠翠的，到处都是纯纯净净的，正可以让这三位乡村田园诗人时时处处萌生诗意。在河边洗完衣服的琴子坐在沙滩上晒她打湿了的鞋子，悠闲地张望四周：

> 那头沙上她看见了一个鹭鸶，——并不能说是看见，她知道是一个鹭鸶。沙白得炫目，天与水也无一不是炫目，要她那样心境平和，才辨得出沙上是有东西在那里动。她想，此时此地真是鹭鸶之场，什么人的诗把鹭鸶用“静”字来形容，确也是对，不过似乎还没有说尽她的心意，——这也就是说没有说尽鹭鸶。静物很多，鹞鹰也最静不过，鹭鸶与鹞鹰是怎样的不能说在一起！鹞鹰栖岩石，鹭鸶则踏步于这样的平沙。

看得真切的白沙滩，看不真切的白鹭鸶，还有洗衣少女琴子此刻化身成诗人在意念中描画的安静飞翔的鹞鹰，这一切，构成了一种梦幻般的田园牧歌的美感视境。《桥》的本意在于叙述宁静乡村的诗性灵魂，所以，出现在《桥》里的景物，时时处处都是洁净的、清新的、安静的，小林、琴子与细竹这三位乡村诗人就在这洁净清新安静的田园景物里生发着洁净清新安静的人生之歌。

沈从文的《边城》里，山上“多篁竹，翠色逼人而来”；山下一条小溪：“宽约二十丈，河床是大片石头作成。静静的河水即或深到一篙不能落底，却依然清澈透明，”这样的翠竹青溪不仅养育了翠翠，而且是翠翠这个“自然人”性格的一部分，也是她生命的一部分。沈从文显然深知宋元山水画的精粹：“群必求同。同群必相叫。相叫必于荒天古木。此画中所谓意也。”（恽南田）翠翠必得生活在青山绿水里，失去了这样的生存背景，翠翠就不可能是边城里的“自然人”翠翠了，而翠竹青溪顿然间也就少了一份灵气与神韵。只有把翠翠融进这片山水里，翠翠才是翠翠，翠竹青溪顿然也灵动丰富起来，这就是“相叫必于荒天古木”的真义，以人之“自然”合景之“自然”，既富“诗情”，又具“画意”。

汪曾祺的《受戒》主要是写英子和明海的爱情，两小无猜，青梅竹马，清透如水，纯净如露。明子对英子产生最初的情愫，是他们俩在田野里拔荸荠时。英子光着双脚踩在软软的泥巴上，留下深深浅浅的印痕。这深深浅浅的小脚掌小脚丫的印痕，把小明海的心弄乱了。文末，英子与明海一起划船进入芦花荡。汪曾祺是这样结尾的：

> 英子跳到中舱，两只桨飞快地划起来，划进了芦花荡。
>
> 芦花才吐新穗。紫灰色的芦穗，发着银光，软软的，滑溜溜的，像一串丝线。有的地方结了蒲棒，通红的，像一支小蜡烛。青浮萍，紫浮萍。长脚蚊子，水蜘蛛。野菱角开着四瓣的小白花。惊起一只青桩（一种水鸟），擦着芦穗，扑鲁鲁鲁飞远了。

庄子曾赞“古之人在混茫之中”（《庄子·缮性》），杜甫也说自己的诗是“篇终接混茫”（《寄彭州高适岑参三十韵》）。汪曾祺将英子和明海的爱情置于野水、野花、野鸟、野昆虫的自然之境里，画面空旷超越，实乃是“篇终接混茫”，正是一幅宋元水墨山水画的艺术境界。而其所传达出的人与自然融合为一的情感，又让人重回到道家所理想的“古之人在混茫之中”的境界，给人“道之为物，惟恍惟惚”的混沌恍惚之感。

通过对上述几篇作品的阐释，我们可以看出，在京派小说中，人物的活动总是在大自然中的活动，人与自然一起流转融会。山、水（在京派小说中经常出现的是河、荡、淖、塘等各种水的形象）、花、竹、田野、炊烟这些自然物象，总是人物生存的背景，灵魂安宁的依凭。与其他小说流派相比，京派小说一般没有重大社会历史事件；万一不得不涉及，也被稀释在大自然这样一个绝大的背景里。在京派小说里，自然的清新气息无所不在，本真的人在山水风色里流连忘返。这样，宁静恬淡的大自然造就了宁静恬淡的人，他们随着大自然的节奏与律动，“俯仰自得，游心太玄”（嵇康），“逍遥于天地之间而心意自得”（庄子）。故此，在京派小说里，时时充溢着“诗情”，处处盈荡着“画意”。

第四节　京派小说“诗情画意”的道家渊源

京派小说的成熟期是20世纪二三十年代，这个时代的中国，社会的主流话语是进化、革命、政治、商业，而京派小说全然“逆历史潮流而动”，把笔墨伸展到中国乡村的纵横深处，着力刻画纯净清新的大自然以及与大自然融合无间的人物。大自然是桥、水、河、山、白塔、杨柳、沙滩、渡船……人物呢，则是与世无争、淡泊质朴、天真赤心、拥有健康人性的形象。这就是京派小说在高声嚷着“科技”和“进步”的时代里呈现给读者们的世界——像宋元时期的水墨山水画一样宁静的大自然与生活其间的恬淡洒性的人。

京派小说这种“表现自然，诗情画意”的美学特质的形成原因，我们上文探讨过，一是得益于京派小说家所持守的“梦”文学观，一是得益于他们以画家身份或者诗人身份来写小说。而无论是京派小说家的“梦”文学观的形成，还是他们以画家身份或者诗人身份来写小说所形成的小说之独特美质，都与传统道家艺术精神具有深刻的渊源关系。

一、京派的“梦”文学观与道家的虚静说

沈从文在现代文学史上获得了特别的注意，主要是因为他创作了风土人情皆独特、纯朴的湘西小说。《边城》就具有如诗如梦的梦幻性，不管是白塔、翠翠，还是渡船、清溪，都具有童话般的美丽和安静。可是，1934 年，当沈从文回到阔别了几近 20 年的现实中的湘西后，他所写的湘西小说，就再也没有《边城》的美和静了，而是具有了痛苦情形和无奈现实的描写。沈从文自己在谈及 1934 年重回湘西前所写的小说时，曾真诚地说：“作品中的乡土情感，混和了真实和幻念，而把现实生活痛苦印象一部分加以掩饰，使之保留童话的美和静，也即由之而来。”① 显然，沈从文清醒地意识到了自己写于 1934 年前的湘西小说，在某种程度上来说，其实是一个经过了过滤的“梦”。京派的“梦”文学观，在本质上是对现实的审美式的加工和选择。因为，只有对现实进行审美式的加工和选择，才能够掩饰“现实生活痛苦印象”；也只有这样，才能够“保留童话的美和静”。京派作家为什么不像鲁迅一样，在作品中直面人生和现实呢？因为他们的文学观与鲁迅的不一样。鲁迅是要用文学来“揭示病苦，引起疗救的注意”②；而京派则认为“我的写作就是颂扬一切与我同在的人类美丽与智慧”③。那么，如何才能在作品里创造“美丽与智慧”呢？也就是说，如何才能不对现实的丑陋大

① 沈从文：《一个人的自白》，《沈从文全集》第 27 卷，第 14 页。

② 鲁迅：《我怎么做起小说来》，《鲁迅全集》第 4 卷，第 526 页。

③ 沈从文：《萧乾小说集题记》，《沈从文全集》第 16 卷，第 325 页。

动肝火，而是心平气和地过滤掉现实的痛苦，使作品“保留童话的美和静”呢？

答曰：使内心处于“虚静”也。

京派小说家走的是“行有余力，则以学文”的清贫寂寞之路。实际上，他们皆是“学而优”之人，废名毕业于北京大学，凌叔华毕业于燕京大学，汪曾祺毕业于西南联大，而沈从文尽管是高小毕业行伍出身，但在20年代末其小说创作成就已蜚声文坛。可是，他们都没有走儒家所倡导和赞赏的“学而优则仕”之途。何哉？非不能也，乃不为也。他们既拒绝文学成为政治的传声筒，又拒绝文学沦为商业利益的合谋者，坚持严肃纯正的文学观，坚持“笑骂由你笑骂，好文章我自为之”① 的创作态度。京派的这种文学观是一种非功利的、审美化的文学观，是一种“日神”式的静观默想。在这一文学观的支撑下，京派站在一片精神家园的净土上，俯瞰现实世界的喧嚣和纷扰而不为所动。而具体到京派小说家来说，我们从其所创作的“田园牧歌式小说”、“童心小说”以及所塑造的“愚人”“真人”和“庖丁”式的人物群像系谱，都可以看出，他们所孜孜描摹的，是生活在别一天地里的本真人性与淳朴情感这一与现实世界迥异的精神世界。这显然是京派小说家的“梦”文学观所内含的审美化的观照立场自然形成的审美的人生形式。

既然“梦”文学观要求文学作品是对生活的审美再创造，以建构一种乌托邦式的人类理想生存境界，那么，具体到创作主体来说，“梦”文学观的实质，就是要求作家在创造这一审美世界时，内心要处于沉潜、静虑的状态，在审美静照中来处理将要成为小说内容的实际生活，将之升华为美的艺术品。

京派小说家多次强调“虚静”对于写作的意义。沈从文就说过：

---

① 废名：《〈骆驼草〉发刊词》，刊于《骆驼草》1930年5月12日创刊号。

“一切优秀作品的制作，离不了手与心。更重要的，也许还是培养手与心那个‘境’，一个比较清虚寥廓，具有反照反省能够消化现象与意象的境。单独……静静的与自然对面，即可慢慢得到。”① 显然，沈从文认为，要创作出优秀的作品，人必须处于“清虚寥廓”的境界。也就是说，必须放下一切人世间强加给人的纷扰，安静地面对原发原生原态的大自然，让在被文明的附加变得复杂的人性在大自然里获得净化，这样，才能有艺术的灵境产生。

汪曾祺则借苏轼的诗句“无事此静坐”，直接写成《无事此静坐》一文。单是从标题来看，即可读出汪曾祺的安闲宁静之性格。对于“静”，汪曾祺曾有这样的阐释：“静，是一种气质，也是一种修养……习于安静确实是生活于扰攘的尘世中人所不易做到的……唯静，才能观照万物，对于人间生活充满盎然的兴致。静是顺乎自然，也是合乎人道的。”② 显然，汪曾祺认为，一个人的内心唯有处于宁静之中，才能观照宇宙万物，也才能写出富有诗性气质的作品。

凌叔华曾在自己一幅画上题语：“闲来静坐学垂钓，秋水秋色入画图”。正是由于凌叔华的内心处于安闲与宁静中，她才能“以玄对山水”，也才能观照“秋水共长天一色”的自然奇观。凌叔华最喜欢的画家是倪云林，她如此解读倪云林的画境：“他的画常是一处山不崇高，水不涓媚的平常野外景致，疏落的几株秋树，两三枝竹子，掩映着一间屋或一个亭子。没有一个人或一只鸟，静到似乎一片落叶你都可以听得见。在这平澹萧飒的情调里，使人自然悠然意远。”③ 对于这位在中国

① 沈从文：《从徐志摩作品学习“抒情”》，见《沈从文全集》第 16 卷，第 257 页。

② 汪曾祺：《无事此静坐》，见《随遇而安》，京华出版社 2005 年版，第 240—241 页。

③ 凌叔华：《我们怎样看中国画》，见《酒后》，第 114 页。

古典绘画史上被视为“逸品”的代名词的大画家，凌叔华所看重与关注的，还是“静”，因为，她坚信，“虚静”能使人“意远”。

废名虽然没有具体论述“静”对于创作的重要性，但他用具体行动表明了自己对淡泊出世以致虚静的渴求。为躲避当时尘世的乌烟瘴气，求得心灵清净，废名甚至在北京西山一个偏僻的陋室隐居了一年多。废名常常打禅入定，这既是为了使心安静，实际上也是其虚静之心的表现。另外，废名说自己身在北平，却是常常“在沙漠上梦见江南草”①，这其实是他自己内心之虚静的隐喻表达——“江南草”，在江南的蓝天白云下，安静地、大片大片地葱绿着又沉默着。

徐复观先生说过：“当代名家中，只有白石老人，拈出一个‘静’字，为真能道出他的体验所至，接触到艺术中某一方面的真实。画家的心中，若填满了名利世故，未留下一片虚灵之地，以‘罗万象于胸中’，而欲在作品中开辟境界，抒写性灵，恐怕是很困难的事。”② 徐复观先生在此指出虚静之心对于文学艺术创造的至关重要性，一个艺术家，唯有心灵虚静，才能触及艺术之核。虚静的心，就是艺术的心。无独有偶，汪曾祺也用齐白石作为例子来说明“静”对艺术创作的至关重要：“齐白石题画云：‘白石老人心闲气静时一挥’，寂寞安静，是艺术创作所必需的气质。”③ 京派小说家对“静境”所达致的美学效用的论述，与徐复观先生的观点是一致的。而要溯其渊源，他们所论述的“静”，都源于道家对虚静的论述！

在中国哲学与美学史上，“虚静”这一概念首先由老子提出。老子提出“虚静”，具有其明确的哲学目的：观道与体道。在《道德经》第

① 废名：《北平通信》，刊于《宇宙风》1936 年 6 月 16 日第 19 期。

② 徐复观：《中国艺术精神》，第 9 页。

③ 汪曾祺：《沈从文的寂寞》，见《汪曾祺文集 · 文论卷》，江苏文艺出版社 1993 年版，第 113 页。

十章里，老子说："涤除玄鉴，能无疵乎？"冯友兰先生对此解释说："'玄鉴'即'鉴玄'，'鉴玄'即观道。要观道，就要先'涤除'。'涤除'就是把心中的一切欲望都去掉，这就是'日损'。'损之又损'以至于无为，这就可以见道了。"① 可见，要能够"玄鉴"，也就是要能够"见道"，必须首先经过一番"涤除"的功夫，即要排除主观欲望和个人成见，保持内心的通透虚静，使心"无疵"，没有任何杂念积淀于心。如果说老子在此还只是初步提出虚以静心致以观道，那么在第十六章老子就更进一步对"涤除玄鉴"、"无疵"之心加以强调了："致虚极，守静笃。万物并作，吾以观复。"范应元解释说："致虚，守静，非谓绝物离人也。万物无足以扰吾本心者，此真所谓虚极、静笃也。"②本心就是自然之心，毫无世俗的尘滓栖落，透明烛照，纤尘不染，这样，人心就处于虚静的状态。而只有人心处于虚静本然状态时，才能观照宇宙万物的变化及其本原。

战国时期的诸多学派都非常认可"虚静"，如荀子就非常重视"虚壹而静"。但是，若从在文学艺术创作和欣赏的审美领域的引用与发展来看，当以庄子的虚静论最得老子之意且影响最大。

庄子这样论述虚静：

> 至道之精，窈窈冥冥；至道之极，昏昏默默。无视无听，抱神以静，形将自正。必静必清，无劳汝形，无摇汝精，乃可以长生。目无所见，耳无所闻，心无所知，汝神将守形，形乃长生。慎汝内，闭汝外，多知为败。我为汝遂于大明之上矣，至彼至阳之原也；为汝入于窈冥之门矣，至彼至阴之原也。(《庄子·在宥》)

① 陈鼓应:《老子今注今译》，第 110 页。

② 陈鼓应:《老子今注今译》，第 134 页。

以“窈窈冥冥”与“昏昏默默”为特征的“至道”，只有“目无所见，耳无所闻，心无所知”才能将之体验，也就是要“抱神以静”，排除一切尘世的干扰及人心的欲望，澄澈清净内心，摒弃智识，然后才能见道体道，“至彼至阳之原”，“至彼至阴之原”，与道合一。在这里，我们显然可以见到老子所说的“涤除玄鉴”之烙痕。庄子主张以“抱神以静”“必静必清”的虚静之心来“体道”“见道”，这个修养过程，与艺术家以恬淡安宁的心境创造出精美的艺术品的过程，在美学上具有相通性，都是超越的升华的审美的精神活动。只是庄子以虚静之心“游于物之初”（《庄子·田子方》）属于哲学领域，具有思辨的形而上学色彩，涵融的是整个宇宙天地人生，而后者仅是以某一具体的艺术对象作为其精神上的自由与安顿之地。这里尽管在所获对象上存在着“全”（“道”）与“偏”（“具体的事物”）的界限，但在审美终极性上并无二致。所以徐先生说：“道家发展到庄子，指出虚静之心；而人类的艺术精神，亦昭澈于人类尽有生之际，无可得而磨灭。”① 虚静使人从日常心理转换到审美心理，造就一个审美的心胸；虚静的心，就是艺术的心，也是审美的心。

通过上述追述，我们可以看到，京派的创作虚静观是源自道家的。虚静的心灵，是道家的心灵，亦是审美的心灵。虚静是一切至纯至美的艺术作品产生的根本。保持虚静才能形成审美的心胸。京派小说家认为“文学乃是一个梦”，是过滤掉了鄙陋的现实的一个美梦。这绝不是京派的闭门造车，一方面是由于他们的美的文学观所致，一方面更是由于他们对“沉思的、回忆的、静观的”② 的创作之心灵的追求。

---

① 徐复观：《中国艺术精神》，第 79 页。

② 汪曾祺：《谈风格》，《汪曾祺全集》第 3 卷，第 340 页。

二、京派小说家的画家身份与道家艺术精神

京派小说家的文人画家身份使得他们天然地重视笔墨情趣，也即是画外之意。当他们以画家身份来创作小说时，自然会既有“画意”，也有“诗情”。京派小说家就认为他们小说的特点是“不着重写人物、写故事，而着重写意境、写印象、写感觉。物我同一，作者的主体意识很强”①，这番夫子自道表明京派小说家完全是用山水画家的眼光来写小说的。为了把小说写得更优美更有艺术性，京派小说家明确提倡要向宋元山水画学习，要“从宋元以来中国人所作小幅绘画上注意。我们也可就那些优美作品设计中，见出短篇小说所不可少的慧心和匠心……”② 事实上，在中国现代文学史上，京派小说就因为其独特性被称为“诗化的散文化的抒情小说”。何哉？因为它不注重故事的讲述，不遵守塑造“典型环境中的典型人物”这一现实主义文学的金科玉律，反而是弱化情节在叙事中的作用，大量进行自然环境描写，以自然背景的诗意描述来为其诗性的人物提供活动空间，自然背景成为人物诗性的重要组成部分。一如中国山水画，设若有人物，人物都是小小的身影，潇散的意态，融合在满幅的山水里。

那么，中国山水画的本质是什么呢？宗白华曾言：

> 晋宋人欣赏山水，由实入虚，即实即虚，超入玄境。当时画家宗炳云：“山水质有而趣灵。”……晋宋人欣赏自然，有“目送归鸿，手挥五弦”，超然玄远的意趣。这使中国山水画自始即是一种“意境中的山水”。③

宗白华认为，中国山水画的本质，从它的生发期晋宋时期始，就是

---

① 汪曾祺：《关于小说语言（札记）》，江苏文艺出版社 1994 年版，第 28 页。

② 沈从文：《短篇小说》，见《沈从文全集》第 16 卷，第 505 页。

③ 宗白华：《美学散步》，第 179 页。

一种“意境中的山水”。也就是说，中国山水画绝非纯客观地机械地临摹大自然，而是“偶遇枯槎顽石，勺水疏林，都能以深情冷眼，求其幽意所在”，必得经过画家的“迁想妙得”（顾长康）。画家遍览奇峰，赏尽灵水，旨意不在于摹物状态，而在于借山水之灵抒发自己灵府中的高蹈逸气！中国的山水画，“画意”里是有着丰富的“诗情”的。

如果要对意境理论溯源的话，则它主要来自道家。关于意境理论、中国山水美学、道家艺术精神三者之间的关系，刘绍瑾曾有如下论析：“如果我们站在理论的高度，从传统文化精神和古典艺术创作实践两方面进行历史的、逻辑的审视，就会发现，意境的形成与道家思想的影响是息息相关的，同时又是以山水等自然景象作为表现对象的艺术实践日益成熟的美学概括。而道家思想对艺术、美学的影响，在许多地方又是通过自然山水这一中介而实现。”① 此番总结，说明了意境理论的形成既来源于道家，又因为中国山水画对气质与神韵的要求，导致“意境”在其中的显现成为不可或缺的美学品格。也就是说，中国山水画中的“意境”表现，其实就是一种道家艺术精神：以我之自然合山水之自然，虚实结合，超以象外，得其环中。故此，徐复观先生反复强调：“形成中国艺术骨干的山水画……是庄子精神的不期然而然的产品”，“庄子精神之影响于文学方面者，总没有在绘画方面表现得纯粹”。②“历史中的大画家，大画论家，他们所达到、所把握到的精神境界，常不期然而然的都是庄学、玄学的境界”。③

另一方面，中国绘画对画家的基本要求是能虚以静心。张彦远在《历代名画记》认为，虚静就能“凝神遐想，妙悟自然”，创造出“自然”之画，此乃画之上品之上也。京派小说家在“以画名”阶段必得

① 李文初等：《中国山水文化》，第 156 页。

② 徐复观：《中国艺术精神》，第 80 页。

③ 徐复观：《中国艺术精神》，第 2 页。

接受“虚静”理论的熏陶，也就势培养了自己的“静心”。

这显然是一种深层次的精神联姻。所以，当京派小说家由画而文时，自然而然，就把绘画时审美主体必须具备的虚静之心应用到小说创作上，要求作家“除尽火气，特别是除尽感伤主义”①，保持沉潜、静虑的创作之心。而这种沉潜、静虑的创作之心，就是虚静的心灵，也是“文学是一个梦”的文学观得以提出的艺术的心灵。京派小说家提出的“文学是一个梦”，具体到创作主体来说，就是为了作家能在审美静照里建构一个审美的乌托邦式的人类诗意生存的境界。所以，京派小说文本的美学表现形态，大都是静穆平和的，充满了意境之美。

正如我们在前面所论述的一样，京派作家的“梦”文学观的哲学原型是老庄的虚静论。而中国绘画对画家的基本要求也是能虚以静心，因为只有这样，才能创造出“自然”之画。在此，京派小说家的画家身份又一次与“虚静”相遇，又一次浸淫在道家美学的传承与影响里。

谈及现实时，京派小说家痛心疾首地说：“终不能不使人为眼前这个愚昧与贪得虚伪卑陋交织所形成的人生而痛苦！”② 由于现实是如此的“愚昧与贪得虚伪卑陋”，京派作家就创造一个梦的世界、非现实的美的世界来。这是一个诗情画意的世界，是京派作家有意为之的世界：“我还得在‘神’之解体的时代，重新给神一种赞颂。在充满古典庄严与雅致的诗歌失去光辉的意义时来谨谨慎慎写最后一首情诗。”③ 中国现代文学史上流派众多，根据严家炎先生的《中国现代小说流派史》一书里的研究，至少有20多个流派，而仅京派以一个流派的审美视角反对文学的功利宣传性，提出“文学乃是一个梦”的“梦”文学观，谨谨慎慎地抒写最后一首全人类的情诗，这恐怕与他们特殊的身份——

① 汪曾祺：《〈桥边小说三篇〉后记》，见《汪曾祺全集》第3卷，第461页。

② 沈从文：《看虹摘星录·后记》，见《沈从文文集》第11卷，第53页。

③ 沈从文：《水云》，见《沈从文文集》第10卷，第294页。

在写作前是山水画家分不开的。

所以，我们可以说：京派小说家在“以画名”阶段，由于中国山水画的创作对审美主体的特殊要求，使他们获得了来自老庄精神的滋养。当他们由创作“意境中的山水”向创作小说转换时，这种来自道家的审美心胸和审美情怀使得他们提出“梦”之文学观，反对文学贴近现世功利的政治和功利的商业，强调用一颗去除了现世诱惑的创作主体的虚静之心，创造出具有诗情画意的意境小说。

京派是对自己的文学观和文学创作有着充分的自信的：“我们全都是音乐工作者，我们也都是做着梦的人……然而我们又永远好像是运动和摇撼这世界的人”。① 这不是道家美学世界的“逍遥游”吗？京派小说家，用充满了“诗情”与“画意”的意境小说，来反衬现实人生的卑陋和神性的阙如。正如朱光潜先生在《无言之美》一文中所说，“美术是帮助我们超脱现实而求安慰于理想境界的”，“现实界处处有障碍有限制，理想界是天空任鸟飞，极空阔极自由的。”② 用道家庄子的语言来说，现实人间有其关系、限制处，而进入“逍遥游”的自由境界，则遗其关系、限制处，达到自由无碍、物我同一的极致。正是在这种审美意义的自由上，庄子的人生境界从“有待”进入“无待”。京派小说中充满了诗情画意的意境，在精神、境界上与此是极为相通的。

① 沈从文：《看虹摘星录·后记》，见《沈从文文集》第 11 卷，第 53 页。

② 朱光潜：《朱光潜美学文集》第 2 卷，第 477—478 页。

参考文献

（一）《老子》《庄子》等古代典籍及相关道家美学研究著作

（清）郭庆藩撰，王孝鱼点校：《庄子集释》，中华书局2004年版。

陈鼓应注译：《庄子今注今译》，中华书局1983年版。

朱谦之撰：《老子校释》，中华书局1984年版。

陈鼓应：《老子注译及评介》，中华书局1984年版。

杨伯峻撰：《列子集释》，中华书局1979年版。

何宁撰：《淮南子集释》，中华书局1998年版。

朱熹撰：《四书章句集注》，中华书局1983年版。

陈鼓应：《老庄新论》，上海古籍出版社1992年版。

陈鼓应：《易传与道家思想》，商务印书馆2007年版。

陈鼓应主编：《道家文化研究（第二十辑）——“道家思想在当代”专号》，生活·读书·新知三联书店2003年版。

冯友兰：《中国哲学史新编》，人民出版社1999年版。

劳思光：《中国哲学史》，广西师范大学出版社2005年版。

孙以楷主编：《道家与中国哲学》，人民出版社2004年版。

钱穆：《庄老通辨》，生活·读书·新知三联书店2002年版。

胡哲敷：《老庄哲学》，（台湾）中华书局1979年版。

王煜：《老庄思想论集》，（台湾）联经出版事业股份有限公司1981年版。

刘笑敢：《庄子哲学及其演变》，中国社会科学出版社1988年版。

张舜徽：《周秦道论发微》，中华书局 1982 年版。

［英］葛瑞汉：《论道者：中国古代哲学论辩》，张海晏译，中国社会科学出版社 2003 年版。

罗根泽：《诸子考索》，人民出版社 1958 年版。

漆绪邦：《道家思想与中国古代文学理论》，北京师范大学出版社 1988 年版。

刘绍瑾：《庄子与中国美学》，广东高等教育出版社 1989 年版、岳麓书社 2006 年版。

许结、许永璋：《老子诗学宇宙》，黄山书社 1992 年版。

张利群：《庄子美学》，广西师范大学出版社 1992 年版。

陶东风：《从超迈到随俗——庄子与中国美学》，首都师范大学出版社 1995 年版。

包兆会：《庄子生存论美学研究》，南京大学出版社 2004 年版。

徐克谦：《庄子哲学新探——道·言·自由与美》，中华书局 2005 年版。

罗安宪：《虚静与逍遥——道家心性论研究》，人民出版社 2005 年版。

时晓丽：《庄子审美生存思想研究》，商务印书馆 2006 年版。

钟华：《从逍遥游到林中路——海德格尔与庄子诗学思想比较》，中国社会科学出版社 2004 年版。

那薇：《天籁之音源自何方——庄子的无心之言与海德格尔的不可说之说》，商务印书馆 2009 年版。

王焱：《得道的幸福：庄子审美体验研究》，暨南大学出版社 2012 年版。

熊铁基、马良怀、刘韵军：《中国老学史》，福建人民出版社 1995 年版。

方勇：《庄子学史》（增补版，全 6 册），人民出版社 2017 年版。

逯钦立校注：《陶渊明集》，中华书局 1979 年版。

刘勰著，范文澜注：《文心雕龙注》，人民文学出版社 1962 年版。

郭彧整理：《邵雍集》，中华书局 2010 年版。

（唐）司空图、袁枚著，郭绍虞集解辑注：《诗品集解　续诗品注》，人民文学出版社 1981 年版。

严羽著，郭绍虞校释：《沧浪诗话校释》，人民文学出版社 1983 年版。

（二）中国现代美学家及其研究著作

《王国维遗书》，上海古籍出版社 1983 年版。

刘寅生、袁英光编：《王国维全集·书信》，中华书局 1984 年版。

周锡山编校：《王国维文学美学论著集》，北岳文艺出版社 1987 年版。

佛雏校辑：《王国维哲学美学论文辑佚》，华东师范大学出版社 1993 年版。

《王国维戏曲论文集》，中国戏剧出版社 1984 年版。

陈永正校注：《王国维诗词全编校注》，中山大学出版社 2000 年版。

张品兴主编：《梁启超全集》，北京出版社 1999 年版。

丁文江、赵丰田编：《梁启超年谱长编》，上海人民出版社 1983 年版。

《宗白华全集》，安徽教育出版社 1994 年版。

林同华编：《宗白华全集》（1—3 卷），安徽教育出版社 2008 年版。

宗白华：《美学散步》，上海人民出版社 1981 年版。

《朱光潜全集》，安徽教育出版社 1987—1993 年版。

《朱光潜美学文学论文选集》，湖南人民出版社 1980 年版。

《鲁迅全集》，人民文学出版社 2005 年版。

《郭沫若全集·文学编》，人民文学出版社 1982—1992 年版。

《郭沫若全集·历史编》，人民出版社 1982—1985 年版。

《闻一多全集》，生活·读书·新知三联书店 1982 年版。

《朱自清古典文学论文集》，上海古籍出版社 1981 年版。

郭绍虞：《照隅室古典文学论集》（上编），上海古籍出版社 1983 年版。

叶嘉莹：《王国维及其文学批评》，广东人民出版社 1982 年版。

姚柯夫编：《〈人间词话〉及评论汇编〉，书目文献出版社 1983 年版。

聂振斌：《王国维美学思想述评》，辽宁大学出版社 1986 年版。

佛雏：《王国维诗学研究》，北京大学出版社 1987 年版。

赵庆麟：《融通中西哲学的王国维》，上海社会科学院出版社 1992 年版。

王攸欣：《选择·接受与疏离：王国维接受叔本华、朱光潜接受克罗齐美学比较研究》，生活·读书·新知三联书店 1999 年版。

蒋永青：《境界之"真"：王国维境界说研究》，中国社会科学出版社 2001 年版。

陈鸿祥：《王国维传》，人民出版社 2004 年版。

彭玉平：《王国维词学与学缘研究》，中华书局 2015 年版。

金雅：《梁启超美学思想研究》，商务印书馆 2005 年版。

郑焕钊：《“诗教”传统的历史中介——梁启超与中国现代文学启蒙话语的发生》，社会科学文献出版社 2017 年版。

叶朗主编：《美学的双峰：朱光潜宗白华与中国现代美学》，安徽教育出版社 1999 年版。

王德胜：《宗白华评传》，商务印书馆 2001 年版。

王德胜：《散步美学：宗白华美学思想新探》，河南人民出版社 2004 年版。

汪裕雄、桑农：《艺境无涯——宗白华美学思想臆解》，安徽教育出版社 2002 年版。

胡继华：《宗白华：文化幽怀与审美象征》，文津出版社 2005 年版。

阎国忠：《朱光潜美学思想及其理论体系》，安徽教育出版社 1994 年版。

劳承万：《朱光潜美学论纲》，安徽教育出版社 1998 年版。

宛小平：《边缘整合——朱光潜和中西美学家的思想关系》，安徽教育出版社 2003 年版。

钱念孙：《朱光潜：出世的精神与入世的事业》，文津出版社 2005 年版。

曹聚仁：《鲁迅评传》，东方出版中心 1999 年版、香港世界出版社 1956 年初版。

钱理群：《与鲁迅相遇》，生活·读书·新知三联书店 2003 年版。

王富仁：《中国文化的守夜人——鲁迅》，人民文学出版社 2002 年版。

廖诗忠：《回归经典：鲁迅与先秦文化的深层联系》，上海三联书店 2005 年版。

谷辅林：《郭沫若前期思想及创作》，山东人民出版社 1983 年版。

李振声：《郭沫若早期艺术观的文化构成》，贵州人民出版社 1992 年版。

魏红珊：《郭沫若美学思想研究》，巴蜀书社 2005 年版。

侯敏：《有根的诗学：现代新儒家文化诗学研究》，上海人民出版社 2003 年版。

张毅：《儒家文艺美学——从原始儒家到现代新儒家》，南开大学出版社 2004 年版。

（三）台港及海外华人学者及其相关研究著作

李维武编：《徐复观文集》（1—5 卷），湖北人民出版社 2002 年版。

徐复观：《中国艺术精神》，（台湾）学生书局1966年初版；春风文艺出版社1987年版；华东师范大学出版社2001年版；广西师范大学出版社2007年版。

徐复观：《中国文学精神》，上海书店出版社2004年版。

徐复观：《中国人的生命精神》，胡晓明、王守雪编，华东师范大学出版社2004年版。

徐复观：《中国学术精神》，陈克艰编，华东师范大学出版社2004年版。

徐复观：《中国人性论史·先秦篇》，上海三联书店2001年版。

徐复观：《黄大痴两山水长卷的真伪问题》，（台湾）学生书局1977年版。

《徐复观文录》，（台湾）环宇出版社1971年版。

《徐复观文录选粹》，（台湾）学生书局1980年版。

徐复观：《论战与译述》，（台湾）志文出版社1982年版。

方东美：《坚白精舍诗集》，（台湾）黎明文化事业股份有限公司1978年版。

方东美：《生生之德》，（台湾）黎明文化事业股份有限公司1979年版。

方东美：《中国人生哲学》，（台湾）黎明文化事业股份有限公司1980年版。

方东美：《原始儒家道家哲学》，（台湾）黎明文化事业股份有限公司1983年版。

《方东美先生演讲集》，（台湾）黎明文化事业股份有限公司2005年版。

方东美：《新儒家哲学十八讲》，（台湾）黎明文化事业股份有限公司2005年版。

唐君毅：《人文精神之重建》，广西师范大学出版社2005年版。

唐君毅：《中国文化之精神价值》，广西师范大学出版社2005年版。

唐君毅：《中华人文与当今世界》，广西师范大学出版社2005年版。

唐君毅：《道德自我之建立》，广西师范大学出版社2005年版。

唐君毅：《文化意识与道德理性》，中国社会科学出版社2005年版。

唐君毅：《人生三书》，中国社会科学出版社2005年版。

唐君毅：《中国哲学原论·原道篇》，中国社会科学出版社2006年版。

牟宗三讲述，陶国璋整理：《庄子齐物论义理演析》，（台湾）书林出版有限公司1999年版。

牟宗三：《中国哲学的特质》，（台湾）学生书局1998年版。

牟宗三：《中国哲学十九讲》，（台湾）学生书局1983年版。

牟宗三：《智的直觉与中国哲学》，（台湾）商务印书馆股份有限公司 1971 年版。

《叶维廉文集》（1—9 卷），安徽教育出版社 2002—2006 年版。

叶维廉：《秩序的生长》，（台湾）志文出版社 1971 年版；（台湾）时报文化出版企业有限公司 1986 年版。

叶维廉：《饮之太和》，（台湾）时报文化出版企业有限公司 1980 年版。

叶维廉：《比较诗学》，（台湾）东大图书股份有限公司 1983 年版。

叶维廉：《与当代艺术家的对话——中国画的生成》，（台湾）东大图书股份有限公司 1987 年版。

叶维廉：《历史、传释与美学》，（台湾）东大图书股份有限公司 1988 年版。

叶维廉：《解读现代·后现代——生活空间与文化空间的思索》，（台湾）东大图书股份有限公司 1992 年版。

叶维廉：《从现象到表现——叶维廉早期文集》，（台湾）东大图书股份有限公司 1994 年版。

温儒敏、李细尧编：《寻求跨中西文化的共同文学规律——叶维廉比较文学论文选》，北京大学出版社 1987 年版。

叶维廉：《中国诗学》（增订版），人民文学出版社 2006 年版。

叶维廉：《道家美学与西方文化》，北京大学出版社 2002 年版。

叶维廉：《雨的味道》，（台湾）尔雅出版社 2006 年版。

叶维廉：《庞德与潇湘八景》，（台湾）台大出版中心 2009 年版。

叶维廉演讲：《我的文学自传》（DVD），（台湾）台大出版中心 2007 年版。

叶维廉演讲：《神思的机遇》（DVD），（台湾）台大出版中心 2009 年版。

《叶维廉教授手稿资料·书信底稿》，台湾大学图书馆特藏。

Wai-lim Yip, *Ezra Pound's Cathay*, Princeton: Princeton University Press, 1969.

Wai-lim Yip, Diffusion of distances: dialogues between Chinese and Western poetics, University of California Press, 1993.

Selected and translated by Wai-lim Yip, *Modern Chinese poetry* 1955 - 1965: *twenty poets from the Republic of China*, Lawa City: University of Iowa Press, 1970.

Selected and translated by Wai-lim Yip, *Hiding the Universe*: *Poems of Wang Wei*, Tokyo&NY: Mushinsha-Crossman, 1972.

Selected and translated by Wai-lim Yip, *Lyrics from shelters: modern Chinese poetry*, 1930-1950, *New York*: *Garland Pub*, 1992.

Selected and translated by Wai-lim Yip, *Chinese poetry: an anthology of major modes and genres*, Duke University Press, 1997.

［美］刘若愚：《中国诗学》，杜国清译，（台湾）幼狮文化事业公司 1977 年版。

［美］刘若愚：《中国文学理论》，杜国清译，（台湾）联经出版事业股份有限公司 1981 年版、江苏教育出版社 2006 年版。

郑树森编：《现象学与文学批评》，（台湾）东大图书股份有限公司 1984 年版。

王建元：《现象诠释学与中西雄浑观》，（台湾）东大图书股份有限公司 1988 年版。

王建元：《文学文化与诠释》，（台湾）书林出版有限公司 2001 年版。

黄锦鋐：《庄子及其文学》，（台湾）东大图书股份有限公司 1977 年版。

蔡宗阳：《庄子之文学》，（台湾）文史哲出版社 1983 年版。

颜昆阳：《庄子艺术精神析论》，（台湾）华正书局有限公司 1985 年版。

颜昆阳：《人生因梦而真实——我读庄子》，（台湾）汉艺色研文化事业有限公司 1992 年版。

颜昆阳：《人生是无题的寓言——庄子的寓言世界》，（台湾）跃升文化事业有限公司 1994 年版。

郑峰明：《庄子思想及其艺术精神之研究》，（台湾）文史哲出版社 1987 年版。

朱荣智：《庄子的美学与文学》，（台湾）明文书局 1992 年版。

董小蕙：《庄子思想之美学意义》，（台湾）学生书局 1993 年版。

曾昭旭：《充实与虚灵——中国美学初论》，（台湾）汉光文化事业股份有限公司 1993 年版。

赖贤宗：《意境美学与诠释学》，（台湾）历史博物馆 2003 年版。

赖贤宗：《道家禅宗、海德格与当代艺术》，（台湾）洪叶文化事业有限公司 2007 年版。

孙中峰：《庄学之美学义蕴新诠》，（台湾）文津出版社 2005 年版。

黄淑基：《中国艺术哲学史·先秦卷》，（台湾）洪叶文化事业有限公司 2006

年版。

丁旭辉：《台湾现代诗中的老庄身影与道家美学实践》，（台湾）春晖出版社2010年版。

淡江大学中国文学研究所主编：《文学与美学》（第1—7集），（台湾）文史哲出版社1990—2002年版。

丁履譔：《美学新探》，（台湾）成文出版社有限公司1980年版。

龚鹏程等：《美学在台湾的发展》，（台湾）南华管理学院1998年版。

龚鹏程主编：《五十年来的中国文学研究（1950—2000）》，（台湾）学生书局2001年版。

柯庆明：《现代中国文学批评述论》，（台湾）大安出版社2005年版。

汉宝德等编著：《中国美学论集》，（台北）南天书局1989年版。

古添洪、陈慧桦编著：《比较文学的垦拓在台湾》，（台湾）东大图书股份有限公司1976年版。

朱传誉主编：《方东美传记资料》，（台湾）天一出版社1985年版。

国际方东美哲学研讨会执行委员会主编：《方东美先生的哲学》，（台湾）幼狮文化事业公司1989年版。

冯沪祥编著：《方东美先生的哲学典型》，（台湾）学生书局2007年版。

宛小平：《方东美与中西哲学》，安徽大学出版社2008年版。

蒋国保、余秉颐：《方东美思想研究》，天津人民出版社2004年版。

朱传誉主编：《徐复观传记资料》，（台湾）天一出版社1985年版。

曹永祥等主编：《徐复观教授纪念文集》，（台湾）时报文化出版事业有限公司1984年版。

徐复观先生纪念论文集编辑委员会编：《文史研究论集》，（台湾）学生书局1986年版。

李维武编：《徐复观与中国文化》，湖北人民出版社1997年版。

李维武：《徐复观学术思想评传》，北京图书馆出版社2001年版。

王守雪：《人心与文学——徐复观文学思想研究》，郑州大学出版社2005年版。

刘桂荣：《徐复观美学思想研究》，人民出版社2007年版。

耿波：《徐复观心性与艺术思想研究》，中国传媒大学出版社2007年版。

张晚林：《徐复观艺术诠释体系研究》，上海古籍出版社 2007 年版。

牟宗三、徐訏等：《唐君毅怀念集》，（台湾）牧童出版社 1978 年版。

张祥浩：《唐君毅思想研究》，天津人民出版社 1994 年版。

廖栋樑、周志煌编：《人文风景的镌刻者——叶维廉作品评论集》，（台湾）文史哲出版社 1997 年版。

闫月珍：《叶维廉与中国诗学》，中国社会科学出版社 2010 年版。

詹杭伦：《刘若愚——融合中西诗学之路》，（台湾）文津出版社 2005 年版。

高友工：《美典：中国文学研究论集》，生活・读书・新知三联书店 2008 年版。

赵毅衡：《诗神远游——中国如何改变了美国现代诗》，上海译文出版社 2003 年版。

钟玲：《美国诗与中国梦——美国现代诗里的中国文化模式》，（台湾）麦田出版股份有限公司 1996 年版。

钟玲：《史耐德与中国文化》，首都师范大学出版社 2006 年版。

韩军：《跨语际语境下的中国诗学研究》，华中师范大学出版社 2009 年版。

王万象：《中西诗学的对话——北美华裔学者中国古典诗研究》，（台湾）里仁书局 2009 年版。

王晓路：《北美汉学界的中国文学思想研究》，巴蜀书社 2008 年版。

（四）中国诗学、美学、比较诗学相关著作

北京大学哲学系美学教研室编：《中国美学史资料选编》，中华书局 1981 年版。

俞剑华编著：《中国古代画论类编》（修订本），人民美术出版社 1998 年版。

郭绍虞主编，王文生副主编：《中国历代文论选》（1—4 卷），上海古籍出版社 1979 年版。

李泽厚：《美的历程》，文物出版社 1981 年版。

李泽厚：《中国古代思想史论》，人民出版社 1985 年版。

李泽厚：《中国现代思想史论》，东方出版社 1987 年版。

李泽厚：《美学三书》，安徽文艺出版社 1999 年版。

李泽厚、刘纲纪主编：《中国美学史（先秦两汉编）》，中国社会科学出版社

1984 年版。

李泽厚、刘纲纪主编：《中国美学史（魏晋南北朝编）》，中国社会科学出版社 1987 年版。

叶朗：《中国美学史大纲》，上海人民出版社 1985 年版。

张法：《中国美学史》，上海人民出版社 2000 年版。

章启群：《百年中国美学史略》，北京大学出版社 2005 年版。

郭绍虞：《中国文学批评史》，商务印书馆 1934 年版、上海古籍出版社 1979 年版、百花文艺出版社 2008 年版。

钱钟书：《谈艺录》，中华书局 1984 年版。

缪钺：《诗词散论》，上海古籍出版社 1982 年版。

刘大杰：《魏晋思想论》，林东海导读，上海古籍出版社 1998 年版。

王文生：《论情境》，上海文艺出版社 2001 年版。

王文生：《中国美学史：情味论的历史发展》，上海文艺出版社 2008 年版。

郑午昌：《中国画学全史》，上海古籍出版社 2008 年版。

傅抱石：《中国绘画变迁史纲》，上海古籍出版社 1998 年版。

陈传席：《中国山水画史》，天津人民美术出版社 2001 年版。

陈传席：《中国绘画美学史》，人民美术出版社 2000 年版。

邓乔彬：《中国绘画思想史》，贵州人民出版社 2002 年版。

樊美筠：《中国传统美学的当代阐释》，中国社会科学出版社 1997 年版。

朱良志：《曲院风荷——中国艺术论十讲》，安徽教育出版社 2003 年版。

朱良志：《中国艺术的生命精神》，安徽教育出版社 2006 年版。

胡晓明：《中国诗学之精神》，江西人民出版社 2001 年版。

刘绍瑾：《复古与复元古》，中国社会科学出版社 2001 年版。

李文初等：《中国山水文化》，广东人民出版社 1996 年版。

陈伟：《中国现代美学思想史纲》，上海人民出版社 1993 年版。

汝信、王德胜主编：《美学的历史：20 世纪中国美学学术进程》，安徽教育出版社 2000 年版。

袁济喜：《承续与超越：20 世纪中国美学与传统》，首都师范大学出版社 2006 年版。

王瑶主编：《中国文学研究现代化进程》，北京大学出版社 1998 年版。

陈平原主编：《中国文学研究现代化进程二编》，北京大学出版社 2002 年版。

曾繁仁主编：《中国文艺美学学术史》，长春出版社 2010 年版。

蒋述卓、刘绍瑾等：《二十世纪中国古代文论学术研究史》，北京大学出版社 2005 年版。

陈文忠：《美学领域中的中国学人》，安徽教育出版社 2001 年版。

余虹：《革命·审美·解构——20 世纪中国文学理论的现代性和后现代性》，广西师范大学出版社 2001 年版。

杜卫主编：《中国现代人生艺术化思想研究》，上海三联书店 2007 年版。

金雅：《人生艺术化与当代生活》，商务印书馆 2013 年版。

［美］厄尔·迈纳：《比较诗学》，王宇根、宋伟杰等译，中央编译出版社 1998 年版。

［美］勒内·韦勒克、奥斯汀·沃伦：《文学理论》，刘象愚等译，江苏教育出版社 2005 年版。

［美］宇文所安：《中国文论：英译与评论》，王柏华、陶庆梅译，上海社会科学院出版社 2003 年版。

饶芃子：《比较诗学》，陕西师范大学出版社 2000 年版。

黄药眠、童庆炳主编：《中西比较诗学体系》，人民文学出版社 1991 年版。

曹顺庆：《中西比较诗学》，北京出版社 1988 年版。

刘小枫：《拯救与逍遥》（修订版），上海三联书店 2001 年版。

张隆溪：《道与逻各斯》，冯川译，四川人民出版社 1998 年版。

李达三：《比较文学研究之新方向》，（台湾）联经出版事业股份有限公司 1986 年版。

叶秀山：《思·史·诗：现象学和存在哲学研究》，人民出版社 1988 年版。

张祥龙：《海德格尔思想与中国天道》，生活·读书·新知三联书店 1996 年版。

［美］艾恺：《世界范围内的反现代化思潮》，贵州人民出版社 1991 年版。

朱光潜：《西方美学史》，人民文学出版社 1979 年版。

［德］黑格尔：《美学》，朱光潜译，商务印书馆 1979 年版。

［德］康德：《纯粹理性批判》，邓晓芒译，杨祖陶校，人民出版社 2004 年版。

［德］康德：《判断力批判》，邓晓芒译，杨祖陶校，人民出版社 2002 年版。

［德］尼采：《悲剧的诞生》，周国平译，广西师范大学出版社 2002 年版。

［德］叔本华：《作为意志和表象的世界》，石冲白译，杨一之校，商务印书馆 1982 年版。

［德］海德格尔：《存在与时间》，陈嘉映、王庆节译，生活·读书·新知三联书店 1999 年版。

［德］海德格尔：《林中路》（修订本），孙周兴译，上海译文出版社 2004 年版。

［德］海德格尔：《荷尔德林诗的阐释》，孙周兴译，商务印书馆 2000 年版。

［德］海德格尔：《形而上学导论》，熊伟、王庆节译，商务印书馆 1996 年版。

［德］海德格尔：《在通向语言的途中》，孙周兴译，商务印书馆 2004 年版。

［德］加达默尔：《真理与方法：哲学诠释学的基本特征》，洪汉鼎译，上海译文出版社 2004 年版。

［英］罗素：《西方哲学史》（上），何兆武、李约瑟译，商务印书馆 1982 年版。

［英］罗素：《西方哲学史》（下），马元德译，商务印书馆 1982 年版。

［意］克罗齐：《美学原理　美学纲要》，朱光潜等译，外国文学出版社 1983 年版。

［意］贝尼季托·克罗齐：《作为表现的科学和一般语言学的美学的历史》，王天清译，袁华清校，中国社会科学出版社 1984 年版。

［英］特里·伊格尔顿：《现象学，阐释学，接受理论——当代西方文艺理论》，王逢振译，江苏教育出版社 2006 年版。

［法］杜夫海纳：《审美经验现象学》，韩树站译，文化艺术出版社 1996 年版。

（五）京派小说创作与理论批评

周作人：《谈龙集》，河北教育出版社 2002 年版。

周作人：《苦雨斋序跋文》，河北教育出版社 2002 年版。

周作人：《自己的园地·雨天的书》，人民文学出版社 1988 年版。

周作人：《中国新文学的源流》，北平人文书店 1932 年版。

《李健吾文学评论选》，宁夏人民出版社 1983 年版。

李健吾：《咀华集·咀华二集》，复旦大学出版社 2005 年版。

《李健吾创作评论选集》，人民文学出版社 1984 年版。
常风：《逝水集》，辽宁教育出版社 1995 年版。
《沈从文全集》，北岳文艺出版社 2002 年版。
《废名文集》，止庵编，东方出版社 2000 年版。
废名：《莫须有先生传》，广西师范大学出版社 2003 年版。
废名：《新诗十二讲》，辽宁教育出版社 2006 年版。
《汪曾祺全集》，北京师范大学出版社 1998 年版。
《汪曾祺：文与画》，傅光明译，山东画报出版社 2005 年版。
《凌淑华文存》（上、下），四川文艺出版社 1998 年版。
凌叔华：《古韵——凌叔华的文与画》，山东画报出版社 2003 年版。
梁从诫编：《林徽因文集·文学卷》，百花文艺出版社 1999 年版。
《师陀全集》，河南大学出版社 2004 年版。
刘增杰：《师陀研究资料》，北京出版社 1984 年版。
王欣：《师陀论》，南京大学出版社 2011 年版。
邵华强编：《沈从文研究资料》（上、下），花城出版社 1991 年版。
金介甫：《沈从文笔下的中国社会与文化》，华东师范大学出版社 1994 年版。
赵学勇：《沈从文与东西方文化》（修订版），兰州大学出版社 2005 年版。
陈振国编：《冯文炳研究资料》，海峡文艺出版社 1991 年版。
杨学民：《站在边缘处对话——汪曾祺新论》，中国文联出版社 1999 年版。
严家炎：《中国现代小说流派史》，人民文学出版社 1989 年版。
温儒敏：《中国现代文学批评史》，北京大学出版社 1993 年版。
《杨义文存》第 4 卷，人民出版社 1998 年版。
方锡德：《中国现代小说与文学传统》，北京大学出版社 1992 年版。
高恒文：《京派文人：学院派的风采》，上海教育出版社 2000 年版。
黄键：《京派文学批评研究》，上海三联书店 2002 年版。
刘进才：《京派小说诗学研究》，河南大学出版社 2005 年版。
查振科：《对话时代的叙事话语——论京派文学》，春风文艺出版社 2005 年版。
赵园：《北京：城与人》，北京大学出版社 2002 年版。
雷文学：《老庄与中国现代文学》，人民出版社 2015 年版。

后　记

2006年，我在拙著《庄子与中国美学》修订版“后记”中写下了如下感言：“我认为，对庄子美学的研究要想有所突破，要在‘通向现代’上下功夫。”“古典的庄子怎样参与、影响到中国美学的现代建构，现代文艺学建设中怎样弘扬、发挥以庄子为代表的古典传统精神，这是一个富有意义而具有挑战性的课题。”基于这一认知，我在其后的研究和研究生培养上注意往那个我自认有意义的方向移动。我还有一点“私念”：对道家与中国古典美学关系，我有《庄子与中国美学》一书，该书出版30多年来，现在依然还能得到学界提及和引用。如果把视角扩展延伸到现代，研究传统的道家思想怎样在现代语境中获得新的阐释并进而参与到中国美学的现代进程，用现代美学的实际经验展示道家美学的世界意义和现代价值，那样就构成了一个完整的道家美学系列，也对自己在这方面的研究有了一个相对满意的交代！

正是基于这一想法，我在2013年以“道家艺术精神与中国美学的现代建构”为题申报了国家社科基金项目并成功获得立项。现在奉献给读者的，就是这一项目的结题成果。

刘彦和曾言：“方其搦翰，气倍辞前；暨乎篇成，半折心始。”构想、设计时的想法确实有些诱人，但真正进入爬梳和写作，则发现难度相当大：它不仅需要在浩如烟海的现代理论批评资料中披沙拣金，更需要打通古典与现代并在二者的对话中发现问题展开思想。让我更为难忘的是，2015 年 1 月，我身体出现状况做了一个颇伤元气的手术，半休养状态达两年多。稍加康复后又要处理积累延宕下来的其他紧要事务，那个课题的研究自然也就暂时停了下来。在本书就要付梓之际，我要感谢我的三位合作者，也是课题申报表中的团队成员。他们都曾是我的博士生，毕业后在广州及其周边城市的高校工作，也都早已获得高级职称。正是他们的通力合作，2019 年顺利完成了该课题的结项工作，并获得了良好的评价！写上这段难忘经历，一方面是希望我能够顺利翻过这一页，更加珍惜健康身体，过好未来美好生活，同时也因为他们三人都是我的学生，在他们攻博期间，就有意引导他们朝道家美学的现代阐释、现代参与上进行思考。这样想来，本书的出版也可视为我指导博士生教学的一份可喜收获！

本书的主要思路和框架结构由我提出，并撰写了“绪论”、第一章第一节、第一章第二节之“五”、第三章第一节、第八章第一节、第十一章第三节。佀同壮（仲恺农业工程学院）负责上编部分，石了英（佛山科学技术学院）负责中编部分，冯晖（暨南大学）负责下编部分。我对全稿进行了认真的审理，反复提出了修改意见，并在他们终稿的基础上直接增写了一些修订、补充、勾连提升的段落，以及上面列举的部分章节。由于我是这个课题的负责人，他们是在我的不断督导，我们之间反复研磨、商讨下完成的，因此我愿意并且应该对此书的质量负总责。

最后，此书的出版，首先要感谢暨南大学哲学所所长高华平教授，是他决定将此书列入他主持的《暨南哲学文库》这一宏大计划并给以出版资助。同时也要特别感谢本书责编、人民出版社的安新文女士，正是因为她的慧心和支持，本书得以有缘顺利在我心仪的出版社出版！

刘绍瑾

2021 年 3 月 1 日于暨南园

责任编辑：安新文
封面设计：薛　宇

图书在版编目(CIP)数据

道家思想与中国现代美学/刘绍瑾 等 著. —北京:人民出版社,2021.8
ISBN 978-7-01-022870-9

Ⅰ.①道… Ⅱ.①刘… Ⅲ.①道家-文艺美学-研究-中国
Ⅳ.①B223.05②I01

中国版本图书馆 CIP 数据核字(2020)第 252338 号

道家思想与中国现代美学

DAOJIA SIXIANG YU ZHONGGUO XIANDAI MEIXUE

刘绍瑾　侣同壮　石了英　冯　晖　著

人民出版社 出版发行
(100706　北京市东城区隆福寺街 99 号)

北京新华印刷有限公司印刷　新华书店经销

2021 年 8 月第 1 版　2021 年 8 月北京第 1 次印刷
开本:710 毫米×1000 毫米 1/16　印张:31.75
字数:430 千字

ISBN 978-7-01-022870-9　定价:86.00 元

邮购地址 100706 北京市东城区隆福寺街 99 号
人民东方图书销售中心　电话 (010)65250042　65289539